中国社会科学院
国际形势报告
2023

中国社会科学院国际研究学部 编

社会科学文献出版社
SOCIAL SCIENCES ACADEMIC PRESS (CHINA)

摘　要

2022年初，乌克兰危机震惊国际社会。此后，大国博弈、地缘政治对抗急剧升级。在此背景下，高企的通货膨胀压力进一步增大，全球多个主要央行执行了超预期的紧缩性货币政策，全球经济增长显著放缓。传统安全领域的对抗升级，非传统安全挑战更加难以解决。2022年美联储大幅收紧货币政策，这对全球经济产生了重要影响。在对外关系方面美欧再次"团结"在一起，拜登政府延续和强化美国对华竞争政策。在俄罗斯及欧亚地区，乌克兰危机爆发，欧亚大陆局势出现剧烈变化，俄罗斯加强"向东看"。亚太地区经济增长放缓，通胀和债务压力上升。在美国"印太战略"等因素的影响下，亚太区域合作机制碎片化加剧。欧洲地区与俄能源脱钩，导致欧洲国家陷入能源短缺困境。欧洲政治、安全秩序步入新一轮重塑阶段。中东地区经济回暖，安全局势整体缓和，但大国力量在该地区的竞争更趋激烈。非洲面临更加严峻复杂的挑战，动荡有所加剧，但和平与发展仍是主旋律。拉美经济复苏放缓、脆弱性增加。拉美主要国家均已选出左翼政府，地区政治倾向发生变化，各国战略自主意识不断增强。

2023年世界经济增速将进一步回落，全球和平、发展、安全和治理赤字仍在继续加重，全球经济、政治和社会发展等领域仍面临较大的不确定性和不稳定性。美国经济将陷入温和衰退；对华战略竞争左右美国外交思维，中美关系难有实质性改善。在俄罗斯及欧亚地区，俄罗斯继续深陷乌克兰危机，该危机未来走向值得关注，乌克兰、白俄罗斯、摩尔多瓦将面临更多发展难题。亚太地区安全形势更趋复杂多变，地区机制呈现一体化与碎片化相互交织的状态。日本可能采取强化军备、修改宪法、拉拢区域外国家等手段，持续推动其"国家正常化"和"军事大国化"进程。欧洲方面，欧美分歧渐显；中欧关系面临的挑战增大，但双方务实合作仍有望取得进展。中东国家战略自主性增强，加大了对地区问题乃至国际事务的参与度，但是地区热点问题难有突破。非洲将在多重危机叠加的困境中继续延展和平与发展的韧性，大国与非关系将进一步深化，影响非洲自主发展进程。中拉关系将迎来发展新机遇，中拉经贸务实合作有望取得更加显著的成效。

关键词： 世界经济　大国博弈　全球治理　地区形势　乌克兰危机

目　录

2022～2023年全球形势分析与展望

摘　要：　2022年是极不平凡的一年，新年伊始乌克兰危机就震惊了国际社会。此后，大国博弈、地缘政治对抗急剧升级。在此背景下，原本就已经高企的通货膨胀压力进一步增大，全球多个主要央行被迫执行了超出市场预期的紧缩性货币政策，这也令全球经济增长显著放缓。同时，传统安全领域的对抗升级，使得全球治理赤字凸显，更使得全球面临的非传统安全挑战难以解决。 2023年全球重大风险主要体现在以下几个方面：中美关系出现新变数，全球经济失速并进入衰退，乌克兰危机升级蔓延，热点地区政治对抗加剧，极端自然灾害频发，重大领域的全球治理失效，关键基础设施遭受重大破坏，关键初级产品供应陷入困局，部分国家出现债务和金融危机，全球疫情出现反复。展望2023年，世界经济与政治格局将呈现出以下主要发展趋势：全球经济增长下行并步入中低速增长轨道，大国负和博弈引发全球经济与政治消极互动，多极化体系呈现集团化趋势，气候变化成为全球治理的主色调，全球人口老龄化少子化与人口爆炸并行，技术发展日益聚焦数字化与去碳化方向，全球初级产品市场动荡加剧，全球多国政治社会矛盾持续积累，大国安全对抗呈现"分身战争"新形态。

关键词：　世界经济　国际政治　国际安全　全球治理

速大幅下滑，下降幅度均在 3.5 个百分点以上，西班牙、挪威、芬兰经济增速下降幅度在 1 个百分点以内，奥地利、葡萄牙、冰岛经济增速甚至仍在上升。

二是贸易投资增速回落，制造业领域更加明显

主要经济体货物贸易增速普遍放缓。据联合国贸易和发展会议（UNCTAD）统计，2022 年全球货物和服务贸易额预估将达到 32 万亿美元，同比上涨 12.3%，较 2020~2021 年两年平均增速略有下降。其中，货物贸易同比增长 12.1%，增速较去年明显放缓且下半年尤为突出；服务贸易同比增长 12.9%，较去年加快复苏，特别是旅游和运输服务贸易。量价分解显示，2022 年价格增速回落更快，而贸易量增长仍有韧性。据世界贸易组织（WTO）估计，2022 年全球货物贸易量同比增长 3.5%，较 2020~2021 年两年年均增速仅下降 0.4 个百分点。除中东地区外，主要经济体货物贸易增速普遍大幅回落。其中，亚洲、独联体国家、欧洲出口增速降幅较大，独联体国家和南美国家进口增速降幅较大。而中东国家进出口增速均较 2021 年有所提升，其中出口提升幅度高达 13.2 个百分点。分产品看，2022 年上半年，能源和矿产产品、农产品出口增速显著高于总体货物增速，而制造品出口增速显著低于总体水平且逐季回落。

全球外国直接投资总体回落，跨国公司投资意愿不足。UNCTAD 2023 年 1 月发布的《全球投资趋势监测》显示，2022 年全年只有绿地投资仍然可能增长 6%，不过这主要靠 2022 年上半年的增长支撑，实际上在 2022 年下半年绿地投资也显著走弱。而并购和国际项目融资（IPF）则更快受到融资条件恶化、利率上升和金融市场不确定性上升的影响，2022 年全年，跨境并购金额约下降 6%，国际项目融资则下降了 30% 以上。另外从结构上来看，全球直接投资开始从制造业转向初级产品和服务业。以金额计，2021~2022 年，全球平均 55% 的绿地投资、62% 的并购交易面向服务业，较 2018~2019 年平均水平分别提高 6 个和 10 个百分点。2022 年，初级产品绿地投资和并购交易金额同比增速分别高达 450% 和 460%。此外，疫情以来跨国公司新增生产性项目投资意愿不足。2022 年 1~8 月，绿地投资项目数较 2021 年季度均值下降 10%，其中制造业绿地投资项目降幅更为突出。

三是全球通胀冲高回落，但调整缓慢并仍处高位

2022年国际大宗商品价格总体呈现冲高回落态势。受新冠疫情、供应链瓶颈与乌克兰危机影响，2022年全球大宗商品价格指数一度达到疫情以来的最高水平，这成为推升2022年全球通胀的最直接动力。IMF以美元计价的大宗商品价格指数由2021年7月的164.5攀升至2022年3月的238.6，累计上涨45%。随着供应链瓶颈逐步缓解、全球需求放缓预期增强，国际大宗商品价格开始回调。总体上，能源和矿产产品、农产品等各大类商品均呈现冲高回落态势，不过节奏有所差异。其中天然气价格受到乌克兰危机影响最大，2022年夏季欧洲基准TTF天然气期货交易价格一度高达340欧元/兆瓦时，为2015～2020年均价的17倍。

2022年主要经济体通胀也呈现先升后降，不过各国通胀存在明显分化。其中，美国通胀周期较为领先，其CPI同比增速在6月达到9.1%，后逐渐回落到12月的6.5%；核心CPI同比增速在9月升至6.6%，后回落至12月的5.7%。由于受乌克兰危机影响较大，加之欧央行货币紧缩也较晚，2022年欧元区CPI同比增速在10月达到了10.6%的高点后才开始小幅回落，而其核心CPI同比创历史新高，12月达到5.2%。长期处于低通胀状态的日本，其CPI同比增速也从2021年底的0.8%升至2022年11月的3.8%，而且仍未见顶。新兴市场国家中，印度、巴西、南非、马来西亚等国通胀也出现冲高回落，印度尼西亚、越南、菲律宾等国通胀目前仍未见顶，中国通胀则始终处于温和水平。而受到货币大幅贬值影响，土耳其、阿根廷陷入了恶性通胀；在乌克兰危机影响下，俄罗斯通胀也盘旋于高位。

美欧通胀回落速度较慢，仍具有顽固性。尽管美欧CPI和PPI同比、环比增速均出现不同程度回落，但仍显著高于疫情前水平。特别是，美国核心CPI增速回落较慢，欧元区核心CPI增速未见回落，二者通胀均呈现一定的顽固性。这主要有三方面原因。一是，受疫情引起的提前退休等因素影响，欧美劳动力供给意愿不足，劳动力市场紧张，同时通胀高企和工资上涨互相强化，使得通胀进入了螺旋上升的阶段，这些都妨碍了物价稳定。二是，地缘政治冲突与疫情反复仍在扰乱全球供应链，构成供给约束。特别是，乌克

俄周边国家和俄国内政治安全。2014 年乌克兰政变后，俄乌关系迅速恶化，《明斯克协议》未能从根本上解决乌克兰的安全困境，俄对西方关系政策则发生质变并走向"新欧亚主义"。2022 年 2 月 24 日乌克兰危机的爆发，俄方认为是西方长期轻视甚至无视俄罗斯作为大国的基本安全需求的结果，是俄罗斯为捍卫战略安全与国家利益对西方做出的反击，但西方却认为，这无疑证实了俄罗斯带来的"重大威胁"、阻止普京的"紧迫性"和扩张强化北约的"必要性"。

乌克兰危机爆发后，美国及其盟国对俄进入一种近乎不宣战的"战争"状态，因此出现了两个战场。一个是俄乌武装力量之间直接冲突的战场。这个战场经历了俄军全面进攻、俄军局部进攻、乌军局部反攻、俄乌战线僵持等几个阶段。在这一战场上，北约向乌克兰提供了全方位的军事支持，美欧等国家则向乌提供了价值数百亿美元的武器装备和各类援助。另一个战场是西方与俄罗斯围绕俄经济命脉和战争潜力的斗争。美欧作为主要制裁方分别对俄进行了多轮制裁，主要针对目标是俄的对外石油、天然气等能源贸易，及其海外金融资产和对外金融交易。制裁首先瞄准了俄罗斯过去通过能源贸易积累起来的外币和黄金等存储于海外的资产，而后不断压缩俄欧之间的油气贸易，甚至动用了破坏"北溪"管线和原油限价的手段。此外，西方将超过 1 万个俄实体加入金融制裁名单，并基本封锁了对俄技术出口，意图瘫痪俄经济发展，阻断俄军备生产和升级换代。与战场上表现不及预期相对照，俄罗斯经济的韧性在西方围困压力下得到较好体现，其经济重心也在俄欧相互依赖关系被拆散后不断东移。

战略环境巨变促使欧洲重塑其安全格局。乌克兰危机前，美欧在安全问题和对俄关系政策上存在分歧。这些分歧在特朗普任总统时期由于国防支出比例和北约条约义务再确认等争论凸显出来，以至于法国总统马克龙表示北约已经"脑死亡"。欧盟则在特朗普政府"美国优先"的理念下，选择维持跨大西洋联盟的同时加强战略自主。欧洲尤其是法德等大国对乌克兰危机爆发准备不足，因此受到心理、经济、政治、安全等多重冲击，冷战后建立的欧洲安全格局迅速瓦解。在原有安全格局瓦解、新安全格局转型重塑过程中，美国和中东欧一批反俄国家占据了主导地位，这导致欧洲对美依附性增强、战略自主性弱化。

首先是北约的"重振"和强化。俄军的行动直接"激活"了北约，除了动用一切资源向乌克兰军队提供支持，北约的军事力量也进行了大规模重新部署。美国将82和101空降师的部队分别调往波兰和罗马尼亚境内与俄接壤地区驻防，美国的驻欧兵力由8万人增至10万人。北约在斯洛伐克、罗马尼亚、保加利亚、匈牙利各组建了一个新的战斗群，并向这4个国家增派5000名士兵，随后北约峰会又决定将快速反应部队由4万人大幅增至30万人。这些部署到位后，将使北约在东翼对俄罗斯取得常规军事力量上的优势。与此同时，北约各国均大幅提高军费，承诺2024年将国防预算提升至GDP的2%，德国则宣布新设高达1000亿欧元的特别国防基金。

其次是北约的再度扩张。北欧国家瑞典和芬兰打破历史中立传统，正式申请加入北约，北约得以继续东扩，其与俄接壤边界将因芬兰加入扩大一倍多，也迫使俄对此做出相应的战略调整。尽管乌克兰、格鲁吉亚、摩尔多瓦等距离加入北约仍很遥远，但美国战略界已有讨论，认为一旦俄罗斯战败，将打开这些国家加入北约的大门。但乌克兰加入欧盟、欧盟对俄制裁、瑞典和芬兰加入北约这些重大议题因欧盟和北约的制度设计，给匈牙利和土耳其等国家增添了巨大的筹码。匈牙利多次阻止欧盟通过激进制裁措施，土耳其则以北约扩员为契机在库尔德人问题、美国对土军售问题上谋取政治利益，扩大其地区影响力。

最后是北约在美国引导下的"全球化"再定位。北约这一冷战工具先是通过美国的"反恐战争"还魂，再通过美国参与制造的乌克兰危机复活，其地缘对抗属性和意识形态基础得以强化，正逐步成为美国打造全球"新冷战"军事集团的基本盘。2022年6月，北约新战略概念出炉，有史以来首次提出中国对北约国家构成"安全挑战"。北约峰会不仅邀请日韩澳新四个亚太国家出席，还将其明确为伙伴国。英国和日本扮演了北约"全球化"的急先锋，两国签署《互惠准入协定》，大幅提升了"跨大西洋与印太"两区域互动的水平。在美国的压力和影响下，欧洲对华政策日益走向负面，渲染"中俄共同威胁论"、要求"降低对华依赖"等非理性言论蔓延。

需要强调的是，虽然面临安全形势恶化、经济复苏乏力、能源格局深度调整、内部政治裂痕加大等多重严峻挑战，但欧洲仍是国际关系民主化的重要支柱，仍认同基于国际法的国际秩序和多边主义原则，与美国在地缘利益、贸易规则、气候变化、数字治理、科技合作等诸方面存在不同认识。

二是美国专注大国竞争，全球地缘对抗升级

美国安全战略聚焦中国，以台湾为核心布局印太。2022年，拜登政府通过发布新版《国家安全战略》，明确大国竞争为其国家安全战略的核心，并围绕大国竞争的"决定性十年"逐步推进对国家机构、联邦预算、军事力量、科研体系等的全面改造。美国认为，当前大国竞争的实质是"民主与专制"体制之间的竞争，中国是"21世纪最重要的地缘政治挑战"，美国的战略目标就是要"竞赢"中俄。尽管乌克兰危机短期内打乱了美国全球战略资源的重新调配，但中长期看，抓紧欧洲、削弱俄罗斯仍总体有利于美国对华竞争。

从具体政策设计角度看，美国对华政策布局围绕台湾的产业和安全两大主题展开。短期内受乌克兰危机的冲击，美国战略界和决策者都将乌克兰和中国台湾进行了不当类比，并将台湾作为预设战场进行兵棋推演和战争准备。2022年8月美国众议院议长佩洛西窜访台湾，中国进行有力反制后，美国政府进一步强化了以台湾为中心的"印太战略"的推进。从压制中国高科技产业发展出发，拜登政府已经采取"小院高墙"策略，扩大对华出口管制"实体清单"。就涉台方面，美国利用《芯片与科学法》和政府直接施压相结合，强拉台积电等台湾集成电路产业，将芯片先进制程工厂和工程师搬到美国本土，限制中国大陆获得高端芯片制造设备和软件，意图"一箭双雕"，在保持美国对华科技代差优势的同时，防止中国通过实现统一取得跨越式发展。首先，美国为提高台湾"以武拒统"能力，试探从"战略模糊"走向"战略清晰"，在越来越多的场合由决策者表达美国直接军事介入台海冲突的意图。其次，美国参照乌克兰战场加大了对台军售力度、频次和战场实用性，以增强台湾的"不对称战力"，还要求美国军火商优先向台湾供货，大幅提高在台武器库存。同时，美国想要以"台湾政策法案"更新"与台湾关系法"，为美国从军事、政治、宣传等各个角度介入台湾做好法律基础。这一法案中大部分内容已并入年度《国防授权法》并获得通过，使美国政府获得了评估、规划台湾军力与作战方案，以及培训甚至战时指挥台湾的授权。最后，美国借"2+2"机制大力强化美日同盟，放手日本大幅提升军费、"拥有反击能力"，拉日本深度介入台海并配合美国在军事上加大对华威慑。美国还大力将台湾问题印太化、国际化，不断让周边国家、域内国家、美国盟国表态关注台湾事态，反对单方面"以武力改变现状"，支持各国政客窜访台湾和支持台湾加入国际组织等。

美国改造强化联盟体系，加大对发展中世界的争夺。拜登上台后继承并深化了特朗普时期的大国竞争战略转向，但两者最大的区别就是拜登政府积极对美国联盟体系进行"现代化"改造和强化。在组建"美英澳安全联盟"（AUKUS），升级美日印澳"四方安全对话"（QUAD）机制，强化美日、美韩、美菲同盟后，2022年美国重点推出了"印太战略"下的经济部分——"印太经济框架"（IPEF）。与军事同盟和伙伴关系强调"硬"威慑不同，美国根据对华竞争以经贸和科技为核心的特点，注重在经济领域注入准联盟框架，形成以地缘政治和意识形态为基础的新型贸易科技集团。IPEF以模块化方式设计了"贸易、供应链、清洁能源与基础设施、税务和反腐"四大支柱，拼凑13国加入美国的排华经济小圈子。但正如美国退出而且不愿重返"跨太平洋伙伴关系"所显示的，以打压中国、增强美国竞争力为目的的"柔性"经济联盟前途未卜、困难重重。此外，美国力推所谓的美日韩台"芯片四方联盟"，意图建立排斥中国的高端芯片研发和设备与零部件供应链网络，还与欧盟于2021年建立美欧中国问题高层对话和"美欧贸易与科技委员会"，并于2022年进行了多轮对话，协调对华供应链迁移和科技禁运。总之，美国正逐步打造一系列针对中国的供应链同盟、技术同盟和规则同盟，以继续把持对国际秩序和规则的排他性主导权、"塑造中国周围的战略环境"。

美国不仅将与盟友的政治经济、军事安全、信息科技等领域捆绑，还加紧在全球范围内争夺对发展中国家的影响力。鉴于中国"一带一路"倡议和"全球发展"与"全球安全"倡议在发展中国家获得积极支持和良好反响，以及发展中国家在乌克兰危机中对西方集体制裁表现消极，美国急于向发展中国家加大资源投入，对冲中国不断扩大的影响力。2022年，美国连续主办了"美国—东盟特别峰会""美洲峰会""美国—非洲峰会"三场峰会，拜登还赴沙特参加了"美国—海湾国家峰会"。美国与东盟发表联合愿景声明并将双边关系提升至"全面战略伙伴"，寻求与拉美国家"重置关系"，呼吁与非洲国家"建立新伙伴关系"，保持在中东地区的影响力，但是与美国高调举办峰会、提出愿景相比，美国愿意拿出的资源与发展中国家的现实需求相比非常有限且难以匹配，因此这些外交活动最终成果寥寥。

（三）传统安全问题回归，非传统安全挑战发酵

乌克兰危机的爆发使大国博弈与地缘政治对抗大幅升级，欧洲重现大国对峙局面，美西方与俄罗斯关系急转直下，美国借乌克兰危机炒作台海问题，收紧对华遏制包围圈，中美关系进一步恶化，大国竞争与地缘政治对抗这一重大传统安全问题迅速抬头，这削弱了国际社会应对各类非传统安全挑战的能力。

一是地缘政治对抗大幅升级，传统安全问题加速回归

全球安全体系遭到明显破坏，这主要表现在三个方面。

第一，乌克兰危机爆发，美西方与俄关系出现重大转折、走向对峙。2022年2月24日，俄罗斯开启了对乌克兰"去纳粹化、去军事化"的"特别军事行动"。乌克兰危机爆发，很大程度上加剧了地缘政治的对抗升级。在此背景下北约"复活"，多国增加军备。这些举措无益于解决乌克兰危机，反而大幅增加了欧洲的紧张态势，并进一步威胁国际稳定与安全。

第二，在地缘政治对抗加剧背景下，2022年伊核问题和朝核问题均有升温。美国和伊朗关于核协议的谈判破裂。根据国际原子能机构的报告，伊朗拥有的高浓缩铀储备已经足以制造原子弹，而且伊朗在不久的未来可能拥有远程核弹头。由于伊朗已经被卷入乌克兰危机当中，恢复伊核协议谈判变得更加困难。在此背景下，中东地区的安全局势更加难测。与此同时，朝核

问题也在发酵当中。2022年朝鲜连续试射各型导弹，次数频繁程度远高于往年。2022年5月上台的韩国尹锡悦政府则一改前任政府的政策，对朝鲜采取了强硬立场，并加强了与美日的军事安全合作。朝核问题仍是东亚地区安全秩序的重要挑战。

第三，西亚非洲等地区的传统安全问题更难管控。其中，中东地区各主要国家之间关系虽有所缓和，但安全局势仍然脆弱。由沙特支持的也门政府与伊朗支持的胡塞武装间的内战已持续7年之久。2022年3月25日晚，也门胡塞武装对沙特境内的多处石油设施发动了新一轮袭击，而沙特领导的多国联军亦对也门首都萨那等地发动空袭。在伊拉克的斡旋下，伊朗、沙特进行了多轮谈判，4月2日，也门停火协议生效，并于6月延长两个月，但也门安全局势依然脆弱。同时，巴以关系有所缓和，但冲突仍然不时发生。3月下旬到4月，双方发生多次军事冲突，巴勒斯坦向以色列多次发射火箭弹，而以色列则空袭了加沙地带多个目标。8月，巴勒斯坦杰哈德组织与以色列短暂交火，以色列定点击杀两名杰哈德高级军事领导人。在非洲地区，受能源与粮食价格冲击，多国出现政局动荡。2022年，布基纳法索等非洲国家发生政变，几内亚比绍、冈比亚、圣多美和普林西比等多国发生未遂政变。埃塞俄比亚政府虽与提格雷武装签订和平协议，结束了持续两年的内战，但非洲之角安全局势依然脆弱。

二是非传统安全问题持续发酵，对安全、治理和国际关系造成广泛影响

第一，能源、粮食安全压力凸显。伴随美西方国家对俄发起前所未有的能源制裁和经济战，全球陷入能源危机。与此同时，"北溪一号""北溪二号"这两条俄对欧主要输气管道遭到人为破坏，发生严重泄漏事故，使得管道更难从无限期关闭中恢复供气。欧洲受能源危机影响最大，欧洲企业成本大幅度上升，竞争力大幅下降。面对因乌克兰危机而加剧的国际粮食危机，首当其冲的是严重依赖俄乌两国粮食供应的北非和中东国家，黎巴嫩、突尼斯、也门、利比亚和巴基斯坦等国的压力尤其大。根据世界粮食署的测算，乌克兰危机的爆发将使得全球粮食不安全和高风险人口增加4700万人，总规模达到近3.45亿人，较2020年新冠疫情发生前增长约72.5%。其中

5000 万人身处粮食紧急状态，88.2 万人身处灾难状态，尼日利亚、也门、肯尼亚与南苏丹等国可能出现严重饥荒。

第二，极端气候灾害持续发生。2022 年极端天气频发，并造成重大影响。2022 年夏天温度之高、延续时间之长、波及范围之广、影响之大，都创历史之最。尽管 2022 年夏天是有史以来最炎热的一个夏天，但按照国际气象科学家的说法，却"可能是未来三十年最好的夏天之一"。2022 年夏天，美国多州的最高温度刷新历史，43 个地区创下了有记录以来的"最热7 月"，也面临 1000 年以来最严重的干旱；欧洲 40℃以上的高温天气频发，带来了严重的干旱，有欧盟气候专家估算，这是欧洲 500 年以来最严重的一次干旱。2022 年，海洋持续升温，成为有现代海洋观测记录以来最暖的一年，英国《卫报》曾对此做过估算，这些升温的热量相当于每秒有 6 颗广岛原子弹爆炸的能量。此外，海洋"咸变咸，淡变淡"的盐度变化态势加剧，海水垂向层化现象持续加强。海洋物理环境的显著变化严重威胁了海洋生态环境与人类可持续发展，也是更多极端气候事件发生的重要原因。极端天气频发加剧了粮食危机和能源危机，也推升了经济危机和社会危机，同时也给生物以致命影响。

第三，应对新冠疫情肆虐，依然是卫生领域的全球优先事项。2022 年初，传播性极强的新型冠状病毒最新变种——奥密克戎变异株席卷欧洲，欧洲每周的新增确诊病例达历史新高，但死亡人数相比此前的疫情高峰较低。虽然拜登于 9 月宣布新冠疫情大流行在美结束，但据美国疾病控制和预防中心（CDC）最新数据，与此前相比，2022 年呼吸道疾病出现得更早，感染人数也更多。世界卫生组织（WHO）指出，虽然许多国家开始放松封锁和其他行动限制，新型冠状病毒仍然对人们的生命健康构成威胁，截至 2022 年 8 月，各国报告的新冠死亡病例突破 100 万例。当前还有部分地区再次暴发霍乱、埃博拉和猴痘疫情，进一步增加了全球卫生体系压力。

第四，恐怖主义和难民潮。恐怖主义仍然是全球安全的重要威胁。2022 年 3 月 4 日，两名武装分子袭击巴基斯坦西北部城市白沙瓦一座什叶派清真寺。4 月 26 日，卡拉奇大学孔子学院遭遇恐怖袭击，俾路支解放军宣布对袭击负责。6月25日，挪威奥斯陆三个地点发生群体枪击案，警方将枪击事件作为恐怖主义行为进行调查。9月25日，索马里首都摩加迪沙军事基地遭遇恐怖袭击。12月12日，阿富汗首都喀布尔一家华人聚集的龙安饭店遭遇恐怖袭击。部分发达国家国内恐怖袭击频率增加。联合国难民署称，2022年约有1亿人被迫离开家园，流离失所。在全球许多地方，包括乌克兰、也门、埃塞俄比亚、布基纳法索、叙利亚和缅甸，暴力的出现或长期的冲突是造成人们迁移的关键因素。成千上万难民将欧洲视为首选目的地，把自己的生命交到人口贩运者手中，踏上穿越地中海的危险旅程，这些旅程往往以悲剧告终。

（四）全球治理艰难前行，"一带一路"增亮添色

在全球治理领域，阻碍和干扰合作的因素持续增加，现有全球治理机制和平台越来越难以有效应对日益凸显的全球问题和挑战，治理赤字有增无减。值得一提的是，一些区域和跨区域合作取得新的进展，国际社会共建"一带一路"空间持续扩大，为全球发展治理增加了新的动力。具体来说，2022年全球治理主要呈现如下特征和变化。

一是全球治理更趋政治化、工具化和武器化

在全球经济复苏步伐放缓之时，少数大国单边主义、保护主义盛行，国际宏观经济政策协调难度持续加大。作为全球经济治理的重要平台，二十国集团（G20）也面临成员之间的分裂，合作进程受到严重干扰。2022年7月，G20财长和央行行长会议因有关国家对乌克兰危机持有的强硬立场，各成员之间的分歧更加凸显，未能就当前粮食、能源、气候变化、新冠疫情等严峻问题进行有效沟通和协调，并未发表最终的联合公报。会议期间，来自美国、加拿大等国的代表谴责了"俄罗斯对乌克兰的战争"，指责俄罗斯政府发动"战争"，对全球经济造成巨大冲击；当俄罗斯代表开始发言时，美国财政部部长耶伦与乌克兰代表还退出会场表示抗议。2022年11月，G20领导人第十七次峰会在印度尼西亚巴厘岛举行。由于少数成员将峰会政治化和工具化，G20成员之间的矛盾和分歧更加凸显，峰会成果远低国际社会的

预期。尽管 G20 在敦促发达成员采取负责任的宏观经济政策和履行推动全球可持续发展的义务，以及在国际税收、资本流动、普惠金融、金融市场监管等方面取得了一些新的共识，但仍缺乏务实的行动举措。尤其是全球主要国家能否进一步推进国际税收改革和加强税收征管合作，从而推动构建全球税收新秩序，为全球经济复苏提供更有力的财政支撑值得关注。因此，全球主要国家能否进一步加强宏观经济政策协调，并推动全球经济治理取得实质性进展，仍是影响全球经济复苏进程的重要因素。

由于一些国家的阻挠，联合国安理会、WTO、IMF、世界银行等全球治理机制的改革和建设仍进展缓慢，不仅未能充分发挥维护国际和平和全球经济金融稳定的功能，其自身的正常运行甚至也得不到有力保障。随着乌克兰危机爆发，联合国安理会改革问题再次引发国际社会日益广泛关注，五大常任理事国之间的立场明显分化，印度、巴西、日本、德国等国也加大了对联合国安理会合法性和权威性的质疑。在俄罗斯一票否决美在安理会提出的涉乌提案后，美英法等国对其表达了谴责，并联合 80 多个国家推动联大通过有关在安理会发生投否决票情况时进行大会辩论的长期授权决议，授权该机构在安理会常任理事国行使否决权后举行会议，所有联合国成员都可以在会议上对该否决票进行审查和评论。在美国的推动和干预下，世界银行停止了在俄贷款或投资项目，国际清算银行暂停了俄罗斯使用该机构提供的服务，一些 WTO 成员宣布剥夺俄关键产品最惠国待遇。美国还威胁将俄罗斯踢出 WTO 和 WHO 等重要国际机制。此外，由于成员分歧难以弥合，在气候变化、可持续发展、生物多样性等治理领域，相关国际机制的职能也未能得到有效发挥。

二是区域和诸边合作呈现新亮点

由于逆全球化挑战不断加大，全球治理呈现碎片化发展态势，区域和诸边合作在推进全球治理方面日益发挥重要作用。在区域合作方面，《区域全面经济伙伴关系协定》（RCEP）落地落实，成为区域治理的最大亮点之一。2022 年 1 月 1 日，RCEP 对中国、日本、新西兰、澳大利亚以及文莱、柬埔寨、老挝、新加坡、泰国、越南等 6 个东盟成员国正式生效，2 月 1 日对韩国生效，3 月 18 日对马来西亚生效，5 月 1 日对缅甸生效；2023 年 1 月 2

日，RCEP 对印度尼西亚生效。至此，在 15 个签署成员国中，除菲律宾外的其他成员均已实施这一协定。RCEP 的生效实施是亚太区域应对单边主义和保护主义挑战、促进贸易投资便利化和自由化的有力举措，为区域经济合作乃至世界经济复苏提供了新动能。据中国海关统计，2022 年中国与 RCEP 其他 14 个成员国货物贸易总额为 12.95 万亿元，较上年增长 7.5%；其中，中国与东盟货物贸易总额为 6.52 万亿元，较上年增长 15%。东盟继续为中国第一大贸易伙伴，占中国货物贸易总额的比例达 15.5%。彼得森国际经济研究所的报告估计，到 2030 年，RCEP 每年将使全球 GDP 增加 1860 亿美元，并为成员国带来 0.2% 的经济增长。[1] 布鲁金斯学会最新的研究结果也显示，到 2030 年，RCEP 每年可为全球增加 2090 亿美元的收入，使世界贸易额增加 5000 亿美元；并估计 RCEP 和 CPTPP 加在一起能够抵消中美贸易摩擦造成的全球福利损失。[2]

作为全球治理的新兴力量，金砖国家不断深化彼此合作，并带动更大范围的新兴市场和发展中国家合作，使全球治理更具包容性、代表性和参与性。2022 年 6 月，以"构建高质量伙伴关系，共创全球发展新时代"为主题的金砖国家领导人第十四次会晤成功举行，五国领导人就加强和改革全球治理、团结抗击疫情、维护和平与安全、促进经济复苏、加快落实 2030 年可持续发展议程、深化人文交流以及完善金砖机制建设等议题达成新的共识，核准了《金砖国家加强多边贸易体制和世贸组织改革声明》《金砖国家数字经济伙伴关系框架》《金砖国家贸易投资与可持续发展倡议》《金砖国家加强供应链合作倡议》《金砖国家政府和社会资本合作推动可持续发展技术报告》等重要文

---

[1] Peter A. Petri and Michael G. Plummer, "East Asia Decouples from the United States: Trade War, COVID-19, and East Asia's New Trade Blocs," Peterson Institute for International Economics Working Paper, Vol. 20, No. 9, 2020, p. 5.

[2] Peter A. Petri and Michael G. Plummer, "RCEP: A New Trade Agreement That Will Shape Global Economics and Politics," November 16, 2020, https://www.brookings.edu/blog/order-from-chaos/2020/11/16/rcep-a-new-trade-agreement-that-will-shape-global-economics-and-politics, accessed: 2022-12-30.

件。① 同时，金砖国家领导人还明确支持通过讨论推进金砖国家扩员进程，并强调在充分协商和共识基础上通过金砖国家事务协调人渠道明确扩员进程的指导原则、标准和程序。这表明，金砖国家已启动新一轮扩员进程，并将围绕扩员问题进行面向未来的制度性安排。截至 2022 年底，伊朗、阿根廷、阿尔及利亚、沙特、印尼明确表态希望加入金砖机制，墨西哥、土耳其、埃及、泰国、尼日利亚、孟加拉等国也表现出浓厚兴趣。金砖国家持续推进开放合作与少数国家推行"小院高墙"的封闭排他政策形成了鲜明对比。

三是"一带一路"合作空间持续拓展

在和平赤字、发展赤字、安全赤字、治理赤字加重的背景下，国际社会持续推进共建"一带一路"高质量发展，为国际合作和全球治理提供了重要支撑。共建"一带一路"倡议的吸引力和影响力不断增强，朋友圈不断扩大。2022 年以来，中国分别与阿根廷、尼加拉瓜、叙利亚、马拉维、巴勒斯坦和土库曼斯坦签署共建"一带一路"合作谅解备忘录，与摩洛哥、古巴签署共建"一带一路"合作规划，与非盟举行共建"一带一路"联合工作组首次会议。截至 2023 年 1 月中旬，中国已经同 151 个国家和 32 个国际组织签署了 200 余份共建"一带一路"合作文件。

在贸易和直接投资合作方面，中国与"一带一路"沿线国家取得了实打实的显著成效，为国际经济合作和经济复苏持续注入强劲动力。中国海关总署数据显示，2013～2022 年中国与"一带一路"沿线国家货物贸易额年均增长 8.6%；2022 年，中国与沿线国家货物贸易额达 13.83 万亿元，创历史新高，较上年增长 19.4%，较中国货物贸易总体增速高 11.7 个百分点；同年，中国与沿线国家货物贸易额占中国货物贸易总额的比例达 32.9%，较上年上升了 3.2 个百分点，较 2013 年上升了 7.9 个百分点。② 中国商务部数据显示，2022 年 1～11 月，中国对"一带一路"沿线国家非金融类直接

---

① 《金砖国家领导人第十四次会晤北京宣言》，《人民日报》2022 年 6 月 24 日，第 2、9 版。

② 《国务院新闻办就 2022 年全年进出口情况举行发布会》，中国政府网，2023 年 1 月 13 日，http://www.gov.cn/xinwen/2023-01/13/content_5736993.htm，最后访问时间：2023 年 1 月 15 日。

投资额为 191.6 亿美元，较上年增长 6.5%。①

在基础设施互联互通方面，"一带一路"合作硕果累累，为落实联合国 2030 年可持续发展议程奠定了更加坚实的基础。中老铁路客货运输量快速增长，国际物流黄金大通道作用日益凸显。自 2021 年 12 月中老铁路开通运营一年来，全线开通 24 个客货运站，累计发送旅客 850 万人次，其中国内段 720 万人次、老挝段 130 万人次；发送货物 1120 万吨，其中跨境货物超190 万吨。② 中欧班列继续安全稳定运行，运力持续增长。2022 年，中欧班列共开行 1.6 万列，运送货物 160 万标箱，分别较上年增长 9%和 10%，联通中国境内 108 个城市以及欧洲 25 个国家 208 个城市。③ 此外，匈塞铁路贝诺段开通、雅万高铁全线 13 座隧道全部贯通、佩列沙茨跨海大桥开通、吉布提港铁路场站正式投产等亮点纷呈。④ 截至 2022 年，亚投行面向全球 33个国家累计批准 202 个项目，融资总额超过 388 亿美元，撬动资本近 1300亿美元，有力推动了相关国家能源、交通、水务、通信、教育、公共卫生等领域的可持续基础设施建设与经济复苏。⑤

二 2023年全球重大风险

随着世界各国面临的各种短期问题和长期因素日益凸显和交织叠加，全球和平、发展、安全和治理赤字仍在继续加重，全球经济、政治和社会发展

① 《前 11 个月我国对外非金融类直接投资同比增长 7.4%》，中国一带一路网，2022 年 12 月24 日，https://www.yidaiyilu.gov.cn/info/iList.jsp? cat_ id = 10002&info_ id = 298477&tm_id = 126，最后访问时间：2023 年 2 月 22 日。

② 《中老铁路开通一年交出亮眼成绩单》，《光明日报》2022 年 12 月 3 日，第 4 版。

③ 《国铁集团：2022 年开行中欧班列 1.6 万列、发送 160 万标箱》，国务院新闻办公室网站，2023 年 1 月 4 日，http://www.scio.gov.cn/31773/35507/35513/35521/Document/1734894/1734894.htm，最后访问时间：2023 年 2 月 13 日。

④ 《高水平对外开放的中国为全球经济注入新动力》，《金融时报》，中国金融新闻网，2022 年9 月 16 日，最后访问时间：2023 年 2 月 13 日。

⑤ 《亚洲基础设施投资银行开业七周年，项目遍布全球 33 个国家》，光明网，2023 年 1 月 16日，https://m.gmw.cn/baijia/2023-01/16/1303255615.html，最后访问时间：2023 年 2 月13 日。

等领域仍面临较大的不确定性和不稳定性。展望 2023 年，全球重大风险需关注以下十个方面。

（一）中美关系出现新变数

2022 年 11 月中美在巴厘岛 G20 峰会期间举行了双边峰会，双方同意推动中美关系重回健康稳定发展。拜登总统向中方做出"五不四无意"新承诺。这次峰会使遭受佩洛西窜台重大冲击的中美关系得以初步缓和，但 2023 年仍可能出现新变数，管理世界上两个最大经济体之间的复杂政治关系面临新考验。

拜登政府于 2022 年 5 月推出以"投资、联盟、竞争"为支柱的对华战略，10 月正式推出新版《国家安全战略》，并要求在"决定性的十年"中"竞赢"中俄等战略竞争对手，维护美国主导的国际秩序。从具体做法来看，投资自身方面，美国通过了《芯片与科学法》《通胀削减法》等系列法案，通过美式产业政策提升国家竞争力；联盟方面，以"印太战略"为先导，在军事安全领域拓展美日印澳"四国机制"、新建"美英澳安全联盟"、强化美日韩同盟、引导北约参与印太事务等，在经济领域推出"印太经济框架""全球基础设施投资伙伴""芯片四方联盟"等；竞争方面，美国扩大对华出口管制，并联合盟友设置"高墙"限制中国发展。2023 年美国将继续开展"保护议程"，把中国本土创新视为安全威胁并严厉打压。这些政策将为全球政治经济稳定带来巨大挑战。

2023 年台湾问题可能引发中美关系再度脱轨。2022 年 8 月佩洛西窜访台湾地区后，美参议院外委会匆忙提交的"台湾政策法案"未获通过，但其主要内容，特别是强化美台军事合作、推动台加入国际组织等条款均已搭载在年度《国防授权法》中通过。同时，中期选举后共和党主导的众议院在涉台问题上更具挑衅性，可能强化美台高层交往和军事合作，从而进一步掏空一个中国的政策。此外，美国基于"民主与专制"体制竞争的世界观，以及中国是"唯一有意愿和能力挑战现行国际秩序"的中国观，都预示着美国可能在东海南海等海洋领土争端、涉疆涉藏涉港等中国内政等诸多问题上持续对华施压，中美之间存在多个冲突风险点。

（二）全球经济失速并进入衰退

在通胀飙升、央行加息、投资减少以及乌克兰危机持续的背景下，全球经济下行压力持续加大，不排除2023年全球经济增速出现大幅下滑并陷入衰退的可能性。由于全球通胀水平仍处于高位、回落过程较为缓慢，以美欧国家为代表的中央银行货币政策可能会出现过度紧缩，这将迅速提升各国政府的融资成本，从而进一步挫伤经济复苏的脆弱动力。据估计，到2025年，全球利息支出占GDP的比例将上升至1.5%~3.0%。世界银行研究报告显示，如果将全球通胀率降至5%的目标水平，各国央行需再加息2个百分点，可能使2023年世界经济增速降至0.5%。IMF总裁克里斯塔利娜·格奥尔基耶娃（Kristalina Georgieva）也在2022年1月初的发言中提到，2023年全球1/3的经济体将受到经济衰退冲击。

主要发达经济体能否实现软着陆值得关注。从已有的各种预测数据来看，美欧两大经济体在2023年出现衰退的可能性显著增大。主要新兴市场和发展中经济体当中，除了中国经济增速将出现显著复苏之外，包括印度在内的其他国家经济增速几乎都将呈现下降。在全球经济增速明显走弱的背景下，全球贸易与投资也将遭受损害。2022年10月，WTO预计2023年全球贸易的增速仅为1.0%。随着主要国际机构对经济增速预期的进一步下调，全球贸易增速预期可能会进一步下调。

与此同时，疫情余波仍在产生持续影响，地缘政治的不确定性也仍然较高。尤其是如果2023年乌克兰危机进一步升级和蔓延，则欧洲的能源需求、部分发展中国家的粮食需求等都将面临较大的结构性问题。这些冲击可能对欧洲、部分发展中国家所在的供应链环节和市场需求造成破坏，并进一步恶化全球经济增长的基本面。尤其是在欧洲，高能源价格将常态化，其面临的滞胀风险显著高于世界其他地区。

（三）乌克兰危机升级蔓延

2023年乌克兰危机继续升级甚至蔓延的风险在持续增大。在战场上，经历了俄军进攻和乌军反攻之后，两军战线陷入僵持，但双方都在准备更大规模的进攻。美欧已经分别通过新法案在 2023 年向乌克兰提供军事和经济援助。美国国会在 2022 年 12 月通过了 2023 财年政府预算，其中包含了新的高达 449 亿美元的对乌援助。参加"乌克兰国防联系小组"的其他 50 多个西方国家，也承诺向乌克兰提供 414 亿美元援助，其中欧盟已经通过立法要在 2023 年向乌克兰提供 180 亿欧元借款。这意味着乌克兰已经获得了 2023 年所需的战争经费。俄罗斯方面则针锋相对，在征兵 30 万人、扩大军工生产规模后，普京于 2022 年 12 月批准将俄武装部队扩员至 150 万人，并承诺国防预算"无上限"。

与此同时，国际社会期待的俄乌谈判却难以启动。俄总统普京称俄已经就可接受的方案做好谈判准备，但乌克兰及其西方支持者拒绝对话。事实上无论是泽连斯基提出的"和平十条"方案，还是俄方坚持的"特别军事行动"战略目标，都与对方预期相差太远，无法构成恢复和谈的基础。在泽连斯基访美获得各界力挺和俄罗斯加大力度摧毁乌克兰基础设施之际，如果战场态势不发生根本性改变，俄乌双方短期内均难看到谈判解决冲突的意愿。

下一阶段，乌克兰危机升级或蔓延可能有以下六种情形。一是双方升级无差别攻击民用基础设施，造成更大规模人道主义灾难。二是乌军如果进攻得手，决定越过俄军出发线，强行收回顿巴斯和克里米亚，可能迫使俄罗斯使用战术核武器。三是俄军如果转守为攻，直接威胁基辅政权或乌战略后方，部分北约国家的军队可能直接参战。四是乌克兰危机久拖不决可能引发双方国内政局不稳，甚至发生重大变化。五是白俄罗斯、科索沃、阿塞拜疆、土耳其等国家和地区借乌克兰危机挑起新的冲突。六是美西方与俄罗斯的博弈还可能扩展至中东、非洲、南亚、拉美等一些国家，引发更多地区不稳定或国内武装冲突。

（四）热点地区政治对抗加剧

在通胀压力下，2022 年拜登政府甚至加快了对伊谈判步伐，但由于美国国内政治原因，拜登政府无法向伊朗提供坚持履行核协议的保证，最终谈判破裂。2022 年 9 月，国际原子能机构报告显示，伊朗的高浓缩铀储备已经增长到足以制造原子弹所需水平。同时，伊朗还在 2022 年两次进行火箭飞行试验并推出了新型弹道导弹，这意味着伊朗将在不久的未来拥有可远程投送的核弹头。美欧还不断指责伊朗镇压国内抗议活动和向俄罗斯提供无人机用于打击乌克兰，这表示西方已无政治意愿重返伊核谈判，恢复伊核协议的外交空间正快速萎缩。2023 年，西方可能提高对伊制裁水平，美国和以色列可能对伊朗核设施发动直接攻击，美伊在霍尔木兹海峡附近发生冲突可能性将再次升高。此外，不排除内外反伊朗政权势力借伊朗最高领导人政权交接之机煽动内乱。

2019 年朝美核问题谈判破裂后，朝鲜开始加速发展核武器和全系列弹道导弹。2022 年朝鲜连续进行近程、中程、洲际各型导弹试射超过 70 次，远高于往年。这些导弹在理论上甚至可以到达美国本土。2022 年底金正恩提出在 2023 年要加快推进高超声速导弹、固体燃料洲际弹道导弹、侦察卫星、战术核武器、核潜艇及潜射和战略武器五大核心课题，不排除朝鲜在 2023 年试验小型化战术核武器。与此相对，2022 年 5 月上台的韩国总统尹锡悦改变了对朝政策，决定采取强硬立场。韩国恢复了美韩大规模联合军演，强化了与美日军事安全合作，还在新版国防五年规划（2023~2027 年）中大幅增加国防投入至 2613 亿美元。特别是在朝鲜无人机越界进入韩国领空后，韩国总统立即命令成立无人机部队，两国对抗更加激烈，给本地区带来的冲突风险也会继续上升。

在科索沃、巴勒斯坦、叙利亚、也门、利比亚等问题上，相关各方的政治解决仍面临较大困难，相关国家和地区的局部动荡也难以避免。在其他地区，一些国家内部族群冲突以及国家之间领土争端也需要关注。

（五）极端自然灾害频发

近年来，极端自然灾害发生的频率和强度都在不断增加。这些灾害既包括地震、火山和海啸等地质灾害以及与天气有关的气象灾害，也包括作物害虫和流行病等生物灾害。联合国减少灾害风险办公室（UNDRR）发布的《减少灾害风险全球评估报告2022》显示，在 2001 年至 2020 年间，全球报告的大中型灾害事件平均每年约 350~500 起，而此前的 30 年间平均每年约 90~100

起。到 2030 年将进一步增加到 560 起。① 根据世界气象组织（WMO）的预测，2023 年将会出现"三峰拉尼娜"现象，延长受影响地区的干旱或洪水状况，降低主要作物的产量及供给。同时，各种极端自然灾害的风险将进一步加大，并对全球经济社会发展和国际关系带来重大影响。

极端自然灾害将直接造成经济损失，并使全球可持续发展进程遭受严重冲击。据瑞士再保险公司的估计，2022 年包括极端气候事件在内的自然灾害造成了 2600 亿美元的损失，比此前 10 年的年平均损失增加了 25.6%。② 据 UNDRR 报告，过去 10 年间发展中国家遭受的灾害损失占国内生产总值的比例约为 1%，而发达国家的这一比例则为 0.1%~0.3%。可见，很多发展中国家和地区的防灾抗灾能力仍然有限，如果遭受更大范围的极端自然灾害，相关国家和地区的可持续发展进程将进一步受挫。

极端自然灾害也将引发人道主义危机，导致社会动荡不安。极端自然灾害导致的粮食歉收，将进一步加剧相关国家和地区的粮食不安全状况。由于各种原因，多个国际组织预测全球粮食供应将在 2022 年/2023 年降至三年来最低点。③ 同时，极端气候灾害将使很多国家和地区民众的健康面临更大威胁。气候变暖导致的冰川融化，使数万年前甚至上千万年前的病毒从冻土层中释放出来，加速了新传染病的出现；气候变暖也加速了已有传染病的扩散和蔓延。由于极端自然灾害对穷国冲击更大，一旦发生大型自然灾害，这些国家出现人道主义危机的概率将大幅上升。

（六）重大领域的全球治理失效

当前新冠疫情影响深远、世界经济复苏乏力、全球性问题加剧，这些呼

---

① United Nations Office for Disaster Risk Reduction, *Global Assessment Report on Disaster Risk Reduction 2022: Our World at Risk: Transforming Governance for a Resilient Future*, Geneva, 2022, p. 17.

② Hurricane Ian Drives Natural Catastrophe Year-to-date Insured Losses to USD 115 Billion, Swiss Re Institute Estimates, December 1, 2022, https://www.swissre.com/press-release/Hurricane-Ian-drives-natural-catastrophe-year-to-date-insured-losses-to-USD-115-billion-Swiss-Re-Institute-estimates/2ab3a681-6817-4862-8411-94f4b8385cee, accessed: 2023-02-13.

③ 《多个国际组织预测 2022/2023 全球粮食供应将降至三年来最低点》，光明网，2023 年 2 月 9 日，最后访问时间：2023 年 2 月 13 日。

唤着全球治理机制发挥更大作用。但同时，逆全球化思潮抬头，单边主义、保护主义明显上升，局部冲突和动荡频发，世界进入新的动荡变革期。尤其是一些国家日益将全球治理政治化、工具化和武器化，全球治理的重要平台和机制的功能不断弱化，全球治理赤字日益加重。

在政治安全领域，2022年2月爆发的乌克兰危机持续胶着，让国际社会对现有国际机制履行职能的信心大幅受挫。截至2022年底，在乌克兰问题上联合国大会经过13次会议讨论通过了4项决议，① 但俄乌双方仍未实现停火。联合国安理会更是无法对乌克兰危机形成任何决议并采取有建设性的一致行动。12月，作为欧洲最重要的安全机制——欧洲安全与合作组织举行了乌克兰危机爆发以来的首次部长级理事会会议，但由于轮值主席国波兰限制俄外长拉夫罗夫入境，使其被迫缺席了本次会议，会议也因此无果而终。此外，欧盟成员在俄乌之间开展外交斡旋均未取得成效。如果全球和地区政治和安全机制继续失灵，不排除现有地区冲突继续升级以及爆发新的地区冲突的可能。

在经济发展领域，G20等全球经济治理平台在推动宏观经济政策协调、促进全球经济复苏和可持续发展方面的作用也日益有限。在2022年11月举行的G20巴厘岛峰会上，各成员在重大问题上出现了前所未有的分裂。面对全球经济下行、通胀高企、能源和粮食的不安全性加剧、金融风险上升以及全球供应链产业链受阻等挑战，G20不仅未能提供有效解决方案，还成为个别国家为其以邻为壑政策辩护和打压竞争对手的工具。同时，IMF、世界银行等机制也无法阻止越来越多国家陷入债务、货币和金融危机。此外，联合国系统等有关气候变化、可持续发展、生物多样性等领域的专门会议如果不能凝聚各方共识，全球将面临更加严峻的发展挑战。

（七）关键基础设施遭受重大破坏

2022年9月，俄乌冲突胶着之际"北溪"天然气管道被炸提示了关键

---

① 包括2022年3月通过的第ES-11/1号决议和第A/ES-11/2号决议，4月通过的第ES-11/3号决议和10月通过的第ES-11/4号决议。

基础设施所面临的重大安全风险。2023 年，在地缘政治冲突升温、全球恐怖主义抬头、自然灾害频发等背景下，全球金融、能源、交通、网络、公共卫生等关键基础设施领域面临的安全风险会持续增加，不排除出现影响重大的破坏性事件。

随着大国战略竞争不断深化，关键基础设施可能会成为地缘政治博弈的对抗工具和攻击目标。尤其是针对关键基础设施的网络和无人机攻击将会在国际安全危机中扮演更重要角色。由于网络空间的匿名性、隐蔽性、低成本和人员伤亡小的特点，对他国关键基础设施的网络攻击常被一些国家作为打压、损伤、扰乱对手的首选配套行动。俄乌冲突中，双方的关键基础设施均遭受了不明来源的网络攻击，在不同程度上影响到战争进程。同时，信息战、舆论战与网络战交织在一起，展示了数字时代混合战争的新形态。2023年，伴随着俄乌冲突的持续胶着、伊朗核问题以及中国周边问题等地区热点的发酵，关键基础设施面临的来自国家特别是在地缘冲突中选边站队的黑客集团的网络安全风险会持续上升，具体表现为网络攻击导致大规模数据泄露或关键基础设施系统无法正常运行的安全风险。

此外，关键基础设施也已经成为与国家有密切联系的半国家行为体，以及与当地局势有密切利益关系的犯罪集团和恐怖主义组织的攻击对象。一方面，乌克兰危机背景下，美国和北约输出武器的全球失控造成的武器流散，为暴恐和犯罪团伙提供了武器便利；另一方面，伴随着全球经济下滑、社会动荡加剧、恐怖主义活动升温、民粹极右势力抬头，犯罪活动更趋猖獗。在此背景下，暴恐和犯罪团伙会借机牟利，制造社会混乱，运用网络攻击或传统暴力手段，助推对关键基础设施的安全威胁。最后，自然灾害也是关键基础设施遭受重大破坏的主要因素之一。

（八）关键初级产品供应陷入困局

受全球经济衰退预期、主要发达国家紧缩性货币政策持续等因素的影响，2023 年全球关键初级产品价格将大概率呈现回落，但是地缘政治冲突和极端气候灾害等突发性因素仍可能导致全球关键初级产品供应中断，并出现初级产品价格大涨大跌的不稳定局面。

地缘政治冲突方面的潜在影响不容忽视。俄罗斯是石油、天然气、铁矿石、铜、镍和钯等能矿商品的主要出口国。欧盟对俄罗斯的能源禁运、制裁措施可能将严重影响俄罗斯能矿产品的出口。同时，乌克兰危机也可能再度引发黑海运输通道被封、能源运输设施被破坏等恶性事件发生，这将导致相关商品进口国面临"买不到"和"运不回"的风险。届时，这些产品市场供给的大幅减少将引发价格的飙升，进口国将进一步面临"买不起"的局面。

与能矿类初级产品不同，粮食供应安全还主要受到极端天气的影响。近几年来，干旱、火灾、洪水和台风等极端天气事件的频率在增加，气候变化正通过全球变暖、降水模式改变等极端天气影响着农业，其中最为突出的是粮食的供应安全问题。2023年可能会出现"三峰拉尼娜"现象，受影响地区的干旱或洪水状况将会延长，主要作物产量及供给将会减少。极端气候灾害造成的粮食供应风险，将对发展中国家造成更严重的冲击。发展中国家本就面临本币贬值、融资困难、财政空间压缩等问题，其应对粮食安全危机的能力进一步减弱，新的冲击可能导致更加严重的粮食危机出现。根据联合国统计，2016~2021年全球受严重粮食不安全影响的人数几乎翻了一番，到2022年有可能进一步攀升至2亿多人。①

在政策层面，随着资源民族主义和保护主义日益盛行，以及乌克兰危机和极端气候导致的能源、粮食、矿产等初级产品供给中断，一些国家可能通过加大出口管制干预初级产品的贸易流通，并推动组建"锂佩克""镍佩克"等资源生产和出口国联盟，从而推升相关初级产品价格上涨以及供给短缺带来的风险。

（九）部分国家出现债务和金融危机

国际金融协会（IIF）数据显示，2022年第三季度末全球债务余额为

---

① FSIN, *Global Report on Food Crises-2022*, 4 May 2022, https://www.wfp.org/publications/global-report-food-crises-2021, accessed: 2023-01-25.

290万亿美元，占全球GDP比例高达343%。美欧央行改变了长期以来的低利率政策，全球金融市场也将发生剧烈调整。这种影响在2023年将表现得更为明显。

预计2023年美国、欧洲等发达经济体央行仍将继续加息一段时间，相关经济体的衰退预期也将升温，全球主要金融市场将加剧调整。其中，欧债风险是2023年的"灰犀牛"事件。当前欧元区政府债务和财政赤字压力并不弱于2010年欧债危机爆发前夕。欧央行加息将使得边缘国家的债务风险更加突出。欧洲爆发货币危机、流动性危机甚至债务危机的可能性都在上升。同时，要关注主要经济体资产价格下跌，通过抵押品机制引发信贷收缩、流动性危机甚至金融危机的风险。美债流动性枯竭可能是2023年全球金融稳定面临的最大威胁之一。

2023年陷入危机的发展中国家数量将进一步上升。受战争、疫情和通胀等多重影响，很多发展中国家已经相当脆弱。为应对冲击，发展中国家也被迫加大财政刺激力度，这导致过去三年其政府债务占GDP比重上升了10.7个百分点。低收入国家债务状况更为堪忧，69个国家中已有近60%的经济体已经或即将陷入债务困境。在2023年，美欧还将维持偏紧货币政策。对发展中国家而言，这意味着外部需求疲软和融资困境加剧。财政困境将加剧这些国家的危机。平均而言，最不发达国家需要把14%的财政收入用于支付债务利息，这一数字是发达国家的4倍。

总体上，2023年如下三类国家的债务风险值得关注。第一类是外债依赖程度高、历史信誉较差且经济复苏乏力的新兴市场国家，如阿根廷、土耳其、巴西、墨西哥等。第二类是受乌克兰危机影响较大的高债务国家，如意大利、卢森堡、匈牙利、摩尔多瓦、罗马尼亚、斯洛伐克、蒙古国、塔吉克斯坦、哈萨克斯坦等。第三类是粮食依赖进口、贫困问题严峻的重债穷国，如黎巴嫩、也门、叙利亚等。

（十）全球疫情出现反复

在全球疫苗分配不平等、各国政府政策放松、社会对新冠疫情应对疲劳和奥密克戎变异株不断涌现的背景下，不排除在免疫逃逸、耐药性、环境抵抗力等方面出现更具致病性或危害性毒株的可能性。自新冠疫情暴发以来，新冠病毒不断变异，致病性相对较弱的奥密克戎变异株获得了进化优势，奥密克戎变异株还分化出了许多亚变体，其中某些亚变体在很短时间内轮番成为占据传播优势的毒株。幸运的是，现有疫苗在预防重症方面仍然有效。尽管如此，新冠病毒变异速度快、产生的变体和亚变体种类多，未来疫苗能否继续保持预防重症的效力、变异毒株是否会演化出更强的耐药性和致病力，都存在巨大不确定性。

同时，新冠病毒和流感等其他病毒以及细菌感染叠加从而加重大流行危害的迹象值得关注。目前，美国已经出现新冠、流感和呼吸道合胞病毒的"三重流行"现象，推升了新冠病毒感染的重症率和死亡率。此外，受气候变化等因素的影响，其他传染病在区域乃至全球暴发并大流行的可能性大为增加。刊发于《自然·气候变化》（*Nature Climate Change*）的一项研究显示，在对全球人类造成影响的传染病可靠记录清单中，有58%（375种传染病中的218种）已被证明会因气候灾害而加剧。[①] 一旦新冠疫情反复或暴发其他重大疫情，各国可能被迫再次采取封锁、旅行禁令等措施，全球经济和社会稳定可能遭受更大冲击。

总之，在2023年无论是新冠病毒变异株还是其他病毒造成疫情大流行反复的风险不能忽视，各国有必要保持合理的卫生及财政资源冗余，以应对潜在的疫情及其对经济体系的冲击。

三　2023年全球重大趋势

当前，世界百年未有之大变局加速演进，新一轮科技革命和产业变革深入发展，国际力量对比深刻调整，世界动荡变革呈现新的特点与趋势。根据

[①] C. Mora, T. McKenzie, I. M. Gaw, et al., "Over Half of Known Human Pathogenic Diseases Can be Aggravated by Climate Change," *Nature Climate Change*, December 2022, pp. 869-875.

目前国际经济、政治和社会发展呈现的种种迹象，并考虑各种因素可能带来的影响，2023 年全球九大趋势值得关注。

（一）全球经济增长下行并步入中低速增长轨道

2023 年的全球经济将比 2022 年更加艰难。从目前趋势来看，全球经济中长期增长动力显著不足，2023 年全球经济增速下行几乎已成定局。在高通胀压力下美欧央行货币政策持续收紧，这对全球经济负面溢出效应日益凸显。同时，在地缘政治冲突和自然灾害等非经济因素冲击下，2023 年全球经济复苏将面临更大压力，经济增速可能进一步降至 2.5% 以下，明显低于IMF 目前测算的 2022 年 3.2% 的全球经济增速。

从中长期来看，全球潜在经济增速将难以得到较大提升。（1）疫情出现之前全球劳动年龄人口增速就已经呈现下降趋势，疫情出现之后年龄较大劳动者的工作意愿更是显著下降。仅以美国为例，疫情期间有接近 350 万人提前退休。年龄较大的劳动力一旦退出，其返回工作的适应能力也更弱，只有少部分可能缓慢回归，这部分影响需要多年时间来消化。（2）从劳动生产率来看，疫情对教育和人力资本积累的影响也将逐步显现。疫情导致了发展中国家和低收入人群更高的辍学率，在一些国家还发生了学校关闭的状况。另外，远程学习也导致教育质量下降。世界银行的研究显示：在疫情冲击下，全球劳动力终身收入的损失将达到 10 万亿美元，这些损失将在未来数十年时间陆续表现出来。（3）如果进一步别除资本投入来观察全要素生产率，2010 年代全要素生产率平均每年拉动经济增长 1.0 个百分点，到2020 年代将降至 0.8 个百分点。① 这也显示出技术创新与先进技术应用的步伐仍然缓慢。（4）从地缘政治角度来看，后疫情时代的全球化将面临更大挑战。中美关系紧张、疫情冲击，使得很多国家以及跨国公司开始权衡供应链的效率与安全。2022 年初爆发并持续至今的乌克兰危机使得一些国家开

---

① World Bank, *Global Economic Prospects*, January 2021, Washington, D. C.：World Bank, p. 119.

始呼吁"价值观"贸易。在此背景下，世界各国的贸易限制措施、制裁和反制裁措施都将对全球资源的优化配置产生持续负面冲击。未来3~5年，全球经济将维持3%左右的中低速增长水平。

（二）大国负和博弈引发全球经济与政治消极互动

近年来地缘政治紧张不断升级，加速了国际格局的变化，大国之间的零和博弈逐步发展为负和博弈，促使全球重新思考和调整经济发展和国家安全之间的关系，去全球化的消极互动成为中短期内全球经济与政治互动的主要特征。

一方面，美国国家安全战略将进一步转向大国竞争。美国战略决策者奉行"价值观外交"，不断将经贸问题和发展问题升级为地缘政治冲突和意识形态对抗，一些美国盟国也将经贸、科技、人文关系政治化。为最大限度发挥自身优势和快速压制竞争对手，美国不仅放弃合作共赢，甚至越过零和博弈，走向即使损害自身利益也要消耗对手的负和策略。这一策略的代表就是美国2022年通过了《芯片与科学法》和《通胀削减法》。在先进半导体产业和新能源产业，美国为了限制中国发展，大规模补贴本土生产，限制对华技术出口和自华产品进口。这些举措不一定能奏效，却让美国企业和美国盟友利益受损。美国在对华竞争中还决定保留加征关税，认为这是持续对华施压的政治筹码，但美国政府每年增收的关税无法弥补美国消费者的福利损失和美国厂商转移供应链的高额成本。

另一方面，各国经济增长受到新冠疫情、乌克兰危机、供应链断裂等多重冲击，伴随产生了更多的国内政治需求，要求政府救助和采取产业支持、保护政策，以确保供应链韧性，这也催生出更多保护主义政策。这些政策往往反过来降低全球供应链效率、限制关键技术和大宗商品供给，最终抬高通胀水平并造成更大社会不满。从西方向全世界扩散的经济与政治的消极互动强化了这种逆全球化趋势，推动全球供应链朝着国家安全和价值观边界重构，并使全球化的供需网络面临碎片化风险。当前推动这一趋势的最重要手段就是"相互依赖的武器化"，即以美国为首的西方国家越来越频繁采取金融制裁和贸易管制措施，从而使竞争双方两败俱伤。

（三）多极化体系呈现集团化趋势

随着非美国盟国、非西方国家、非白人基督教文明的综合实力持续提升以及在多极体系中拥有更多话语权，美西方开始对其主导权感到焦虑。拜登政府极力维护美国的全球"领导地位"，并不断强化跨大西洋联盟和跨太平洋联盟，再将两者整合为覆盖全球的西方"民主阵营"。以此为背景，2023 年国际体系中的集团化趋势将进一步深入发展，并突出表现在军事和经济领域。

军事上，乌克兰危机爆发后北约"复活"且军事活动显著增加，欲进一步"加强与印太伙伴的合作"。北约国家大力向乌克兰提供军事援助和战场支持，并批准在与乌克兰接壤的东南欧地区建立四个多国战斗群。北约国家还纷纷宣布增加军事开支。原本独立于北约之外保持相对独立的瑞典和芬兰也迅速申请加入北约。同时，北约在新战略概念中首次将中国列为"系统性挑战"，并提出"加强与印太伙伴的合作"。在太平洋地区，美国除了强化既有双边同盟，还大力推动美日韩三边安全合作、美日印澳四边机制，并新建立了美英澳三边安全同盟，形成了"印太地区"军事安全小集团化特点。

在经济上，以"印太经济框架"与"美欧贸易与技术委员会"（TTC）为主要依托，美国将进一步推动建立一种囊括美欧发达经济体的新冷战贸易集团，形成对所谓"非市场经济体"的共同贸易、金融和科技政策，并加大力度逼迫发展中国家选边站队。在印太方向，美国以"模块化"方式在 IPEF 的四个支柱领域中掺杂了供应链弹性、数据标准、环境和劳工、反腐败等议题，并始终暗含着经济排华目标。在大西洋方向，美国与欧盟建立了TTC 作为政策协调平台，还特别强调在出口管制、投资审查、科技标准、供应链安全、数据治理等十大工作领域体现"民主价值观"。2022 年 4 月 TTC牵头发布《互联网未来宣言》后共获得 61 个国家支持，其目的就是在网络空间以意识形态划线推进阵营化对抗。

（四）气候变化成为全球治理的主色调

作为一种长期影响因素，气候变化的负面影响在短期内加速积累，已成为各国政策不可回避的核心议题之一。相对日益凸显的其他全球性问题，气候变化的影响范围更加广泛，影响强度不断加大。近年来，温室效应日益突出，冰川加速融化，极端天气灾害增多，生态系统失衡加重，气候变化成为全球可持续发展面临的最严重威胁和挑战。

当前，全球可持续发展进程正步入关键节点，气候变化因素也将成为全球治理的主色调，并将在未来受到更多关注。英国气象局对全球气温预测表明，2023年将是地球有记录以来最热的年份之一，全球平均气温将可能比1850~1900年的平均气温高出约1.2℃。① 根据联合国政府间气候变化委员会（IPCC）发布的一项由来自60多个国家的234名科学家签署的气候变化报告，如果要实现全球气温升幅控制在不超过工业化前的1.5℃以内的目标，全球温室气体排放需在2025年前达到峰值，并在2030年前比2010年减少43%；按照目前全球减排的最佳情境，全球气温升幅也可能在2040年内达到1.5℃，比2018年的预测提前了10年。②

气候变化对人类的短期和长期影响正在加速凸显，国际社会围绕气候变化治理的博弈也日益加剧。在发达国家的技术和资金支持等问题上，各方分歧和矛盾也在日益凸显。这种分歧和矛盾充斥于2022年《联合国气候变化框架公约》第27次缔约方大会（COP27）的全过程之中。这也意味着全球气候变化治理的道路将更加曲折，达成全球共识和形成全球行动将更加艰难。2023年，第28次缔约方大会（COP28）将首次对《巴黎协定》目标进展进行盘点，各方应对气候变化的行动与成效将成为国际社会关注的焦点。此外，一些发达国家将以应对气候变化为名加大对发展中国家使用化石燃料的限制，并推出更加激进的加速制造业回流的政策，从而带来全球产业链供应链的深刻调整和变化。

---

① Grahame Madge, "2023 Set to Be Tenth Consecutive Year at 1°C or Above," December 20, 2022, https：//www. metoffice. gov. uk/about-us/press-office/news/weather-and-climate/2022/2023-global-temperature-forecast, accessed：2023-01-25.

② Priyadarshi R. Shukla, et al. eds., *Climate Change 2022：Mitigation of Climate Change*, Cambridge and New York：Cambridge University Press, 2022.

（五）全球人口老龄化、少子化与人口爆炸并行

虽然人口是影响经济社会发展的长期因素，但从中短期来看人口方面的负面影响正在加速显现。未来一个时期，全球生育率将继续下降，世界人口继续增长但增速将放缓，并且人口增长的不平衡性将更加突出。根据联合国《世界人口展望2022》报告，20世纪70年代初全球平均生育率为4.5，也即每名妇女平均生育4.5个孩子，2021年平均生育率已经下降到2.31，并且还将继续下降。生育率下降导致人口增速不断放缓。世界人口增长率已经从20世纪60年代的超过2%，下降到了2021年的1.0%，并且也将在未来进一步下降。①

从人口增长的地区分布来看，发达国家和地区人口占比持续下降，中亚、南亚及撒哈拉以南非洲部分国家人口迅速膨胀。当前，全球人口中有59%生活在亚洲，18%生活在非洲，9%生活在欧洲，8%生活在拉丁美洲及加勒比海地区，其余5%生活在北美洲和大洋洲。② 但是国家和地区之间的生育率存在显著差距，人口区域分布差距将进一步扩大，并呈现出新的分布格局。展望到2050年前后，欧洲和北美地区仍然维持较低生育率，依靠国际移民才能勉强维持人口规模；东亚及东南亚地区的人口增长逐渐式微；而中亚及南亚地区将成为世界人口中心，其中尼日利亚、刚果（金）、埃塞俄比亚人口将分列全球第四、第八、第九。

从全球人口的年龄结构来看，全球人口呈现结构性老龄化趋势。2022～2050年，欧洲和北美地区65岁以上老年人占比将从18.7%上升到26.9%，东亚和东南亚地区将从12.7%上升到25.7%。人口老龄化可能导致全球创新能力与意愿下降，储蓄率提高和消费减少，社保和医疗支出增加，财政可持续性受到挑战，并降低潜在增长率。从宗教、族群、移民等角度来看，全球人口增长还将出现一些重要的结构性变化，这将意味着国际和国内层次人

---

① UN DESA, *World Population Prospects 2022：Data Sources*, https：//population. un. org/wpp/Publications/Files/WPP2022_ Data_ Sources. pdf, accessed：2023-01-04.

② UN DESA, *World Population Prospects 2022：Data Sources*, https：//population. un. org/wpp/Publications/Files/WPP2022_ Data_ Sources. pdf, accessed：2023-01-04.

口结构的重大调整，并将给社会融合、政治稳定、对外政策和全球治理带来新的挑战。

（六）技术发展日益聚焦数字化与去碳化方向

在新一轮技术革命浪潮中，信息技术是当前全球创新突破最多的领域之一。根据《麻省理工科技评论》与世界经济论坛分别发布的全球十大突破性和新兴技术清单，2018~2022年约有四成出现在新一代信息技术领域，超六成技术创新与信息技术有关。在以物联网、大数据、人工智能、3D打印、区块链、生物技术等构建的数字经济时代，大规模定制、动态供应链、智能生产和服务、精准推送等将成为现代产业的新特点，并将改变全球经济发展和大国竞争模式。数字科技是大国博弈的重要方面，近年来主要经济体加大数字经济顶层设计，并借助政策支持、规则调整、制度安排等多方举措，抢占数字科技竞争制高点。同时数字技术对经济社会发展也存在负面影响，包括提高发展中国家被"低端锁定"的风险、加剧收入不平等，以及技术滥用和技术失控导致的网络安全、伦理失范甚至违法犯罪等问题。

与此同时，全球绿色科技创新不断取得新突破，大国绿色科技博弈加强。从PCT专利数量看，与能源、交通运输、产品生产、建筑等相关的减缓排放技术以及环境管理技术是当前全球绿色技术研发的重点领域。[①] 其中，能源领域的绿色技术专利占比高达30.4%。[②] 从突破性和新兴技术前沿看，近年来全球涌现出一系列低碳化技术，包括零碳排放天然气发电、绿色氢能、捕获二氧化碳、电动航空等。此外，新型材料与能源技术的结合促进了锂金属电池、等离子体材料的研发，有望带来能源利用效率的显著提高。同时，主要经济体普遍加快针对绿色技术开发的国际战略布局，大国绿色科技博弈明显加强。考虑到新能源技术高度依赖关键性矿产资源，全球能源转型还面临资

---

① 据世界知识产权组织分类，绿色技术包括替代能源生产、交通运输、能源节约、废弃物管理、农业/林业、行政监管与设计、核电七类。

② 秦阿宁、孙玉玲、王燕鹏、滕飞：《碳中和背景下的国际绿色技术发展态势分析》，《世界科技研究与发展》2021年第4期，第385~402页。

源民族主义、贸易保护主义、能源地缘政治冲突等挑战。而数字和绿色等科技领域缺乏全球治理体系，由其引发的全球性问题难以得到实质性解决。

（七）全球初级产品市场动荡加剧

在全球经济中低速运行的预期下，2023年全球初级产品需求将放缓，整体价格可能出现继续下调。但在供给侧，极端气候风险和地缘政治风险仍在威胁全球供应链的恢复。2022年飓风"伊恩"、黑海航运封锁、化肥出口限制、"北溪"天然气传输管道遭破坏、美欧对俄罗斯能源禁运和限价等影响供应链稳定的突发事件频发，预计2023年这类风险仍将存在，甚至可能进一步加剧，全球初级产品价格仍可能出现大幅波动。

初级产品价格的过度波动对出口国和进口国都将带来负面影响。对资源出口国而言，初级产品价格波动会影响其上游产能的扩张，尤其对高度依赖海外投资的国家，价格过度波动对投资的负面影响更为严重。对资源进口国而言，由于初级产品在社会生产体系中处于生产的前端，价格波动将影响社会生产的决策，从而影响整个产业链，同时也将考验政府采取快速、连贯的政策应对措施的能力。

此外，大国在关键资源领域的博弈也将是导致全球初级产品市场动荡的重要因素之一。能源转型正在改变初级产品的消费模式，关键性矿产资源相对重要性提升，大国对于关键性矿产资源的竞争加剧。中国的"2030碳达峰、2060碳中和"目标、欧盟的"能源独立计划"以及美国史上最大的气候投资法案《通胀削减法》将推升铜、镍、钴、锂、稀土等关键性矿产资源需求的持续、大幅增长。由于部分关键性矿产资源集中在少数国家，因此资源国拥有更强的影响力和话语权。这些资源国正试图通过干涉资源市场寻求更大的国家经济利益。在矿产资源面临长期供需错配的背景下，大国的资源竞争和资源国的利益博弈将进一步放大市场波动。

（八）全球多国政治社会矛盾持续积累

在发达国家，产业空心化和贫富差距拉大不仅在短期内难以得到有效克服和显著缓解，还将导致政治社会矛盾加速累积。社会矛盾的多重交叠、加速累积正在发达国家社会孕育严重的政治危机，逆全球化思潮和民粹主义政治力量还在不断壮大声势，将加剧国内社会对立和政治冲突。

在美国，政治极化将随着共和党夺取众议院而更加凸显，否决政治的盛行将进一步加大美国的社会治理赤字。美国政界和社会将随着大选周期的迫近而更加撕裂，极端主义和政治暴力将进一步扩散。在欧洲，高位通货膨胀和经济复苏乏力等因素将加剧各国民众对主流政党的不满，右翼民粹主义重新抬头也将使欧盟的政治团结和政策一致性遭受更多考验。波兰、匈牙利等被视为正在推行"去民主化"的中东欧国家可能在欧盟内部争取到更多伙伴。

在发展中国家，随着经济下行压力加大和债务水平不断攀升，经济、社会和政治的脆弱性将进一步增加，很可能会多点爆发大规模的社会危机和政治动荡。在相对稳定的发展中国家，社会和政治危机可能表现为政治对立的加深和街头政治的兴起；在相对脆弱的发展中国家特别是非洲国家，军事政变将更加频繁地发生，进而恶化这些国家与外国的关系；在经济、政治最为脆弱和国内族群矛盾较为尖锐的国家如阿富汗和巴基斯坦，恐怖主义和暴力分离主义势力将借机壮大力量，针对本国政府和外国公民和机构发起更多恐怖袭击和其他有组织犯罪，恶化经济发展和国际投资环境；在埃塞俄比亚等少数国家，已经发生的内战和族群冲突或进一步蔓延升级。在持续承压之下，发展中国家的排外主义情绪也将不同程度抬头，迫使政府政策更多转向控制物资和人员的流动，强化政府对经济的控制，这可能引发新的国内外摩擦。

（九）大国安全对抗呈现"分身战争"新形态

乌克兰危机爆发后，美西方与俄罗斯之间的安全对抗催生了"分身战争"的新形态，并很可能成为未来大国军事对抗的主要特征之一。这一新形态既不同于"热点"式的直接军事冲突，"分身战争"的美俄并未处于战争或者冲突状态，作战人员之间并不存在可见的对抗，仍保持着和平与相对正常的外交关系。同时，"分身战争"也不同于美苏冷战期间频频出现的代理人战争，当前美国与乌克兰的关系并不是简单的资源提供者与战斗执行者的关系，前者同样以提供战略支援功能的方式广泛参与冲突全程，也因此对第三方军队和冲突形势具有更强掌控力。

"分身战争"形态的出现源于当代军事技术、装备和组织的高度信息化，这使得大国可以更高效率将自身的战略支援能力与军事伙伴的直接作战能力结合起来，塑造出有相当军事能力的"分身"与其他大国正面对抗，同时又能回避与其他大国的直接军事冲突。随着乌克兰冲突局势的变化，美西方对于以"分身战争"的形式赢得与俄罗斯的大国安全对抗的信心不断上升，还在不断增强介入程度，争取最大限度地实现对俄战略诱捕。美西方也借此部分走出了被迫从阿富汗撤军的战略阴影，强化了实施海外军事介入的意愿。

这一安全对抗形式虽然在表面上避免了大国之间的直接冲突，有利于控制局势升级，但也正因如此，大国可以较少顾忌地在域外冲突中投入自身的后勤、情报、指挥等一系列军事能力，显著提高了大国走向安全对抗的可能。当前，美西方政策界出现了对实施"分身战争"前景过度乐观的声音，主张所谓中小民主政权能够在"分身战争"中有效应对其他大国的压力，并鼓吹在台湾地区针对中国复制这一安全对抗模式。由此可见，未来大国安全形势仍不容乐观。

课题组组长：张宇燕

课题组成员：姚枝仲　冯维江　徐奇渊　徐秀军

　　　　　　　赵　海　肖　河　肖立晟　郎　平

　　　　　　　宋　锦　崔晓敏　周伊敏①

---

①　张宇燕，中国社会科学院学部委员、中国社会科学院世界经济与政治研究所所长；姚枝仲，中国社会科学院国际合作局局长、研究员；冯维江，中国社会科学院办公厅副主任、研究员；徐奇渊，中国社会科学院世界经济与政治研究所副所长、研究员；徐秀军，中国社会科学院世界经济与政治研究所研究员；赵海，中国社会科学院国家全球战略智库国际政治研究部主任；肖河，中国社会科学院世界经济与政治研究所副研究员；肖立晟，中国社会科学院世界经济与政治研究所研究员；郎平，中国社会科学院世界经济与政治研究所研究员；宋锦，中国社会科学院世界经济与政治研究所研究员；崔晓敏，中国社会科学院世界经济与政治研究所副研究员；周伊敏，中国社会科学院世界经济与政治研究所助理研究员。

分报告

2022~2023年俄罗斯及欧亚
地区形势分析与展望

摘　要：2022年2月，俄罗斯发动对乌克兰的"特别军事行动"。这场冲突既是冷战后俄与西方关系危机的总爆发，也是俄与美欧地缘政治矛盾和利益冲突的总爆发，意味着俄罗斯融入西方的努力宣告失败，俄罗斯的"欧洲梦"破灭了。美国和欧洲再次团结，俄罗斯重新成为美西方的敌对国家。欧亚大陆局势出现剧烈变化，俄罗斯被遏制和孤立，转而加强"向东看"，寻找战略空间。俄罗斯力求联合欧亚地区国家应对美欧打压，同时积极反对单极霸权，重塑多极化秩序。地处"后苏联空间"的欧亚国家发生分化，维护政权安全和社会稳定的任务更加繁重，经济发展也受到美西方对俄罗斯严厉制裁的影响。在动荡的外部环境中，大多数欧亚国家保持了基本稳定，外交上继续奉行大国平衡的政策。从长期来看，俄罗斯仍然需要为生存和发展来布局未来的国家战略，乌克兰、白俄罗斯、摩尔多瓦将经历更多的发展难题，中亚和南高加索国家民族国家构建和现代化改革进入关键的时期。

关键词：俄罗斯　欧亚地区　乌克兰危机　经济制裁　政权安全

2022年2月，俄罗斯发动对乌克兰"特别军事行动"。乌克兰危机既是冷战后俄与西方关系危机的总爆发，也是俄与美欧地缘政治矛盾和利益冲突的总爆发。俄罗斯在制裁与军事冲突的背景下依然保持了政治基本稳定。俄罗斯经济在制裁压力下表现出较强的韧性，在金融安全、财政安全和国际收支安全上没有受到实质性伤害，宏观经济实现较快恢复和稳定发展。2022年，受乌克兰危机、边界冲突升温、宪法修改、经济放缓、民族情绪增加等内外因素影响，中亚和南高加索地区热点频发，地区安全稳定受到威胁。乌克兰、白俄罗斯、摩尔多瓦则面临更大的生存和发展压力。

一　2022年俄罗斯及欧亚地区形势

自2022年2月以来，俄罗斯经济上受到美国和欧盟国家的严厉制裁。在国际舞台上，美欧推动国际社会对俄罗斯进行全面打压和孤立。俄罗斯顶住西方的压力，维护和巩固其在独联体地区的势力范围，积极向东拓展外交空间。欧亚地区各国面对乌克兰危机带来的冲击和影响，积极采取举措，确保国内稳定与持续发展。

（一）俄罗斯形势

乌克兰危机爆发后，俄罗斯维持国内稳定面临空前的压力。俄罗斯政府迅速采取了一系列举措，确保国内大局基本稳定。俄罗斯经济也在制裁压力下表现出巨大的韧性。俄罗斯外交战略出现明显调整。

1. 面对挑战，俄当局积极采取举措维护国内局势稳定

2022年2月24日，俄罗斯发动对乌克兰的"特别军事行动"后，国内局势曾一度急剧恶化，社会反战情绪高涨，政治稳定面临挑战。

第一，法律维稳。在乌克兰危机爆发前，自2011年底出现大规模政治抗议运动以来，俄罗斯每年都要颁布法令限制相关信息在互联网的传播，如《网站黑名单法》《反盗版法》《封闭极端主义网站法》《博主法》等，并修改《游行示威法》，还制定反恐怖主义法律修订案《雅罗瓦娅法》。在此基础上，针对乌克兰危机爆发后俄罗斯社会曾经一度迅速掀起的反战浪潮，俄罗斯政府先后在3月4日出台《反假新闻法》，7月14日通过《关于管控受

外国影响的人的活动》联邦法，并在 9 月 24 日出台刑法修正案等一系列法案，内容包括对主动投降、逃兵和不响应征兵令者处以最高 10 年的监禁以及对在俄罗斯军队服役的外国人简化入籍手续等一系列与部分动员相关的法律。这三次前后出台的法案互相耦合，有力维护了乌克兰危机爆发后俄国内社会政治的稳定。比如修订后的《俄罗斯联邦刑法典》第 207 条第 3 款规定："公开传播俄罗斯联邦武装部队情况及其虚假信息属于违法行为，对散布有关俄罗斯军人行为的虚假消息、诋毁俄罗斯武装力量以及呼吁进行反俄制裁的行为进行惩罚，因传播虚假信息导致严重后果的，会面临 10～15 年监禁。"[1] 该法典正式生效前，3 月 3 日，俄罗斯两家具有反战性质的"莫斯科回声"广播电台和"雨"电视台已被停播。"脸书"网站、"推特"、英国广播公司、美国政府资助的美国之音电台、自由欧洲电台、德国之声，以及总部设在拉脱维亚的梅杜扎网站也被封锁。除了强制关闭的媒体，还有美国有线电视新闻网、彭博社、美国哥伦比亚广播公司、加拿大广播公司、美国广播公司等一大批西方媒体相继宣布自行暂停在俄的报道。3 月 11 日，俄罗斯阻止国内用户访问照片墙（Instagram）软件，并对其母公司元宇宙平台公司提起刑事诉讼。

第二，做好民生保障。3 月 16 日，普京签署了一项关于"保障俄罗斯联邦社会经济稳定和人民生活措施"的总统令。俄罗斯提高最低工资标准和最低生活保障标准，提高公务员工资、福利救济金和退休金。普京要求俄罗斯的私营企业在克服经济困难的过程中发挥关键作用，扩大企业通过各种发展机制进行融资的渠道。出口企业应考虑出口转内销。已经发放给地方政府的 2022 年度的预算贷款获得延期。俄财政部还为每个俄罗斯联邦主体提供其财政收入 10% 的补充贷款。

第三，确保地方选举顺利举行。2022 年地方选举因乌克兰危机爆发一度面临延期甚至取消的可能。俄政府为了确保国内政治局势平稳，在采取一

---

[1] Путин подписал закон о наказании за фейки о действиях вооруженных сил, https：// www. rbc. ru/politics/04/03/2022/622266309a7947453165c594，accessed：2022-12-04.

系列保障措施后坚持按期举行地方选举。在 9 月 11 日按时举行的 2022 年地方选举中，政权党"统一俄罗斯"党提名和支持的州级领导候选人顺利当选。2022 年有 15 个联邦主体行政领导人举行选举，"统一俄罗斯"党提名的 12 个候选人高票当选。"统一俄罗斯"党在 6 个联邦主体议会选举中均获得半数以上的席位。

2. 在西方极限制裁的背景下经济发展好于预期

第一，宏观经济实现较快恢复和稳定发展。2021 年俄罗斯克服新冠疫情影响，GDP 实现了 4.7% 的增长。进入 2022 年，1～2 月保持了增长趋势，GDP 同比分别增长 5.7% 和 4.2%。俄罗斯在乌克兰开展"特别军事行动"后，美国和欧盟对俄实施大规模极限制裁，俄经济在 3 月开始迅速恶化。之后经历了 4 月和 5 月的经济混乱和衰退，6 月开始企稳，7～9 月实体经济逐渐恢复，同比降幅缩小，环比开始增长。第四季度的经济走势则表明西方国家制裁带来的深层次破坏和长期负面影响。[1]

在大规模极限制裁的冲击下，俄罗斯金融领域在 3 月上旬出现严重混乱，卢布对美元总体贬值 50% 以上。国际结算和物流受阻，出口管制和禁运导致依赖国际供应链的企业生产停顿，进口品匮乏和国内企业生产停顿导致商品市场出现剧烈波动，物价快速上涨。在这种情况下，世界银行 4 月 11 日预测 2022 年俄罗斯经济将出现 -11.2% 的增长，通货膨胀率超过 22%。[2] 俄罗斯央行也预测 2022 年 GDP 降幅达到 8%～10%。[3] 但俄经济实际运行结果要大大好于大多数机构在制裁实施初期的预测。根据俄罗斯经济发展部公布的数据，俄罗斯 1 月 GDP 同比增长 5.7%，2 月增长 4.2%，3 月

---

[1] 除特别说明，本文关于俄罗斯经济运行的数据均来自俄罗斯国家统计局的《2022 年俄罗斯社会经济状况：1～10 月》，https：//rosstat. gov. ru/compendium/document/50801.？print＝1，最后访问时间：2022 年 12 月 9 日。

[2] Что ждет экономику России по версии Всемирного банка，https：//rtvi. com/news/razgon－inflyatsii－do－22－i－vvp－v－glubokom－minuse－chto－zhdet－ekonomiku－rossiyu－po－versii－vsemirnogo－ba/？ysclid＝l60ho1xlg1381383309，accessed：2022－12－07.

[3] Банк России прогнозирует сокращение ВВП на 8－10% в 2022 году，https：//tass. ru/ekonomika/14516587？ysclid＝l60hmxjz7r850058126&utm_ source＝yandex. ru&utm_ medium＝organic&utm_ campaign＝yandex. ru&utm_ referrer＝yandex. ru，accessed：2022－12－07.

增长 1.4%，4 月陷入衰退，增速为-2.7%，5 月为-4.5%，6 月为-5%。7
月份降幅收窄，为-4.3%，环比开始上涨，8 月为-4%，9 月为-5%。依据
经济的运行状态，俄罗斯经济发展部预测全年 GDP 增幅为-2.9%。①

俄经济增长趋于稳定，通货膨胀水平逐渐下降。在经历了 3~4 月的高
通胀之后，物价水平在 5 月之后逐渐稳定并开始下降，9 月开始，出现了连
续的通货紧缩，1~10 月的平均通胀率为 14.1%。失业率全年处于较低水
平，10 月为 3.9%。居民实际可支配收入同比减少 1.5%。

第二，美国和欧盟对俄罗斯实施大规模极限制裁。美国和欧盟对俄的大
规模极限制裁由美国发起，欧盟跟进，参与制裁的国家和地区达到 48 个，
制裁措施密集、严厉。2014 年至 2022 年 2 月 22 日，美国实施了 2695 项制
裁措施。从 2 月 23 日到 4 月 21 日，美国和欧盟新增对俄 9138 项制裁措施，
截至 12 月 8 日共 11940 项。② 制裁措施包括冻结俄罗斯央行的外汇储备，把
俄对外经济银行、外贸银行等 10 家最重要的商业银行踢出 SWIFT 系统，禁
止使用美元、欧元、英镑、日元交易等之前从未有过的金融封锁措施。制裁
范围和制裁对象广泛，除了与俄罗斯国防军工有关的实体和技术之外，从金
融、能源等具有重要性的俄罗斯战略部门，到奶粉、洗发液等一般生活用品
制造部门，乃至体育、文学、音乐等非经济部门都沦为制裁对象。与之前的
对俄制裁相比，2022 年美国和欧盟对俄制裁的性质发生了根本变化。首先，
就制裁内容看，之前的制裁基本遵循了"智慧制裁"原则，以最小的代价
使俄罗斯付出最大的成本，这次的制裁则具有不惜一切代价的经济成本性
质，也导致制裁实施者受到严重反噬，特别是欧盟损失惨重。其次，之前制
裁实施主体限于美国，这次制裁形成了包括 48 个国家和地区的制裁联盟。
最后，全球经济运行的基础工具 SWIFT 和美元都被用来实施"金融核弹"
制裁，给全球经济秩序带来巨大伤害。

---

① Минэкономразвития уточнило прогноз по спаду ВВП России, https：//ria. ru/20221102/
vvp-1828800815. html？ ysclid=lbghtpwyjv188880112，accessed：2022-12-09.

② Castellum. Ai，" Russia Sanctions Dashboard，" https：//www. castellum. ai/russia - sanctions -
dashboard，accessed：2022-12-09.

第三，俄罗斯经济在金融安全、财政安全和国际收支安全上没有受到实质性伤害。在 4 月 1 日俄罗斯实行天然气卢布结算令之后，卢布对美元大幅升值，并最终在下半年基本稳定在了 61 卢布兑 1 美元的水平。俄罗斯国内证券市场和银行系统实现稳定。财政状况良好，1~10 月的联邦预算盈余为 1284 亿卢布，其中，支出约为 22 万亿卢布，收入约为 22.1 万亿卢布。① 国际收支 1~11 月的贸易顺差为 2698 亿美元，经常账户盈余达到 2257 亿美元。② 国际储备在 12 月 2 日为 5713 亿美元。③ 实体经济的恢复大大好于预期。1~10 月的商品和劳务产出结构中，工业制造业同比增长 0.1%，农业同比增长 5.0%，住房与建筑业同比增长 21.5%，居民有偿服务同比增长 3.5%。物流运输业同比下降 2.1%，商品零售同比下降 5.9%。运输物流业下降的原因是制裁导致的进口大幅下降和能源出口的减少。商品零售的负增长反映了居民实际收入减少和消费能力的下降。

3. 外交上与美欧陷入全面对抗，努力巩固在"后苏联空间"的影响力

（1）俄罗斯与独联体国家关系在"离心"和拉拢之间进行复杂动态平衡。乌克兰危机爆发后，独联体国家非常关注乌克兰局势的发展，以及权衡与俄罗斯关系的发展，各国加快多元化的外交，以降低来自俄罗斯的"传导"压力。在外交上俄罗斯总统普京积极安抚"近邻"，亲自参加在独联体地区的各种领导人正式和非正式的峰会，其中包括 2022 年 4 月俄罗斯与中亚的"5+1"外长会议，5 月集体安全条约组织成员国领导人峰会，10 月在阿斯塔纳举行首届俄罗斯-中亚首脑峰会，10 月独联体国家元首非正式会晤，以及 10 月独联体国家元首理事会会议。在会上他试图打消"近邻"国

---

① Эксперты связали двукратный рост дефицита бюджета с падением доходов，https：//www.vedomosti.ru/economics/articles/2022/12/09/954442-eksperti-svyazali-dvukratnii-rost-defitsita-byudzheta-s-padeniem-dohodov？utm_campaign=newspaper_9_12_2022&utm_medium=email&utm_source=vedomosti，accessed：2022-12-10.

② Профицит внешней торговли РФ вырос более чем в 1，8 раза за 2022 год，https：//www.kommersant.ru/doc/5718413，accessed：2022-12-10.

③ Ключевые показатели，http：//www.cbr.ru/key-indicators/，accessed：2022-12-09.

家的担心，他指出，"尽管俄乌两国出现了冲突，但是俄罗斯与其他独联体国家关系在性质上、质量上和深度上没有变化。俄罗斯仍然希望与这些国家以熟悉的伙伴关系进行合作"①。

尽管俄罗斯拉拢独联体国家的意图非常明显，并且主动示好，但是在2022年独联体官方的集体活动中，一些独联体国家与俄罗斯之间的离心倾向仍然越来越明显。比如摩尔多瓦领导人缺席独联体框架下的会议。6月哈萨克斯坦总统托卡耶夫在圣彼得堡国际经济论坛上当面对普京表示，哈萨克斯坦不承认"顿涅茨克人民共和国"和"卢甘斯克人民共和国"为独立国家。塔吉克斯坦总统拉赫蒙在独联体元首理事会上诉说了心中的不满，要求普京不要对中亚国家采取苏联时期的政策，他指出俄罗斯不尊重塔吉克斯坦。10月吉尔吉斯斯坦取消了原定于在吉尔吉斯斯坦举行的独联体主要国家"牢不可破的兄弟情-2022"军演，该军演旨在体现独联体国家"兄弟情谊"，加深各国间往来。

独联体国家一方面对俄罗斯表示不满，另一方面也在尽可能平衡好与俄罗斯的传统关系。11月哈萨克斯坦总统托卡耶夫再次当选总统后首访俄罗斯，充分表明发展与俄罗斯的关系是哈萨克斯坦首要优先的方向。白俄罗斯与俄罗斯在前几年就结成了更加紧密的联盟国家，在乌克兰危机中白俄罗斯总统一再表示对俄罗斯的支持，并随时做好了从北线加入对乌克兰作战的准备。

受制裁影响，2022年俄罗斯与独联体国家之间的贸易额与2021年相比增幅不大。2021年俄罗斯与独联体国家的贸易额增长了30%以上，达960亿美元，2022年上半年增长了7%。主要原因是俄罗斯在国际结算上受到美国和欧盟的严厉制裁，与其他国家的贸易关系艰难维持，解决的办法是俄罗斯与独联体国家之间的相互结算向本国货币过渡，这有助于加强各国金融主权，发展内部资本市场以及加深区域经济一体化。

---

① Путин рассказал о работе с лидерами СНГ и об отношениях между странами, https：//ria.ru/20221014/putin-1824078006.html, accessed：2022-12-09.

独联体地区安全局势不稳定，集安组织的功能发挥受到限制。2022年1月哈萨克斯坦发生骚乱；7月乌兹别克斯坦努库斯市发生大规模骚乱；9月塔吉克斯坦和吉尔吉斯斯坦边界地区发生武装冲突，伤亡数百人；下半年亚美尼亚和阿塞拜疆在纳卡地区的冲突再次爆发；同时，中亚地区的三股势力、跨国犯罪、毒品贩运也都蠢蠢欲动，这些安全事件都表明了乌克兰危机导致该地区的一些历史、领土问题进一步加重，而由俄罗斯主导的、负责地区安全的集安组织除了在哈萨克斯坦"一月事件"中有亮眼表现外，后来均因俄罗斯注意力转移到乌克兰，而没有在上述地区各国的动荡中发挥有力的作用。因此，集安组织在地区安全事务上的无所作为引发地区国家对俄罗斯的不满，以至于在11月集安组织理事会会议上未能签署会议宣言。

（2）俄罗斯对欧洲政策失败，俄欧地缘政治对抗将持续相当长时间。俄欧关系曾经是仅次于俄与独联体国家的关系，欧洲一直是俄罗斯想要融入的方向，是俄罗斯国家属性认同的对象。在对欧政策上，俄罗斯一直采取分化欧美的战略。30年来，俄罗斯与欧洲关系的基础是经济和能源的相互依赖。俄罗斯试图对欧盟国家树立超级可靠的能源供应商的形象，出发点是对于欧洲国家来说俄罗斯的天然气供应具有商业优势。乌克兰危机终结了俄罗斯与欧洲的能源关系，经济联系也由于严厉的制裁措施几乎全部中断。这种非常密切的能源关系由俄罗斯领导层建立并培育了50年，包括在冷战期间，是俄欧关系稳定的保证。俄欧关系与俄美关系最大的不同在于，俄美之间没有紧密的能源依赖联系。同时，欧洲相对平衡的安全秩序被打破，俄欧之间的贸易、投资和技术关系中断，所有领域被安全化，俄欧处于紧张对抗关系。11月23日，欧洲议会将俄罗斯列为支恐国家，虽然没有法律效力，但是更进一步表明了欧洲与俄罗斯的紧张关系。

俄德关系破裂。德国曾经是俄罗斯在欧洲最重要的贸易伙伴，但是随着2022年9月"北溪"管道被破坏，俄德的能源合作模式被破坏，这也意味着俄罗斯与德国，乃至整个欧洲的关系破裂。"俄罗斯希望它的能源武器——一个气阀——能够阻止欧洲与俄罗斯决裂。这个算盘也落空了。"①欧盟决定放弃进口俄罗斯煤炭，并对石油采取限价措施，还准备逐步放弃使用俄罗斯天然气，断开俄罗斯和欧洲最重要的物质纽带。乌克兰危机爆发后，德国和法国在欧洲安全防务上达成一致，美国领导的北约作用显著提升，未来欧洲安全格局想要达成相对均衡的状态几乎是不可能的。

俄罗斯与北约关系再次恶化。乌克兰危机的表面原因是乌克兰要加入北约，从而使北约更直接威胁到俄罗斯的安全利益。深层原因是俄罗斯与西方的地缘政治对抗全面升级，俄罗斯认为北约的扩大不断蚕食其战略空间，俄要用极端手段进行强有力的反击。北约把俄罗斯作为最大的对手和敌人，乌克兰危机爆发后芬兰和瑞典决定加入北约，放弃多年中立国家的地位，这使北约的边界到达俄罗斯西部边境，将实现再次东扩。俄罗斯不得不在西部加里宁格勒部署更精锐的部队、杀伤性更大的武器。

（3）在俄乌冲突中，美国向乌克兰提供大量的军事援助，俄美关系进一步恶化，对抗加剧。一是美国再次对俄祭出制裁大棒。美欧国家对俄罗斯采取具有进攻性、破坏性强的严厉制裁措施，通过发动经济战来打击俄罗斯。俄罗斯坚决进行反制裁的斗争，把制裁俄罗斯的国家和地区认定为"不友好国家和地区"，其中包括美国、加拿大、欧盟成员国、英国（包括其部分海外领地）、新西兰、瑞士、日本、韩国、澳大利亚、新加坡，以及乌克兰、阿尔巴尼亚、安道尔、冰岛、列支敦士登、密克罗尼西亚联邦、摩纳哥、挪威、圣马力诺、北马其顿、黑山、希腊、丹麦、斯洛文尼亚、克罗地亚和斯洛伐克等国家和地区。② 2022 年年底前，禁止向"不友好国家和地区"出口木材及其系列制品；俄罗斯向欧盟成员国等"不友好国家和地区"

---

① Дмитрий Тренин, Специальная военная операция на Украине как переломная точка внешней политики современной России, https://globalaffairs.ru/articles/perelomnaya - tochka/, accessed：2022-12-04.

② Какие страны Россия признала недружественными, https://ria.ru/20220722/nedruzhestvennye_strany-1804332755.html, accessed：2022-12-06.

供应天然气时将改用卢布结算；俄罗斯央行限制向"不友好国家和地区"汇出大额资金；限制位于俄罗斯境内的"不友好国家"的外交使团及其领事机构可以与其签订雇佣合同的人数；西方对俄罗斯石油出口限价将会加快俄罗斯出口方向从西方转向东方。

二是美国积极为乌克兰提供军事援助以消耗和瓦解俄罗斯。美国颁布的《租赁法案》在10月生效，这意味着美国可以直接运送武器给乌克兰，同时也可以"先用后还"，表明了美国支持乌克兰的决心，这也是美国民主党和共和党取得的共识。美国中期选举后美继续支持乌克兰，对乌克兰已提供超过200亿美元的军事援助。

三是美俄核军备竞赛加剧。乌克兰危机爆发后俄罗斯暂停核军控谈判，之后美俄双方都积极推动核武现代化，开发和应用高超声速的核武器。11月，美俄有意启动《新削减战略武器条约》谈判，但双方未能达成一致。俄方认为美方并没有重视其提出启动谈判前的优先事项，俄方希望重启全球战略稳定的谈判，但是如果得不到尊重和平等对话，俄美之间的战略稳定就很难实现。恢复谈判谈何容易，乌克兰局势是横亘在俄美之间的最大障碍。

四是俄美政治安全领域的对话并未停止，依然保持外交接触。2022年俄美外长和防长几次进行电话对话；美国总统国家安全事务助理沙利文连续几个月都在与俄罗斯总统国际事务助理乌沙科夫、俄联邦安全会议秘书帕特鲁舍夫进行秘密对话，对话的目的是防范风险升级、保持沟通渠道畅通，而非讨论乌克兰危机的解决方案。

五是俄谋求与美国就解决乌克兰危机进行对话。普京在瓦尔代论坛上讲话指出，"美国不是俄罗斯的敌人，双方可以谈判"①。10月30日，拉夫罗夫也表示不拒绝谈判。俄驻美大使安东诺夫呼吁俄罗斯不能被"删除或取消"。这位外交官说，没有莫斯科的参与，许多问题都无法解决。俄罗斯之所以要与美国谈判，首要原因是如果没有美国的支持，乌克兰不会战斗到今

① Заседание Международного дискуссионного клуба 《Валдай》，http：//kremlin.ru/catalog/keywords/128/events/69695，accessed：2022-12-06.

日，和谈的关键是美国的态度。而美德法认为，应由乌克兰决定何时与俄罗斯举行和谈。但是俄乌之间的谈判不会进行，因为乌克兰总统泽连斯基于10月4日批准了乌克兰国家安全和国防委员会关于不可能与俄罗斯总统普京进行谈判的决定。这意味着，乌克兰方面在普京担任俄总统期间基本不可能与俄罗斯进行谈判。

（4）加快"向东看"步伐。在乌克兰危机爆发后，俄罗斯加快了"向东看"的步伐。俄罗斯在这个过程中因势利导提升了与朝鲜的关系，继续拉住印度，加强在非西方国际组织，如集安组织、上合组织、金砖国家中的主导作用，视东盟是其优先的多边外交方向。俄在亚太舞台上也受到美国的盟友日本和韩国的制裁与孤立。

一是继续巩固与传统友好国家的关系。在俄乌冲突升级过程中，7月13日，朝鲜通过承认"顿涅茨克人民共和国"和"卢甘斯克人民共和国"的独立加强与俄罗斯的关系，俄朝关系达到冷战结束以来的最高水平。对俄而言，俄朝关系得到提升，有利于打破被西方孤立的局面；对朝鲜来说，能增加其对美的战略价值，以增加朝鲜在与美国和韩国关系中的权重。印度在乌克兰危机爆发后向俄罗斯倾斜引发美西方的关注。美西方领导人希望印度能与乌克兰站在一起反对俄罗斯，特别是考虑到近年来印度越来越多地参与美国主导的四方安全对话。但印度考虑到自己的经济和战略利益，没有追随西方。相反，它采取了既有利于本国又似乎有利于俄罗斯的做法。

在俄乌冲突初期，印度三次对谴责俄罗斯在乌克兰行动的联合国决议投弃权票。它还在西方努力限制俄罗斯进入全球市场的情况下寻求保持与俄罗斯贸易往来的机会。即使3月中旬，印度仍允许其炼油厂购买俄罗斯的石油，印度3月的购买量几乎是2021年全年从俄罗斯购买总量的两倍，而西方国家正努力限制对俄罗斯原油的国际采购。同时，俄印开始讨论如何在双边贸易中"去美元化"，这将使俄罗斯更容易避开西方对其实施的经济制裁。同时，印度的武器装备已深度依赖俄罗斯，甚至印度最成功的国产反舰导弹"布拉莫斯"也是与俄罗斯共同研发的。如果与俄关系交恶，印度这些装备的零配件未来将面临断供。此外，印度还可以利用俄罗斯平衡美国，而俄罗斯也可用印度平衡中国。基于这些考虑，印度将是俄罗斯"向东看"战略中除中国外，最重要的国家。

二是俄罗斯与东盟一直保持着密切的政治和经济关系，东盟并未参与对俄制裁，与东盟的关系将不受到乌克兰危机的影响而得到继续发展。2022 年 6 月 30 日，印度尼西亚总统佐科访问俄罗斯，双方在粮食安全和化肥合作方面达成共识，普京保证不阻碍乌克兰粮食出口活动，同时准备满足印度尼西亚对化肥的进口需求，印度尼西亚愿意帮助俄乌之间建立直接沟通。在俄罗斯看来，受到西方的围堵，与东盟的关系将是俄罗斯构建与非西方国家关系模式的重要内容，其中粮食和化肥，以及能源的出口历来都是俄与东盟合作的重点。

三是与日韩的关系因制裁与反制裁趋于恶化。乌克兰危机爆发后日本、韩国和新加坡随美国一起加入制裁俄罗斯的行列，俄日、俄韩和俄新关系恶化。俄罗斯应对措施包括：将日本、韩国和新加坡列入"不友好国家"，所有俄罗斯企业与"不友好国家"企业进行交易时均需要俄罗斯联邦委员会批准；如果专利持有人来自"不友好国家和地区"，俄罗斯无须为非授权使用专利做出任何赔偿；俄罗斯工业和贸易部提议，2022 年年底前，禁止向"不友好国家和地区"出口木材及其系列制品等。不同于 2014 年对俄制裁，日本这次与美国和欧盟同步。俄日领土问题再次激化，包括日本首相岸田文雄、外相林芳正、防卫大臣岸信夫在内的 63 人"永久禁止入境俄罗斯联邦"。俄日相互制裁到最高领导人，意味着双方官方高级别外交对话交流窗口暂时关闭，是两国关系恶化的体现。韩国的三星电子产品和现代汽车配件等在俄市场受到抵制，2022 年前 10 个月，韩国汽车工业和零部件（从韩国到俄罗斯的主要进口商品）的交付金额为 12 亿美元，而 2021 年同期为 40 亿美元。2020 年俄韩签署建造装载液化天然气的破冰船的协议已经暂停，韩国损失将近 9 亿美元。

（5）在多边舞台上为摆脱美西方对俄的孤立而努力。普京总统积极参与和主办国际多边会议。4 月俄罗斯与中亚的"5+1"外长会议，5 月 16

日集安组织成员国领导人峰会都体现出俄罗斯在中亚地区的主导地位，强调了集安组织是多边安全战略的平台。6月15日，第25届圣彼得堡国际经济论坛在俄罗斯圣彼得堡开幕，会议主题为"新世界·新机遇"，彰显俄罗斯对外开放和国际合作的决心。140多个国家和地区的代表出席论坛，共有1.4万人参加，共签署协议691份，协议总金额5.639万亿卢布（约合970亿美元），较2021年的3.8万亿卢布增加了48%。9月7日，普京总统出席第七届东方经济论坛，论坛的主题是"走向多极世界"，该届论坛接待来自67个国家的6000多名宾客，签署协议的总金额达到3.255万亿卢布，创历史新高。

在亚太地区举办的多边会议，如东亚峰会、亚太经合组织（APEC）第二十九次领导人非正式会议，以及在印度尼西亚举办的G20峰会等都是俄罗斯非常重视的国际会议，本应该在这些多边场合展现自己的实力和影响力，但由于乌克兰危机尚未结束，乌克兰总统泽连斯基呼吁与会成员抵制俄罗斯，普京总统以俄国内事务为优先方向的理由缺席会议。11月12日，俄外长拉夫罗夫出席了在柬埔寨举办的东亚峰会。APEC会议期间俄外长拉夫罗夫中途就返回了俄罗斯。APEC会议通过的联合宣言，内容涉及俄乌双方的立场，表示"大多数成员强烈谴责俄乌冲突"，同时反映俄方的主张称"关于这个形势以及相关制裁还存在其他观点和不同的评估"。

4. 变局当中的中俄关系保持良好的发展势头，务实合作不断深化

中俄关系保持良好的发展势头，2月普京访华与习近平主席在北京冬奥会开幕式前的"新春之会"，给双方合作揭开新篇章。但乌克兰危机爆发后，中俄关系被西方架上道义的制高点。中国国务委员兼外长王毅阐明了中国对乌克兰危机的五点主张，既考虑乌克兰的利益，也维护了中俄战略协作伙伴关系，采取中立的立场符合中国的国家利益。中俄元首2月和6月两次通电话，就乌克兰局势交换意见，推动双方务实合作行稳致远。在参加6月圣彼得堡国际经济论坛时，普京痛批美国霸权主义行径，认为美国为维护单极世界霸凌全球，破坏世界和平稳定，但是美国主导的单极世界必将崩溃，以中国为代表的亚洲将是世界发展的中心，俄罗斯需要与中国继续发展友好

关系，这样才符合俄罗斯的利益。① 9 月 15 日，中国国家主席习近平在撒马尔罕同俄罗斯总统普京举行双边会见。这场会见成为本届上合峰会最受瞩目的焦点。习近平在会谈中强调："面对世界之变、时代之变、历史之变，中方愿同俄方一道努力，体现大国担当，发挥引领作用，为变乱交织的世界注入稳定性。"② 普京也表示，当今世界正在发生许多变化，唯一不变的是俄中友谊与互信，俄中全面战略协作伙伴关系稳固如山。

中俄两国经贸合作稳步推进。2022 年前 11 个月两国贸易额就达到了创纪录的 1724.06 亿美元。中俄经贸合作在货物贸易领域的表现高于预期，在物流运输服务和金融服务方面表现亮眼。中俄两国领导人确定的到 2024 年 2000 亿美元的贸易目标有望提前实现，现在两国非常关注贸易结构，俄方正在扩大出口种类。2022 年俄罗斯不仅对华出口能源，还加大力度出口农产品、纸浆造纸产品、化肥等；中国对俄罗斯的出口种类也扩大到化工品和汽车。③ 6 月，连接中俄两国边境的第一座公路大桥——黑河—布拉戈维申斯克界河公路大桥正式通车。

中俄两国共同致力于反对霸权主义、强权政治，维护国际公平正义，为构建新型国际关系和人类命运共同体发挥了重要作用。近年来，中俄两军各领域交流合作持续深入，战略沟通迈上新台阶，务实合作实现新突破，机制建设取得新进展。2022 年，中俄组织开展两次联合空中战略巡航，中国军队赴俄参加"东方-2022"演习，承办并参加"国际军事比赛-2022"。

（二）中亚和南高加索地区形势

2022 年以来，受新冠疫情、乌克兰危机、阿富汗局势不定、边界冲突

① Пленарное заседание Петербургского международного экономического форума，http：//kremlin. ru/catalog/keywords/128/events/68669，accessed：2022-12-06.
② 《习近平会见俄罗斯总统普京》，中华人民共和国外交部，2022 年 9 月 15 日，https：//www. fmprc. gov. cn/zyxw/202209/t20220915_ 10766653. shtml，最后访问时间：2022 年 12 月 8 日。
③ Ван И встретился с послом России Игорем Моргуловым，https：//rg. ru/2022/11/28/van-i-vstretilsia-s-poslom-rossii-igorem-morgulovym. html，accessed：2022-12-06.

升温、宪法修改、经济放缓、民族情绪增加等内外因素影响，中亚和高加索地区热点频发，安全稳定受到威胁。从发展趋势看，中亚国家处于独立后新老代际更替转换期，当前不稳定具有短期性和阶段性，但不具备长期动荡的基础，各国执政当局依然以民生和经济社会发展为己任，维稳能力依然较强，有足够能力和手段控制局势，世界大国也不希望中亚动荡。外高加索地区亚美尼亚和阿塞拜疆边界冲突继续，围绕纳卡问题的争斗没有停止，进而带动土耳其、伊朗和俄罗斯等周边大国的力量调整。

1. 2022年中亚地区形势

第一，局部地区存在不稳定风险，但政局总体稳定可控。继2021年1月扎帕罗夫当选吉尔吉斯斯坦新总统并于当年11月修改宪法之后，哈萨克斯坦首任总统纳扎尔巴耶夫于2022年1月彻底交出手中权力，结束2019年以来的"双核政治"，现任总统托卡耶夫成为全权总统。3月，土库曼斯坦总统别尔德穆哈梅多夫将总统权力移交给他的儿子谢尔达尔。乌兹别克斯坦总统米尔济约耶夫6月宣布修改宪法，据此可将两届任期清零，让自己得以参加未来新一届总统选举。从中亚新一代领导人的改革内容看，各国聚焦本国前期积累的各种问题，以"公正"为核心，加强反腐败和反垄断，有针对性地出台改革措施，意在适应经济结构调整转型和安抚国民情绪的需要。中亚各国改革表面上借鉴西方制度，加强议会和政府权力，实则相当于抓大放小，更有助于现任总统执政。早先公认的反对派或被收进体制内，或被各种检查打压，已经无法发挥所谓的制衡作用。"超级总统制"依然是中亚国家政治体制最显著的特征。改革过程中难免出现干部调整、机构变革、反腐败力度加大等涉及既得利益集团的事件，也容易被国内外反对势力利用，但因政策大方向符合社会需求，民众对国家面临的客观和外部不利因素也有预期，对执政当局总体上持认可态度。

2022年1月，哈萨克斯坦因天然气涨价而出现较大规模骚乱，5月塔吉克斯坦东南部山区的戈尔诺-巴达赫尚自治州部分民众因对检察官的处置方式不满而爆发骚乱，7月乌兹别克斯坦东北部的卡拉卡尔帕克斯坦因反对宪法修改取消该地自治共和国地位而出现骚乱。尽管这三起规模和影响较大的骚乱都由社会问题引发，且有境内外破坏势力插手鼓动，但执政当局均能在短时间内迅速平息，且处置措施甚至得到欧美国家的支持。托卡耶夫通过推动政治改革和提前举行总统选举，成功巩固和加强了自己的权力。这都表明当前中亚国家的控局能力很强，国内外关系处理得当。

第二，经济发展喜忧参半。各国继续保持增长态势，但通胀和债务压力加大，各国增速放缓。据欧亚发展银行统计，中亚国家的GDP在2001~2021年平均增速为6.2%，2011~2021年平均增速为3.6%，受新冠疫情、乌克兰危机和地缘政治环境等多重因素影响，未来十年平均增速更加不乐观。[1] 亚洲开发银行发布的《2022年亚洲发展展望》认为，全球经济的严重衰退削弱了中亚地区出口的需求，发达经济体收紧货币的政策也可能导致该地区出现金融风险，出现本币贬值、外汇储备减少、贷款利率提高、结算和汇兑难度加大、财政和货币调控手段有限等难题。[2] 此外，欧洲复兴开发银行在2022年9月发布的报告认为，俄罗斯遭受西方制裁后，部分产业转移到中亚，部分俄罗斯人来到该地区，从而带动该地区的服务业发展和侨汇收入的增多，加上全球原材料价格上涨和出口量增加，刺激了中亚国家的经济增长。[3]

2022年，中亚国家强调最多的经济话题是粮食安全、能源安全和供应链安全。除哈萨克斯坦是粮食生产大国外，其他中亚国家只能满足自身需求，并且部分食用油、糖等副食商品严重依赖进口，这也是这些国家物价上涨的主要推动因素之一。能源安全威胁主要是出口通道受阻。哈萨克斯坦努力实现石油出口多元化，增加跨里海外运能力，减少对过境俄罗斯管道的依赖。供应链安全威胁主要是西方制裁俄罗斯，加上中国的防疫限

① Центральная Азия разворачивается на восток，2022.11.10，https：//kun.uz/ru/news/2022/11/10/tsentralnaya-aziya-razvorachivayetsya-na-vostok，accessed：2022-12-07.

② АБР пересмотрел прогнозы по росту экономики и инфляции в Узбекистане，2022.09.27，https：//www.gazeta.uz/ru/2022/09/27/adb-asia/，accessed：2022-12-07.

③ ЕБРР прогнозирует рост экономики стран Центральной АзииПодробнее на Kursiv，2022。09.28，https：//uz.kursiv.media/2022-09-28/ebrr-ekonomika-centralnoj-azii-budet-rasti/，accessed：2022-12-07.

制，使得很多企业原有的生产销售体系被打乱，重新布局需要时间和基础
设施投入。

第三，地区安全风险增加。来自地区内部的安全风险主要是边界冲突。
边界冲突主要出现在瓦鲁赫及其周边地区。2019~2022 年记录了 30 多起冲
突事件，数量相当于过去十年的总和，共造成上百人死亡，数十万人离开家
园。近年冲突频发的原因主要是边界一直未能最后划定，新冠疫情导致经济
困难，争议区的边民为争夺土地和水资源而产生纠纷，走私集团为牟利而私
自越境，也不排除有破坏势力故意制造争端。2022 年 9 月中旬的吉塔边界
冲突据传就是由一名隐藏在暗处的身份不明的狙击手挑起的。为维护边界安
全，吉修改法律，允许边民经政府许可后拥有枪支。① 吉塔两国高层对待边
界问题始终保持清醒，认为需要和平谈判解决。吉塔冲突让同为集安组织成
员的中亚其他国家和俄罗斯很犯难。吉尔吉斯斯坦为表达不满，取消了原定
于 10 月在其国内举行的"牢不可破的兄弟情-2022"集安组织联合军演。

地区外部的风险主要是来自阿富汗。塔吉克斯坦总统拉赫蒙说阿富汗北
部靠近中亚国家边界的地区有 40 多个培训营，有 6000 多人。俄罗斯副外长
瑟罗莫洛托夫表示阿富汗境内有 20 多个恐怖主义团体在活动，人数近 1 万
人。俄罗斯联邦安全会议秘书帕特鲁舍夫认为，在阿富汗活动的"伊斯兰
国"呼罗珊分支人数约为 3500 名。② 据吉国防部称，2022 年 9 月吉塔边界
冲突中的塔方武装力量中可能就有极端分子参加，不排除就是来自阿富汗的
极端势力。③ 另外，阿富汗境内约有 2500 万人需要人道主义救助。如果有

---

① Законопроект о выдаче оружия населению Ошской и Баткенской областей одобрили в Жогорку Кенеше, 2022. 10. 21, https: //vesti. kg/politika/item/105589 - zakonoproekt - o - vydache-oruzhiya-naseleniyu-oshskoj-i-batkenskoj-oblastej-odobrili-v-zhogorku-keneshe. html, accessed：2022-12-08.

② Патрушев: спецслужбы США и UK вербуют террористов для участия в боевых действиях на Украине, 2022. 11. 03, https: //www. interfax-russia. ru/rossiya-i-mir/patrushev-specsluzhby-ssha-i-uk-verbuyut-terroristov-dlya-uchastiya-v-boevyh-deystviyah-na-ukraine, accessed：2022-12-08.

③ Вторжение в Кыргызстан. Министр обороны ответил на критику в свой адрес, 2022. 10. 19, https: //24. kg/vlast/248461_vtorjenie_vnbspkyirgyizstan_ministr_oboronyi_otvetil_nanbspkritiku_vnbspsvoy_adres/? preview = 1, accessed：2022-12-08.

难民外溢，中亚肯定是首选方向之一。中亚国家领导人利用各种国际场合呼吁加强阿富汗重建，向阿富汗提供人道主义援助，就是担心阿富汗安全问题外溢到中亚。

第四，对外关系在保持总体平衡的基础上略向南方和西方倾斜。乌克兰危机爆发后，中亚国家在经济和安全上仍依赖俄，继续维系密切的双边关系，同时担心自身国家安全，也怕西方对俄制裁殃及自身。中亚国家对乌克兰危机的态度，总的来说就是遵循联合国宪章精神，尊重乌克兰的主权和领土完整，不承认乌东两个"人民共和国"独立，同时对俄罗斯"表示理解"，认为双方应停止战争，和平谈判解决分歧。不过，当哈萨克斯坦和乌兹别克斯坦公开表态不承认乌东两地独立后，俄罗斯便通过掐断其过境俄罗斯向欧洲出口通道等方式予以"警告和制裁"。随着俄深陷战争泥潭，中亚国家积极赴中东和欧洲招商引资，扩大合作，推进经伊朗往中东以及经里海和高加索往欧洲的物流走廊建设。尽管俄强调尊重中亚国家领土完整和主权，但中亚国家为寻求更多安全保障，与欧美和土耳其频繁往来，和各类会议主办方联系热络。

第五，与土耳其关系继续加强是 2022 年中亚国家外交的一个特点。经过独立后长期的历史文化教育和宣传，中亚国家的主体民族身份意识日渐增强，对主体民族的传统、历史、文化愈加重视，俄罗斯文化影响力走弱，民族语言应用增多，俄语使用减少。除塔吉克斯坦外，其他中亚四国社会情绪中的"突厥"元素有抬头趋势。

2. 2022年南高加索地区形势

第一，尽管乌克兰危机持续、纳卡争端重现，但阿塞拜疆、亚美尼亚和格鲁吉亚三国依然保持经济繁荣。2022 年前三季度格鲁吉亚 GDP 增幅为 10.2%，亚美尼亚为 14.8%，阿塞拜疆为 5.6%。这三国经济增长的原因主要如下。一是国际能源和矿产价格高涨，使得油气丰富的阿塞拜疆出口收入暴增。格鲁吉亚的能源过境收入也随之增加。二是由于过境俄罗斯的物流通道受阻，跨里海经南高加索到欧洲的物流运输量增加，带来丰厚的过境收入。三是借助与俄罗斯的免签证政策，以及俄罗斯银行卡可以使用等便利条件,一些躲避西方制裁的俄罗斯产业和人才,以及躲避征兵的俄罗斯青壮年流入外高加索三国,既带来技术和产业,也带来资金和消费,亚美尼亚和格鲁吉亚两国的服务业增长迅速。根据亚美尼亚移民局提供的数据,2022年1~6月有37.2086万名俄公民抵达亚美尼亚,比2021年同期的15.9466万人增加了一倍多。[1]

第二,地缘政治格局进入重新调整期。外高加索三国在地区内部关系方面,如果阿塞拜疆与亚美尼亚签署和平协议,外高加索三国间关系有望重塑。2022年7月11日,亚美尼亚总理帕希尼扬和土耳其总统埃尔多安历史上首次通电话,两国关系实现破冰。在地区与外部关系方面,受2020年第二次纳卡战争以及2022年的乌克兰危机影响,俄罗斯无暇顾及高加索问题,外高加索三国的"去俄化"趋势加速,并积极向西方靠拢。2022年9月,亚美尼亚国防部宣布不参加在哈萨克斯坦举行的集安组织联合军事演习,当月欢迎美国众议院议长佩洛西访问,10月接待欧盟派来负责监督边界安全和边界划分工作的一个民事特派团,11月拒绝在集安组织成员国领导人峰会的联合公报上签字。格鲁吉亚在俄罗斯和西方关系中"走钢丝"。政府出于现实考量,在乌克兰危机中审慎地保持相对中立的立场,拒绝乌克兰"开辟第二战场"的提议。尽管格鲁吉亚一直寻求加入欧盟,但2022年7月欧盟决定接受乌克兰为联系伙伴国却拒绝格鲁吉亚,引发格鲁吉亚国内大规模抗议游行,要求现任总理辞职并组建新政府以满足入盟的12点优先事项。[2] 阿塞拜疆与土耳其及其所主导的"突厥语国家组织"愈加深入捆绑,使其与伊朗关系趋紧。伊朗在靠近阿塞拜疆的边界地区举行大规模军事演习,阿塞拜疆则宣布破获伊朗在阿塞拜疆的间谍网。

第三,阿塞拜疆与亚美尼亚围绕纳卡问题继续争斗,并于9月和11月

---

[1] "Osservatorio Balcani e Caucaso Transeuropa," 2022.11.08, https：//www.balcanicaucaso.org/eng/Areas/Armenia/The-economic-impact-of-the-Russian-exodus-in-Armenia-and-Georgia-220973, accessed：2022-12-08.

[2] VOANews, "Georgians Hold Mass Rally for EU, Urge Government to Quit," 2022.11.12, https：//www.voanews.com/a/georgians-hold-mass-rally-for-eu-urge-government-to-quit/6643527.html, accessed：2022-12-08.

在边界爆发较大规模的交火。2022年，两国产生矛盾的主要原因是阿塞拜疆要求亚美尼亚履行2020年11月阿亚俄三方签署的停火协议的承诺。阿塞拜疆想收回连接亚美尼亚本土和纳卡的拉钦走廊（亚美尼亚承诺可以使用一条新的通道），同时打通连接阿塞拜疆本土和飞地纳希切万的赞格祖尔走廊（亚美尼亚答应开通该走廊，并由俄罗斯维和部队监管）。阿塞拜疆认为亚美尼亚未履行承诺，因此不得不采取措施保障自己的权益。2022年11月8日，阿塞拜疆总统阿利耶夫在纪念第二次纳卡战争胜利2周年活动上表示："亚美尼亚承诺确保阿塞拜疆西部地区和纳希切万之间的连接。两年过去了，没有铁路或公路。我们还要等多久？……亚美尼亚军队必须撤出卡拉巴赫，否则阿塞拜疆方面将采取适当措施。俄罗斯维和人员暂时驻扎在那里，他们的驻扎期限在2020年11月10日的声明中有所规定。如果亚美尼亚方面依靠任何人，他们将再次面临悲剧。阿塞拜疆的耐心不是无限的，我想再次警告，如果亚美尼亚不完成军队的撤离，阿塞拜疆将采取必要措施。"①

3. 中国与中亚和南高国家关系的发展

第一，中国与中亚国家关系提质升级。2022年是中国与中亚国家建交30周年。除双边的电话交流外，习近平主席在1月与中亚五国元首共同庆祝中国与中亚五国建交30周年，2月欢迎中亚五国领导人来华参加冬奥会，9月访问哈萨克斯坦和乌兹别克斯坦并参加上海合作组织成员国元首理事会。10月中亚五国元首纷纷致电祝贺中国共产党第二十次全国代表大会顺利召开。在交流互动过程中，双方一致同意"中国同中亚五国关系进入新时代"，努力构建更加紧密的中国—中亚命运共同体。② 中亚国家也对中国的发展成就表示赞赏，对中国的负责任大国地位表示肯定，对与中国发展友

---

① Ильхам Алиев принял участие в мероприятии, организованном в Шуше по случаю Дня Победы мероприятии, организованном в Шуше по случаю Дня Побе, 2022. 11. 08, https：//president. az/ru/articles/view/57801, accessed：2022-12-08.

② 《习近平在中国同中亚五国建交30周年视频峰会上的讲话》，https：//www. fmprc. gov. cn/web/zyxw/202201/t20220125_ 10633561. shtml，最后访问时间：2022年12月7日。

好合作关系寄予希望。

2022 年，中国与中亚国家的贸易额保持增长态势。尽管中方口岸疫情管控依然严格，但在双方努力下，采取了很多措施保障贸易往来，使得双边贸易额继续保持增长态势。据中方统计，2022 年 1～8 月，中哈贸易额达154 亿美元，同比增长 35%；中吉贸易额达 94.9 亿美元，同比增长 152%；中土贸易额为 69 亿美元，同比增长 52%；中乌贸易额为 64.1 亿美元，同比增长 29%；中塔贸易额为 17.6 亿美元，同比增长 66%。年内中国与中亚国家确定的最大的战略性务实合作项目是签订了中吉乌铁路建设协议。[①] 该铁路计划于 2023 年开工建设，需投资约 50 亿美元，预计年运力可达 700 万～1300 万吨，每年至少给吉国带来 2 亿美元的过境收入。该铁路对打通中国—中亚—西亚经济走廊，缩短中国至中东的陆上运输时间，提升中亚国家的过境运输潜力，破解内陆国发展瓶颈均具有不可估量的战略意义。

第二，中国与南高三国的关系继续推进。2022 年是中国与南高三国建交 30 周年。建交 30 年来，中国与阿塞拜疆关系在两国元首的战略引领下，保持蓬勃发展的势头，各领域合作成果颇丰。无论国际局势如何风云变幻，中阿双方始终坚定支持对方根据本国国情选择的发展道路，共同追求民族复兴和团结自强，相互尊重主权和领土完整，照顾彼此核心利益和重大关切，双边关系不断走向深入。2022 年 9 月，习近平主席同阿利耶夫总统在撒马尔罕成功举行会晤，就双边关系未来发展达成重要共识，强调双方要从战略高度看待和规划两国关系，增进战略互信，加大相互支持力度，深化互利合作，推动两国各领域合作走稳、走深、走实，携手共建新时代中阿命运共同体。[②] 建交 30 年来，中国与格鲁吉亚坚定尊重对方主权、独立和领土完整，

---

① Подписано соглашение по железной дороге Китай — Кыргызстан — Узбекистан, 2022.09.15, https：//24.kg/vlast/244992_ podpisano_ soglashenie_ pojeleznoy_ doroge_ kitay_ kyirgyizstan_ uzbekistan/ Карта — Маршрут ЖД Китай—Кыргызстан—Узбекистан, accessed：2022－12－08. который предлагается Кыргызстаном, www. tazabek. kg/news：1358874？f＝cp, 2017.02.04, https：//www. tazabek. kg/news：1358874, accessed：2022－12－08.

② 《驻阿塞拜疆大使郭敏接受阿 APA 通讯社专访》, http：// az. china－embassy. gov. cn/sgxw/ 202212/t20221207_ 10986431. htm，最后访问时间：2022 年 12 月 8 日。

支持对方选择的社会制度和发展道路，政治互信日益加深。中格两国经贸务实合作、共建"一带一路"合作蓬勃发展，中方已成为格方最大的出口市场，努力成为格方第二大贸易伙伴，格率先在欧亚地区与中国达成自贸协定，格葡萄酒、矿泉水和干果等优质产品正更多地走入中国千家万户。[①] 建交30年来，中国和亚美尼亚牢牢把握双边关系正确发展方向，政治互信不断深化，经贸合作迅速发展，人文交流日益密切。[②]

（三）乌克兰、白俄罗斯和摩尔多瓦形势

2022年2月24日，俄罗斯对乌克兰采取"特别军事行动"后，乌克兰随即陷入与俄罗斯的全面军事对抗状态，并且呈现长期化的趋势，冲突升级和外溢的风险不断上升。乌克兰危机给乌克兰造成深重的人道主义灾难，白俄罗斯和摩尔多瓦作为乌克兰的邻国也受到较大冲击。

1. 乌克兰形势

乌克兰危机致使乌克兰经济社会发展遭受重创，但泽连斯基政权得到了巩固，乌克兰与西方国家的关系得到了加强，乌克兰从西方获得了大量的援助，并成为欧盟候选国。

第一，泽连斯基高调抵抗俄罗斯的军事进攻，并维护政权稳定。乌克兰危机爆发后，泽连斯基总统的威望止跌回升并一路走高。泽连斯基的政策重点是全力应战，采取的措施主要包括：一是实施戒严令。戒严令使泽连斯基作为战时总统获得了超过历任总统的权力，可以任免武装力量负责人从而实现对军队的行政领导。戒严令还禁止符合战斗年龄要求的男子出境。二是将反俄政策推向极化，并借机削弱竞争对手。乌当局借乌克兰危机全面肃清国内亲俄力量，禁止11个被控涉嫌"破坏国家主权"的亲俄政党的活动，抓

[①] 《驻格鲁吉亚大使周谦接受〈多民族格鲁吉亚〉报书面采访》，http：//ge. china - embassy. gov. cn/xwdt/202209/t20220930_ 10775843. htm，最后访问时间：2022 年 12 月 8 日。

[②] 《国庆73周年前夕驻亚美尼亚大使范勇接受亚美尼亚公共电视台专访》，http：//am. china - embassy. gov. cn/xwdt/202209/t20220930_ 10775631. htm，最后访问时间：2022 年 12 月 8 日。

捕"反对派平台-为了生活"党领导人梅德韦丘克，并没收该党的全部财产，禁止莫斯科圣统乌克兰东正教会活动。此外，泽连斯基还改革安全部门，撤换大批官员以削弱波罗申科联盟等政治竞争对手，借关闭所谓亲俄媒体的时机打击与当局作对的寡头。三是在抵抗俄罗斯军事进攻的同时，组织制定重建计划和恢复非战区的生产生活秩序。

第二，经济社会发展遭受重创。基辅经济学院估计，俄乌冲突对乌克兰基础设施造成的损失以每周 30 亿~40 亿美元的速度增长，住房、道路和工厂等基础设施毁坏最为严重。遭受经济损失的地区和产业分布不均衡，东部和南部因为工业比较集中，发生战事时间较长，遭受的损失较大，而西部和北部地区的农业和其他产业损失相对较小。根据乌克兰国家统计局的数据，2022 年上半年乌实际 GDP 下降 37.2%。1~9 月，对外贸易额为 330.65 亿美元，同比下降 31.4%，进口同比下降 23.7%，贸易逆差为 54.19 亿美元。①根据联合国难民署的数据，截至 2022 年 11 月 29 日进入欧洲的乌克兰难民超过 789 万人，其中超过 477 万人登记临时保护。欧洲各国中，波兰登记临时保护的乌克兰难民数量最多，超过 152 万人。②

第三，乌政府积极开展外交活动，争取西方国家扩大对乌援助和对俄制裁。泽连斯基充分发挥其善于沟通的优势，与西方国家频繁互动，游说它们支持和援助乌克兰，并把收复全部被占领土与加入欧盟和北约挂钩。2022 年 5 月 9 日，美国总统拜登签署了《2022 年乌克兰民主防御租借法案》，该文件规定 2022 财年和 2023 财年向乌克兰出借或租赁国防物品不受通常适用于此类租借协议的某些要求和规定的约束。11 月 30 日，美国国务卿安东尼·布林肯表示，北约盟国和伙伴已向乌克兰提供了超过 400 亿美元的军事援助，并将继续提供。美国国务院称，美国向乌克兰提供超过 190 亿美元的

---

① "Regional Volumes of Foreign Trade in Goods," January – September 2022, https：// view. officeapps. live. com/op/view. aspx？src = https% 3A% 2F% 2Fukrstat. gov. ua% 2Foperativ% 2Foperativ2022%2Fzd%2Foet%2Foet0922_ ue. xls&wdOrigin = BROWSELINK，accessed：2022 - 12 - 04.

② "Ukraine Refugee Situation," https：//data. unhcr. org/en/situations/ukraine，accessed：2022 - 12 - 04.

军事援助。① 6 月 24 日，乌克兰获得了欧盟候选国地位。基辅国际社会学研究所于 10 月组织的民调结果显示，大多数受访者对未来成为繁荣的欧盟国家持乐观态度。西方国家在源源不断向乌提供武器、情报、军事训练、后勤和财政支持的同时也借机加强对乌的影响。应欧盟要求，乌克兰撤换了特别反腐败检察官办公室和国家反腐败局等司法机构的高级官员，并进行司法改革，通过关于反腐败、打击家庭暴力、规范废弃物管理等法律。欧盟-乌克兰联系国协定的大部分内容得到落实。乌克兰展开对俄罗斯的全方位回击，不仅宣布对俄罗斯数千名个人和实体实施制裁，还与西方国家一起在联合国向俄罗斯施压，推动西方国家对俄罗斯进行了多轮制裁。

2. 白俄罗斯形势

受乌克兰危机影响，白俄罗斯政府与民众之间的关系较 2021 年更趋缓和，政局更趋稳定，经济因西方制裁陷入衰退，边境安全形势紧张，俄白联盟进一步加强，中白关系升级至全天候全面战略伙伴关系。

第一，白俄罗斯采取多项措施继续消除 2020 年政治危机的影响，进一步巩固了政权安全。一是修宪。2022 年 2 月 27 日，白俄罗斯就修改宪法举行全民公投，结果高票通过。宪法修正案规定，全白俄罗斯人民大会是白俄罗斯人民政权的最高代表机构，决定社会和国家发展的战略方向，由总统与立法、行政和司法部门的代表，地方代表委员会代表等组成，代表数量最多为 1200 人，任期五年。② 宪法修正案将总统任期从过去的无限期改为最多两届，规定总统拥有豁免权，并删除了"中立"和"无核"条款。为了与宪法修正案保持一致，政府着手完善相关立法，修订了议员地位法、总统地位法等法律，并计划 2023 年审议通过《全白俄罗斯人民大会法草案》《选举法修订草案》等法律。二是继续打击反对政府的势力。流亡国外的季哈

---

① Запад предоставил Украине военную помощь на 40 миллиардов долларов，2022. 11. 30，https：//ria. ru/20221130/pomosch-1835307490. html？ysclid=lb4m7ykplp710716935，accessed：2022-12-04.

② Конституция Республики Беларусь，https：//president. gov. by/ru/gosudarstvo/constitution，accessed：2022-12-04.

诺夫斯卡娅等反对派未放弃夺权的想法，但孤立于白俄罗斯社会之外的状态以及反对派内部相互倾轧弱化了其影响力。此外，卢卡申科总统签署扩大对"恐怖主义行为"未遂者使用死刑的总统令。三是一大批政府官员以及企业和教育机构的负责人被调整。四是卢卡申科签署法令宣布2022年为历史记忆年，并通过修改《国家安全构想》以及举办纪念活动等方式统一民众对历史的认识。

第二，西方国家对白俄罗斯进行制裁导致白经济陷入衰退。2022年1～10月，白国内生产总值（按可比价格）为1590亿白卢布，同比下降4.7%。其中，农业产值增长3.5%，工业产值下降5.9%，固定资产投资下降18.2%，货运量下降25.3%。① 白经济衰退的外因是，西方制裁使白投资和贷款下降，经立陶宛、波兰和乌克兰的对外物流运输受阻，对欧盟和乌克兰等贸易伙伴的贸易量下滑。内因是资本不足、通胀高企、内需不振，难以刺激经济增长。

第三，白俄罗斯全面提升国防能力，以应对来自北约和乌克兰方向的安全压力。白俄罗斯采取了以下举措：一是发布征兵令，并筹建准军事部队和准军事化机构；二是在境内外多次举行大规模军事演习；三是对现有武器装备进行升级改造；四是加强俄白联盟。白俄罗斯宣布激活南方作战联合指挥部，与俄方组建俄白联盟国家地区联合部队。俄罗斯同意向白俄罗斯提供可搭载核弹头的战术导弹系统以及改装的战斗机。2022年12月3日，两国国防部部长签署了在军事领域联合保障地区安全的协议。五是建设国家网络安全体系。卢卡申科强调不会发布动员令，但要做好战争准备。

第四，白俄罗斯与美欧关系继续恶化，继续加强与俄罗斯和中国的关系。俄罗斯利用白俄罗斯南部领土和设施进攻乌克兰导致美欧国家增加了对白俄罗斯制裁的措施。白俄罗斯也针对美欧国家采取了反制裁措施。白俄罗

① основные социально-экономические показатели Республики Беларуси в январе-октябре 2022г, https：//view. officeapps. live. com/op/view. aspx? src = https% 3A% 2F% 2Fwww. belstat. gov. by% 2Fupload - belstat% 2Fupload - belstat - excel% 2FOficial ＿ statistika% 2F2022% 2Fexpress ＿ info - 2210. xlsx&wdOrigin＝BROWSELINK，accessed：2022-12-06.

斯将对外政策重心从"不友好国家"转向俄罗斯、中国以及所谓的远弧国家（亚非拉国家）。白俄罗斯在联合国大会上多次对俄罗斯表示支持，但未承认俄罗斯新并入的领土。俄罗斯为白俄罗斯提供贷款和低价能源，为白企业引入超级优惠制度，提供运输货物的港口，取消白商品进入俄市场的限制，对于白抵御西方制裁维持宏观经济稳定发挥了重要作用。双方还成立了进口替代工作组，加强了地方合作。

3. 摩尔多瓦形势

2022 年，摩尔多瓦政治斗争持续，经济出现衰退，与西方国家关系加强，与俄罗斯摩擦增多。中摩关系继续保持稳定发展。

摩尔多瓦处于俄罗斯与欧洲之间，国内亲俄力量和亲欧力量并存，独立以来政策左右摇摆。2014 年，摩尔多瓦与欧盟签署了联系国协定，2017 年成为欧亚经济联盟的观察员国。2020~2021 年，马娅·桑杜率领中右翼政党"行动和团结党"赢得总统选举和议会选举后，虽然仍宣称维持中立国家的地位，但实际上日益偏离前总统多东的相对亲俄路线，加快了融入欧洲的步伐，着力改善与罗马尼亚、乌克兰、欧盟、美国的关系。2022 年 3 月，摩尔多瓦正式申请加入欧盟并于 6 月 17 日获得欧盟候选国地位。

马娅·桑杜遭遇到来自反对派的强大压力，也未能带领国家走出经济低迷状态。反对党多次组织抗议集会，要求她和现政府下台，其中规模较大的是亲俄的社会主义者党和肖尔党分别于 2022 年 7 月和 10 月举行的抗议集会。美国积极插手摩尔多瓦内政，10 月 26 日宣布对肖尔党领袖伊兰·肖尔和摩尔多瓦民主党前副主席弗拉基米尔·普拉霍特纽克进行制裁。摩尔多瓦经济底子薄，是欧洲最贫困的国家之一。乌克兰危机发生后，摩尔多瓦接收了超过 10 万名的难民，导致政府支出大幅增加。2022 年 1~9 月，摩尔多瓦农业产值同比下降 18.3%，工业产值同比下降 2.3%，出口同比增长 8%，进口同比增长 25.8%。①

---

① Национальное бюро статистики Республики Молдова, https：//statistica. gov. md/ru, accessed：2022-12-06.

摩尔多瓦政府调整地缘政治取向后与俄罗斯的摩擦增多。摩尔多瓦长期依赖俄罗斯能源。2022 年 1 月,俄罗斯天然气工业股份公司因担心摩尔多瓦政府无法履行其支付义务,威胁要停止对该国的天然气供应。此后,摩尔多瓦能源部门进入紧急状态。同期,欧盟批准了一项向摩尔多瓦提供 1.5 亿欧元宏观财政援助的提议,但未能缓解摩天然气和电力供应不足的局面。俄语人口聚居程度较高的"德左共和国"依托俄罗斯的支持,与摩政府长期处于对立状态。4 月 25~26 日,德涅斯特河左岸相继发生几起爆炸,摩政府呼吁该地区各方保持冷静。

4. 中国与乌、白、摩三国的关系发展

乌克兰危机爆发后,中方多次明确阐明立场。2022 年 3 月 7 日,中国国务委员兼外长王毅强调,第一要劝和促谈,第二要防止出现大规模人道主义危机,并提出六点倡议。3 月 8 日,习近平主席会见法、德领导人时提出"四个应该",即各国主权、领土完整都应该得到尊重,联合国宪章宗旨和原则都应该得到遵守,各国合理安全关切都应该得到重视,一切有利于和平解决危机的努力都应该得到支持。中乌两国政府之间多次就乌克兰局势交换意见。4 月 4 日,中乌两国外长通电话。王毅外长指出,感谢乌政府和人民为在乌中国人员特别是留学生撤离提供的帮助和关照,彰显了两国人民之间的友好感情。9 月 22 日,两国外长举行会晤。

2022 年是中国和白俄罗斯两国建交 30 周年,双方在联合国等多边框架下继续相互支持。上海合作组织成员国元首理事会第二十二次会议在撒马尔罕召开期间,中白两国元首举行会晤,宣布将两国关系提升至全天候全面战略伙伴关系。上海合作组织决定启动接收白俄罗斯成为正式成员国的程序。2022 年 1~8 月,中白贸易额达到 29.66 亿美元,同比增长 18.5%,其中中国自白进口额增幅高达 67.5%。[①] 目前,白俄罗斯共有 200 余家企业获得中国认证,进入中国市场开展业务。中白工业园积极拓展合作空间,通过电子

---

① 《谢小用大使就中白元首会晤、两国关系等问题接受白俄罗斯〈星报〉专访》,http://by. china-embassy. gov. cn/sssgxwdt/202209/t20220930_ 10775770. htm,最后访问时间:2022 年 12 月 4 日。

商务平台向中国市场推广白俄罗斯优质商品，克服西方对白制裁造成的不利影响。中白地方合作和人文合作热度不减。

乌克兰危机期间，中摩两国保持了密切合作。在乌克兰的3000多名中国公民经摩尔多瓦撤离回国的过程中得到了摩方全方位的帮助。为帮助摩方应对难民危机，中方向摩方提供了价值500万元人民币的人道主义物资援助。2022年上半年，中摩贸易额达4.14亿美元，同比增长5.78%。[1] 中摩之间就缔结自贸协定已经进行了多轮谈判，未来一旦达成协定将大大提升两国的经贸合作水平。

二　2022年俄罗斯及欧亚地区热点

（一）俄乌冲突

拜登执政后加速推进美国及北约与乌克兰的军事合作并表态支持乌克兰加入北约，这引起俄罗斯的强烈不满。2022年1月，俄罗斯与美国、北约、欧安组织对话，在乌克兰问题上划出两大"红线"：一是西方不得接纳乌克兰成为北约成员国；二是西方不得在乌克兰部署重型进攻性武器。俄方要求美国和北约与俄签署安全协议，给出全面、具有法律约束力的（对俄）国家安全保证，但遭到拒绝。2月24日，俄罗斯宣布对乌克兰顿巴斯地区发起"特别军事行动"，俄乌冲突全面爆发。俄乌冲突是2014年乌克兰危机的延续和深化，也是俄罗斯与西方在欧亚地区地缘政治利益碰撞的结果。[2]

俄乌冲突既是苏联解体后遗症的表现，也是美国霸权焦虑症的表现，标志着苏联解体后新一轮国际格局和国家秩序的变革已经开始。短期来看，美

---

[1] 《驻摩尔多瓦大使闫文滨接受摩国家通讯社、摩国家广播电台国庆联合采访》，2022年10月1日，http://md.china-embassy.gov.cn/sgdt/202210/t20221001_10776532.htm，最后访问时间：2022年12月4日。

[2] 赵会荣：《乌克兰危机的多维探源》，《俄罗斯东欧中亚研究》2022年第4期。

国是乌克兰危机最大的获利方,美国利用俄乌冲突不仅重新巩固了对欧洲盟友和伙伴的控制,而且从能源和军火贸易中获得了不少暴利,这让美国对于继续推动俄乌冲突兴趣盎然。未来,美国将继续"捆绑中俄",在遏制俄罗斯的同时,企图削弱中国的竞争力。长期来看,美国的霸权行径必将遭到其盟友和伙伴的不满与反抗。

俄乌冲突促使欧盟成员国在政治上展现出前所未有的一致性,优先考虑军事安全和地缘政治利益,对俄罗斯和乌克兰的政策变得更加趋同,在增加军费支出的同时不惜付出高额代价支持乌克兰和制裁俄罗斯,仅极少数政治力量在武器过境与能源供应问题上未与欧盟保持一致。欧盟内部力量结构也由德法主导转变为法德主导。欧洲经济遭受严重冲击,直接引发了能源危机和高通胀问题,欧洲将艰难度过能源短缺的冬季。长期来看,俄乌冲突或将削弱欧盟的整体实力。

俄罗斯陷入与乌克兰缠斗和僵持的相对"弱态",这在欧亚地区国家中引起不小的波动,其对欧亚地区的影响有所弱化。除了白俄罗斯对俄罗斯表现出更多的理解和支持外,其他国家总体上持中立立场,避免在俄乌之间站队,疏俄倾向较以往更加突出。欧亚地区国家在发展道路选择和对外政策取向上更加独立,并呈现大分化、小聚合的趋势。乌克兰、摩尔多瓦和格鲁吉亚抱团追求加入西方阵营,中亚国家则致力于加强内部联合并推行更加独立和多元的外交政策。土耳其在欧亚地区的影响呈显著上升趋势。欧亚地区局势的未来走向很大程度上将取决于俄乌冲突的走向。短期来看,俄罗斯经济具有较强的韧性,不大可能因经济原因放弃对乌克兰的军事行动。但长期来看,随着冲突时间的延长,俄罗斯发展环境的持续恶化,经济结构转型和技术创新将受到严重影响,经济实力一定程度上将被削弱,未来发展的不确定性随之增大。

俄乌冲突促使美国联合其盟友和伙伴加速打压中国,叠加全球经济增速下降和疫情影响,中国的发展环境较冲突前有所恶化,"一带一路"的推进将更加艰难,中国的统一大业与民族复兴将面临更多的挑战。与此同时,格局变迁和秩序转换也给中国带来了前所未有的机遇。俄罗斯加速向东看,对中国的战略倚重增加，中俄在能源、农业等领域的合作推进迅速。此外，俄方立场的软化有利于中国加强与欧亚地区国家的合作以及推动上海合作组织、金砖国家等多边机制的发展。在全球面临治理赤字、信任赤字、和平赤字、发展赤字的情况下，中国的理念、方案和行动将对世界产生深远的影响。

（二）西方对俄实施制裁

俄罗斯经济在制裁压力下表现出强大的韧性，同时制裁也给俄罗斯经济带来较明显的负面影响。

俄罗斯经济之所以在制裁压力下表现出巨大韧性，究其根源，主要有以下几点。①在应对极限制裁方面做好了充分的准备。2014 年之后的进口替代战略，金融安全和财政安全建设，去美元化和试图摆脱能源依赖的努力，都为这次应对极限制裁冲击奠定了比较好的基础。②在应对极限制裁过程中采取了合理的财政政策和针对性的金融货币政策。其中，暂停执行中期预算，为财政安全筹集资金，坚决的资本管制和抑制通货膨胀的利率政策，天然气卢布结算令，平行进口政策和及时的国内生产支持政策，都发挥了积极作用。③俄罗斯经济在运行特征上表现出的国有战略企业主导和高垄断性，严格的战略产业保护和对外资的管控，国内企业在被出口管制后的快速反应等，为稳定和恢复实体经济奠定了基础。④俄罗斯金融部门与实体经济联系松散，金融冲击对实体经济的传导率低，也是经济具有强大韧性的重要原因。[1]

同时，西方制裁给俄罗斯经济造成四个方面的困难，分别是结算、物流、国际供应链断裂以及海外市场和资产被剥夺。俄罗斯主要银行被停止SWIFT 服务和被禁止使用美元、欧元、英镑、日元结算，使得俄罗斯的进出口贸易出现了严重的支付和结算问题。加上制裁措施中禁止欧洲的港口、

---

[1] 徐坡岭：《美欧制裁压力下俄罗斯经济的韧性、根源及未来方向》，《俄罗斯学刊》2022 年第 4 期。

码头和物流体系为俄罗斯提供进出口服务，使得俄罗斯的进出口贸易一度出现停滞。为此，俄罗斯不得不搭建自己的国际结算和支付系统，并寻找SWIFT和美元、欧元等国际货币之外的其他结算和支付货币。这大大影响了俄罗斯国际贸易的效率，提高了国际贸易的成本。

西方制裁给俄罗斯经济带来长期影响的是国际供应链的断裂，以及对俄罗斯科技创新能力造成的伤害。在限制进口和出口的制裁措施中，禁止向俄罗斯出口技术，禁止向俄罗斯出口机械设备和零部件，暂停与俄罗斯高校的研究和科技合作。尽管俄罗斯推出平行进口措施，暂缓燃眉之急，但还是无法从根本上解决问题。从生产链和供应链看，俄罗斯主要出口能源原材料等初级产品（占78%～80%），进口机电设备和电子产品（占50%左右），对全球生产链的参与主要是前向参与，缺少后向参与，形成了对国外高科技设备和投资品的高度依赖。在商品和技术进口份额较高的行业中，最主要的部门来自计算机、电子和光学产品以及机械和设备的制造商。在一些外国制造商和供应商退出俄罗斯市场的情况下，超过1/4的企业和组织没有能力从其他途径实现替代。据调查，31.7%的企业急需更换组件，29.3%的企业急需整个设备，但72.6%的企业认为俄罗斯自己缺乏生产能力和相应的科技基础。[1] 西方国家全力将俄罗斯排除在全球价值链、产业链之外，使俄处于十分不利的局面。俄罗斯同时面临多领域、多部门的进口替代，需要全面重组国内的生产链和供应链，而且进口替代能力不足的问题短期内难以解决。

如果把国家经济实力分为生存能力、发展能力、对外影响力和外部强制力四个维度，西方制裁尽管没有对俄罗斯的生存能力构成挑战，但大大削弱了俄罗斯的发展能力。由于国际物流和管道基础设施受限，能源和粮食等战略资源的外部市场紧缩，在国际组织中被欧美孤立，俄罗斯在全球的影响力和区域内对特定国家的强制力都被大大削弱了。

---

[1] Импортозамещению не хватает компетенции，https：//www. kommersant. ru/doc/5595984? ysclid=lbguncdbz770960364，accessed：2022-12-10.

（三）核安全问题

首先，与核安全息息相关的是俄美双方关于《新削减战略武器条约》延期的问题。俄美是世界核军控大国，决定着全球战略稳定。《新削减战略武器条约》又称《第三阶段削减战略武器条约》，该条约旨在限制俄美两国保有的核弹头数量，是两国间目前唯一的军控条约。该条约于 2010 年在布拉格签署，2011 年 2 月 5 日生效，有效期 10 年，2021 年 2 月 5 日该条约到期。由于俄美两国关系一直紧张，该条约是否能够延期令人关注。这是一项双边裁减战略武器的条约，旨在限制两国部署的战略核弹头和运载工具数量。该条约规定，两国部署的核弹头数量不超过 1550 枚，用于发射核弹头的发射工具数量不超过 800 架，已部署的洲际弹道导弹不超过 700 枚，已部署的潜射弹道导弹不超过 700 枚，已部署的可挂载核武器的重型轰炸机不超过 700 架。如果俄美不能根据该条约有关"期满后可以延期 5 年"的规定达成共识，则意味着继《中导条约》2019 年失效后，两国全部军控条约失效，全球战略稳定面临自冷战结束以来最严峻的局面。2020 年俄美两国军控代表就《新削减战略武器条约》延期问题举行了多轮会谈。

美国拜登总统 2021 年 1 月宣誓就职后，关于该条约的延期得以明确。2 月 5 日，美国国务卿布林肯发布声明说，美国与俄罗斯延长《新削减战略武器条约》5 年，有效期至 2026 年 2 月 5 日。布林肯在声明中说，在美俄关系处于紧张时，对俄罗斯远程核武器数量加以可验证限制显得至关重要。美国将利用 5 年的延长期寻求与俄方达成涉及俄所有核武器的替代军控协议。他说，美国致力于有效的军备控制，以增强稳定性、透明度和可预测性，同时减少代价高昂和危险的军备竞赛风险。俄罗斯外交部同日也发表声明说，俄美《新削减战略武器条约》延长 5 年，有效期至 2026 年 2 月 5 日。俄罗斯长期以来强调，推动《新削减战略武器条约》延期不仅有利于保障俄美两国安全，还可以维护全球稳定和增进人类福祉。2021 年两国开始就条约延期问题成立了工作小组，开始多轮谈判。

俄美希望通过谈判替换现有的条约，签署关于核军控的新条约。但是在2022年2月24日俄罗斯发动了对乌克兰的"特别军事行动"后，双方谈判时断时续。8月8日，俄罗斯宣布暂时退出《新削减战略武器条约》的设施核查机制。11月美国中期选举后，美俄协商重启谈判，但是11月29日，俄罗斯副外长里亚布科夫表示，俄罗斯与美国未能就启动《新削减战略武器条约》谈判达成一致，决定推迟原定于11月29日至12月6日在埃及开罗举行的俄美《新削减战略武器条约》双边磋商委员会会议。俄罗斯外交部同日表示，美方并没有重视俄方提出启动谈判前的优先事项，俄方将提出新的《新削减战略武器条约》谈判日期，但不会在年底前举行。俄方希望美方重启战略稳定对话，但如果美国方面不能进行平等对话，俄美之间的战略稳定就很难有希望。恢复《新削减战略武器条约》的谈判对全球秩序稳定，限制核军备竞赛都具有重大的意义；对处于对抗的俄美关系，战火中的乌克兰局势更有突出意义。

其次，关于在俄乌军事冲突中核安全的维护问题。2022年2月27日，普京命令俄军将遏制力量即战略核力量转入"特殊战备状态"。他表示，做出这一决定的原因是西方国家在经济领域采取了不友好举动，并对俄罗斯发出了侵略性言论。[1] 9月，普京表示，如果对莫斯科发动恐怖袭击并击中俄罗斯重要基础设施，那俄罗斯将根据核安全政策作出回应。俄罗斯核安全政策规定俄罗斯可以先发制人地使用核武器。[2] 10月26日至29日，俄罗斯举行了代号"雷霆-2022"的战略核力量演习。与此同时，10月17日至30日，北约举行代号"坚定正午"的核威慑演习。俄罗斯与西方国家在乌克兰危机爆发后核安全问题上针锋相对。12月，普京表示，世界发生核战争的威胁正日益加剧，俄罗斯将大规模杀伤性武器和核武器视为自身防卫手段。同时，普京也指出，尽管世界上核战争的威胁越来越大，但俄罗斯并不

---

[1] Путин приказал перевести силы сдерживания в особый режим боеждурства, https://ria.ru/20220227/putin-1775389742.html, accessed：2022-12-08.

[2] В Кремле ответили на вопрос о применении ядерного оружия на Украине, https://ria.ru/20220917/oruzhie-1817507142.html, accessed：2022-12-08.

打算率先使用此类武器。普京指出，与美国不同的是，俄罗斯并没有在其他国家的领土上保留核武器，而美国在欧洲部署了大量的核武器。但这并不意味着任何人都可以指望预防性打击的成功。①

与核安全紧密相关的问题还有俄美在扎波罗热核电站安全保障问题上的博弈。在乌克兰危机中，俄罗斯占领了扎波罗热核电站，但是该核电站不断遭受炮击。扎波罗热核电站是欧洲最大的核电站，提供了乌克兰 1/5 的电力，尽管已经停止运营，但是冷却核设施的系统需要动力，这个动力系统如果被摧毁，那么核设施发热将会导致爆炸和核泄漏，给当地造成大面积的核污染，因此，扎波罗热核电站的核安全问题牵一发而动全身。2022 年 11 月，俄罗斯国家原子能机构称，作为欧洲最大的核电站扎波罗热核电站有发生核事故的风险。12 月 12 日，俄罗斯外交部表示，俄罗斯与国际原子能机构正在就扎波罗热核电站的安全问题进行磋商，以防止该核电站受到攻击威胁。俄罗斯坚决反对国际原子能机构要求俄罗斯放弃对该核电站控制权的相关声明。

（四）哈国内动乱及改革

2022 年"一月骚乱"后，托卡耶夫于 1 月 11 日在议会上发表讲话，并于 3 月 16 日和 9 月 1 日两次发表国情咨文，提出全新的政治经济改革方案。根据总统国情咨文的建议，哈国修改宪法。6 月 5 日经全民公决通过的宪法改革方案内容主要涉及削减总统权力、改革司法体制、调整议会选举办法、调整地方行政区划等内容。9 月 16 日议会联席会议通过的宪法改革方案主要涉及总统任职期（一届七年，不得连任）方面。为更好地落实执行宪法改革确定的新体制和新政策，托卡耶夫决定于 11 月 20 日举行非例行总统选举并成功当选。

哈国政治体制做出了较大修正，尤其是削减总统权力、改革议会选举办

---

① Россия не намерена первой применять ядерное оружие, заявил Владимир Путин，https：//www.1tv.ru/news/2022-12-11/443260-rossiya_ ne_ namerena_ pervoy_ primenyat_ yadernoe_ oruzhie_ zayavil_ vladimir_ putin，accessed：2022-12-15.

法、增设宪法法院等，让总统、议会和司法三权更加均衡和互相制衡。其中包括如下内容。①明确宣布哈萨克斯坦的土地及其资源属于人民，人民授权国家代为管理土地资源。②废除死刑。③将宪法委员会改为宪法法院，宪法法院每年要向议会报告宪法审查情况，将共和国预算执行监督审计委员会改为最高审计院。宪法、最高法院和其他各级别法官均不得担任中央选举委员会委员和主席。④法院院长职位将转为司法职位。军事人员、国家安全机关人员和执法人员禁止加入政党，也不得加入工会以及参加政党的宣传工作。⑤设立人权监察专员。⑥总统在任期内不得兼任议会和执法机关职务；总统在任期内不得拥有有偿服务实体，不得经商，不能是任何政党的成员；总统的近亲无权担任政治官员和准公共部门实体的负责人。⑦将"根据总理的建议确定政府组织机构；任命政府组成人员"改为"经总理推荐并与众议院协商后任命政府组成人员"。取消总统撤销区长和市长职务的权力。⑧将"总统有权任命15名参议员"改为"其中10名参议院议员由总统任命，5名议员由哈萨克斯坦人民大会推荐"，将众议院"由107名议员组成"改为"由98名议员组成，按照宪法规定的混合选举制度的程序选举产生。⑨将国务秘书改为国务顾问。⑩删去纳扎尔巴耶夫是哈萨克斯坦共和国创始人、首任总统-民族领袖等内容。

从就任总统以来三年半时间里托卡耶夫参加的活动、发表的讲话和文章，以及哈政府出台的措施看，托卡耶夫的施政重点是经济社会问题，政治改革小步迈进。2022年1月后，托卡耶夫改革的重点则是政治领域，尤其是总统、议会和司法三大权力体系，旨在建设更加均衡的政治体系，甚至以"自我革命"的方式，自己主动削减总统权力，扩大议会和政府的权力。如果说"一月骚乱"前的重点是建设"倾听型国家"，即注重民众需求的话，则此后的重点是"公正"（公正的政治、公正的经济、公正的社会）。

与纳扎尔巴耶夫执政时期的"第一共和国"相比，托卡耶夫的"第二共和国"围绕"公正"这个旗帜，以反腐败和反垄断为抓手，希望通过重建国家治理体系，革除过去时代积累的弊病，重塑国家—社会—公民这三者间的关系，即通过建立更加均衡的权力体系，发挥政府、社会和公民的积极性，通过消除垄断，为每个企业和个人提供公平的竞争环境和机会。总体而言，托卡耶夫提出的"新哈萨克斯坦"的大部分措施都是针对"旧哈萨克斯坦"长期积累的弊端和缺陷，具有明显的"纠偏"色彩，重点是削弱和清除纳扎尔巴耶夫30年执政期间形成的家族势力和既得利益集团，将其控制的资源收回政府和人民手中。

托卡耶夫的改革步伐在"一月骚乱"后之所以迈得大一些，主要源于他的治国理念与纳扎尔巴耶夫有所不同。他认为先经济后政治的道路已经不合时宜，"先经济"时期虽然增加了社会财富，但同时也积累了大量的问题，现在需要通过"先政治"缓解社会压力，释放社会活力，公平利用社会资源，在新的平衡点上起步。2022年6月15日，托卡耶夫在接受媒体记者采访时表示："先经济后政治的道路模式已经耗尽了国家的资源，虽然这个模式在20世纪90年代初期非常有用，但我们需要进行政治转型，因为必须解放人们的公民活动，这是社会的一个非常大的要求，所以我从本质上开始了政治改革。"①

（五）吉塔冲突

吉尔吉斯斯坦和塔吉克斯坦的共同边界线长度为972公里，截至2022年初只解决了约600公里。争议边界主要是吉尔吉斯斯坦的巴特肯州和塔吉克斯坦索格特州的伊斯法拉区交界处，以及塔吉克斯坦在吉尔吉斯斯坦境内的一块飞地——瓦鲁赫及其周边地区。双方的边界纠纷和边界冲突也主要发生在飞地，主要与获取水源、土地和过境交通等问题有关。自2020年以来，双方经常使用武器，导致多人死亡。2022年9月14~16日，吉塔边境再次爆发冲突，共造成上百人死亡，数十万人撤离边境地区。10月19日，吉政府总理阿基尔别克在议会会议上表示："9月中旬的吉塔边界冲突中共损失31.3亿索姆（约合2.71亿人民币）。截至10月4日，共有63人死亡，其中包括50名军人和13名平民，共有206人受伤，包括13名儿童。有661栋住宅受损，423栋住宅完全被毁。此外，11栋行政和战略建筑、27栋社

---

① Токаев отказался от формулы сначала экономика, потом политика, 2022.06.15, https://kazakh24. info/2836 - tokaev - otkazalsia - ot - formuly - snachala - ekonomika - potom - politika - 1655283043/, accessed：2022-12-15.

会设施、335 栋棚屋、197 栋生活保障设施、61 辆汽车、一座桥梁受损。"①

据吉边防部队报告，9 月 14 日上午在吉南部的巴特肯州布拉克巴希地区发现有一支塔吉克斯坦边防部队违反双方此前达成的协议，占据了两国边境上一处无名的、双方未注明的地方。塔边防军无视吉方离开的要求，并向吉方开火，吉边防军被迫使用武器还击。塔方使用了迫击炮。经双方边防和外交部门沟通后达成暂时停火，但 16 日上午重新爆发冲突。吉安全部门认为，冲突始发于一个地点，塔方却向整个边境地区开火，因此此次边境冲突是塔吉克斯坦方面有预谋的侵略。②

塔吉克斯坦边境部队则表示，"9 月 14 日 7 时 15 分左右，吉尔吉斯斯坦巴特肯边防部队布拉克巴什边防哨所边防军向塔吉克斯坦伊斯法拉边防部队凯赫边防哨所发射了 4 枚迫击炮弹，并用机枪、卡拉什尼科夫冲锋枪和其他类型的小武器向塔吉克边防军阵地开火"③。在塔吉双方达成停火协议两天后，吉方又恢复了用各种重型武器对塔吉克斯坦境内定居点的攻击，包括博博占加富罗夫区的奥夫奇卡尔阿恰村、伊斯法拉市的瓦鲁赫村和丘尔库赫村。塔边防部门表示："吉尔吉斯斯坦正在使用军用直升机和无人机对塔吉克斯坦的住宅楼和民用设施进行空袭，造成数十座房屋被毁，十多人受伤，许多平民受到影响。"④

9 月 19 日深夜，吉副总理兼国家安全委员会主席塔希耶夫与塔吉克斯坦国家安全委员会主席亚季莫夫为解决两国边境冲突举行会谈，按照先前就

---

① Вторжение в КР: Общий ущерб составил 3. 1 млрд сомов, 2022. 10. 19, https：//
economist. kg/novosti/2022/10/19/vtorzhenie－v－kr－obshhij－ushherb－sostavil－3－1－mlrd－
somov/, accessed：2022-12-08.

② Погранслужба Киргизии рассказала о ситуации на границе с Таджикистаном, 2022. 09. 14,
https：//avesta. tj/2022/09/14/pv－gknb－tadzhikistana－kirgizskie－pogranichniki－obstrelyali－iz－
minometov－tadzhikskij－pogranpost/, accessed：2022-12-08.

③ ПВ ГКНБ Таджикистана: Киргизские пограничники обстреляли из минометов таджикский
погранпост, 2022. 09. 14, https：//ria. ru/20220914/kirgiziya－1816690905. html, accessed：
2022-12-09.

④ ЗАЯВЛЕНИЕ Управления Пограничных войск ГКНБ РТ по Согдийской области,
2022. 10. 19, https：//khovar. tj/rus/2022/10/zayavlenie－upravleniya－pogranichnyh－vojsk－
gknb－rt－po－sogdijskoj－oblasti/, accessed：2022-12-09.

停火和缓和局势达成的协议，双方签署了解决吉塔边境地区武装冲突的议定书，规定完全停止敌对行动；将部队和军事装备撤回各自永久部署地点；联合检查边境哨所和指挥官办公室；彻查边境冲突原因。① 9 月 25 日，吉塔双方同意在发生边界冲突的地方各自撤掉四个边境哨所。②

对于吉塔边界冲突，吉塔两国的态度都非常坚决。9 月 17 日，吉总统扎帕罗夫在其脸书账号上谈到与邻国塔吉克斯坦边境武装冲突时表示："历史表明，边界问题是复杂的，需要极大的关注和耐心，但我们不会停止努力，我们会尽快解决吉塔边界问题……如果我们回顾历史，我们会看到，所有的边界争端都伴随着冲突，损失是不可避免的。但无论如何，我们不会把我们从祖先继承下来的每寸土地让给任何人……我们坚定地捍卫我们的国家利益！"③ 10 月 12 日，塔外长穆赫里丁参加在阿斯塔纳举行的独联体成员国外长会议期间，针对吉尔吉斯斯坦方面的指控，指出边界冲突造成塔国 50 多名平民死亡，约 200 人受伤。穆赫里丁称塔吉两国在 20 多年的边界谈判历史中签署了数十项议定书，随着邻国政治格局的变化，这些议定书正在修订和废除。1991 年的《独立国家联合体协定》和《阿拉木图宣言》这两份文件不涉及确定边界线的问题。吉塔继续谈判的唯一法律基础是 1924~1927 年中亚民族划界文件，该文件已通过所有宪法程序。塔方始终致力于通过政治和外交手段解决与吉尔吉斯斯坦的所有问题，呼吁吉方不要制造紧张局势，严格执行签署的议定书中的条款，并严格监督其执行情况。④

---

① Таджикистан и Киргизия подписали протокол о мире. Что в нем говорится，2022.09.20，https：//avesta.tj/2022/09/20/tadzhikistan－i－kirgiziya－podpisali－protokol－o－mire－chto－v－nem-govoritsya/，accessed：2022-12-09.

② Кыргызстан и Таджикистан уберут по четыре погранпоста — Ташиев，2022.09.25，https：//ru.sputnik.kg/20220925/tashiev－protokol－konflikt－pogranzastavy－batken－1068293320.html，accessed：2022-12-09.

③ "Не отдадим ни метра земли"：Садыр Жапаров обратился к кыргызстанцам，2022.09.17，https：//tengrinews.kz/world_news/ne－otdadim－ni－metra－zemli－sadyir－japarov－obratilsya－478102/，accessed：2022-12-09.

④ Заседание СМИД СНГ в Астане. Глава МИД Таджикистана отверг инсинуации кыргызской стороны，2022.10.13，https：//khovar.tj/rus/2022/10/zasedanie-smid-sng-v-astane-glava-mid-tadzhikistana-otverg-insinuatsii-kyrgyzskoj-storony/，accessed：2022-12-09.

与以往不同的是，2022年的边界冲突可能有极端势力介入，甚至可能由极端势力挑起。俄罗斯媒体报道说，"9月中旬的两国边界冲突可能是由一名隐藏的狙击手挑拨引发的"①。吉国家安全委员会主席塔希耶夫在9月26日向记者透露："塔吉克斯坦军人中有身份不明、没有识别标志或属于任何武装团体的人。从社交媒体和互联网显示的信息可知，确实有各种各样的人越过了我们的边界，甚至不知道该怎么称呼他们，也许是武装分子。我们认为，我们没有与塔吉克斯坦正规军作战，而是与一些陌生人发生了冲突，也许是武装分子，他们对我们的边防人员非常残忍。"② 10月19日，吉国防部部长巴克特别克·别克博洛托夫在新闻发布会上表示："9月16日和17日的边界冲突事件表明，吉尔吉斯斯坦自己的军队和武装力量可以进行正面的抵抗。在我们近代历史上，相邻一方从未有过如此大规模的军事进攻活动。塔吉克斯坦武装部队和军队同时在吉尔吉斯斯坦的巴特肯和莱列克两个防御区沿整个边界线推进。我们有照片和视频显示，'破坏性力量'和国际恐怖组织的分支参与其中。从他们的作战方式，以及对待士兵的残酷程度（很多吉国士兵被斩首）就证实了这一点。"③

三 2023年俄罗斯及欧亚地区趋势展望

第一，俄乌冲突的中短期前景是双方陷入残酷的拉锯战和消耗战，可能还将持续一段时间。冲突继续升级和外溢的风险仍会上升，西方国家将向乌克兰提供源源不断的支持，对乌援助武器将越来越先进，对俄罗斯和白俄罗

---

① Названы возможные виновники конфликта Киргизии и Таджикистана, 2022.09.16, https：//lenta. ru/news/2022/09/16/scandalintrigues/，accessed：2022-12-09.

② 《Мы воевали не с погранслужбой Таджикистана》. Заявление Ташиева противоречит позиции Жапарова？ 2022.09.27, https：//kloop. kg/blog/2022/09/27/my - voevali - ne - s - pogransluzhboj - tadzhikistana - zayavlenie - tashieva - protivorechit - pozitsii - zhaparova/，accessed：2022-12-09.

③ Вторжение в Кыргызстан. Министр обороны ответил на критику в свой адрес, 2022.10.19, https：//24. kg/vlast/248461_ vtorjenie_ vnbspkyirgyizstan_ ministr_ oboronyi_ otvetil_ nanbspkritiku_ vnbspsvoy_ adres/? preview＝1，accessed：2022-12-09.

斯的制裁将长期化和扩大化。长期前景目前还不明朗，比较乐观的估计是双方实现停火，搁置争议，对领土归属作各自表述。做出上述判断的主要根据包括：一是目前冲突双方对于对方的信任度几乎为零，不相信对方的任何承诺和书面协议，在这种情况下双方很难回到谈判桌前。2022 年 10 月 4 日，泽连斯基批准乌克兰国家安全与国防委员会的决定"乌克兰为保障欧洲大西洋和乌克兰的安全以及恢复乌克兰领土完整而回应俄罗斯联邦企图吞并乌克兰领土采取的行动"，其中最重要的条款是不与俄罗斯总统普京进行谈判。二是这场冲突本质上是俄罗斯与西方的对抗。乌方的背后是冲突最大的相关方——美国。当下美国对于利用乌克兰危机遏制俄罗斯有信心、有手段，正在逐步推进，不允许乌克兰与俄罗斯就停火进行谈判和对俄妥协。三是冲突双方尚有余力继续战斗，且都对胜利抱有期待和信心。四是冲突双方短期内都很难在战场上取得绝对优势以结束战争。西方援助武器的规模以保持乌军具有一定的反击能力为限，重点在于消耗俄罗斯的实力，因此尚不足以改变战争进程。俄方存在兵力和装备不足以及情报、指挥、武器系统、技术装备落后于北约的问题，使其很难在短期内彻底击败乌克兰。未来只有当双方中的至少一方实力损耗到一定程度，无力继续对抗时，双方才会回到谈判桌并达成停火协定，但难以达成解决领土问题的终极方案。

第二，俄罗斯外交政策将继续调整。反西方孤立和重塑欧亚地区新秩序将是普京外交战略调整中两个突出的特点。放弃与西方缓和关系，团结非西方国家，打破对俄罗斯的孤立和遏制，以及着眼未来的新型国际秩序，是普京在后俄乌冲突时期对外战略的主要内容和中心任务。从俄罗斯的外交资源和国家实力看，这主要是基于，一是欧亚地缘政治经济板块重要性的上升，二是俄罗斯以资源丰富和幅员辽阔支撑起它的大国地位和影响力，三是主动扛起反对美国霸权主义的大旗，以摆脱被西方孤立和掩盖与西方实力不对等的需要，四是用多极世界力量中心来弥补俄罗斯单独作为对抗西方一极的薄弱。

第三，俄罗斯经济恢复增长将非常困难。在制裁压力下，俄罗斯经济在2022 年仅出现小幅衰退，安全边际远远高于预期，显示了俄罗斯经济的强大韧性和特殊的运行特征。但俄罗斯经济要完全恢复增长，还需要一定的时间。俄罗斯经济发展部和俄央行均预测2023年仍将出现0.8%左右的负增长。特别是在世界经济增速下降，国际能源需求疲软，美国和欧盟对俄石油天然气实施限价制裁的情况下，经济恢复正增长将非常困难。从长期来看，俄罗斯仍然需要为生存和发展来布局未来的国家战略。因为国际环境压力，在发展和安全的优先顺序方面，俄罗斯将继续坚持安全优先的战略。在这种情况下，即使俄罗斯经济恢复增长，其长期固定资产投资率仍难以达到经济快速增长的要求，仍将维持在20%左右的水平上，因此，俄罗斯经济低速增长的轨迹不会发生根本改变。

第四，俄罗斯经济体制和对外开放将进入国家干预和主导的新时代。在2022年4月之后已经有大规模极限制裁转向长期化的针对经济潜力的制裁，因此俄罗斯将不得不实施结构性经济转型，来应对制裁长期化。在经济发展模式和政策方面，强调俄罗斯经济主权、技术主权和数据主权的政策原则，致力于推动俄罗斯经济数字化、信息化转型和技术独立。[①] 在具体实施方面，俄罗斯已经把长期结构性转型的重点指向能源、农业、重化工业、航空航天、物流运输、经济数字化和技术主权等领域，并对经济开放和参与国际经济循环、政府干预和参与经济运行的体制设置、国民经济地理和区域布局进行了调整。在能源领域，针对欧洲采取"硬脱钩"的战略，普京总统要求政府部门重组能源领域的国际国内市场，并对欧洲和亚洲地区的管道基础设施重新布局，推动向南向东的能源战略。在农业领域，普京总统进一步强化农业资源、化肥、非转基因种子等方面的战略作用，强调农业和农工综合体的基础和战略安全作用。在重化工业、航空航天领域，普京总统强化这些产业的军事安全意义，要求加大对这些领域的投资和政策支持。

在经济开放和参与国际经济循环方面，俄罗斯强调与48个"不友好国家和地区"之外的友好国家加强经济合作，加强在欧亚经济联盟、金砖国家组

---

① Мишустин назначил замглавы Минэнерго, ответственного за цифровую трансформацию, https：//www.kommersant.ru/doc/5346416, accessed：2022-12-10.

织、阿拉伯国家联盟、非洲国家联盟等多边组织框架下的合作，强调坚持经济开放的原则。但对于由西方主导的国际组织，将重新审视俄参与 WTO 等国际经济治理组织的政策，拒绝不利于俄经济安全的国际管辖，致力于向东方和南方国家开放和寻求合作，寻求建立独立于美欧的国际治理体系和规则。

俄罗斯经济体制和对外开放的大幅转向已经在 2022 年的一系列政策措施中完成布局。其中，经济体制的转型排在首位。在美欧制裁的压力下，俄罗斯政府对经济的干预力度将进一步加强，动员型经济的特征将更加显著。俄罗斯在 2022 年的经济政策布局中，政府对投资和产业的主导已经基本成型，即以 2018 年部署的 13 项国家项目为轴线，以外经银行集团为枢纽和平台，以中小企业基金、工业发展基金、高加索和远东北极开发机构等为资金分配渠道，实施国家主导的产业和经济发展战略。这是一种由政府干预和主导，市场机制辅助和引导的资源配置体制模式。俄罗斯外经银行集团将逐渐承担起国家开发集团和国家项目规划枢纽的职能。[1] 这种体制模式是一种有限竞争和适度垄断相结合，有限开放和产业安全自主密切配合的国家经济体制。金融自主安全和经济向东、向南开放，取代过去的经济向西开放和以欧洲为主要方向的金融开放。

第五，中俄关系将平稳发展。中俄两国将致力于促进两国正常经贸往来，维护产业链供应链稳定，打造数字经济、绿色发展、生物医药等新的增长点，推动中俄经贸关系规模和质量"双提升"。与此同时，双边经贸合作也将面临美国制裁和世界经济前景不佳等因素的限制。中俄双方将全面落实两国元首重要的共识，深化两军战略沟通，继续开展各领域务实合作，为维护世界和地区的和平稳定积极贡献力量。

第六，只要外部环境不发生重大变化，中亚和南高加索国家有望持续稳定发展。在 2022 年 9 月上海合作组织成员国元首理事会签署的《撒马尔罕宣言》中，对当前国际和地区形势的基本判断是："当今世界正发生全球性

---

[1] ВЭБ уполномочен гарантировать，https：//www.kommersant.ru/doc/5339614，accessed：2022–12–10.

变化,进入快速发展和大变革的新时期。世界多极化趋势加强,各国相互依存日益加深,信息化和数字化进程加速。与此同时,当前国际社会面临的挑战和威胁更加复杂,国际形势逐步恶化,地区冲突和危机层出不穷,持续升级。技术和数字鸿沟日益扩大,全球金融市场持续动荡,全球投资萎缩,供应链不稳定,保护主义措施抬头以及其他国际贸易壁垒增多,都加剧世界经济的不稳定性和不确定性。"①

从国内形势看,只要外部威胁没有进一步"外溢",比如乌克兰危机持续、中东动荡、国际经济急剧衰退等,中亚和南高加索国家有望持续稳定发展。尽管各国均有不同程度和形式的不稳定因素,但当局总体上能够稳定局势,以改善民生为要务,落实既定的经济社会发展战略。与此同时,高通胀、本币贬值、债务走高、发展增速放缓、就业压力大、原材料国际市场价格波动频繁、外部需求减少等现实困难,也需各国谨慎应对。按照2001～2021年平均人口增速2%计算②,中亚国家总人口很快就要突破8000万人大关,其中哈萨克斯坦突破2000万人大关,这会对中亚国家的心理带来改变,进一步增强地区的民族性和独立性需求,但也增加了就业和社会保障压力。

从对外关系看,中亚和高加索国家的国际合作意愿更加强烈,希望通过和平与发展,应对面临的新威胁和新挑战,愿意继续奉行多元平衡的对外政策,以联合国为核心,反对集团政治。尽管俄罗斯的影响力和综合国力有所下降,但中亚和高加索国家仍然将其视作最优先合作伙伴,在政治、经济、安全和人文等各个领域都离不开俄罗斯。不过,为了支持本国经济民生发展,中亚和高加索国家与西方,以及与土耳其、伊朗、印度、中国等周边大国的合作也会更加积极。

中亚和高加索国家的稳定发展对中国西部的稳定和发展至关重要。中国现行的中亚和高加索政策是在"人类命运共同体"理念和"亲诚惠容"周

---

① 《上海合作组织成员国元首理事会撒马尔罕宣言》,2022年9月17日,https://www.fmprc.gov.cn/zyxw/202209/t20220917_10767328.shtml,最后访问时间:2022年12月8日。

② Среднегодовой рост ВВП стран Центральной Азии составил 3,6%,2022.11.10,https://bizmedia.kz/2022/11/10/rost-vvp-stran-czentralnoj-azii-sostavil-36/,accessed:2022-12-09。

边外交政策指导下，相互尊重主权、独立与领土完整，在彼此核心利益问题上相互支持，以共建下一个友好合作 30 年为目标，巩固政治合作，加强经济合作，提升安全合作，扩大人文合作，增强互信互利。在双方合作意愿不断加强的大环境下，中国可利用自己的资金、技术、市场和国际合作理念等优势，扩大"引进来"和"走出去"双向合作，推进"一带一路"高质量发展，巩固西部的朋友圈。

第七，2023 年，白俄罗斯将继续完善与修宪相关的立法工作，并为 2024 年议会选举做准备。基于俄方经济降幅有限，对白经济影响不大，且白方采取了一系列刺激经济增长和反制裁措施，积极开拓新市场，外汇市场较稳定，预计 2023 年白经济有望实现恢复性低速增长。俄白双方签署的关于 28 个领域一体化的文件将陆续生效，双方将进一步推进俄白联盟国家建设。白方将通过俄白经济一体化促进经济复苏，通过紧密的安全合作提升国防能力，但会尽量避免直接参与俄乌冲突以及俄乌政治一体化。未来，俄方是否推动白方开辟北方战线将关系到乌克兰危机的走向以及白俄罗斯国内的稳定。西方国家将继续对白俄罗斯实行孤立和制裁的政策。中白关系将继续保持高水平运行，经济合作或因西方国家对白制裁受到一定影响。

第八，摩尔多瓦将继续谋求加入欧盟，摩俄双方的矛盾和分歧将增多，天然气问题和德左问题将保持较高热度。摩反对派与政府之间的斗争将持续，政治稳定面临的风险上升，但反对派通过街头政治的方式推翻现政权并不容易。国际货币基金组织 2022 年 10 月发布的《世界经济展望》显示，摩尔多瓦 2022 年实际 GDP 增速为 0，2023 年 GDP 预计增长 2.3%。①

总之，2022 年俄罗斯及欧亚地区的核心事件是乌克兰危机。乌克兰危机的进程与结局将在一个相当长的时间内对国际格局产生深刻影响。乌克兰危机对俄罗斯来说是一个战略性的选择，虽然面对的外部压力极大，但不可能轻易放弃自己的目标；对欧亚国家来说，无论是政治、经济还是外交、安

---

① "World Economic Outlook—Countering the Cost-of-Living Crisis," 2022. 10. 11, https://www.imf.org/en/Publications/WEO/Issues/2022/10/11/world-economic-outlook-october-2022, accessed：2022-12-04.

全都将经历独立后最大的一次危机和挑战。乌克兰危机已经带来欧亚地区的政治分化和安全形势的进一步恶化。俄罗斯与美国及西方的地缘政治对抗尖锐化、长期化，欧亚国家寻求政局稳定、经济发展和国际合作将面临一系列新的考验。

课题组组长：孙壮志

课题组成员：庞大鹏　徐坡岭　张　宁
　　　　　　赵会荣　李勇慧①

---

① 孙壮志，中国社会科学院俄罗斯东欧中亚研究所所长、研究员；庞大鹏，中国社会科学院俄罗斯东欧中亚研究所副所长、研究员；徐坡岭，中国社会科学院俄罗斯东欧中亚研究所俄罗斯经济研究室主任、研究员；张宁，中国社会科学院俄罗斯东欧中亚研究所中亚研究室主任、研究员；赵会荣，中国社会科学院俄罗斯东欧中亚研究所乌克兰研究室主任、研究员；李勇慧，中国社会科学院俄罗斯东欧中亚研究所俄罗斯外交研究室副主任、研究员。

2022~2023年欧洲形势分析与展望

摘　要：　2022年，欧洲深陷乌克兰危机引发的多重困境和挑战。欧俄能源"脱钩"，导致欧洲国家陷入能源短缺困境，民众生活成本和企业生产成本骤升，经济下行甚至衰退风险增大。欧洲政治秩序乃至安全秩序步入新一轮调整和重塑阶段，虽然欧洲政治呈现变乱交织特征，但不乏支撑欧洲政治秩序的"韧性"。欧洲对外关系也深受乌克兰危机的影响，"反俄援乌"成为欧盟及其成员国的共同外交政策。在此背景下，北约被重新"激活"，欧美关系得到强化。然而，随着乌克兰危机的长期化和复杂化，欧美分歧渐显。面对欧洲变局和全球大变局，中欧关系虽面临的挑战增大，但双方务实合作仍取得进展。

关键词：　欧洲　能源危机　民粹主义　中欧关系　欧美关系

　　2022年乌克兰危机升级让欧洲成为全球关注的焦点。乌克兰危机打断了欧洲经济复苏的节奏，宏观经济基本面进一步承压，严重的能源短缺增大欧洲经济衰退风险。突如其来的乌克兰危机令欧洲深受"情绪政治"的束缚。民粹主义政党在意大利等国的选举中卷土重来，持续影响着欧洲政治格局。欧洲政治呈现变乱和变弱的特征，但不乏支撑欧洲政治秩序的"韧性"。与此同时，受乌克兰危机冲击，欧洲国家与俄罗斯、美国以及中国的关系发生显著变化。

一 2022年欧洲总体形势

（一）欧洲经济遭遇乌克兰危机冲击

从2021年第三季度开始欧洲经济摆脱新冠疫情影响，呈现企稳复苏态势。然而，自乌克兰危机升级以来，2022年全年欧盟对俄罗斯就接连发起多达9轮制裁，导致欧洲面临严重的能源供应短缺问题，进而形成能源和电力价格螺旋式上涨的能源危机。2022年，欧洲宏观经济基本面进一步承压，物价显著上涨，通货膨胀严重，制造业外迁压力加大，经济下行甚至衰退风险加剧。

1. 宏观经济基本面承压

根据欧盟统计局相关数据，2022年前三个季度欧盟经济依次实现5.6%、4.3%和2.5%的同比增长（环比增长依次为0.7%、0.7%和0.4%）。同期，欧元区经济同比增长依次为5.5%、4.2%和2.3%（环比增长依次为0.6%、0.8%和0.3%），增速呈现持续下降的趋势。如图1所示，受新冠疫情冲击，欧洲经济从2019年第四季度起出现负增长，在2020年第二季度见底，随后出现持续复苏态势，并在2021年第二季度实现最大幅度增长。从2021年第二季度开始，欧盟、欧元区及其主要经济体增速有所回落，并在2022年呈现进一步放缓态势。2022年，欧盟主要经济体德国、法国经济增长表现不及欧盟平均水平，未能发挥"领头羊"作用。前三个季度，"德法轴心"经济下行更为严重，德国经济环比增长依次为0.8%、0.1%和0.4%，法国依次为-0.2%、0.5%和0.2%。[①]

2. 通货膨胀严峻

通胀高企构成当前欧洲经济面临的最大挑战。长期以来，能源供应、通

---

① 欧盟统计局网站，https：//ec.europa.eu/eurostat/databrowser/bookmark/4eef75c1-4ab8-4e39-865e-6301e3390d28? lang=en，最后访问时间：2022年12月17日。

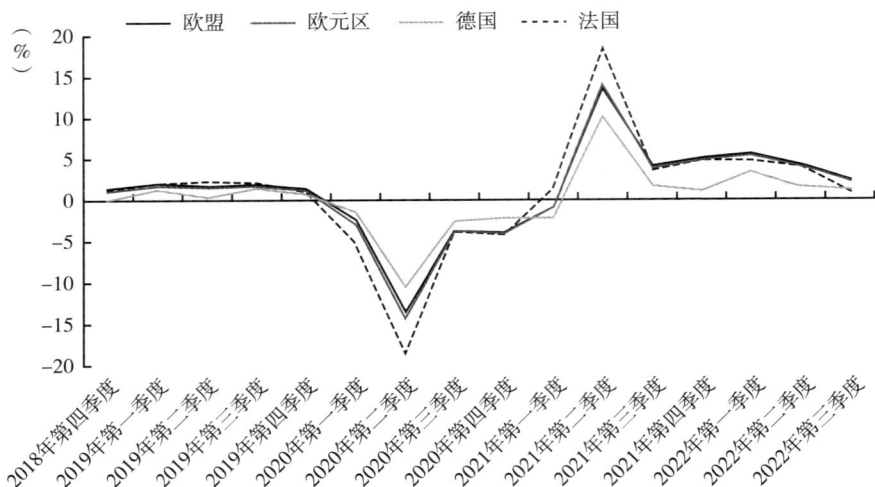

图1 2018年第四季度至2022年第三季度欧盟、欧元区及其主要经济体经济增长情况

资料来源：欧盟统计局（Eurostat），Https：//ec. europe. eu/eurostat/databrower，最后访问时间：2022年12月17日。

货膨胀构成欧洲经济的主要"硬伤"。20世纪七八十年代两次石油危机期间，全球石油供应骤减导致物价暴涨，通货膨胀持续困扰欧洲经济发展数年，成为当前欧洲经济"低增长、高赤字、高负债"的开端。本次由能源、电力价格上涨所引发的通货膨胀，通过中间产品、运输成本上涨传导至制造业，进而蔓延至居民消费以及服务业，形成全面的通货膨胀态势。高通胀或将通过消费需求放缓、投资意愿不足、出口竞争力下降等方式持续拖累经济增长。

早在2022年2月乌克兰危机升级以前，欧洲便出现了通胀上升的迹象。如图2所示，从2021年上半年起荷兰TTF天然气期货价格开启加速上升通道，从2021年2月的15.69欧元/MMBtu上涨至2022年2月的98.59欧元/MMBtu，拉动调和消费者物价指数持续走高，特别是能源价格通胀月度涨幅最为明显，成为欧洲整体通胀的主要驱动因素。乌克兰危机爆发以来，欧洲能源危机带动荷兰TTF天然气期货价格持续走高，并于2022年8月创下239.9欧元/MMBtu的历史最大值。虽然从8月开始，欧洲天然气价格出现大幅下降，但无论从反映需求端的调和消费者物价指数，还是从反映供给端的生产者物价指数看，通货膨胀率还未见顶，通胀压力并未出现明显的缓和态势。

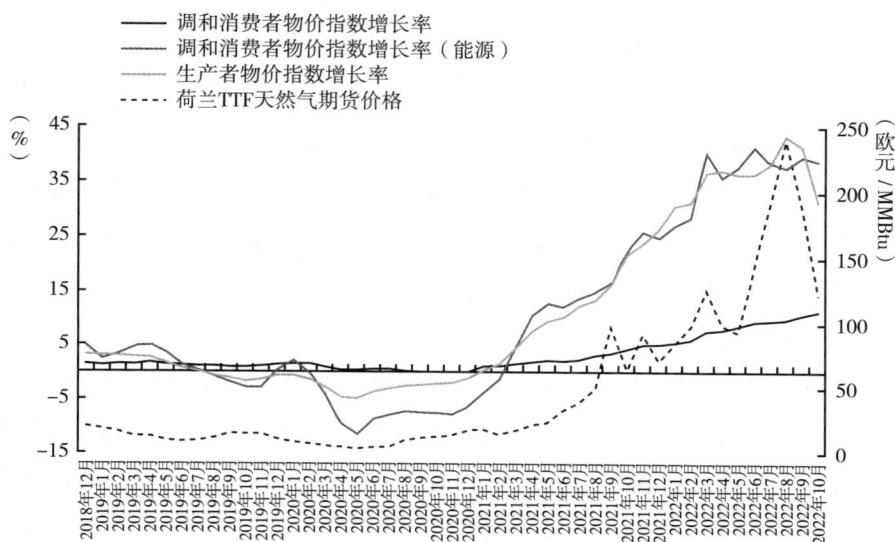

图2 欧盟调和消费者物价指数、生产者物价指数、天然气价格走势

资料来源：欧洲统计局（Eurostat），https：//ec. europe. eu/eurostat/databrower，最后访问时间：2022年12月17日。

高通胀率通过降低购买力和推高企业成本对消费和生产构成持续抑制。从消费端看，欧盟调和消费者物价指数（HICP）呈现持续上升的态势，2022年10月达到11.5%的历史高位。居民生活支出成本明显上升，叠加其收入增长水平偏慢，导致居民购买力缩水，对消费需求形成抑制。其中，天然气和电力价格上涨最为明显，2022年10月HICP组成部分中的能源、电力价格分别上涨38.7%和75.7%，表明能源危机已成为当前通胀的最大驱动因素，且其影响还在进一步持续。① 从供给端看，能源和电力价格高企进一步带动工业生产成本的上涨。能源作为制造业成本的主要组成部分，价格

---

① 欧盟统计局网站，https：//ec. europa. eu/eurostat/databrowser/bookmark/4ad27e6f－358a－4a3d－82a0－587d69a833eb？lang=en，最后访问时间：2022年12月17日。

上涨抑制了欧洲汽车、化工、机械等优势制造业的生产，导致欧洲制造业出口竞争力的下降，侵蚀欧洲制造业竞争力。截至 2022 年 10 月，欧洲工业品出厂价格指数（PPI）月增速达到 31.2%，且全年保持在 30%以上的增速水平。生产成本维持高位直接威胁欧洲制造业的国际竞争力。特别是 2022 年下半年以来，欧洲水泥、玻璃、金属、化工等能源密集型制造业工厂相继减产其至停产，如德国减少了 70%以上的化肥产能，欧洲最大的钢铁制造商阿塞洛·米塔尔公司停产，法国最大的铝生产商敦刻尔克铝业公司裁员减产，世界上最大的荷兰锌生产商新星停产等。与此同时，欧洲大量的汽车、化工、医药等优势产能也在向世界其他地区加速转移，加大欧洲"产业空心化"压力。

3. 消费需求下滑

从拉动经济增长的"三驾马车"角度看，长期以来消费是拉动欧洲经济增长的主要动力，最终消费占到欧洲 GDP70%以上的份额。然而，在乌克兰危机和能源危机双重不利影响下，欧洲通胀高企引发消费需求疲软，带动居民消费水平持续走低。2022 年欧盟最终消费支出增长率从第一季度的 6.2%显著下降至第三季度的 1.3%，同期欧元区从 6.4%降至 1.4%，德国从 7.3%降至 1.8%，法国从 5.7%降至 0.1%。在投资方面，欧洲投资活动保持稳步增长势头，成为宏观经济为数不多的亮点之一。较 2021 年，前三个季度欧盟固定资本形成依次实现了 5.4%、6.3%和 10.3%的增长，其中欧元区增长了 3.1%、5.6%和 10.6%，贡献最大；德国、法国固定资本形成分别从第一季度的－2.3%和 1.6%增长至第三季度的 5.2%和 8.6%。在进出口方面，受到全球大宗商品价格上涨和欧元持续贬值影响，欧盟贸易条件进一步恶化，具体表现为进口成本的走高和出口竞争力的下降。2022 年前三个季度进口总值激增（较 2021 年，依次实现 9.2%、8.2%和 10.3%的增长），与此同时，欧盟出口增速（较 2021 年，依次实现 8.1%、7.7%和 8%的增长）不及进口增速，反映为净出口对经济增长的拉动作用持续降低。特别是出口导向型的德国，2022 年上半年出口增速不及 2.5%，8 月甚至出现了 40 年以来未曾有过的贸易逆差状态。贸易条件的恶化、制造业成本上升等因素叠加，正在影响欧盟居民的收入。虽然 2022 年劳动力市场继续表现良好（截至 2022 年 10 月，欧盟、欧元区失业率分别为 6%和 6.5%，处于近 10 年来最好水平）①，但经济的疲软可能导致未来失业率有所上升。

（二）欧洲政治"乱"中有"韧"

2022 年，欧盟尚未完全走出新冠疫情的泥潭，又陷入自冷战结束以来最严重的地缘政治危机。30 多年前，《马斯特里赫特条约》的签署将欧洲一体化进程引向一个新阶段，不仅标志着欧洲联盟正式诞生，还为欧洲政治联盟奠定了基础。30 多年后，"欧洲未来大会"并未推动欧盟全面改革，只是零敲碎打地修补和完善，其成效被新冠疫情和地缘政治冲突冲淡，更无法在一个扩大的、更加多样化的欧盟中寻找进行彻底改革创新的共识。欧洲政治秩序进入了新一轮调整和重塑阶段，欧洲政治呈现变乱和变弱的特征，但不乏支撑欧洲政治秩序的"韧性"。

1."情绪政治"笼罩欧洲政治空间

乌克兰危机的爆发极大地刺激了欧洲精英和民众的神经，使其感受到了自冷战结束以来最直接、最严重的安全威胁和经济冲击，"战争重回欧洲""战时经济状态"等论调层出不穷。为此，欧洲深受"情绪政治"的刺激和牵引。其一，欧洲大多数国家第一时间公开谴责俄罗斯，"反俄挺乌"成为"政治正确"。捷克等国甚至制定法律，对网络上公开支持俄罗斯的人予以数年监禁的惩罚。其二，欧盟对俄罗斯施加多轮制裁。2022 年 12 月，欧盟公布对俄罗斯第 9 轮制裁措施。尽管对俄实施制裁的共同立场得到了巩固，但欧盟成员国之间的分歧也逐渐暴露出来。其三，欧盟加速同俄罗斯能源"硬脱钩"，却引发了欧洲能源供给危机和经济滞胀。随着乌克兰危机的外溢影响越来越大，涉及国计民生的政策领域愈加受到影响，对欧洲政治也带来严重反噬效应。比如，捷克、德国等国爆发大规模抗议活动。第四，在乌克兰危机中曝光度超高的欧盟委员会主席冯德莱恩，极力推动乌克兰快速获

---

① European Central Bank, "Update on Economic, Financial and Monetary Developments," October 27, 2022, https://www.ecb.europa.eu/pub/economic‐bulletin/html/eb202207.en.html, accessed：2022‐12‐19.

得候选国地位。她将其视为一种道德责任，称欧盟的未来取决于乌克兰，因为乌克兰正在为西方价值观和民主原则而战。[①]

2. 民粹主义势力持续冲击欧洲政局

2022 年，欧洲多国举行议会和总统选举[②]，呈现诸多趋势性特征，比如民粹主义势头不容小觑，政治碎片化有增无减，外交议题越来越影响选举结果等。其中，最为明显的特征是民粹主义主流化趋势明显，民粹主义政党在多个国家的选举中卷土重来，持续影响着欧洲政治格局。

第一，法国大选是 2022 年欧洲政治的重头戏。法国大选的结果不仅影响法国政治走势，也影响法德关系乃至欧洲的未来，因而备受关注。法国总统选举采用"多数两轮投票制"。在 4 月 10 日的第一轮投票中，共和国前进党候选人马克龙得票率为 27.85%，极右翼政党"国民联盟"候选人勒庞得票率为 23.15%，极左翼政党"不屈法国"党候选人梅朗雄的得票率为 21.95%，极右翼政党光复党候选人泽穆尔的得票率为 7.07%。这说明法国极右（左）翼政党的选民基础在不断扩大，以及法国政治极化和去中心化趋势持续增强。[③] 在 4 月 24 日的第二轮投票中，马克龙的得票率为 58.55%，勒庞的得票率为 41.46%。马克龙成为 20 年来首位胜选连任的法国总统。[④]

但 6 月的法国国民议会选举显示，马克龙所在的中间派联盟未能获得国民议会绝对多数席位。其中，马克龙所在的中间派联盟"在一起"，获得 577 个席位中的 245 席；极左翼政党"不屈法国"领导人梅朗雄所在的左翼联盟，获得 131 席；勒庞率领的极右翼政党"国民联盟"，获得 89 席，成为第三大政治力

---

① "Von der Leyen Says 'Moral Obligation' to Rebuild Ukraine during Rome Trip," Euractiv, June 10, 2022, https://www.euractiv.com/section/politics/short_news/von-der-leyen-says-moral-obligation-to-rebuild-ukraine-during-rome-trip/, accessed: 2022-12-17.

② 除了本文提到的选举，丹麦、葡萄牙、斯洛文尼亚、拉脱维亚、马耳他、奥地利、塞尔维亚、波黑等国在 2022 年也都举行了议会选举或总统选举。

③ 《法国总统大选首轮投票结果出炉》，中华人民共和国驻法兰西共和国大使馆，2022 年 4 月 11 日，http://fr.china-embassy.gov.cn/ljfg/202204/t20220411_10666725.htm，最后访问时间：2022 年 12 月 18 日。

④ 徐永春、唐霁：《法国内政部公布总统选举第二轮投票统计结果》，新华网，2022 年 4 月 25 日，http://www.xinhuanet.com/world/2022-04/25/c_1128593241.htm，最后访问时间：2022 年 12 月 18 日。

量，远远超过 2017 年议会选举的 8 个席位；再加上右翼共和党，获得 64 席。这也是自 1988 年密特朗担任法国总统以来，法国首次出现了"悬浮议会"，这不仅意味着权力将向议会倾斜，加剧政党间讨价还价的程度，也意味着执政党在议会中的作用将被削弱，马克龙的内政外交政策遭遇的掣肘将增多。

第二，意大利政治格局再次迎来"洗牌"。自第二次世界大战结束以来，意大利经历近 70 届政府，政局频繁更替是意大利政治的常态。2022 年 7 月，意大利总理德拉吉黯然辞职，意大利进入看守政府时期。德拉吉辞职的导火线是其领导的执政联盟失去了"五星运动"、联盟党和意大利力量党的支持。"五星运动"强烈反对意大利军事援助乌克兰，指责政府帮助家庭和企业应对能源价格高企的援助力度不够。在此情况下，意大利不得不于 9 月 25 日提前举行议会选举。意大利兄弟党（26.3%）、联合联盟党（9%）和意大利力量党（8.3%）组成的右翼联盟以接近 44% 的选票赢得选举胜利。10 月 21 日，意大利总统马塔雷拉提名意大利兄弟党党首焦尔吉娅·梅洛尼担任政府总理。意大利兄弟党是典型的极右翼民粹主义政党，其政治口号是"捍卫意大利"。欧洲版政客网站的民调显示，意大利兄弟党的支持率从 2018 年的 5% 骤升到 2022 年的 30%[①]，这显示民粹主义在意大利政坛似乎成为一支"势不可当"的力量，增加了意大利政治生态的碎片化。同时，2020 年 9 月，梅洛尼成为欧洲议会的欧洲保守派和改革主义者党团主席。意大利兄弟党的成功组阁将可能使欧洲民粹主义力量进一步抱团。

第三，瑞典政治格局发生偏转。2022 年 9 月，瑞典举行议会选举，中左翼的社会民主党、极右翼的瑞典民主党和中右翼的温和联合党分别以 107 席、73 席和 68 席成为议会前三大政党。虽然瑞典前首相安德松领导的社会民主党的支持率仍居首位，但宣布失利。在经过政治博弈和妥协后，10 月，中右翼的温和联合党主席乌尔夫·亚尔马·克里斯特松当选瑞典新首相。值得关注的是瑞典民主党成为第二大党。这不仅意味着在社会民主党执政传统的国家中出现了明

---

① "Italy-National Parliament Voting Intention," Politico, https：//www. politico. eu/europe－poll－of-polls/italy/，accessed：2022-12-10।

显的右转，也意味着民主党将对政府决策产生重大影响，因为瑞典议会的法案需要该党支持才能获得超过半数的赞成票，尤其是移民政策和发展援助政策等。[1]

第四，匈牙利总理欧尔班巩固自身政治地位。2022 年 4 月，匈牙利举行国会选举。青民盟领导的执政联盟的得票率为 54.13%，获得国会 199 个席位中的 135 席，超过 2/3。6 个反对党组成的匈牙利团结联盟的得票率为 34.44%，仅获得 57 席。匈牙利执政联盟取得压倒性胜利，匈牙利总理欧尔班连续赢得第四个总理任期。然而，欧尔班的连任引发欧洲主流社会的恐慌，不仅会深化欧盟内部存在的"匈牙利恐惧症"，还将激发欧洲政治生态的"欧尔班效应"。在乌克兰问题上，匈牙利多次利用否决权对抗欧盟，不愿与欧盟保持步调一致。为此，欧盟不惜暂停向匈牙利支付约 75 亿欧元的欧盟基金。经过双方的协商，欧盟于 12 月 12 日就匈牙利复苏计划批准支付约 58 亿欧元。但是，这并未将匈牙利拉回到亲欧盟阵营之中。

3. 欧洲政治共同体首届峰会召开

2022 年，面对乌克兰危机带来的巨大外部冲击，欧洲一体化面临诸多挑战。随着乌克兰危机的长期化和复杂化，冲突给欧盟及其成员国带来的负面影响不断增加，欧洲国家之间的矛盾和分歧不断显现。首先，法国和德国之间闹出诸多不和谐的声音。法德在应对能源危机的路径上存在差异。9月，德国宣布投入 2000 亿欧元，以政府补贴等方式平抑高企的能源价格。但法国批评德国未事先同其他欧盟成员国商量就独自行动，不仅破坏欧洲能源市场，还会破坏欧洲团结。同时，法国一直推动设定天然气价格上限，但荷兰、奥地利、德国等国家反对设定天然气价格上限。经过两个多月的激烈谈判后，12 月 19 日欧盟成员国就设定天然气价格上限达成一致。[2] 其次，法德和中东欧国家在对待俄罗斯以及实现欧洲战略自主路径等问题上均未达

---

[1] Lisa Toremark and Anna Wieslander, "How Will Sweden's Right Turn Affect Its Foreign Policy Priorities?" Chatham House, November 11, 2022, https://www.chathamhouse.org/2022/11/how-will-swedens-right-turn-affect-its-foreign-policy-priorities, accessed: 2022-12-11.

[2] "EU Seals Deal on Gas Price Cap after Months of Wrangling," Euractiv, December 20, 2022, https://www.euractiv.com/section/energy-environment/news/eu-seals-deal-on-gas-price-cap-after-months-of-wrangling/, accessed: 2022-12-13.

成一致。法德希望对俄保留高层沟通的空间，但大多数中东欧国家要求坚决遏制和打压俄罗斯。此外，不同于法德追求和推进的欧洲战略自主，部分中东欧国家反而通过跨大西洋主义稀释欧洲自主，以捆绑北约来换取自身安全。尽管如此，欧洲一体化仍保持了较强的发展韧性。

2022年5月9日，法国总统马克龙在为期一年的"欧洲未来大会"的闭幕式上首次提出建立"欧洲政治共同体"（European Political Community）的倡议。马克龙关于"欧洲政治共同体"的倡议获得了德国总理朔尔茨、欧盟领导人的积极支持。"欧洲政治共同体"成为法德等国应对欧洲权力重心东移和跨大西洋主义回流的举措，旨在使欧洲重新获得发挥全球影响力和捍卫地缘政治利益的筹码。10月6日，首届"欧洲政治共同体"领导人会议在欧盟轮值主席国捷克首都布拉格召开。"欧洲政治共同体"涵盖44个欧洲国家和地区①，包括欧盟27个成员国，以及英国、挪威、土耳其、乌克兰、西巴尔干国家和地区。"欧洲政治共同体"是欧洲政治精英思考"如何从政治角度在比欧盟更大的范围组织欧洲"的新尝试，希望"将欧洲国家团结在一起，维护欧洲的统一，保持欧洲一体化的雄心"。目前来看，本次会议更多的是通过高层会晤释放"欧洲团结"的信号，即谴责俄罗斯和支持乌克兰，进一步孤立俄罗斯，展示维护欧洲秩序的决心。此外，该会议还将英国、土耳其、西巴尔干国家和乌克兰等国"团结"在一个新框架之下，为欧洲国家提供一个对话的平台，也为加强与欧盟具有不同关系的国家之间的合作提供了机会。② 当然，欧洲政治共同体未来发展定位和走势还值得进一步

---

① 首届欧洲政治共同体领导人会议包括欧盟27国（奥地利、比利时、保加利亚、塞浦路斯、克罗地亚、捷克、丹麦、爱沙尼亚、芬兰、法国、德国、希腊、匈牙利、爱尔兰、意大利、拉脱维亚、立陶宛、卢森堡、马耳他、荷兰、波兰、葡萄牙、罗马尼亚、斯洛伐克、斯洛文尼亚、西班牙、瑞典），西巴尔干国家和地区（阿尔巴尼亚、北马其顿、科索沃、塞尔维亚、波黑、黑山），格鲁吉亚，摩尔多瓦，乌克兰，亚美尼亚，阿塞拜疆，挪威，瑞士，冰岛，列支敦士登，英国，土耳其。

② Milica Delevic，"Friends with Benefits: How the European Political Community Can Further European Integration，" ECFR，December 16，2022，https：//ecfr. eu/article/friends - with - benefits-how-the-european-political-community-can-further-european-integration/，accessed：2022 - 12 - 20.

观察。

同时，德国总理朔尔茨呼吁欧盟在扩大的过程中必须确保和提高其行动能力。2022 年 8 月 29 日，朔尔茨在捷克布拉格查理大学发表题为《欧洲是我们的未来》的演讲，不仅重申"欧洲是我们的未来"，还支持欧盟扩容。朔尔茨指出，"如果不进行制度改革，欧盟扩大就不会实现其原定目标，在一个拥有 30 个或 36 个成员国的欧盟中，成员国之间在政治利益、经济影响力和社会保障体系方面的分歧将会扩大"①。为此，德国敦促将欧盟外交和安全政策领域的决策方式从一致同意原则转变为特定多数原则。

4. 欧盟扩大重新提上议事日程

自 2013 年克罗地亚加入欧盟以来，欧盟近十年基本未进行扩大，甚至已出现"扩张疲劳"。2022 年 6 月 23 日，欧洲理事会给予乌克兰和摩尔多瓦欧盟候选成员国地位。乌克兰向欧盟靠拢的进程已持续数年，乌克兰一直是欧盟发展东部伙伴关系和实施睦邻政策的优先合作伙伴。早在 2014 年，欧盟与乌克兰签署了联系国协定，双方并于 2016 年签署了深入、全面的自由贸易协议。乌克兰危机是乌克兰获得欧盟候选国地位的加速键，但乌克兰的候选国身份不等于欧盟成员国，而仅仅是入盟的敲门砖，甚至可能需要数年甚至更长时间才能完成入盟进程。不管如何，乌克兰获得欧盟候选国地位是欧盟多年来扩大进程中的重要时刻。2022 年 12 月 6 日，欧盟—西巴尔干国家峰会在阿尔巴尼亚首都地拉那举行，这是首次在西巴尔干地区举办的峰会。欧盟重申对西巴尔干国家入盟的承诺，并向巴尔干国家提供 10 亿欧元用于能源和基础设施建设。② 此外，12 月 15 日，欧洲理事会决定给予波黑欧盟候选成员国地位，这是波黑于 2016 年提交入盟申请后，向成为欧盟成员国迈进的重要一步。截至 2022 年底，欧盟候选成员国多达 8 个，包括土

---

① "Speech by Federal Chancellor Olaf Scholz at the Charles University in Prague on Monday," August 29, 2022, https：//www. bundesregierung. de/breg - en/news/scholz - speech - prague - charles - university-2080752, accessed：2022-12-21.

② European Commission, "EU - Western Balkans Summit in Tirana Reaffirms the EU Membership Perspective of the Western Balkans and EU's Strategic Partnership with the Region," December 6, 2022, https：//ec. europa. eu/commission/presscorner/detail/en/ip_ 22_ 7448, accessed：2022-12-21.

耳其、塞尔维亚、黑山、阿尔巴尼亚、北马其顿、乌克兰、摩尔多瓦、波黑。可以说，扩大不仅是欧盟成长和输出规范的战略工具，而且还是打造"欧洲超级大国"的杠杆手段。

2022年7月12日，欧盟理事会批准克罗地亚于2023年1月1日加入欧元区，正式成为欧元区第20个成员国，这是继立陶宛2015年1月加入欧元区后的首次扩容。12月8日，欧盟理事会一致同意克罗地亚于2023年1月1日成为申根区第27个成员国，这也是申根区十多年来首次扩员。但由于奥地利和荷兰等国的反对，罗马尼亚和保加利亚加入申根区的申请并未获得欧盟成员国的一致同意。罗马尼亚和保加利亚加入申根区的步伐不会停止，奥地利建议欧盟推迟到2023年6月或10月再审议两国申请。① 在欧盟看来，没有内部边界控制的申根区扩大将使欧洲更安全、更繁荣和更有吸引力。② 为此，欧盟机构和大多数成员国将继续积极推动两国加入申根区。

5. "地缘政治欧洲" 元年

尽管2019年新一届欧盟委员会将其自身称为"地缘政治委员会"，2022年似乎才真正成为"地缘政治欧洲"元年。朔尔茨和马克龙多次提到将欧盟转变为具有全球政治能力的"地缘政治欧洲"，欧洲必须确保地缘政治独立性等主张。2022年2月，德国总理朔尔茨用"时代转折"（Zeitenwende）一词描述德国对外政策的转变，德国既打破了不向战乱地区提供军事武器的禁忌，也宣布将军费预算提升至国内生产总值的2%以上，并批准了一项1000亿欧元的特别国防基金。③ 尽管"时代转折"的确切含义以及这些变化的实质性影响仍不确定，但可以肯定的是德国的"世界观"已悄然改变。3月3日，欧盟外交与安全政策高级代表博雷利称，"欧洲不再相信诉诸法治和发展贸易关系能够使世界变得和平。欧洲必须发挥硬实

---

① 《"本以为我们是朋友"——申根区扩员引发风波》，《光明日报》2022年12月18日，第8版。

② European Commission, "Making Schengen Stronger: Bulgaria, Romania and Croatia Are Ready to Fully Participate in the Schengen Area," November 16, 2022, https://ec.europa.eu/commission/presscorner/detail/en/ip_ 22_ 6945, accessed: 2022-12-21.

③ 夏军雄：《德国国防政策迎来历史性转变 斥资1000亿欧元实现军事现代化》，凤凰网，2022年2月27日，https://news.ifeng.com/c/8Dz0I3KYjQx，最后访问时间：2022年12月2日。

力，将更多的防御和安全放在欧洲思维模式之中"①。3月底，欧盟理事会通过名为《安全与防务战略指南针》的文件，强调欧盟将加强在安全领域的行动能力，聚焦行动能力、防御水平、资源投入、伙伴关系4个方面。② 此外，5月，瑞典放弃了其长达200多年的中立国政策，连同芬兰一起申请加入北约，并将其国防开支增加到GDP的2%。6月初，丹麦举行全民公投，约67%的选民支持加入欧洲共同安全与防务政策。6月30日，北约马德里峰会发布新的战略概念文件，这是时隔12年后发布的战略文件，指导北约未来十年的发展。面对北约在中东欧地区乃至整个欧洲的安全框架不断强化，"地缘政治欧洲"的成色还需检验。尤其是随着乌克兰危机给欧洲区域秩序带来的变化，欧盟各国战略文化迥异以及欧盟与北约关系的错综复杂，欧盟共同防务的推进仍面临诸多难题。

（三）欧洲对外关系因乌克兰危机而发生重大调整

总的来说，2022年欧盟的对外关系环境总体严峻。2月24日，俄罗斯宣布对乌克兰采取"特别军事行动"。这是二战以来欧洲地区发生的最严重的军事冲突，很大程度上塑造了欧盟及其成员国2022年的对外政策。

一方面，欧盟坚定"抗俄挺乌"，对俄罗斯实施了大规模、全方位的制裁措施，积极推进与俄罗斯政治、经济、人文、科技、能源等领域的全面脱钩，导致欧俄关系降至冷战结束以来的最低点。与此同时，欧盟和欧洲国家不遗余力地对乌克兰开展大规模的军事、经济和人道主义援助，力图协助乌克兰赢得最后的胜利。另一方面，以应对乌克兰危机为共同目标，欧美关系获得显著发展，双方政治互信增强，安全、经济、能源、科技等领域合作取得新成果。随着乌克兰危机的长期化，欧美裂痕增加，尤其呈现"美国收

---

① Josep Borrell, "Putin's War Has Given Birth to Geopolitical Europe," Project Syndicate, March 3, 2022, https：www. project-syndicate. org, accessed：2022-12-21.

② European Council, "A Strategic Compass for a Stronger EU Security and Defence in the Next Decade," March 21, 2022, https：//www. consilium. europa. eu/en/press/press－releases/2022/03/21/a-strategic-compass-for-a-stronger-eu-security-and-defence-in-the-next-decade/, accessed：2022-12-21.

割好处，欧洲吞下苦果"的态势。乌克兰危机也显著影响了中欧关系。中欧双方在应对乌克兰危机立场上存在差异，导致欧盟对华认知更趋于负面，政治互信降低，但与此同时，双方务实合作仍取得积极成果，2022年底以来中欧领导人一系列面对面会晤的成功举行为中欧关系的发展起到促进作用。

1. 欧俄走向全面对抗

俄乌冲突爆发前，以德国总理朔尔茨和法国总统马克龙等为代表的部分欧洲国家领导人，积极在莫斯科和基辅之间开展穿梭外交，试图缓和俄乌紧张局势。2022年2月21日，俄罗斯总统普京签署总统令，承认乌克兰东部的"顿涅茨克人民共和国"和"卢甘斯克人民共和国"独立。欧盟对此反应强烈，通过了针对部分俄罗斯政要和银行等金融机构的制裁措施，这也成为2022年欧盟对俄罗斯采取的第一轮制裁措施。

俄乌冲突爆发后，欧盟和欧洲国家领导人普遍对俄罗斯进行了谴责。德国总理朔尔茨强烈谴责俄罗斯的军事行动，称俄罗斯将为此"付出沉重代价"，谴责普京本人"冷血地发动了战争"，称"这是普京的战争"，但他赢不了。① 2月24日晚，欧盟国家领导人召开紧急会议并发表联合声明。声明指出："欧洲理事会最强烈地谴责俄罗斯联邦对乌克兰无端和无理的军事侵略。俄罗斯的非法军事行动严重违反了国际法和《联合国宪章》的原则，破坏了欧洲和全球的安全与稳定。""欧洲理事会要求俄罗斯立即停止其军事行动，无条件地从乌克兰全境撤出所有部队和军事装备，并充分尊重乌克兰在其国际公认边界内的领土完整、主权和独立。欧洲理事会呼吁俄罗斯和俄罗斯支持的武装组织尊重国际人道主义法，并停止其造谣和网络攻击行为。"②

---

① "Scholz: 'This War Is Putin's War'," Feburary 27, 2022, https://www.deutschland.de/en/news/scholz-this-war-is-putins-war, accessed: 2022-12-10.

② "Joint Statement by the Members of the European Council," February 23, 2022, https://www.consilium.europa.eu/en/press/press-releases/2022/02/24/joint-statement-by-the-members-of-the-european-council-24-02-2022/, accessed: 2022-12-10.

2. 欧盟推进对俄能源"脱钩"进程

长期以来，欧盟经济高度依赖俄罗斯能源，特别是煤炭、石油和天然气等。[①] 2021年，欧盟进口能源产品中41%的天然气、46%的煤炭以及27%的石油来自俄罗斯，部分欧盟成员国对俄能源的依赖更为突出。2022年2月21日，俄罗斯承认乌克兰东部两个"共和国"独立时，德国就暂停了对"北溪二号"天然气管道的审批程序，试图对俄罗斯施加压力。乌克兰危机爆发后，欧盟领导人认为有必要减少对俄能源依赖，在进一步确保自身能源安全的同时，削弱俄罗斯的"战争能力"。为此，3月8日，欧盟发布计划，拟在2022年底前减少2/3的俄罗斯天然气进口量，并在2030年前摆脱对俄能源进口依赖。在4月8日的第五轮制裁中，欧盟决定从8月开始禁止从俄罗斯进口煤炭和其他固体化石燃料，该禁令于8月11日正式生效。而在6月实施的第六轮制裁中，欧盟又瞄准了俄罗斯的石油部门，计划在6个月内完全禁止以海运方式进口俄罗斯原油，并自2023年2月5日完全禁止以海运方式进口俄罗斯成品油。此外，欧盟还计划限制欧盟服务商为向第三国输送俄罗斯原油提供保险、融资等服务。针对天然气领域，乌克兰危机爆发后，欧俄围绕天然气供应问题展开激烈博弈。冲突导致俄罗斯对欧洲国家天然气出口受到影响，其主要依赖的"北溪一号"天然气管线供应量出现减少。7月，俄罗斯暂停"北溪一号"管线供气10天，并下调供气量至每日3300万立方米，相当于原来供气量的20%。同月，欧盟各成员国就减少对俄天然气使用量达成一致，同意2022年8月至2023年3月期间，在过去5年平均用量的基础上，尽最大努力减少至少15%的天然气用量。9月2日，俄罗斯宣布"北溪一号"管道无限期停止供气。9月26日，"北溪二号"和"北溪一号"天然气管道相继发生爆炸。12月19日，欧盟成员国能源部长就天然气价格上限达成一致，固定为每兆瓦时180欧元，以"保护欧洲

[①] Ewan Thomson, "These Charts Show Europe's Reliance on Gas before the War in Ukraine," November 10, 2022, https：//www. weforum. org/agenda/2022/11/europe-gas-shortage-russia/, accessed：2022-12-11.

家庭和公司免受自俄乌冲突爆发以来欧洲遭受的高价天然气的影响"①。在欧盟的积极推动下，欧盟对俄能源进口量出现了大幅度下降。以天然气为例，至2022年10月初，俄罗斯天然气在欧盟天然气进口中的比重已从冲突前的超过40%下降至7.5%。②

3. 欧盟对乌提供大规模援助

乌克兰危机爆发后，乌克兰人道主义危机加深，大量民众流离失所成为难民，部分乌克兰民众进入欧盟成员国寻求庇护。截至2022年底，乌克兰难民总数已接近800万人，其中波兰接纳人数超过150万人，德国接受人数超过100万人。③ 欧盟成员国领导人于2022年3月3日达成一致，决定启动"临时保护令"（Temporary Protection Directive）机制，向进入欧盟的乌克兰难民提供至少一年的保护期。10月，欧盟成员国领导人决定将这一机制的有效期延长至2024年3月。此外，欧盟及其成员国还向乌克兰提供大量的援助资金和物资。截至2022年12月19日，欧盟已向乌克兰提供了4.85亿欧元的人道主义援助资金，欧盟成员国也向乌克兰提供了高达9.57亿欧元的援助资金，向1350万乌克兰民众提供食品等基本需求。④ 自俄乌冲突爆发后，欧盟及其成员国已向乌克兰提供197亿欧元的人道主义和经济援助。⑤ 2022年12月，欧洲理事会通过了总额180亿欧元的立法方案，决定

---

① 《欧洲最终达成协议 设置天然气价格上限原因为何，该决定如何发挥作用？》，2022年12月20日，https://chinese.aljazeera.net/economy/2022/12/20/%E6%AC%A7%E6%B4%B2E6%9C%80%E7%BB%88%E8%BE%BE%E6%88%90%E5%8D%8F%E8%AE%AE%E8%AE%BE%E7%BD%AE%E5%A4%A9%E7%84%B6%E6%B0%94%E4%BB%B7%E6%A0%BC%E4%B8%8A%E9%99%90%E5%8E%9F%E5%9B%A0%E4%B8%BA%E4%BD%95%E8%AF%A5，最后访问时间：2023年1月3日。

② Agnes Szucs, "EU Has Reduced Share of Russian Gas Imports to 7.5%: EU Commission Chief," October 10, 2022, https://www.aa.com.tr/en/europe/eu-has-reduced-share-of-russian-gas-imports-to-75-eu-commission-chief/2707526, accessed: 2022-12-25.

③ "Ukraine Refugee Situation," December 27, 2022, https://data.unhcr.org/en/situations/ukraine, accessed: 2022-12-28.

④ "EU Solidarity with Ukraine," December 19, 2022, https://www.consilium.europa.eu/en/policies/eu-response-ukraine-invasion/eu-solidarity-ukraine/, accessed: 2022-12-20.

⑤ "Factsheet: The European Union and Ukraine," December 20, 2022, https://ec.europa.eu/commission/presscorner/detail/en/FS_22_3862, accessed: 2022-12-20.

明年继续向乌克兰"提供短期财政救济，为乌克兰的紧急需求、关键基础设施的恢复以及为可持续的战后重建提供初步支持，以期支持乌克兰走上欧洲一体化的道路"[①]。

此外，欧盟对乌提供大量的军事援助。2月28日，欧盟决定通过欧洲和平基金（European Peace Facility）向乌克兰提供包括致命武器在内的军事援助，这在欧盟历史上尚属首次。[②] 2022年欧盟通过欧洲和平基金先后向乌克兰提供了六批军事援助，总额高达31亿欧元，其中包括28亿欧元的致命武器援助。欧盟计划在2021~2027年为欧洲和平基金提供约50亿欧元的资金支持，而仅在俄乌冲突爆发后的8个月内，欧盟就将该基金超过一半的预算用于应对冲突，也反映了欧盟对援助乌克兰的坚定决心。与此同时，欧盟成员国也普遍积极开展对乌军事援助。以德国为例，冲突发生前，德国反对向乌克兰提供武器，也反对其他北约伙伴国将德制武器转交给乌军，而仅向其提供了头盔等防护装备和经济援助。冲突发生后，德国一改几十年来不向冲突地区提供武器的立场，宣布向乌军提供1000套反坦克武器和500枚防空导弹，并允许荷兰和爱沙尼亚将其武器转交给乌克兰。3月3日，德国又宣布援助乌克兰2700枚肩扛式防空导弹。截至11月20日，德国对乌军事援助承诺已达23.4亿欧元，仅次于美国和英国，位居世界第三位。[③]

在向乌克兰提供大量援助的同时，欧盟也在政治上支持乌克兰。加入欧盟是乌克兰长期以来的重要目标。乌克兰危机爆发后，乌克兰立即启动申请加入欧盟的程序，并于2月28日正式递交申请。3月1日，欧洲议会通过

---

① 弗林：《欧盟国家首脑通过对乌提供180亿欧元财政援助提案》，2022年12月11日，https：//www.rfi.fr/cn/%E5%9B%BD%E9%99%85/20221211-%E6%AC%A7%E7%9B%9F%E5%9B%BD%E5%AE%B6%E9%A6%96%E8%84%91%E9%80%9A%E8%BF%87%E5%AF%B9%E4%B9%8C%E6%8F%90%E4%BE%9B180%E4%BA%BF%E6%AC%A7%E5%85%83%E8%B4%A2%E6%94%BF%E6%8F%B4%E5%8A%A9%E6%8F%90%E6%A1%88，最后访问时间：2022年12月16日。

② Maïa de La Baume and Jacopo Barigazzi, "EU Agrees to Give € 500M in Arms, Aid to Ukrainian Military in 'Watershed' Move," February 27, 2022, https：//www.politico.eu/article/eu-ukraine-russia-funding-weapons-budget-military-aid/, accessed：2022-12-22.

③ Arianna Antezza et al., "Ukraine Support Tracker Data," https：//www.ifw-kiel.de/publications/data-sets/ukraine-support-tracker-data-17410/, accessed：2022-12-14.

决议，呼吁欧盟启动授予乌克兰候选国地位的程序。6 月 17 日，欧盟委员会建议给予乌克兰欧盟候选国地位。仅仅几天之后的 6 月 23 日，欧洲理事会就发表声明，决定给予乌克兰欧盟候选国地位，但也强调乌克兰必须达到所有入盟标准才能获得欧盟成员国地位。

4. 欧美在安全、能源、互联互通等领域紧密合作

2021 年初拜登上台后，重视盟友的作用，着力与欧盟和欧洲国家化解分歧，重塑友谊，很大程度上改变了此前特朗普政府的对欧政策。尽管如此，2021 年，围绕阿富汗撤军以及"北溪二号"管道等问题，欧美双方仍不时发生分歧，欧盟和欧洲国家对美国的信任不断被消磨。

乌克兰危机的爆发在很大程度上改变了欧美关系。面对重大传统安全挑战，欧洲国家意识到仍需要美国在北约框架内扮演欧洲安全提供者的角色。因此，欧美双方迅速协调立场，欧洲国家的外交政策是快速向美国靠拢，而北约则摆脱了"脑死亡"状态，重新获得了存在的意义，并得到进一步发展。[1] 此外，欧美双方在能源合作、互联互通、对华政策等方面的协作也有了新的进展。

在安全合作方面，乌克兰危机爆发后，欧美在北约框架内就军事应对乌克兰危机进行了紧密协调。2022 年 3 月 24 日，北约领导人特别峰会在布鲁塞尔举行，并发表联合声明。北约 30 个成员国领导人除承诺持续向乌克兰提供军事援助外，还决定在匈牙利、斯洛伐克、保加利亚和罗马尼亚新部署 4 个战斗群，并增加各自军费开支。乌克兰危机也引发了欧洲一些传统中立国家的安全焦虑，进而寻求加入北约获得安全保障。5 月 18 日，北欧国家瑞典和芬兰同时递交了加入北约的申请。6 月底，北约成员国领导人在西班牙马德里举行峰会，除通过了《北约 2022 战略概念》文件外，还就乌克兰危机等问题做出安排。北约在新的战略概念文件中，明确俄罗斯是北约成员国安全"最重大和最直接的威胁"[2]，并通过了新的对乌援助计划，决定向

---

① 赵晨：《欧美关系被安全议题重新"绑定"》，《世界知识》2022 年第 10 期。

② "NATO 2022 Strategic Concept," https：//www. nato. int/nato_ static_ fl2014/assets/pdf/2022/ 6/pdf/290622-strategic-concept. pdf，accessed：2022-12-21.

乌提供更多安全通信设备、燃料、医疗用品、防弹衣，以及应对地雷、化学和生物威胁的设备和反无人机系统。此外，北约领导人还同意大幅增加在东欧地区的快速反应部队规模，从现在的约 4 万人扩充至 30 万人以上，以增强对俄威慑力。其中，美国决定在波兰建立常设的前沿指挥部，承诺在罗马尼亚新增一个旅级战斗队，加强在波罗的海地区的轮换部署，增加在西班牙、英国、德国和意大利等国的海空军力量。德国也宣布将向北约快速反应部队提供 15000 名士兵，包括 60 架飞机和 20 艘战船。此外，此次峰会也正式邀请瑞典和芬兰加入北约。至 2022 年 11 月底，除匈牙利和土耳其外，其他北约成员国均已完成了对瑞典、芬兰入约议定书的批准程序。

在能源合作方面，乌克兰危机发生后，欧盟力图摆脱对俄罗斯能源特别是天然气的依赖，这为美国能源特别是液化天然气进入欧洲市场创造了机会。2021 年，欧盟从美国进口的液化天然气约为 220 亿立方米。2022 年 3 月 24 日，欧美领导人决定成立"能源安全工作组"。通过该工作组，美国计划 2022 年向欧盟额外提供 150 亿立方米的液化天然气，以帮助欧盟摆脱对俄天然气的依赖，同时加快发展可再生能源。根据预测，2022 年全年，欧盟从美国进口超过 550 亿立方米的液化天然气，大约是 2021 年进口总额的 2.5 倍。① 2023 年，欧盟计划在 2021 年的基础上，继续从美国额外进口约 500 亿立方米液化天然气。② 尽管欧美液化天然气贸易呈现爆发式增长态势，但高昂的价格引来欧洲国家的不满。法国总统马克龙抱怨，"你们（将油气）原价卖给本国企业，我们却要支付 4 倍于此的价格，我们可不认为这象征着友谊"③。

在互联互通方面，2021 年，欧盟和美国分别提出"全球门户"倡议和"重

---

① Clark Williams-Derry, "The Liquefied Natural Gas (LNG) Boom in Europe Isn't All Good News for U. S. Exporters," December 20, 2022, https：//ieefa. org/resources/liquefied-natural-gas-lng-boom-europe-isnt-all-good-news-us-exporters, accessed：2022-12-21.

② "Joint Statement Following the Latest Meeting of the EU-US Task Force on Energy Security," November 7, 2022, https：//ec. europa. eu/commission/presscorner/detail/en/STATEMENT_ 22_ 6582, accessed：2022-12-17.

③ 陈小茹：《美企借欧洲能源危机大发横财，美国收获的不止金钱》，《中国日报》中文网，2022 年 10 月 13 日，https：//world. chinadaily. com. cn/a/202210/13/WS63475448a310817f312f1c60. html，最后访问时间：2022 年 12 月 18 日。

建更好世界"倡议，意图加大对互联互通领域投资，以对抗中国"一带一路"倡议。在 2022 年 6 月 26 日七国集团峰会召开期间，欧美等国家领导人宣布启动"全球基础设施伙伴关系"（Partnership for Global Infrastructure and Investment）倡议，计划未来五年筹集 6000 亿美元资金，在全球开展基础设施投资建设，并重点投资卫生和健康保障、数据联通、性别平等和公平、气候和能源安全等领域。其中，美国提供 2000 亿美元，欧盟提供 3000 亿欧元，日本则提供 650 亿美元。需要指出的是，该倡议主要是对欧美等已有基础设施建设倡议和计划的重新包装，是"新瓶装旧酒"，并没有在增加投入资金方面取得重要的突破。[①]

2022 年，欧美在全面加强合作的同时，也存在分歧和矛盾。8 月，美国总统拜登签署了《通胀削减法》，主要用于应对气候变化、发展清洁能源以及强化医疗保障等领域，其中 3690 亿美元投资于气候变化和能源安全领域，并向美国的绿色产业提供高额补贴。该法案引起了欧洲国家的普遍不满，认为其将通过不公平的方式削弱欧洲企业的竞争力。[②] 为此，以法国和德国等为首的欧盟国家在与美国进行对话和协商的同时，也准备创建类似的补贴方案，以减少《通胀削减法》的影响，防止欧企投资大量流向美国。[③] 此外，随着乌克兰危机的发展，欧洲付出的代价越来越高昂，而美国则借机推销其武器和能源产品，从欧洲国家身上发战争财。过高的天然气价格、大量的武器贸易以及《通胀削减法》对欧洲经济的负面影响，使得部分欧洲领导人对欧美盟友关系的可靠性再次产生了质疑。[④]

---

① 《国合平：6000 亿美元？一场伪善的政治秀》，国家国际发展合作署，2022 年 7 月 25 日，http：//www. cidca. gov. cn/2022-07/25/c_ 1211670390. htm，最后访问时间：2022 年 12 月 24 日。

② 王卫、吴琼：《欧盟考虑对美〈通胀削减法案〉采取报复措施》，中国新闻网，2022 年 11 月 14 日，https：//www. chinanews. com. cn/m/gj/2022/11-14/9893636. shtml，最后访问时间：2022 年 12 月 24 日。

③ Jakob Hanke Vela and Barbara Moens, "EU Plans Subsidy War Chest as Industry Faces 'Existential' Threat from US," November 22, 2022, https：//www. politico. eu/article/eu-hits-emergency-button-to-save-european-industry/, accessed：2022-12-11.

④ Barbara Moens, Jakob Hanke Vela and Jacopo Barigazzi, "Europe Accuses US of Profiting from War," November 24, 2022, https：//www. politico. eu/article/vladimir-putin-war-europe-ukraine-gas-inflation-reduction-act-ira-joe-biden-rift-west-eu-accuses-us-of-profiting-from-war/, accessed：2022-12-12.

5. 中欧关系经历曲折

2021 年，中欧关系因欧盟以"人权"问题对华采取制裁措施而出现困难。与此同时，受新冠疫情影响，中欧双方高层面对面会晤和正常的人文交流受阻，增大了中欧关系的恢复难度。2022 年，在乌克兰危机背景下，中欧关系发展经历了新的挑战，而欧美关系的显著改善，也给中欧关系的发展产生了消极影响。

中欧双方在乌克兰危机问题上采取了不同的立场，客观上加深了彼此的不信任感。乌克兰危机发生后，欧盟及其成员国普遍对俄进行了强烈谴责，同时希望中国也对俄采取谴责立场，并认为中国能够对俄罗斯产生重要影响，希望中国在调停乌克兰危机方面发挥重要作用。[①] 但中方从乌克兰危机的历史经纬和是非曲直出发，拒绝谴责俄罗斯，并通过自身的方式在劝和促谈上发挥作用，这使欧方感到失望和不满。此后，欧盟逐渐调整对华立场，重点防止中国对俄罗斯进行援助。

在安全领域，欧美也在北约框架内加强对华立场协调。北约在 2022 年 6 月发布的《北约 2022 战略概念》文件中首次提及中国，将中国视为"系统性挑战"，并提出中国"公开的野心和胁迫性政策"挑战北约的"利益、安全和价值观"。[②] 北约强调，中国与俄罗斯之间的战略伙伴关系，以及中俄所谓破坏基于规则的国际秩序的企图，与北约的价值观和利益不符。北约秘书长斯托尔滕贝格就明确指出，"中国不是我们的敌手，但我们必须清楚地认识到其所代表的严重挑战"[③]。需要指出的是，欧美在对华政策立场上仍有分歧。相对于美国，欧盟成员国普遍不愿意过分夸大所谓的中国挑战，

---

① "Russia's War on Ukraine：'It Has to Be China' as Mediator, EU Foreign Policy Chief Says," March 4, 2022, https：//www. scmp. com/news/china/diplomacy/article/3169407/russias－war－ukraine－it－has－be－china－mediator－eu－foreign－policy？ module＝perpetual＿ scroll＿ 0&pgtype＝article&campaign＝3169407, accessed：2022－12－12.

② "NATO 2022 Strategic Concept," https：//www. nato. int/nato＿ static＿ fl2014/assets/pdf/2022/6/pdf/290622－strategic－concept. pdf, accessed：2022－12－03.

③ Amy Qin、王霜舟：《被北约列为"挑战"，中国坚持强硬立场》，《纽约时报》中文网，2022 年 7 月 4 日，https：//cn. nytimes. com/china/20220704/china－nato/，最后访问时间：2022 年 12 月 22 日。

不希望北约对华采取强硬立场。法国总统马克龙明确表示，"北约不是一个对抗中国的联盟"①。

二 2022年欧洲重大热点问题

（一）欧盟对俄实施九轮制裁

2022年，欧盟对俄罗斯实施制裁主导欧盟内政外交议程。乌克兰危机爆发伊始，欧盟国家领导人就对俄制裁措施达成一致。新一轮制裁措施大幅扩大了制裁范围，重点打击俄罗斯精英群体，将俄罗斯总统普京和外交部部长拉夫罗夫列为制裁对象。此外，欧盟还将制裁的对象瞄准了俄罗斯银行、石油和航空等部门，并收紧了对俄罗斯外交官等官员和商业人士的签证政策。此后，欧盟不断加码对俄制裁，共计对俄采取了九轮制裁措施，几乎涵盖了俄罗斯所有主要领导人以及金融、交通、国防、能源、原材料、媒体等方面（见表1）。②

表1 2022年欧盟对俄制裁时间表

制裁轮数	时间	主要措施
第1轮	2月23日	限制俄国家和政府进入欧盟资本、金融及服务市场,制裁名单（555名个人和52个实体）
第2轮	2月25日	金融制裁,能源制裁（技术）,运输制裁,技术制裁（军民两用产品）,签证制裁,扩大制裁名单（654名个人和52个实体）

---

① Mailys Pene-Lassus, "NATO Finds Old Purpose in Russia, New One in China: 5 Takeaways," July 1, 2022, https://asia.nikkei.com/Politics/International-relations/NATO-finds-old-purpose-in-Russia-new-one-in-China-5-takeaways, accessed: 2022-12-03.

② "Infographic-EU Sanctions in Response to Russia's Invasion of Ukraine," December 22, 2022, https://www.consilium.europa.eu/en/infographics/eu-sanctions-russia-ukraine-invasion/, accessed: 2022-12-25.

续表

制裁轮数	时间	主要措施
第3轮	2月28日	禁止与俄央行进行交易,禁飞,俄主要银行排除在 SWIFT 系统之外,禁投由俄直接投资基金出资的项目,禁止向俄提供以欧元计价的证券,禁止俄国有媒体在欧盟运营,扩大制裁名单
第4轮	3月15日	禁止与俄国有企业交易,禁止向俄企提供金融信用评级服务,禁止进口俄钢铁产品,禁止向俄出口奢侈品,扩大制裁名单(877名个人和62个实体)
第5轮	4月8日	禁止进口所有形式的煤炭,扩大金融制裁,禁止公路货运营商在欧盟境内经营,出口禁令(量子计算、半导体、敏感机械、化学品等),进口禁令(水泥、橡胶制品、木材、烈酒、高端海产品等),排除在欧盟公共采购之外,禁止参与欧盟的公共采购,禁止出口欧元纸币、证券及欧盟货币,扩大制裁名单
第6轮	5月31日	禁止从俄购买、进口或转让部分原油及石油产品,将更多的俄银行剔除出 SWIFT 系统,暂停3家俄国有广播电台,扩大有关军民两用物品和技术的出口管制,禁止咨询服务,扩大制裁名单(1158名个人和98个实体)
第7轮	7月21日	黄金进口禁令,扩大出口管制,港口准入禁令,金融制裁,食品和能源安全豁免,医疗和药品豁免,扩大制裁名单
第8轮	10月5日	扩大制裁名单,出口管制,进口限制,实施七国集团的石油价格上限,对俄罗斯国有企业实行交易限制
第9轮	12月16日	新增出口管制(受制裁的俄军工企业增至410家),交易禁令(新增3家俄罗斯银行),媒体禁令(新增4家俄罗斯媒体),扩大制裁名单

资料来源：European Commission，"Sanctions Adopted Following Russia's Military Aggression Against Ukraine," https：//finance. ec. europa. eu/eu－and－world/sanctions－restrictive－measures/sanctions－adopted－following-russias-military-aggression-against-ukraine_ en#sanctions，accessed：2023-01-03。

（二）欧盟面临能源短缺等多重挑战

欧洲化石资源贫瘠，天然气、原油、煤炭对外依存度分别为90%、97%和70%，其中45%的天然气、27%的原油和46%的煤炭从俄罗斯进口。俄乌冲突爆发以来，欧盟对俄实施制裁遭到反噬，引发自20世纪80年代以来最为严重的能源危机。虽然欧洲通过能源来源多元化、减少能源消费等临时性措施加以应对，但供应不足造成的价格与成本飙升依然是本轮能源危机的主要逻辑。与此同时，自2022年夏季以来，高温极端天气导致欧洲各国发电量锐减，主要电力输出国法国的大半数核反应堆恰逢维护周期，从而造成七八月欧洲电力供应处于极度紧张状态，电力期货价格飙升至1000欧元每兆瓦时，同比涨了近10倍。

与此同时，欧洲原材料短缺和物流阻断双重叠加增大了制造业"断链"的风险。俄罗斯镍、钯、铝、铂等金属和工业级钻石、超纯化学品、稀土元素、氖气等芯片关键原料对欧盟出口额较高。此外，乌克兰也是全球重要的工业生产用气出口大国，氖气、氪气、氙气的全球供应占比分别为70%、40%和30%。欧洲汽车、电气设备、机械设备、计算机、电子和光学产品、半导体的生产受到金属和关键原料供应的影响较为严重。汽车产业链面临的风险尤为严重，芯片、电动汽车电池等关键性零部件供应受阻，各大汽车制造商的生产线出现不同程度的停滞。与此同时，国际物流阻断、跨境运力持续紧张、运费居高不下进一步对欧洲供应链产生冲击。

2022年，欧洲小麦等农产品以及化肥等农资产品价格均出现不同程度的上涨。俄、乌是世界主要粮食出口国，两国小麦、大麦、玉米、葵花籽油、种子占国际贸易比重较大，对欧盟出口额较高。随着国际粮食供应端冲击加剧，2022年欧洲食品价格月增幅均在10%以上（2022年11月同比增长17.9%），进一步加剧欧洲的通货膨胀。

（三）英国深陷政治乱局

"后脱欧时代"的英国政治正处于阵痛期，甚至会长期处于动荡。一个最直接的观察指标是自2016年英国通过脱欧公投以来，英国已更换5位首相，其中2022年就三换首相。2022年6月上旬，在议会下院保守党议员的一次不信任投票中约翰逊以211票支持、148票反对的结果勉强过关，超过40%的保守党成员反对约翰逊继续留任。随后，英国卫生大臣和财政大臣等重要内阁成员相继辞职，重创约翰逊政府。7月7日，在失去保守党内部信任和在内阁陷入孤立后，约翰逊不得不宣布辞去保守党党首和首相职务。有观点认为约翰逊辞职是"聚会门"丑闻、保守党选举失利和任人不当风波三重危机叠加的结果。[①] 至此，上任三年，带领英国完成脱欧的约翰逊黯然下台。

9月5日，在外交大臣伊丽莎白·特拉斯和前财政大臣里希·苏纳克的较量中，保守党14万多名党员参加了投票，特拉斯的得票率为57.4%，出任保守党党首。6日，特拉斯正式出任英国首相，成为英国历史上第三位女首相。但是，特拉斯因其改革大转弯和内阁倒戈，担任首相仅40多天，成为英国"最短命首相"。10月25日，苏纳克接替特拉斯出任英国第57任首相。目前，苏纳克最重要的任务是带领英国走出经济衰退以及找到"后脱欧时代"的英国定位。英国公共财政疲软、党派利益纷争严重再加上外交政策的不务实甚至过于雄心勃勃，英国政治经济乃至外交困境难解。若苏纳克无法弥合保守党内部的严重分歧，保守党很可能会在2024年底举行的英国大选中失利。11月底，苏纳克在首次公开阐述其外交政策的演讲中，称中国对英国的利益和价值观构成系统性挑战，并认为中英关系的"黄金时代"已经结束。目前来看，"强议会弱政府"的基本权力架构在未来一定时期内是英国政治的主要特征。英国政治困境既是英国国内政治（政党内部、政党之间、政府与议会之间）日益碎片化和复杂化的结果，也是脱欧后英国尚未决定在何种国际平台上以何种方式开展外交和实现战略诉求的体现。

（四）中欧务实合作取得进展

2022年11月以来中德、中欧高层面对面会晤的成功举行，成为本年度中欧关系的一大亮点。就务实合作来说，2022年中欧经贸合作克服国际环

---

① 《约翰逊陷入孤立辞职，谁能接班尚难预料》，新华网，2022年7月7日，http://www.xinhuanet.com/2022-07/07/c_1128813515.htm，最后访问时间：2023年1月7日。

境恶化和新冠疫情的不利影响，继续保持快速增长态势。2022 年 1~10 月，中欧贸易总额为 4.68 万亿元，增长 8.1%，中国保持欧盟第一大贸易伙伴地位，欧盟继续成为中国第二大贸易伙伴，充分反映出中欧贸易较强的韧性和活力。① 此外，2022 年前 8 个月，欧盟对华投资也大幅增长 123.7%。② 作为中欧之间的重要贸易通道，2022 年 1~11 月，中欧班列累计开行 15162 列、发送货物 147.5 万标箱，分别同比增长 10% 和 11%。③

在高层交往方面，中欧领导人克服新冠疫情影响，通过视频和面对面方式多次会晤。2022 年 4 月 1 日，习近平主席以视频方式会见欧洲理事会主席米歇尔和欧盟委员会主席冯德莱恩。11 月 4 日，德国总理朔尔茨正式访华。这是新冠疫情暴发三年来欧洲国家领导人首次访华，也是朔尔茨担任德国总理后第一次到访中国。11 月 15 日，在二十国集团领导人巴厘岛峰会期间，习近平主席同法国、荷兰、西班牙、意大利四国领导人举行面对面会谈。12 月 1 日，代表欧盟 27 国的欧洲理事会主席米歇尔访华。这些高层会晤的成功举办，对于稳定当前中欧关系至关重要。

三　2023 年欧洲发展前景

（一）欧洲经济面临下行甚至衰退风险

2022 年下半年以来，主要国际机构均下调了 2023 年欧洲经济增长预期，并将通胀走势视为欧洲经济增长的关键指标。在 2022 年 7 月欧央行发

---

① 《前 10 月外贸进出口增长 9.5%　中欧贸易展现活力》，新浪网，2022 年 11 月 8 日，https：//finance. sina. com. cn/stock/usstock/c/2022－11－08/doc－imqqsmrp5297831. shtml，最后访问时间：2023 年 1 月 4 日。

② 倪浩：《商务部：前 8 个月欧盟对华投资增长 123.7% 表明外资持续看好中国》，环球网，2022 年 9 月 22 日，https：//world. huanqiu. com/article/49l3tM4igqf，最后访问时间：2023 年 1 月 4 日。

③ 刘文文：《前 11 月中欧班列累计开行 15162 列》，中国新闻网，2022 年 12 月 10 日，https：//www. chinanews. com. cn/cj/2022/12－10/9912356. shtml，最后访问时间：2023 年 1 月 6 日。

布的《经济预测调查报告》中，预测欧元区通胀率将在2023年逐渐下降，并于2024年降至2%的政策目标水平。① 国际货币基金组织在其2022年10月发布的《世界经济展望》中，预测2023年欧元区经济增长率为0.5%，2024年增速将回暖至1%以上②，其趋势与2022年6月世界银行的预测大体相同。③ 但无论如何，未来欧洲经济的企稳复苏，取决于乌克兰危机的发展态势，以及欧洲自身应对能源危机和抗击通胀的效果。

伴随能源危机和通胀加剧，欧央行调整货币政策，欧洲各国实施积极的财政政策，但政策空间相对有限。一方面，货币政策转向推高成员国偿债成本，放大主权债务风险。自国际金融危机以来，欧元区长期营造低利率和债务平均期限较长的超宽环境，以至于各国债务利息支出占GDP比重以及债务存量支付的利息都处于历史低位，有利于意大利、葡萄牙、希腊等重债国"隐藏"日益恶化的财政状况和与日俱增的主权债务。从欧元区进入负利率时代以来，欧元区各国家公共债务率不降反升，尤其是新冠疫情暴发后，各国出台大规模财政刺激政策使得财政赤字和公共债务飙升。其中，希腊政府公共债务率近200%，较欧债危机时期上升了约50个百分点，意大利、葡萄牙和西班牙的政府债务率也均较欧债危机时期有较大幅度提升。欧央行开启加息意味成员国政府面临的再融资成本相应上升，尤其是对信用资质相对较低的高负债国家而言，其面临的偿债压力、主权债务风险大幅上升。另一方面，欧洲各国实施财政政策的空间有限，将严重制约经济增长的可持续性与稳定性。抗疫救助政策与大规模财政刺激计划已加剧欧洲各国财政平衡压力，部分成员国公共债务率处于历史高位，特别是各成员国政府为稳定民心，推出税收减免等抗通胀措施，将加剧财政压力，持续挤占未来政策空

① European Central Bank, "The ECB Survey of Professional Forecasters," July 2022, https：//www.ecb.europa.eu/stats/ecb_surveys/survey_of_professional_forecasters/pdf/ecb.spf2022q3~cd97b475cc.en.pdf, accessed：2022-12-19.

② IMF, "World Economic Outlook," October 2022, https：//www.imf.org/zh/Publications/WEO/Issues/2022/10/11/world-economic-outlook-october-2022, accessed：2022-12-19.

③ World Bank, "Global Economic Prospects," June 2022, https：//www.shihang.org/zh/publication/global-economic-prospects, accessed：2022-12-18.

间。受美联储加息影响，欧央行被迫加快收紧货币政策，经济收缩效应可能降低居民消费和企业投资意愿，进一步稀释经济增长动能。无论从主观意愿还是客观环境上来讲，在欧洲财政货币政策空间有限的背景下，落实前期部署的系列刺激经济发展计划的前景不明，培育竞争力的产业战略、应对结构性挑战的经济转型更是无从谈起。

但同时也要看到，能源危机和高通胀并未对欧洲经济造成结构性冲击。欧债危机以来，欧盟陆续丰富欧洲稳定机制、资本和银行业市场联盟等应对工具，欧洲银行资本充足率正处于历史最好水平，欧央行也启动数轮加息抗击通胀。虽然在欧洲能源危机还未彻底解决的压力下，高通胀还会持续数月，但最坏的时刻已经过去，伴随能源供应紧张局势逐渐缓解和能源价格回归正常，2023年欧洲不至于爆发系统性风险或严重的经济危机。

（二）能源转型势在必行

能源危机是2022年拖累欧洲经济发展的最主要原因。虽面临诸多挑战，但欧洲逐步减少对俄传统化石能源的依赖、加强能源供应安全、加快可再生能源部署的既定方向较为明确，能源转型速度甚至将进一步加快。从长远来看，欧洲将艰难走出危机，并在弥补能源短板方面迈出一大步。

在过去关于能源安全的辩论中，欧盟对俄罗斯廉价能源的依赖与相关基础设施的风险在很大程度上没有得到足够重视。乌克兰危机及其产生的能源危机惊醒了欧洲，就部分欧洲人看来，通过坚决摆脱对俄罗斯化石能源依赖，在"保障能源安全"的同时"借势转型"，不失为欧洲"化危为机"的应对方式。目前，欧洲陆续启动强制性储气、天然气来源多元化、推进电力市场改革、"团购"天然气等方式应对短期能源供应紧张和价格上涨。长期看，彻底摆脱对俄罗斯能源依赖，加速可再生能源转型才是欧洲应对能源危机的终极目标。

一是实施能源来源多元化。自乌克兰危机爆发以来，欧洲积极拓展能源进口渠道多元化。一方面，开拓新的能源供应路线，包括推动从阿塞拜疆输送天然气的南方天然气走廊尽早投入运营。另一方面，与美国、卡塔尔等国就能源供应展开谈判。特别是天然气方面，欧盟计划增加液化天然气和管道气进口，每年分别新增 500 亿和 100 亿立方米。其中液化天然气主要气源地包括美国、西亚和北非，管道气主要气源国包括阿塞拜疆、阿尔及利亚和挪威。

二是加速可再生能源转型。欧盟将可再生能源转型作为实现"2050 碳中和"目标的主要路径之一，乌克兰危机又迫使能源安全和地缘政治因素成为欧洲能源转型的重要考量。欧盟委员会于 2022 年 5 月颁布耗资甚巨的新能源独立计划（REPowerEU），加快对海上风能、太阳能、生物质能、氢能的部署。德国将弃核退煤，加速建设液化天然气接收站，同时加快发展可再生能源，计划 2035 年实现 100% 可再生能源发电。法国、英国趁势重启核电站建设，比利时决定将全面退出核电时间推迟 10 年。

（三）欧元区负利率时代走向终结

继美联储启动加息通道后，2022 年 7 月 1 日欧央行开启 11 年来首次加息，同时结束一系列量化宽松计划，未来两年内或将渐进式多次加息，彻底结束欧元区负利率时代。

2022 年 3 月，欧央行结束新冠疫情紧急购买计划（PEPP），并于 6 月 23 日结束了包括第三轮定向长期再融资操作（TLTRO III）在内的所有资产购买计划的特殊优惠条件。7 月 1 日起结束 2015 年以来的公共部门购买计划（PSPP），截至 2022 年 4 月底该计划购买的主权债券规模达 2.7 万亿欧元。7 月，欧央行对政策利率加息 25 个基点，同时保留 2022 年四次货币政策会议表决加息的可能性。9 月初，欧央行史无前例地加息 75 个基点，让存款利率自 2012 年以来首次超过 0。10 月 27 日，欧央行货币政策会议决定将欧元区三大关键利率均上调 75 个基点。12 月 16 日欧央行管委会会议决定加息 50 个基点，以进一步遏制欧元区的通胀。预计至 2023 年底欧元区政策利率水平将达到 1.5% 左右，至 2023 年底达到 2% 左右。

对外而言，欧央行货币政策转向是美联储加息压迫之下的"求生之举"。2022 年以来，在全球通胀压力持续上升的背景下，包括美联储在内的多个发达国家央行都开启了加息进程。6月16日，美联储采取了近30年来最大力度的加息行动，将基准利率上调至1.50%～1.75%。美联储加息引发全球债市波动加剧，欧元避险资产承压，"抽水效应"造成意大利、西班牙、希腊等重债国的国债利率迅速突破4%的高成本上限"。欧央行不得不跟随美联储以平息欧元债券的"抛售潮"。

对内而言，欧央行货币政策转向是欧元区经济衰退和通胀压力加剧之下的"无奈选择"。欧元区经济长期疲弱且饱受通胀困扰。虽然2021年欧元区经济增长率达到了5.2%，但并未恢复至疫情前水平，特别是德国经济在第四季度出现负增长，严重拖累欧盟经济复苏势头。伴随乌克兰危机长期化趋势，欧洲深陷能源和粮食危机旋涡，欧央行大幅调整通胀预期和经济增长预期，德国、法国、意大利、西班牙等欧盟主要成员国增长预期降幅明显。欧元区经济陷入高通胀和低增长的滞胀周期，继续收紧货币政策加以控制通胀，降低通货膨胀和经济衰退的风险。

（四）欧洲将迎来多场关键选举

1. 捷克总统选举

鉴于首任直选总统米洛什·泽曼已连任两个五年任期，捷克将于2023年1月选出自2013年以来的第二位直选总统，总统人选大概率在捷克前总理安德烈·巴比什（Andrej Babiš）、北约前军委会主席彼得·帕维尔（Petr Pavel）、经济学家达努塞·聂鲁多娃（Danuše Nerudová）之间决出。2023年1月28日，捷克总统选举结束，彼得·帕维尔击败捷克前总理安德烈·巴比什，成为捷克新一任总统。[①] 鉴于捷克新总统主张对华强硬立场，这将为中捷关系和中国—中东欧国家合作增添新的不确定性，尤其是考虑到捷克政府价值观外交已给中捷关系蒙上阴影。

2. 希腊大选

希腊2023年7月大选受关注的原因在于希腊于2020年修改了选举制

---

① 《帕维尔赢得捷克总统选举》，新华网，2023年1月28日，http://www.xinhuanet.com/ 2023-01/28/c_ 1129318186. htm，最后访问时间：2023年2月22日。

度，在简单比例制下，获胜一方难以获得议会多数席位，将大概率与其他政党联合执政。① 目前，希腊新民主党保持领先优势，支持率稳定在36%左右。但是，若新民主党获胜，该党大概率会联合其他政党组阁。同时，泛希腊社会主义运动党成员伊娃·卡莉（Eva Kaili）深陷腐败丑闻，无疑也对希腊国内大选带来新的不确定性。此外，中希全面战略伙伴关系和务实合作路线是否会受到希腊多党执政的影响值得观察。

3. 波兰议会选举

波兰执政党法律与公正党能否在2023年11月举行的议会选举中赢得第三个任期，欧洲理事会前主席唐纳德·图斯克领导的波兰公民纲领党能否给法律与公正党带来挑战，法律与公正党主席雅罗斯瓦夫·卡钦斯基（Jarosław Kaczyński）是否延续"反德"言论，以及德波关系走向，值得观察。

4. 西班牙大选

2023年12月的西班牙大选会不会出现右翼政府值得关注。目前，右翼的人民党（Partido Popular）的支持率高居第一，极右翼的呼声党（Vox）支持率位居第三。如果两党获胜并组成联合政府，西班牙将出现继意大利和瑞典之后的第三个极右翼政府。此外，鉴于西班牙于2023年下半年担任欧盟理事会轮值主席国，西班牙大选结果能否保障欧盟议程的顺利推进备受关注。

（五）乌克兰危机将继续主导欧盟对外关系

展望2023年，乌克兰危机仍将继续是主导欧盟及其成员国对外关系的重要议程，欧洲国家和欧盟对俄、乌、美和中国的关系将继续随着冲突形势的发展而变化。但与此同时，经济发展和民生保障等议题也将逐渐回归，从而对欧盟及其成员国的对外关系产生影响。

---

① Evelyn Karakatsani, "Voting Intention in Greece and Scenarios for the Upcoming Legislative Elections," *China-CEE Institute Weekly Briefing*, Vol. 55, No. 1, 2022.

就欧俄关系来说，2023年双方将继续保持高强度对抗的态势。俄乌冲突对欧俄关系造成了致命损害。① 冲突体现的不仅是欧盟和俄罗斯在重大利益上截然相反的认知，也是双方迥然不同的国际战略观、国家安全观以及道德价值观。俄乌冲突发生后，欧俄之间政治互信丧失殆尽、经济合作大幅弱化、人文交流陷入停滞，双方关系短时间内难有回暖改善的可能性。② 在2022年的9轮制裁过后，欧盟已难以对俄采取更多、更严厉的打击措施，将更多期待现有制裁措施逐渐发挥效力。此外，需要指出的是，尽管不同欧洲国家"反俄挺乌"的意愿和力度有所不同③，但欧盟在制裁俄罗斯方面总体保持团结一致的立场恐难有大的改变。

就欧乌关系来说，欧盟认为协助乌克兰赢得冲突不仅对其本身的安全至关重要，也是欧盟实践其地缘政治理念，在国际舞台上增强自身存在感的重要一步。欧盟外交与安全政策高级代表博雷利强调，乌克兰危机"见证了一个迟来的地缘政治欧盟的诞生"，使"实现欧盟安全和防御的飞跃变得更加紧迫"④。尽管制裁俄罗斯和援助乌克兰给欧洲经济造成了很大负担，但面对乌克兰危机对欧造成的严峻安全压力，欧盟仍将尽可能对乌克兰进行人道主义、经济和军事援助，并将乌克兰战后重建问题提上更高的议事日程。

就欧美关系来说，在乌克兰危机仍是欧盟主要关切的背景下，欧盟短时间内难以放弃美国的安全"保护伞"和能源供应，欧美将继续在安全和能源方面开展密切合作，在"抗俄挺乌"方面保持密切协调。同时，欧盟一方面仍坚持其"战略自主"目标⑤，另一方面，随着乌克兰危机的演进，欧

---

① 冯仲平：《俄乌冲突之下，欧洲焉能安然？》，国际网，2022年3月4日，http：//comment. cfisnet. com/2022/0304/1325099. html，最后访问时间：2022年12月30日。

② 冯玉军：《俄乌冲突的地区及全球影响》，《外交评论》2022年第6期。

③ 丁纯：《俄乌冲突中的欧洲——反应、影响和前景》，央广网，2022年5月11日，http：// news. cnr. cn/native/gd/20220511/t20220511_ 525823309. shtml，最后访问时间：2023年1月2日。

④ Josep Borrell Fontelles, "Europe in the Interregnum：Our Geopolitical Awakening after Ukraine," March 24, 2022, https：//geopolitique. eu/en/2022/03/24/europe－in－the－interregnum－our－ geopolitical－awakening－after－ukraine/, accessed：2023－01－02.

⑤ 冯仲平：《欧洲：面临乌克兰危机引发的多重挑战，苦寻自主之路》，《世界知识》2022年第24期。

盟已逐渐意识到自身所付出的巨大代价以及美国从冲突中获得的巨大利益，围绕天然气价格问题和《通胀削减法》，欧美将继续开展激烈博弈。此外，随着欧盟民众和成员国更加聚焦民生问题以及中欧关系的稳定向好发展，也将可能加剧欧美利益矛盾，并为欧盟在欧美关系中保持更大的自主性提供支撑。

就中欧关系来说，尽管中欧在乌克兰危机等问题上存在分歧，但双方在经贸、投资、能源转型、绿色发展等方面具有很大的合作潜力。2022年中欧务实合作取得的积极成果表明，中欧加强合作符合双方的长远和根本利益。2023年，随着中欧领导人的共同推动，中欧政治、经济和人文交流合作将可能获得显著发展，从而有助于进一步稳定和发展中欧关系。

课题组组长：冯仲平

课题组成员：贺之杲　杨成玉　张　超①

①　冯仲平，中国社会科学院欧洲研究所所长、研究员；贺之杲，中国社会科学院欧洲研究所欧洲政治研究室副研究员；杨成玉，中国社会科学院欧洲研究所欧洲经济研究室副研究员；张超，中国社会科学院欧洲研究所国际关系研究室助理研究员。

2022～2023年非洲形势分析与展望

摘　要： 2022年在乌克兰危机外溢、新冠疫情延宕、全球经济复苏乏力、气候异常等外部因素影响下，非洲原有的粮食短缺、债务沉重、地区冲突、恐袭肆虐等内部问题凸显，政治与安全的动荡面上升，经济复苏遭遇逆风；以美国为首的世界大国掀起新一轮"非洲热"，剑指中俄，非洲国家被裹挟站队的风险趋升，平衡大国间关系、维护自身权益的难度加大。与此同时，非洲国家努力自救，应对各类危机，独立自主性进一步提升。展望2023年，非洲将在多重危机叠加的困境中继续延展和平与发展的韧性。全年将有20多个国家举行各级选举，刚果（金）、尼日利亚、津巴布韦等国的选举令人关注。非洲经济继续受到偿债负担沉重、选举周期、地缘冲突等内外因素的夹击，但多数国家将凭借自身潜能经受考验并保持增长，全非经济预计增长3.2%，延续不平衡增长的特征。大国对非关系将进一步深化，其中打压中俄，似成为美西方国家发展对非关系的重要抓手，这对非洲国家造成站队的压力，影响非洲自主发展进程。

关键词： 非洲　政局稳定　复苏减弱　动荡多发　大国关系深化韧性渐显

一　内外多重因素夹击下的非洲形势

（一）政局总体稳定，局部动荡多发

1. 多国选举平稳举行

截至2022年12月初，非洲共有9个国家举行总统和议会选举。其中，

索马里为总统选举，安哥拉、赤道几内亚和肯尼亚同时举行总统选举和议会选举，冈比亚、莱索托、刚果（布）、圣多美和普林西比及塞内加尔为议会选举。[①] 总体而言，这些选举均如期顺利举行，选举结果基本得到参选各方认可。

就总统选举而言，在 4 个举行总统选举的国家中，有两个国家的总统得以连任，分别为安哥拉总统、安哥拉人民解放运动候选人若昂·洛伦索和赤道几内亚总统、赤道几内亚民主党候选人奥多罗·奥比昂；另外两个国家则实现政权更替，其中索马里前总统哈桑·谢赫·马哈茂德击败现任总统穆罕默德·阿卜杜拉希·穆罕默德当选，肯尼亚联合民主联盟候选人威廉·鲁托击败团结纲领联盟候选人拉伊拉·奥廷加当选。就议会选举而言，在 7 个实行总统制的国家中，有 5 个国家的执政党或执政联盟获得了多数席位，其中安哥拉人民解放运动获得议会 220 个议席中的 124 席，赤道几内亚民主党联合其他政党组成的竞选联盟获得众议院全部 100 席，刚果（布）执政党刚果劳动党获得国民议会 151 个议席中的 112 席，圣多美与普林西比执政党民主独立行动党获得议会 55 个议席中的 30 席，塞内加尔执政联盟共同希望联盟获得国民议会 165 个席位中的 82 席。在另外两个国家中，冈比亚执政党国家人民党获得国民议会 58 个议席中的 18 席，为议会第一大党。肯尼亚情况比较特殊，在众议院选举中，执政党联合民主联盟及其同盟党仅获得 349 个席位中的 161 席，落后于团结纲领联盟的 173 席；在参议院选举中，联合民主联盟及其同盟党则以 24 席领先于团结纲领联盟的 23 席。此外，在实行君主立宪制的莱索托，2022 年 3 月新成立的繁荣革命党获得众议院 120 个席位中的 56 席，成为议会第一大党。

纵观 2022 年非洲国家的选举，可以发现以下三个重要特征。其一，执政党大多在执掌行政机构的同时，也能够凭借在议会中的多数席位而主导立

---

① Electoral Institute for Sustainable Democracy in Africa，" 2022 African Election Calendar，" https：//www.eisa.org/calendar.php，accessed：2022-12-03.

法机构，在上述国家中，安哥拉、赤道几内亚、刚果（布）、圣多美和普林西比及塞内加尔的执政党均获得了议会50%以上的席位，索马里总统马哈茂德当选，也是在上院和下院的共同选举中以214票对110票的优势获胜。其二，随着非洲国家民主政治的逐步成熟和选举竞争的日趋激烈，执政党候选人在选举中下台的可能性越来越大，且胜选者与败选者的得票差距逐步缩小，如安哥拉总统若昂·洛伦索仅以51.17%的得票率获胜，与2017年相比下降了13.4个百分点，肯尼亚总统威廉·鲁托的得票率更低，仅为50.49%。其三，老人长期执政现象仍然存在，如赤道几内亚总统奥多罗·奥比昂自1982年以来已先后7次当选，到本届任期结束，任职时间将达47年，年龄将达87岁。

2. 部分国家政局出现动荡

在乌克兰危机、新冠疫情、恐怖主义、粮食短缺等民生问题的多重因素交互影响下，非洲一些国家在2022年发生了不同程度的政局动荡，其中包括布基纳法索先后两次发生军事政变，埃塞俄比亚联邦政府与提格雷人民解放阵线（简称"提人阵"）之间的和平进程一波三折，刚果（金）东部地区动荡加剧，几内亚比绍与圣多美和普林西比发生未遂政变，以及马里、几内亚和乍得政治过渡进程充满波折等。本部分对几内亚比绍与圣多美和普林西比未遂政变，以及马里、几内亚和乍得的政治过渡进程进行简要介绍，布基纳法索军事政变、埃塞俄比亚武装冲突与和平进程及刚果（金）东部地区问题将在2022年重大热点问题中进行详细分析。

2022年2月1日，几内亚比绍发生未遂政变，政变军人在当天下午攻入政府大楼，当时总统乌马罗·恩巴洛、总理努努·纳比亚姆和其他政府官员正在楼内开会。此次未遂政变虽很快被平息，但导致包括平民、士兵和安全部队人员在内的11人死亡。在随后举行的新闻发布会上，恩巴洛表示此次未遂政变与开展打击贩毒行动有关，是一次"孤立行为"，未来他还将继续打击贩毒。此次未遂政变发生后，西非国家经济共同体（西共体）对此表示谴责，且在加纳首都阿克拉举行特别峰会，决定向几内亚比绍提供军事援助，以防止再次发生企图通过武力夺取政权的事件。①

2022 年 11 月 25 日，圣多美和普林西比发生未遂政变。圣多美和普林西比总理帕特里斯·特罗瓦达表示，政变者为 12 名士兵和 4 名平民。政变发生后，圣多美和普林西比军方迅速做出反应，政变者很快被击败，其中 4 人在政变中死亡。② 这是圣多美和普林西比在 2003 年之后再次发生未遂政变，西共体和几内亚比绍等国均对此进行了谴责。圣多美和普林西比因长期政治稳定而被誉为西部非洲民主的典范，但近年来贫困加剧导致人们对政府治理能力低下的不满情绪上升，从而诱发政变。

马里先后在 2020 年 8 月和 2021 年 5 月发生两次军事政变，政变后的过渡期安排一直是马里政治局势及其与西共体关系的核心问题。2021 年 11 月和 2022 年 1 月，西共体先后两次因马里无法在 2022 年 2 月完成政治过渡而对其施加制裁。3 月 25 日，西共体宣布在原来 18 个月的基础上再给予马里过渡政府 12~18 个月的政治过渡期。4 月 21 日，马里过渡政府宣布将正式开始为期 24 个月的政治过渡期，且将继续与西共体进行谈判。此举并未平息马里政治局势，5 月 11 日至 12 日夜间，马里再度发生未遂政变。在此情况之下，6 月 7 日，马里过渡总统阿西米·戈伊塔签署总统令，宣布从 2022 年 3 月 26 日开始为期 24 个月的政治过渡期，至 2024 年 2 月结束。③ 7 月 3 日，西共体宣布取消对马里的制裁。当前，马里正在着手制定新的宪法，且计划在 2023 年 3 月举行宪法公投，如能顺利通过新的宪法，将在很大程度上为马里政治过渡铺平道路。

几内亚在 2021 年 9 月发生军事政变后，虽然马马迪·敦布亚在 10 月就任过渡总统并进入政治过渡期，但过渡期时间一直悬而未决。2022 年 4 月

① 《几内亚比绍发生未遂政变　西共体将派遣维稳部队》，新华网，2022 年 2 月 4 日，http：//www.news.cn/2022-02/04/c_ 1128330027. htm，最后访问时间：2022 年 10 月 21 日。

② "Sao Tome and Principe：Four Dead in the Coup Attempt，" africanews，November 28, 2022, https：//www.africanews.com/2022/11/28/sao-tome-and-principe-four-dead-in-the-coup-attempt/，accessed：2022-12-28.

③ 《马里过渡总统签署总统令宣布马里政治过渡期》，新华网，2022 年 6 月 7 日，http：//www.news.cn/2022-06/07/c_ 1128721015. htm，最后访问时间：2022 年 11 月 29 日。

30 日和 5 月 11 日，几内亚过渡政府先后两次宣布政治过渡期时间，分别为 39 个月和 36 个月，但与马里一样，因时间过长而遭到西共体的反对与持续制裁。在西共体与国内民众的压力之下，10 月 21 日，几内亚过渡政府宣布将政治过渡期从 36 个月缩短为 24 个月，此举得到了西共体的认可。① 然而，几内亚过渡政府目前仍未明确宣布政治过渡期从何时开始，西共体也尚未取消对几内亚的制裁，几内亚政治过渡进程仍充满变数。

2021 年 4 月，乍得前总统伊德里斯·代比在前线督战时去世，其子穆罕默德·代比被任命为临时国家元首，乍得随后进入为期 18 个月的过渡期。2022 年以来，乍得过渡期进程也充满波折。过渡政府先是在 5 月初推迟原定于 5 月 10 日举行的全国包容与主权对话，后虽在 8 月 20 日开始与包括反对派在内的各界代表举行对话，商讨过渡期结束后制定宪法和组建政府等事宜，却在 10 月 1 日宣布将过渡期延长两年。10 月 8 日，穆罕默德·代比被任命为过渡总统，随后在 10 月 10 日宣誓就职，任命萨利赫·凯布扎博担任总理并组建民族团结政府。此举引发乍得多个城市出现示威活动，抗议过渡政府当局延长政治过渡期。10 月 20 日，示威者与安全部队爆发冲突，至少造成 50 人死亡和 300 人受伤，其中包括 10 名警察。② 如何平稳度过政治过渡期，对乍得过渡政府将是严峻的考验。

（二）经济复苏遭遇逆风，下行风险与发展韧性共存

1. 整体经济发展降速，地区与国别增长不平衡

非洲国家经济结构单一，对外依赖性较强，经济走势深受国际经济环境变动的左右。2022 年新冠疫情管控措施缓解、国际旅游业复苏、市场需求提升等利好因素带动非洲经济继续复苏，但乌克兰危机、气候变化等不利因

---

① "Guinea Agrees to Shorter Transitional Timeline of 24 Months," October 22, 2022, https://www.aa.com.tr/en/africa/guinea-agrees-to-shorter-transitional-timeline-of-24-months/2718311, accessed: 2022-10-25.

② "At Least 50 People Killed in Chad Protests, UN Urges Probe," France 24, October 20, 2022, https://www.france24.com/en/africa/20221020-chad-police-clash-with-protesters-killing-at-least-five, accessed: 2022-11-23.

素的叠加影响拖拽非洲经济复苏步伐。5 月，非洲开发银行发布的《2022年非洲经济展望》报告指出，全非经济将从 2021 年快速反弹的 6.9% 下降到 2022 年的 4.1%。[①] 10 月 4 日，世界银行发布《非洲脉搏》报告预测，2022 年撒哈拉以南非洲地区经济增速为 3.3%，低于 2021 年的 4.1%，且较4 月预测值下调 0.3 个百分点。[②] 10 月 14 日，国际货币基金组织发布的《2022 年撒哈拉以南非洲地区经济展望》报告指出，2022 年撒哈拉以南非洲地区经济复苏势头减弱，经济增速从 2021 年的 4.7% 降至 3.6%。[③]综上，2022 年非洲经济复苏势头减弱已成定局，粮食安全、贫困、债务、通胀问题突出，下行风险较大。值得注意的是，尽管非洲发展的外在因素复杂多变，但 4.1% 的增速是世界各地区中第二快，超过欧洲、北美、南美和世界平均水平。非洲域内强劲的私人消费和投资、服务业的扩张是支撑非洲经济增长的三大主因。[④]值得关注的是，超过 60% 的经济增长来自服务业，这在一定程度上表明非洲开始脱离对农矿初级产品的依赖，在数字经济的带动下，高附加值的第三产业正在快速崛起。

虽然非洲大陆经济复苏势头减慢，但从五个地区和国别层面来看，则表现出较大的差异性。从地区层面来看，2021 年经济增速最快的地区依次为北部非洲（11.7%）、东部非洲（4.8%）、南部非洲（4.2%）、西部非洲（4.1%）、中部非洲（3.4%）。但 2022 年，非洲地区经济增速排序却变为东部非洲（4.7%）、中部非洲（4.6%）、北部非洲（4.5%）、西部非洲

① African Development Bank，*African Economic Outlook 2022*：*Supporting Climate Resilience and a Just Energy Transition in Africa*，2022，p.1，https：//www.afdb.org/en/documents/african-economic-outlook-2022，accessed：2022-11-19.

② World Bank，*Africa's Pulse*，No.26，October 2022，p.21，https：//openknowledge.worldbank.org/bitstream/handle/10986/38092/EnglishReport.pdf？sequence=9&isAllowed=y，accessed：2022-10-28.

③ IMF，*Regional Economic Outlook for Sub-Saharan Africa*：*Living on the Edge*，2022，p.1，https：//www.imf.org/en/Publications/REO/SSA/Issues/2022/10/14/regional-economic-outlook-for-sub-saharan-africa-october-2022，accessed：2022-11-27.

④ African Development Bank，*African Economic Outlook 2022*：*Supporting Climate Resilience and a Just Energy Transition in Africa*，2022，p.14，https：//www.afdb.org/en/documents/african-economic-outlook-2022，accessed：2022-12-10.

（4.1%）、南部非洲（2.5%）。位次变化较大的地区为北部非洲，从2021年的第一位降为第三位，主要是因为2021年利比亚解除石油出口封锁，叠加石油价格上涨所带来的GDP大基数效应（177.3%）明显削弱，2022年利比亚仅增长3.5%，而埃及（5.7%）和毛里塔尼亚（4.8%）的强劲增长支撑北非地区经济增速仍高于非洲大陆整体水平。南部非洲经济的排序由第三降到第五，主要是因为地区经济火车头——南非因抗疫采取的刺激经济措施效果逐渐削弱，预计仅增长1.9%，从而拖累南部非洲经济，而之所以还能维持2.5%的增长，主要是因为该区域受益于全球对金属和非金属矿产品需求上升，拉动价格上涨以及疫苗的推出有助于旅游业的增长，而毛里求斯（6.2%）和博茨瓦纳（4.2%）仍是经济强劲增长的国家。①

从国家层面来看，54个国家拥有的资源种类与丰裕度不同，导致经济增速并非同频共振，快慢不一的增速也体现出发展的韧性。2022年以塞舌尔、佛得角、毛里求斯、肯尼亚为首的旅游资源富集国受益于国际游客限制的放松以及本国较高的疫苗接种率，旅游业日益兴旺，支持该类型国家经济增长5.6%。非资源密集型国家是非洲大陆最多样化的经济群体。2022年，贝宁、佛得角、科特迪瓦、摩洛哥和卢旺达继续扩大工农业生产，持续投资基建项目，旅游业和区域贸易持续增长，预计2022年该类型国家的经济将增长4.4%。以利比亚、尼日利亚、安哥拉为代表的石油出口国将加大石油产量和出口量，预计推动产油国整体经济增长4.4%。值得强调的是，乌克兰危机爆发以来，欧洲国家为摆脱对俄罗斯油气资源的依赖，加大从非洲产油国的进口与油气投资合作，或拉动非洲油气资源国经济更快增长，从而改善非洲大陆的宏观经济走势。而非洲矿产资源富集国家（南非、津巴布韦、博茨瓦纳等）受国际大宗商品价格波动影响，预计2022年将降速到3.3%。②

---

① African Development Bank, *African Economic Outlook 2022：Supporting Climate Resilience and a Just Energy Transition in Africa*, 2022, p. 19, https：//www. afdb. org/en/documents/african-economic-outlook-2022, accessed：2022-12-10.

② African Development Bank, *African Economic Outlook 2022：Supporting Climate Resilience and a Just Energy Transition in Africa*, 2022, p. 20, https：//www. afdb. org/en/documents/african-economic-outlook-2022, accessed：2022-12-10.

2. 经济复苏减弱，仍面临下行风险

全球货币紧缩、新冠疫情跌宕，尤其乌克兰危机的外溢影响为非洲经济增长带来多重挑战，将在未来几年甚至更长时间持续发酵。

（1）通货膨胀高位运行。由于疫情后全球需求反弹、供应链不稳定以及乌克兰危机引发的能源和粮食价格飙升的影响，叠加一些非洲国家采取取消燃料补贴、提高电费、加征新税、对进口商品实行外汇管制等政策性因素影响，2022 年大多数非洲国家的通胀率升至 5~10 年的最高水平。非洲开发银行预测，全非通胀率预计从 2021 年的 13% 上升到 13.5%；① IMF 预测，2022 年底撒哈拉以南非洲国家通胀率的中位数将达到 8.7%，消费者价格指数将在 14.4% 的均值上高位运行。②经济学人报告显示，东部非洲的苏丹和埃塞俄比亚因长期冲突导致的粮食不安全状况恶化，通货膨胀率一直在飙升，分别为 166% 和 34%；南部非洲的津巴布韦（42%）、赞比亚（19%）和安哥拉（16%）也在高位运行；西非大国尼日利亚的通胀率也将达到 13%。高通胀不仅使民生负担加重、粮食危机加剧，而且还债难度加大。为此，津巴布韦、南非、尼日利亚、加纳、安哥拉、肯尼亚等国纷纷加息，努力在抑制通胀和刺激增长之间取得平衡。6 月 28 日，津巴布韦央行将利率从 80% 提高至 200%，加息幅度高达 12000 个基点。9 月 22 日，南非央行将基准利率上调 75 个基点至 6.25%，这是南非央行自 2021 年 11 月以来连续第六次加息。9 月 27 日，尼日利亚央行加息 150 个基点，将基准利率从 14% 上调至 15.5%，刷新历史最高水平。11 月 23 日，肯尼亚中央银行将基准贷款利率上调至 8.75%，这是年内肯尼亚第三次加息，累计加息幅度已达到 175 个基点，为七年来最高。③

① African Development Bank, *African Economic Outlook 2022*: *Supporting Climate Resilience and a Just Energy Transition in Africa*, 2022, p. 21, https://www.afdb.org/en/documents/african-economic-outlook-2022, accessed: 2022-12-10.

② IMF, *Regional Economic Outlook for Sub-Saharan Africa*: *Living on the Edge*, 2022, pp. 3, 16, https://www.imf.org/en/Publications/REO/SSA/Issues/2022/10/14/regional-economic-outlook-for-sub-saharan-africa-october-2022, accessed: 2022-12-11.

③ 利率网，https://www.lilv.wang/lilvzixun/1723.html，最后访问时间：2022 年 12 月 15 日。

（2）财政赤字加大。自新冠疫情发生后，大多数非洲国家因势采取了宽松的财政政策，之后为防止公共债务进一步上升，许多国家进行财政整顿，但乌克兰危机进一步推高了整个非洲大陆的食品和燃料价格，政府只能通过加大补贴和转移支付的方式向穷人提供支持，导致许多国家财政赤字持续增大，施政空间缩小。非洲开发银行预计，2022年全非财政赤字占GDP的4.0%；IMF预计，撒哈拉以南非洲国家的财政赤字将为4.5%。非洲经济的韧性也反映在各国财政承压的程度不一。石油出口国（不含尼日利亚，其财政赤字仍高达6.2%）承压最小，预计财政盈余2.3%；石油进口国财政压力较大，财政赤字占比5.1%，其中赞比亚高居首位达到9.5%，而埃塞俄比亚因高度依赖从俄罗斯和乌克兰进口小麦，民生补贴大幅增加，加之内战导致的军事开支加大，财政赤字占比高达6.6%；[①] 南非政府在社会补助金、洪水后基础设施重建、利息支出增加、工资压力以及燃油税削减等方面的支出增加，财政赤字占比将达到4.9%。[②]

（3）债务指标改善，但偿债更为棘手。债务问题长期困扰非洲经济发展，2020年新冠疫情的发生加剧债务的脆弱性，尤其是非洲公共债务率处于21世纪初以来的最高水平。2021年随着全球经济恢复增长，非洲债务指标似有缓解迹象。世界银行《2022年国际债务统计报告》数据显示，2021年撒哈拉以南非洲国家外债存量已达7900亿美元，比2020年增长5%，是2010年的2.45倍。其中，公共债务率从2020年的61.8%下降到2021年的59.6%；债务占国民总收入的比例从2020年的46%下降到2021年的43%；外债存量与出口收入的比例也从2020年的212%下降到2021年的179%。[③] 2022年，在全球货币和财政政策同步紧缩、新冠疫情久拖不决以及乌克兰

① EIU, *Country Report：Ethiopia*, 4th Quarter 2022, p. 11.

② IMF, *Regional Economic Outlook for Sub-Saharan Africa：Living on the Edge*, 2022, p. 17, https：//www.imf.org/en/Publications/REO/SSA/Issues/2022/10/14/regional-economic-outlook-for-sub-saharan-africa-october-2022, accessed：2022-12-11.

③ World Bank, *International Debt Report 2022：Updated International Debt Statistics*, p. 35, https：//openknowledge.worldbank.org/bitstream/handle/10986/38045/9781464819025.pdf, accessed：2022-12-11.

危机等多重因素冲击下，许多非洲穷国在支出需求增加的情况下，财政空间所剩无几，债务脆弱性很高。在已进行债务可持续性分析的 38 个非洲国家中，有 16 个国家面临中度危机风险，高于此前的 15 个。处于债务困境高风险的国家从 15 个减少到 14 个，有 8 个国家仍处于债务困境。[①]

非洲国家债务负担程度不尽相同。其一，负债率超过 70%的国家大多是非资源密集型国家。厄立特里亚（234.9%）、苏丹（183.8%）、佛得角（147.7%）、加纳（104%）和莫桑比克（102.6%）的负债率都超过 100%。刚果（布）（84%）是唯一负债率超过 70%的富油国。其二，除南苏丹外，非洲石油富国的债务负担有所缓解。世界银行认为，非洲石油出口国将从高油价推动的出口收入中获益，叠加其启动的增加收入的改革措施，有助于其负债率从 2021 年的 59%下降到 2022 年的 51.5%。其中，安哥拉、刚果（布）和赤道几内亚将以两位数的速度减少。在安哥拉，货币的相对坚挺和高油价带来的外部收入，有助于其负债率从 2021 年的 85.7%降至 2022 年的 61.9%。在尼日利亚，尽管其公共债务水平较低（37.6%），但由于石油产品补贴的增加，高油价没有转化为政府收入，预计到 2022 年底，偿债率将上升到 102.3%，还债压力巨大。其三，资源贫瘠国的公共债务率将从 2021 年的 65.1%上升到 2022 年的 65.6%。在加纳，由于政府赤字扩大、塞地贬值以及偿债成本上升，预计该国负债率将从 2021 年的 76.6%升至 2022 年的 104.6%。

非洲债权人构成发生明显变化，双边债务的债权人已从巴黎俱乐部成员转向非巴黎俱乐部债权人。私人债权人比重上升，私人实体持有的外部公共债务从 2010 年占撒哈拉以南非洲 GNI 的 4%增加到 2021 年的 11.8%，一方面反映了非洲金融市场的深化和国际市场准入的改善，但另一方面也增加了债务处理的复杂性。[②]有迹象表明，20 国集团发起的 2021 年底到期的《暂停偿债

① World Bank, *Africa's Pulse*, No. 26, October 2022, p. 36, https：//openknowledge. worldbank. org/bitstream/handle/10986/38092/EnglishReport. pdf? sequence = 9&isAllowed = y, accessed：2022-12-11.

② World Bank, *International Debt Report 2022：Updated International Debt Statistics*, p. 35, https：//openknowledge. worldbank. org/bitstream/handle/10986/38045/9781464819025. pdf, accessed：2022-12-11.

倡议》（DSSI）缓债执行有限，之后的《缓债倡议后续债务处理共同框架》下的三个国家（乍得、埃塞俄比亚、赞比亚）债务处理进展缓慢。刚果（金）、肯尼亚、坦桑尼亚和乌干达已经与 IMF 达成协议，释放了财政空间。为此，世界银行呼吁，国际社会需要采取综合性方法减债、增加透明度以及加快债务重组，否则许多国家将面临财政危机和政治动荡，数百万人将陷入贫困。①

（4）安全风险加剧。2021 年底的新一波新冠疫情袭击了撒哈拉以南非洲地区。尽管 2022 年，对非疫苗供应增加，分发工作进展加快，疫苗接种加速推进，博茨瓦纳、佛得角、毛里求斯、卢旺达、塞舌尔等国在 2021 年达到了 IMF 建议的 40%疫苗接种率，然而整体看，疫苗接种的速度仍然慢于世界其他地区，大多数国家的疫苗接种率不足。截至 2022 年 4 月初，整个地区仅 12%的人口完成了疫苗接种，远低于世界卫生组织设定的"到2022 年中期 70%的疫苗接种率"目标。除公共卫生风险外，地区政治不稳定和军事政变的频发都恶化了非洲国家的营商环境，对外资流入有抑制作用，从而削弱增长前景。

（5）社会不平等加重。新冠疫情和乌克兰危机的综合影响将加剧非洲的极端贫困和不平等。这一方面体现在劳动力市场萧条。受疫情后公共卫生限制等措施，劳动密集型行业失业率快速上升，年内因疫情丧失的工作岗位有 2200 万个，人均收入预计将比疫情前低 4%以上。另一方面体现在疫情导致学校长时间停课，不利于人力资源的培养。另外，乌克兰危机对非洲贫困家庭产生灾难性影响，180 万非洲人陷入极端贫困，2023 年或将有 210 万非洲人陷入贫困。非洲开发银行数据显示，2021 年非洲有 2870 万人陷入极端贫困，2022 年和 2023 年平均将有 2960 万人陷入极端贫困。② 非洲贫困人口的增加，成为加剧全域安全赤字的催化剂。

---

① World Bank, *International Debt Report 2022: Updated International Debt Statistics*, p. 35, https://openknowledge. worldbank. org/bitstream/handle/10986/38045/9781464819025. pdf, accessed: 2022-12-11.

② African Development Bank, *African Economic Outlook 2022: Supporting Climate Resilience and a Just Energy Transition in Africa*, 2022, p. 32, https://www. afdb. org/en/documents/african-economic-outlook-2022, accessed: 2022-12-12.

（三）非洲安全形势恶化

1. 乌克兰危机加剧非洲粮食安全困境

粮食安全是人类健康、经济活动和政治稳定的基础。非洲尽管拥有全球60%左右的可耕种土地，但粮食自给率偏低，严重依赖粮食进口。以小麦为例，新冠疫情暴发前，非洲的小麦进口量已经占据消费总量的近六成。乌克兰危机爆发后，以小麦为代表的全球主要粮食价格飞涨，进一步暴露出非洲粮食安全的极端脆弱性。被誉为全球"面包篮子"的俄罗斯、乌克兰两国不仅出产了全球30%的小麦总量，而且是非洲国家小麦进口的主要来源地，在支撑非洲维护粮食安全方面扮演着不可替代的关键性角色。以东非为例，肯尼亚、坦桑尼亚、乌干达等国每年消费的小麦中约84%来自进口，其中出产自俄乌两国的小麦总量占比超过90%。其他次区域国家从俄乌两国进口小麦的总量也占据其年均消耗量的六成以上，即便是在比例最低的突尼斯、阿尔及利亚、埃及等北非国家，该比例也超过了50%。如果再考虑乌克兰向全球出口近40%的葵花油和14%的谷物等因素，俄乌两国农业生产与非洲粮食供给之间的密切联系进一步凸显。

随着2月底乌克兰危机加剧，世界粮食价格快速上涨，其中以两国出产的粮食作物的上涨幅度最大。根据联合国粮农组织发布的食物价格指数（FAO Food Price Index）显示，3月初该指数已经达到159.3点，较2月上涨12.6%，达到自1990年引入该指数以来的最高纪录。受小麦价格飞涨的影响，3月全球谷物价格指数（Cereal Price Index）较2月上涨17.1%，较2021年同期上涨33.6%。[①] 国际粮食价格上涨直接推高了非洲主要粮食品种的价格，2022年非洲各类主要粮食作物的价格较2020年上涨了23.9%。非洲开发银行的统计显示，受乌克兰危机后小麦、化肥、国际运输价格暴涨的影响，2022年第一季度非洲小麦价格上涨了60%。尽管

---

① "Ukraine War Drives International Food Prices to 'New All-time High'," United Nations, April 8, 2022, https://news.un.org/en/story/2022/04/1115852, accessed: 2022-11-10.

非盟首脑会议将2022年的主题确定为"营养与粮食安全",但国际粮价飞涨致使非洲各国的粮食进口均出现不同程度的环比下降,由此带来的粮食短缺问题严重冲击非洲社会弱势群体获得稳定粮食供给的能力。进入第三季度后,虽然国际市场上以小麦为代表的主要粮食作物价格开始缓慢回落,但非洲各国的粮食价格依然停留在高位,成为加速非洲贫困率反弹的重要推手。

非洲自身粮食生产遭受域内多重因素的重创,是引发粮食安全风险的另一重要成因。非洲开发银行的统计显示,全球95%以上靠天吃饭的农业集中在撒哈拉以南非洲,[①]木薯、高粱、小米等传统粮食作物是农村地区民众的主要粮食来源,但由于耕作水平低下,受天气影响十分明显,产量极不稳定。年内极端天气引发的自然灾害对当地农业生产产生毁灭性打击,直接引发粮食短缺和粮价暴涨。以南部非洲遭遇热带风暴和暴雨袭击的受灾国为例,由于本土玉米大面积绝收,马拉维国内各地玉米价格较过去五年的平均水平暴涨了70%~180%,莫桑比克的玉米价格也因为北部地区的大面积受灾减产而上涨了42%;在同为灾区的马达加斯加,严重的减产导致木薯价格上涨67%。[②]根据粮食安全阶段综合分类(Integrated Food Security Phase Classification)的评估,受本地农业生产崩溃的影响,马拉维、津巴布韦、莫桑比克等受灾地区的粮食安全已经进入三级严峻状态(IPC3),马达加斯加南部灾区的粮食安全已处于四级紧急状态(IPC4)。受极端干旱影响,东非地区的粮食安全也不容乐观。以肯尼亚为例,受东北部各郡粮食作物绝收的影响,国内粮食价格涨幅从1月的8.89%飙升至10月的15.8%,创2017年以来的最高纪录,[③]伊西奥洛(Isiolo)、图尔卡纳(Turkana)、加里萨(Garisa)、曼德拉(Mandera)、马尔萨比特(Marsabit)

---

① African Development Bank, *Climate Change in Africa*, https：//www. afdb. org/en/cop25/climate-change-africa, accessed：2022-11-10.

② Southern Africa, Famine Early Warning Systems Network, October 2022, https：//fews. net/southern-africa, accessed：2022-11-10.

③ Kenya Food Inflation, Trading Economics, https：//tradingeconomics. com/kenya/food-inflation, accessed：2022-11-10.

等郡内面临粮食安全三级严峻状态（IPC3）的人口均超过各郡总人口的45%。① 此外，部分地区持续不绝的武装冲突也严重冲击了本土农业生产，埃塞俄比亚内战以及刚果（金）东部、萨赫勒地带的武装冲突导致大批民众沦为难民，转而需要购买粮食或者接受粮食救济维持生计，从而进一步加剧了粮食短缺的问题。本土粮食供给不足叠加国际粮价飙升，将非洲的平均通胀率推高至12.2%左右，② 后疫情时代的社会经济复苏仍面临粮食安全赤字的困扰。

2. 恐怖主义依然肆虐不止

总体来看，非洲各国以及国际维稳力量仍然与恐怖主义势力处于胶着与拉锯状态，并没有从根本上遏制住恐怖主义滋生与泛滥的态势，非洲依然是全球恐袭发生风险最高的地区之一。从地域范围上来看，萨赫勒地区、非洲之角依然是恐怖主义向非洲渗透的"窗口"和扩张的"桥头堡"。活动在马里、布基纳法索的"达伊沙"（Da'esh），盘踞在尼日利亚、尼日尔、乍得交界地区的"博科圣地"，肆虐在索马里、肯尼亚交界地区的"青年党"，2022年内分别针对国际机构人员、当地政府人员、普通民众发动了多次恐袭，恐怖主义依然是非洲多国面临的首要安全威胁。莫桑比克北部的恐怖主义活动也不容忽视。此外，中非共和国年内也多次发生针对俄罗斯派驻军事人员和附近平民的恐袭，南非也多次收到恐袭预警，恐怖主义势力加速向非洲各地蔓延的趋势值得高度警惕。

非洲反恐的可持续推进，离不开国际社会的密切合作，但大国间博弈也给非洲反恐带来不确定性影响，或为恐怖主义的滋生和蔓延提供可乘之机。

① "IPC Acute Food Insecurity and Acute Malnutrition Analysis（July－December 2022）," relief web, Sep. 28, 2022, pp. 1-2, https：//reliefweb. int/report/kenya/kenya-ipc-acute-food-insecurity-and-acute-malnutrition-analysis-july-december-2022-published-september-28-2022, accessed：2022-11-10.

② Projected Inflation Rate in Africa as of 2022, by Country, Statista, https：//www. statista. com/statistics/1220801/inflation-rate-in-africa-by-country/#：~：text＝As% 20of% 202022% 2C% 20the% 20overall% 20inflation% 20rate% 20in, advanced% 20as% 20well% 20as% 20emerging% 20and%20developing%20economies, accessed：2022-11-10.

以萨赫勒地区的国际反恐合作为例，马里原本为法国领导的萨赫勒五国（G5）的核心成员，在"新月沙丘行动"（Operation Barkhane）中扮演重要角色，法国在萨赫勒反恐部队中的一大半都驻扎在该国。但2021年马里发生政变后，该国与法国及西方关系迅速转冷，反恐合作首当其冲。马里军政府指责法国暗中支持恐怖主义势力，借反恐长期在马里大规模驻军，控制马里主权；马里希望通过强化与俄罗斯瓦格纳雇佣军的联系来取代法国的反恐力量。法国指责马里与俄罗斯"暗中勾结"，并于8月中旬撤出全部反恐部队，致使西方主导下的萨赫勒国际反恐合作出现动摇。马里与俄罗斯强化反恐合作迅速在其他西方国家引发连锁效应，英国于11月中旬宣布将尽快撤出参与联合国马里多层面综合稳定特派团（MINUSMA）的300多名英军，[①]德国随后宣布将于2023年底前撤出参与该维和行动的全部1000多名德军。[②]欧洲大国的集体撤出无疑将加速马里原有的国际反恐合作的裂隙，产生诸多力量真空，在一定程度上也将为恐怖主义的加速泛滥提供滋生的土壤。

3. 海洋安全的重点发生变化

经过非洲沿海国家与国际社会的有效打击，几内亚湾与亚丁湾地区的海盗数量与途经船只受袭频次明显下降。2022年第一季度，几内亚湾在近年来首次实现了海盗绑架案的零发案率，[③]暂时性地退出了全球最危险海域的榜单。但在海盗风险下降的同时，几内亚湾的海洋安全挑战并未消失，毒品走私、人口拐卖、轻小型武器非法交易等活动猖獗。联合国安理会在讨论几内亚湾安全形势时指出，尽管尚未有证据表明沿岸的武装分子与西非恐怖主义组织存在直接的关联，但沿岸国家必须高度警惕海洋安全重点发生的变

---

① "UK to End Deployment of 300 Troops to UN Mission in Mali," TheDefensePost, Nov. 15, 2022, https：//www. thedefensepost. com/2022/11/15/uk-end-deployment-troops-mali/, accessed：2022-11-30.

② "Germany to Pull Troops from Mali by End 2023：Govt Source," TheDefensePost, Nov. 17, 2022, https：//www. thedefensepost. com/2022/11/17/germany-pull-troops-mali/, accessed：2022-12-15.

③ https：//gcaptain. com/imb-piracy-report-first-quarter-2022/.

化，^① 尽快制定完善聚焦打击有组织犯罪的海洋安全战略。^② 非洲之角海域的情况更为复杂，海盗风险虽然在快速下降，但沿岸的也门、埃塞俄比亚、索马里等国家安全形势的复杂化，为国际恐怖主义势力加速向非洲之角渗透提供了便利，而恐怖主义活动从陆地向海洋的快速蔓延，则成为海盗偃旗息鼓后当地面临的主要海洋安全挑战。亚丁湾索马里海域在年内多次出现不明身份的武装人员向海面上发射武器、袭击过往船只的情况，其中曼德海峡是重灾区，多国的军用和民用船曾受袭。^③ 此外，与几内亚湾类似，亚丁湾海域各类有组织犯罪活动依然猖獗，进一步加剧了域内海洋安全治理的复杂性。

（四）大国掀起新一轮"非洲热"

2022 年，出于对非洲政治经济与外交价值的重视与评估，世界主要大国纷纷加大对非洲的投入力度和战略调整，掀起新一轮访非潮与峰会潮。

1. 拜登政府多方位加强对非攻势

2022 年，拜登政府在对非关系上持续发力。本年度，美国有 30 多位政府高官到访非洲。在政治上，美国深度介入埃塞俄比亚和平谈判。美国国务卿布林肯 8 月访问南非、刚果（金）、卢旺达三国并公布美国对非新战略（将在 "2022 年重大热点问题" 部分进行解读），12 月中旬举办了规模庞大的第二届美非峰会。为拉拢非洲国家，拜登政府宣布支持非盟进入 20 国集团并支持非洲国家加入联合国安理会常任理事国。在经济上，美国重视非洲经济的巨大潜力与价值，不仅延续此前政府的传统继续召开美国—非洲商业

---

① "Stronger Action Required to Address Changing Dynamics of Piracy in the Gulf of Guinea," United Nations, Nov. 22, 2022, https：//news. un. org/en/story/2022/11/1130937, accessed：2022-12-15.

② "Piracy, Armed Robbery Declining in Gulf of Guinea, But Enhanced National, Regional Efforts Needed for Stable Maritime Security, Top Official Tells Security Council," United Nations, Nov. 22, 2022, https：//press. un. org/en/2022/sc15113. doc. htm, accessed：2022-12-15.

③ "Somali Pirates Have All But Disappeared But Other Threats Remain at Sea," the National News, Nov. 23, 2022, https：//www. thenationalnews. com/mena/2022/11/22/somali-pirates-have-all-but-disappeared-but-other-threats-remain-at-sea/, accessed：2022-12-12.

峰会，还联手欧盟出台"全球基础设施与投资伙伴关系"和"数字转型新倡议"等，重点对标中国"重资本、长周期"类型的非洲基建项目，抢抓非洲社会经济转型发展的主导权。

2. 欧盟召开第六届欧非峰会

2月，为期两天的第六届欧盟—非盟领导人峰会在比利时首都布鲁塞尔举行，近30个欧盟成员国和非洲联盟50多个成员国的领导人与会。此次峰会主要聚焦疫情下的经济社会恢复、非洲和平与发展、气候变化与能源转型以及移民等议题，达成了共识，公布了题为《第六届欧盟—非盟峰会：2030联合愿景》的成果文件，提出将共同建设"牢固、安全、和平与共同繁荣的全新欧非伙伴关系"。在此次峰会上，欧盟宣布将通过"全球门户计划"，在6年内向非洲投资1500亿欧元以实现欧非在2030年可持续发展议程和《2063年议程》中的目标。欧盟称，未来欧非合作的重点领域主要包括基础设施建设、可持续增长、能源与绿色转型等，因此1500亿欧元的资金将主要投入这些方面。[1] 为帮助非洲国家抗疫，欧洲投资银行宣布将提供5亿欧元的资金，旨在撬动10亿欧元的投资来支持非洲建设更加完善的卫生系统；欧盟承诺，在2022年夏天以前向非洲提供4.5亿剂次新冠疫苗；投入4.25亿欧元帮助非洲培训医务人员，提高非洲疾控中心之间的相互协调。[2] 此外，为打击非法移民、不断增强非洲国家自身维护和平与安全的能力，欧盟认同非洲问题非洲解决的原则，并将向非洲提供包括设备、培训以及能力建设等的多项援助。

3. 法国总统两度访非并调整其在萨赫勒地区的军事部署

作为西方国家中对非洲关注度最高的国家，法国总统马克龙在乌克兰危机背景下两度访问非洲，为西方摇旗呐喊。7月底，马克龙访问了喀麦隆、

---

[1] European Commission, "EU – African Global Gateway Investment Package," Feb. 10, 2022, https：//commission. europa. eu/strategy/priorities – 2019 – 2024/stronger – europe – world/global – gateway/eu-africa-global-gateway-investment-package_ en，accessed：2022–07–01.

[2] "EU Sets Out Plan to Support Africa for the Next Pandemic," Feb. 18, 2022, https：//www. euractiv. com/section/africa/news/eu-sets – out – plan – to – support – africa – for – the – next – pandemic/，accessed：2022–06–21.

贝宁和几内亚比绍三国，这是马克龙连任法国总统以来首次出访欧洲以外的国家，凸显了法国对非洲在地缘战略上的重视。8月底，马克龙访问阿尔及利亚，加大双边能源合作。与此同时，法国也加紧了其在萨赫勒地区的重大军事调整。法国素有"非洲宪兵"之称，历来重视非洲特别是在萨赫勒地区的反恐行动。但面对该地区"越反越恐"的局面，为减轻自身负担，马克龙宣布法国已于年内结束了从马里的撤军行动，正式终结"新月沙丘行动"。

4. 俄罗斯外长拉夫罗夫访问非洲四国

7月，在俄乌冲突正酣背景下，俄罗斯外长拉夫罗夫访问埃及、刚果（布）、乌干达和埃塞俄比亚四国并在非盟发表讲话。拉夫罗夫明确表示，全面发展与非洲国家的伙伴关系是当前俄罗斯外交的优先事项。从总体上看，加强俄非合作、反击美西方国家在非洲对俄罗斯的外交封堵是拉夫罗夫非洲之行的主要目的。拉夫罗夫指出，俄乌冲突以来，美西方国家联合对俄罗斯展开了史无前例的制裁与威胁，指责俄罗斯造成了非洲的粮食危机和能源危机，这既不符合事实，也不会得到非洲国家的认可，俄罗斯感谢非洲国家在该问题上的支持。拉夫罗夫对非洲四国的访问，不仅重申了俄方立场，展现了俄罗斯缓解非洲粮食危机的姿态，也为拟于2023年召开的俄罗斯—非洲峰会铺平道路。

5. 日本召开第八届东京非洲发展国际会议

8月，为期两天的第八届东京非洲发展国际会议（TICAD）在突尼斯召开，日本宣布大规模援助计划，凸显对非战略进取。会议文件《突尼斯宣言》显示，日本提出"日非合作三大支柱"：一是实现结构转型，经济社会的可持续增长与发展；二是实现弹性和可持续的社会发展；三是实现可持续和平与稳定。本次会议具体的合作承诺主要如下。①加大对非投入。日本承诺3年内通过公私合力向非洲投入300亿美元，重点聚焦"投资于人民"和"有质量的增长"，促进日非关系的发展，其中包括：与非洲开发银行联合筹集资金50亿美元，开启"加强对非洲私营部门援助第五阶段"，其中设有10亿美元的特别贷款，用于"推进改革，帮助非洲实现健全的债务管理"；投资40亿美元助推非洲去碳化发展的"日本与非洲绿色增长战略"；投入10.8亿美元以对抗艾滋病、结核病与疟疾。②注重"以人为核心"，承诺在未来3年内在产业、保健医疗、教育、农业、司法、行政等领域为非洲培养30多万人才，提升非洲的人力资源建设水平，为非洲的发展奠定前提基础。① ③在联合国安理会改革问题上，诱拉非洲。

6. 中非全面战略合作伙伴关系进一步深化

2022年，中非关系行稳致远，继续保持良好发展态势。在大国战略竞争的背景下，中非双方高层保持密切互动，双边合作与交流不断深化，共同推进构建更加紧密的中非命运共同体，不断将新时代中非关系推上新高度。

第一，双方高层保持密切沟通，中非战略互信不断增强。2022年内，习近平主席先后同非洲多国领导人通电话与会晤，在非洲和国际事务中取得广泛和一致共识。党的二十大胜利召开后，非洲各国纷纷盛赞中国取得的伟大成就，认为二十大将指引中国迈上全面建设社会主义现代化国家的新征程。11月2日，坦桑尼亚总统哈桑对我国进行国事访问并同习近平主席进行会晤，由此哈桑成为二十大后首位访问中国的非洲国家元首。2022年初，国务委员兼外长王毅应邀访问了厄立特里亚、肯尼亚、科摩罗三国，这是中国外长自1991年以来连续第32年将非洲作为新年首访地，这一优良传统彰显了中非几十年来风雨同舟、患难与共的深厚情谊。7月，中共中央政治局委员、中央外事工作委员会办公室主任杨洁篪对津巴布韦与莫桑比克进行了友好访问，达到了增进互信、凝聚共识、扩大合作的目的。

第二，成功举办中非合作论坛第八届部长级会议成果落实协调人会议，打造中非共同发展的新时代。为共同推动落实中非合作论坛第八届部长级会议成果，2022年8月18日，中非合作论坛第八届部长级会议成果落实协调人会议以视频连线方式召开。王毅国务委员在会上做题为《弘扬中非友好 加强团结合作 打造中非共同发展的新时代》的致辞，就打造新时代的中非关系

---

① Fumio Kishida，"Opening Speech by Mr. Kishida Fumio，"Eighth Tokyo International Conference on African Development，August 27，2022，pp. 1-3，https：//www. mofa. go. jp/afr/af2/page1e_000478. html，Accessed：2022-08-29.

提出"坚持真实亲诚，加强团结互助；坚持脚踏实地，致力共同发展；坚持独立自主，共促地区和平；坚持传承友好，促进民心相通；坚持开放共赢，推动国际对非合作健康发展"的五点建议。①

第三，非洲各界积极支持中方在涉台问题上的严正立场，中非友谊续写新的篇章。2022 年中，针对美国国会众议长佩洛西对中国台湾地区的窜访，非洲国家政府和社会各界纷纷发声，支持和呼应中方立场和关切，重申非洲国家将坚定奉行一个中国原则，多次谴责美方粗暴干涉中国内政、侵犯中国国家主权和领土完整、破坏台海和平稳定的行为。

二　2022年非洲重大热点问题

（一）布基纳法索发生两次军事政变，引发政治剧变

2022 年 1 月 23 日，布基纳法索发生由陆军中校保罗-亨利·达米巴领导的军事政变。1 月 24 日，政变军人宣布已夺取国家政权，成立拯救复兴爱国运动过渡政权，解除总统克里斯蒂安·卡博雷的职务，解散政府和国民议会，以及关闭陆空边界和在全国实行宵禁。1 月 31 日，拯救复兴爱国运动宣布恢复宪法秩序并任命达米巴为过渡总统。2 月 16 日，达米巴宣誓就任过渡总统，表示"将尊重维护宪法法律，打击恐怖主义，保卫国家安全和领土完整"。② 3 月 1 日，布基纳法索全国会议宣布将实施为期三年的过渡期，正在执政的军政权继续掌权三年。3 月 2 日，卡米巴再次举行就职典礼出任过渡总统。3 月 3 日，达米巴任命阿尔伯特·韦德拉奥戈为过渡政府总理并组建过渡政府。4 月 6 日，前总统卡博雷获准返回位于首都瓦加杜古的

---

① 王毅：《弘扬中非友好　加强团结合作　打造中非共同发展的新时代》，2022 年 8 月 18 日，https：//www. mfa. gov. cn/web/wjb_673085/zzjg_673183/fzs_673445/xwlb_673447/202208/t20220819_10745611. shtml，最后访问时间：2022 年 8 月 19 日。

② 田耘：《布基纳法索政变军队领导人宣誓就任总统》，"撒哈拉视野"微信公众平台，2022 年 2 月 17 日。

家中。

布基纳法索军事政变受到非盟和西共体的强烈谴责，非盟在 1 月 31 日宣布暂停其成员国资格，西共体则先是在 1 月 28 日暂停其成员国资格，后在 3 月 25 日宣布对其进行制裁。布基纳法索过渡政府宣布为期三年的过渡期后，西共体不断向其施压，最终迫使其将过渡期从三年缩短为两年，自 2022 年 7 月 1 日起开始计算。以此为基础，7 月 3 日，西共体宣布取消对布基纳法索的制裁，但继续暂停其成员国资格。

布基纳法索此次军事政变是其经济困境加剧、社会矛盾积累、恐怖主义肆虐、政府打击不力以及军队待遇恶劣等因素共同导致的结果。此次军事政变得到布基纳法索国内民众的欢迎，他们希望通过政权更迭来解决发展与安全问题，尤其是希望军政府在反恐问题上有所作为。但达米巴上台后在反恐和改善军队待遇等一系列问题上并没有取得实质性进展，如仅 5 月便因恐怖袭击而导致近 100 人死亡，其中包含大量士兵。

在此情况之下，9 月 30 日，布基纳法索再次发生军事政变，达米巴被解除过渡总统职务，政变领导人易卜拉辛·特拉奥雷上尉担任拯救复兴爱国运动主席，并宣布解散政府，中止宪法和关闭陆空边界。[①] 10 月 14 日，布基纳法索召开由军队、警察、政党、社会组织和宗教领袖等参加的全国大会，通过新的过渡宪章并任命特拉奥雷为过渡总统。10 月 21 日，特拉奥雷宣誓就任过渡总统，直至 2024 年 7 月过渡期结束。10 月 22 日，特拉奥雷任命若阿希姆·坦贝拉为过渡总理并组建由 25 人构成的过渡政府。[②]

从当前来看，布基纳法索政治局势仍然存在不确定性因素。11 月 29 日，特拉奥雷在瓦加杜古对市民社会组织和宗教领袖发表讲话时表示，过渡

---

① "Burkina Faso: Militry Officers Remove President Damiba in a Coup," Al Jazeera and News Agencies, September 30, 2022, https://www.aljazeera.com/news/2022/9/30/burkina - faso - military-leader-damiba-deposed-coup-army, accessed: 2022-11-02.

② Aurore Bonny, "Burkina Faso Junta Leader Names Lawyer as Prime Minister," Africa Agency, October 22, 2022, https://www.aa.com.tr/en/africa/burkina-faso-junta-leader-names-lawyer-as-prime-minister/2718264, accessed: 2022-10-24.

政府又挫败了一场政变图谋。① 布基纳法索政府目前已失去对 40% 领土的控制权，过渡政府当前最为紧迫的任务仍是打击恐怖主义，为此正在尝试招募 5 万名民兵以协助军队开展反恐行动，但此举能否奏效，武器装备等从何而来都还是未知数。

布基纳法索军事政变是近年来西部非洲国家频发军事政变的一个缩影，"示范效应"值得警惕。马里、尼日尔、几内亚、布基纳法索等国发生的军事政变形式如出一辙，均是政变军方武装扣押现任总统，随后实施全国宵禁，控制国家媒体，公开宣布接管政权并解除总统职务。马里和几内亚等国政变后，参与政变的军人并未遭到外界的严厉制裁，这可能给布基纳法索军人造成了"示范效应"。而布基纳法索年内的两次政变，也可能为西非、中非乃至其他非洲地区的国家再次形成"示范效应"，加剧地区局势的动荡。值得指出的是，非盟在维护非洲和平与安全方面发挥了重要的作用。5 月 28 日，非盟专门召开了"恐怖主义和政府违宪更迭特别峰会"，审议了《关于非洲违宪政府更迭的阿克拉宣言》中的建议。非盟还联合西共体等地区组织积极介入政变国家的和平进程，在恢复宪法秩序方面取得了积极成效。12 月 4 日，西共体第 62 届首脑峰会决议显示，各国领导人同意建立一支地区维和部队，专门打击恐怖主义，遏制违宪政变。②

（二）埃塞俄比亚和平进程取得重大进展

自 2020 年 11 月爆发武装冲突后，埃塞俄比亚联邦政府与提人阵之间的战斗一直时断时续，尤其是在 2021 年 8 月后进入激烈的拉锯战，提人阵武装甚至在 10 月底占领距首都亚的斯亚贝巴 380 公里的阿姆哈拉州重镇德赛

---

① "Burkina Faso Transitional Leader Confirms Coup Attempt But Favours Dialogue," Radio France Internationale, December 2, 2022, https：//www. rfi. fr/en/africa/20221202 - burkina - faso - transitional-leader-confirms-coup-attempt-but-favours-dialogue, accessed：2022-12-05.

② ECOWAS, Final Communique, Sixty-Second Ordinary Session of the Authority of Heads of State and Government, http：//ecowas. int/wp-content/uploads/2022/12, Eng_ Final-Communique_ 62nd-ECOWAS-Summit_ Rev. pdf, accessed：2022-12-23.

和孔博查。此后，联邦政府军不断加大对提格雷州和提人阵武装力量的空袭及地面进攻，并在12月下旬迫使提人阵武装从阿姆哈拉州和阿法尔州撤回提格雷州。

进入2022年后，埃塞俄比亚军事行动暂时告一段落，联邦政府先是在1月8日释放包括提人阵成员在内的政治犯，然后在2月15日提前结束全国紧急状态，最后在3月24日宣布在提格雷州实行人道主义休战。联邦政府的休战声明得到了提人阵的积极响应，后者称"无论如何，提格雷人民和政府都将尽最大努力给和平一个机会"。① 此后，双方保持了5个月的相对和平状态，且在此期间先后在塞舌尔和吉布提举行会谈，但没有取得任何实质性成果。②

埃塞俄比亚政府开启和谈的原因主要有三点。一是在2021年底，已将提人阵击退回北部地区。二是联合国、非盟等从中斡旋，做了大量劝和工作。三是美国以"严重侵犯人权"名义对埃塞实施经济制裁，取消了埃塞根据《非洲增长和机遇法案》（AGOA）享有商品免税出口美国的优惠待遇，此举对埃塞俄比亚20万个低收入家庭和相关产业链约100万人产生负面影响。

8月24日，联邦政府军及地方安全部队与提人阵武装再启战端，双方在提格雷州、阿姆哈拉州和阿法尔州交界地区激烈交火，且互相指责是对方率先破坏了停火。联邦政府与提人阵再度爆发大规模武装冲突引起国际社会广泛关注，非洲联盟为埃塞俄比亚和平谈判进行了积极调解与斡旋，并最终促使双方于10月25日在南非比勒陀利亚举行和谈。为了确保和谈取得成效，非盟还组建了由尼日利亚前总统奥卢塞贡·奥巴桑乔、肯尼亚前总统乌

---

① "Tigray State Says Committed to Implement Cessation of Hostilities 'Immediately', Asks Humanitarian Assistance to Meet Needs On the Ground," Addis Standard, March 25, 2022, https：//addisstandard. com/news－tigray－state－says－committed－to－implement－cessation－of－hostilities－immediately－asks－humanitarian－assistance－to－meet－needs－on－the－ground/, accessed：2022－03－27.

② Isaac Kaledzi, "Cautious Optimism Ahead of Ethiopia-Tigray Peace Talks," allafrica, October 7, 2022, https：//allafrica. com/stories/202210070594. html, accessed：2022－10－08.

胡鲁·肯雅塔和南非前副总统姆兰博-努卡组成的协调小组。

11月2日，和平谈判取得成效，联邦政府与提人阵达成永久停火协议，宣布"永久停火以结束在埃塞俄比亚北部地区长达两年的冲突"，并表示结束冲突、恢复和平与安宁"符合埃塞俄比亚全体人民的利益"。协议还表示埃塞俄比亚只有一支国防军，双方同意解除提人阵武装。① 比勒陀利亚和谈结束后，11月7~12日，联邦政府与提人阵继续在肯尼亚首都内罗毕就停火协议细节举行会谈，并达成在30日内解除提人阵武装、战斗人员复员及回归社会的路线图，并就人道主义援助进入北部地区等达成了一致。

长达两年的武装冲突不仅严重阻碍了埃塞俄比亚的政治改革与经济发展进程，并引发了严重的人道主义危机，进一步加剧了非洲之角政治与安全局势的不确定性，导致埃塞俄比亚、厄立特里亚、苏丹和索马里等地区国家间的关系复杂化。如果永久和平协议能够得到顺利实施，则不但会为埃塞俄比亚和平与发展奠定基础，也会为非洲之角局势缓和带来有利契机。

（三）刚果（金）东部问题加剧大湖地区动荡局势

长期以来，大湖地区政治安全局势较为动荡，国家间关系复杂多变，而刚果（金）东部问题则是大湖地区动荡的症结所在。2021年末以来，刚果（金）东部反政府武装"M23运动"卷土重来，引发大湖地区局势动荡紧张。

"M23运动"于2012年5月在刚果（金）东部北基伍省成立，起初约有1200人，以刚果（金）国防军哗变的反政府武装保卫人民国民大会成员为主。2013年遭到刚果（金）军队、联合国民主刚果稳定特派团（MONUSCO）及由坦桑尼亚、马拉维和南非军队组成的干预旅（FIB）重创后一度静默。2021年11月，"M23运动"袭击北基伍省的刚果（金）军队，后逐步加大攻势，在2022年5月占领当地最大的鲁芒加博军事基地，

---

① "Delegations of Peace Talks Released Joint Statement Following Agreement to Disarm TPLF and End Conflict," Fana Broadcasting Corporate, November 2, 2022, https：//www.fanabc.com/english/delegates-of-peace-talks-released-joint-statement-following-agreement-to-disarm-tplf-and-end-conflict/, accessed：2022-11-04.

在 10 月底逼近北基伍省首府戈马市，目前已成为刚果（金）东部地区安全的最大威胁。

"M23 运动"之所以在 2021 年 11 月卷土重来，与刚果（金）、卢旺达和乌干达之间的矛盾有关。刚果（金）、卢旺达和乌干达之间的矛盾曾在 21 世纪之交引发第二次刚果战争（1998~2003 年），此后刚果（金）东部局势持续动荡，三国围绕刚果（金）东部问题的博弈遂成为大湖地区安全问题的核心。从当前来看，刚果（金）与卢旺达矛盾最大，尤其是不断指责卢旺达政府支持"M23 运动"，并在 2022 年 10 月 29 日以此为名宣布驱逐卢旺达大使。与此同时，刚果（金）与乌干达则在逐步加大合作力度，有分析认为，正是由于刚果（金）与乌干达单独改善关系，其中包括达成联合军事行动合作协议以打击刚果（金）东部地区乌干达民主同盟军等非法武装，以及批准乌干达公司修建两条连通两国的公路等举措，引发卢旺达不满并因此而支持"M23 运动"恢复军事行动以反制刚果（金）和乌干达。[①]

刚果（金）东部问题及由此引发的大湖地区局势动荡加剧引起了东非共同体（东共体）的高度关注。2022 年 4 月，东共体在内罗毕召开关于刚果（金）东部问题的第二届东共体国家元首会议，通过内罗毕进程提出政治、军事两轨解决方案。然而从目前来看，内罗毕进程执行情况并不理想。政治层面，在 200 多个武装团体中仅 20 多个参加与刚果（金）政府的谈判，"M23 运动"虽然也参加了谈判，但以破裂告终。军事层面，东共体在 6 月决定部署联合干预部队，乌干达、布隆迪和肯尼亚已经派兵，南苏丹和坦桑尼亚准备派兵，但刚果（金）明确表示拒绝卢旺达部队入境。除内罗毕进程外，大湖地区国际会议组织也启动了斡旋刚果（金）东部问题的罗安达路线图，但也进展缓慢。

2022 年 11 月以来，罗安达路线图与内罗毕进程均加大了斡旋解决刚果（金）东部问题的力度。11 月 23~25 日，安哥拉总统若昂·洛伦索、刚果

---

① African Center for Strategic Studies, "Rwanda and the DRC at Risk of War as New M23 Rebellion Emerges: An Explainer," June 29, 2022, https://africacenter.org/spotlight/rwanda-drc-risk-of-war-new-m23-rebellion-emerges-explainer/, accessed: 2022-07-10.

（金）总统费利克斯·齐塞克迪、布隆迪总统埃瓦里斯特·恩达伊施米耶、卢旺达外交部长樊尚·比鲁塔和肯尼亚前总统肯雅塔在安哥拉举行峰会，决定刚果（金）东部自11月25日下午6时起停止一切敌对行动，要求"M23运动"撤出当前所占领地区，否则各国将派兵联合对其采取军事行动。[1] 11月25日，"M23运动"与刚果（金）政府军实现停火。11月29日，在肯雅塔的推动下，刚果（金）、卢旺达和刚果（金）东部武装团体在内罗毕举行新一轮刚果（金）间对话（Inter-Congolese dialogue），但"M23运动"并未参加。[2] 12月6日，"M23运动"在各方压力之下，表示准备从刚果（金）东部占领地区撤离，但仍在进行一系列军事活动。[3] 如"M23运动"问题得不到妥善解决，则刚果（金）东部地区和平进程及大湖地区局势发展就充满变数。

刚果（金）东部乱局已对周边地区产生外溢安全风险。受此轮冲突影响，北基伍省近20万人流离失所，当地社会秩序遭到破坏，其他叛乱武装也借机扩大势力范围，流窜至东部以外地区。东北部上韦莱省和东南部坦噶尼喀省、上加丹加省等周边地区安全形势已出现不同程度恶化。另外，本次冲突导致刚卢关系濒临破裂，双边合作全部中断。这不仅导致东共体经济一体化步伐放缓，还将对两国的经济合作产生一定负面影响。

（四）气候变化加剧非洲治理赤字

1. 极端天气频现威胁非洲包容性发展

受全球变暖加剧的影响，在2022年内，极端天气成为整个非洲大陆所

---

[1] Moise Bahati, "Luanda Summit Calls for FDLR Disarmament, M23 Withdrawal," The News Times, November 24, 2022, https://www.newtimes.co.rw/article/2936/news/security/luanda-summit-calls-for-fdlr-disarmament-m23-withdrawal, accessed: 2022-11-23.

[2] David Coffey, "Inter-Congolese Dialogue Opens as East Africa Community Seeks to End ERC Rebel Activity," Radio France Internationale, November 30, 2022, https://www.rfi.fr/en/africa/20221130-inter-congolese-dialogue-opens-as-east-africa-community-seeks-to-end-drc-rebel-activity, accessed: 2022-12-05.

[3] "DR Congo: M23 Rebels in East Agree to Withdraw from Fighting," Deutsch Welle, December 7, 2022, https://www.dw.com/en/dr-congo-m23-rebels-in-east-agree-to-withdraw-from-fighting/a-64010964, accessed: 2022-12-08.

面临的共同挑战。根据碳简报（Carbon Brief）发起的紧急事件数据库
（EM-DAT）的统计显示，2022年非洲各国都在不同程度上遭受了气候变化
的直接冲击，极端天气引发的紧急事件数量创自有记录以来的历年之最。[①]
从1月至4月，马达加斯加、莫桑比克、马拉维、津巴布韦等南部非洲各国
遭受从"安娜"到"茉莉"的五个超强热带风暴的连续袭击，直接导致
280万人受灾，引发的难民潮和霍乱等疾病蔓延至周边南非、坦桑尼亚等
国。降水异常导致的特大洪涝灾害席卷西非、南部非洲多国。2022年为尼
日利亚40年以来最湿润的一年，7月至11月，南部先后遭遇多轮强降水袭
击，引发近十年来规模最大的洪灾，经济首都拉各斯以及36个州的城镇面
临洪水围城的危险，1300万人沦为灾民。[②] 南非的夸祖鲁-纳塔尔
（Kwazulu-Natal）、东开普（Eastern Cape）等省份在4月同样遭遇特大洪涝
灾害，仅两天的超强降雨就导致两省超过50万公顷土地被淹没，[③] 并引发
大规模山体滑坡，超4万人无家可归，成为该国有气象历史记录以来的最大
洪水。[④]

　　与此同时，萨赫勒、非洲之角等地区的极端干旱依然持续。世界气象组
织的统计显示，非洲干旱-半干旱地区的降水量已经连续三年总体偏少，[⑤]

① "Analysis: Africa's Unreported Extreme Weather in 2022 and Climate Change," Carbon Brief, 2022-10-26, https://www.carbonbrief.org/analysis-africas-unreported-extreme-weather-in-2022-and-climate-change/, accessed: 2022-11-15.

② "Millions at Risk in Flood-hit Nigeria: Relief Chief Highlights Hunger in Burkina Faso," United Nations, 2022-10-21, https://news.un.org/en/story/2022/10/1129787#:~:text=More% 20than% 202.8% 20million% 20people% 20have% 20been% 20impacted, on% 20Friday% 2C% 20expressing%20his%20sadness%20at%20the%20devastation, accessed: 2022-11-05.

③ UNFAO, "A Rapid Geospatial Analysis of the Flood Impacts on Crops in KwaZulu-Natal and Eastern Cape Provinces of South Africa in 2022," May 6, 2022, pp. 5-6, https://reliefweb.int/report/south-africa/rapid-geospatial-analysis-flood-impacts-crops-kwazulu-natal-and-eastern-cape, accessed: 2022-11-05.

④ "'Worst Floods We Have Ever Seen': Nkosazana Dlamini-Zuma," The South African, April 19, 2022, https://www.thesouthafrican.com/news/worst-floods-in-sa-history/, accessed: 2022-11-05.

⑤ "'This Is the Worst Drought in Forty Years': Millions of Ethiopians at Risk from Failed Rains," United Nations, April 25, 2022, https://news.un.org/en/story/2022/04/1116872, accessed: 2022-11-05.

为 40 年来罕见，其中 2022 年 3~5 月为有记录以来最干旱的雨季。[1] 持续干旱除了在布基纳法索、马里等萨赫勒国家继续引发难民潮外，还在埃塞俄比亚、索马里、肯尼亚等国引发新的人道主义危机，仅肯尼亚东北部的农牧民就在本轮旱灾中损失了 70% 的牲畜，[2] 因完全丧失生计而沦为难民。

频现的极端天气及其所造成的次生危害对经济社会发展的冲击，凸显了非洲国家在应对气候变化时的极端脆弱性。英国慈善机构基督教援助（Christian Aid）发布的研究报告《非洲的代价》（The Cost to Africa）显示，非洲国家应对极端天气的脆弱性最终将演变为经济社会发展的不可持续性，即便是完全实现 2015 年《巴黎协定》制定的全球升温幅度控制在 1.5 摄氏度范围内的目标，非洲至 2050 年也难以摆脱 GDP 缩水 14% 的挑战。[3]

2. 非洲维护气候正义任重而道远

如何全面扭转非洲在温室气体排放上的"低贡献率"与遭受极端天气冲击的"高受害度"之间的严重不对等，尽快驶离"通往气候地狱（climate hell）的高速公路",[4] 是非洲寻求全球气候正义的关键。2022 年沙姆沙伊赫世界气候大会（COP27）是继 2011 年德班气候大会（COP17）后，《巴黎协定》缔约方第二次在非洲大陆聚首，为借势本次"非洲的气候大会"（Africa's COP）提升非洲对全球气候治理的话语权和参与度，非洲国家元首和政府首脑应对气候变化首脑委员会（CAHOSCC）于 2022 年 2 月做出

---

① "Analysis: Africa's Unreported Extreme Weather in 2022 and Climate Change," Carbon Brief, Oct. 26, 2022, https://www.carbonbrief.org/analysis-africas-unreported-extreme-weather-in-2022-and-climate-change/, accessed: 2022-11-05.

② "Impacts of the Drought Crisis in Kenya," The Borgen Project, April 13, 2022, https://borgenproject.org/drought-crisis-in-kenya/, accessed: 2022-11-05.

③ "The Cost to Africa: Drastic Economic Damage from Climate Change," Christian Aid, November 2022, pp. 10-11, https://www.christianaid.org.uk/sites/default/files/2022-11/the-cost-to-africa.pdf, accessed: 2022-11-05.

④ "Secretary-General's Remarks to High-Level Opening of COP27," United Nations, November 7, 2022, https://www.un.org/sg/en/content/sg/speeches/2022-11-07/secretary-generals-remarks-high-level-opening-of-cop27, accessed: 2022-11-10.

决议，推动非洲依据《非盟绿色复苏行动计划》（AU Green Recovery Action Plan）的原则和目标，继续要求西方发达国家加大对非洲气候变化减缓与适应的支持力度。① 6 月，非盟发布《气候变化与韧性发展战略和行动计划（2022~2032）》，提出了要求发达国家在发展低碳城市、清洁能源开发、生态环境保护、能力建设等多个方面向非洲国家提供资金、技术、智力支持，增强非洲实现气候韧性、气候智能型发展的能力。② 在 9 月举行的第 77 届联合国大会上，以尼日利亚总统布哈里为代表的非洲国家领导人再度呼吁发达国家尽快兑现对非洲的气候承诺。10 月在卢旺达举行的非洲应对气候变化的媒体吹风会上，非洲专家学者认为，发达国家作为全球变暖的始作俑者，应向非洲提供 1.3 万亿美元的气候融资与赔偿。③ 尽管被非洲社会各界寄予厚望，但由于不合理国际政治经济秩序的掣肘，沙姆沙伊赫世界气候大会除了在同意为气候脆弱国家设立损失与损坏基金（Loss and Damage Fund）等方面取得一定进展之外，在主要议程的推进上仍然是举步维艰，不仅没有回答如何有效应对 2021 年格拉斯哥世界气候大会后全球碳排放量仍然上涨 1.2%的局面，④ 也没有为督促发达国家落实 2015 年巴黎世界气候大会（COP21）决定的向发展中国家提供气候融资提出可行方案。可见，非洲仍将是全球气候治理链条上最薄弱一环。

① "Meeting of the Committee of African Heads of State and Government on Climate Change (CAHOSCC)," African Union, Feb. 6, 2022, https://au.int/en/newsevents/20220206/meeting-committee-african-heads-state-and-government-climate-change-cahoscc, accessed: 2022-11-05.

② "African Union Climate Change and Resilient Development Strategy and Action Plan (2022-2032)," pp. 37-56, https://au.int/sites/default/files/documents/42276-doc-CC_Strategy_and_Action_Plan_2022-2032_23_06_22_ENGLISH-compressed.pdf, accessed: 2022-11-10.

③ Maingi Gichuku, "Africa: Why Africa Wants U.S.$1.3 Trillion in Climate Financing," Allafrica, October 4, 2022, https://allafrica.com/stories/202210040077.html, accessed: 2022-11-10.

④ "The Cost to Africa: Drastic Economic Damage from Climate Change," Christian Aid, November 2022, p. 10, https://www.christianaid.org.uk/sites/default/files/2022-11/the-cost-to-africa.pdf, accessed: 2022-11-05.

（五）数字经济进入快车道

2022 年 5 月底，阿尔及利亚举办"数字非洲峰会"，20 多个非洲国家代表探讨非洲数字经济发展、数字生态系统建设。6 月初，世界电信发展大会首次在非洲国家举行，显示全球对非洲数字经济发展态势的关注与重视。事实上，非洲不仅有"数字鸿沟"，而且 21 世纪以来，在经济全球化和数字全球化趋势的带动下，非洲数字经济驶入快车道，成功跨越 PC 互联网时代，进入移动互联网时代，高效促进非洲经济可持续、多元化、一体化发展，以数字化方式助力大量非洲民众融入现代经济社会。在后疫情时代，数字经济还将成为推动非洲经济复苏的"新引擎"之一。

其一，非盟和各国领导人高度重视发展数字经济，并纷纷推出顶层设计。南非总统拉马福萨、埃及总统塞西、埃塞俄比亚总理阿比、塞内加尔总统萨勒等非洲国家领导人都在不同场合表示重视发展数字经济。非洲联盟将"数字化转型置于《2063 年议程》首要任务之列，推出《非洲数字化转型战略（2020~2030）》《非洲联盟网络安全和个人数据保护公约》《非盟数据政策框架》，引领非洲整体数字经济发展。尼日利亚在其《2021~2025 年国家发展计划》中指出，到 2025 年将把数字经济对 GDP 的贡献率从 10.68% 提高到 12.54%，还规划了电子政务、数字素养、数字基础设施、数字金融服务、数字创新创业、数字技能等方面的目标。南非不仅成立"第四次工业革命总统委员会"，还出台了《国家数据和云政策草案》《南非国家数字及未来技术战略》《个人信息保护法》，并且建立了国家数字基础设施公司。埃及出台《信息通信技术 2030 年战略》《数字埃及》等，推动数字转型、数字技能和工作、数字创新、数字基础设施和数字治理。值得指出的是，成立于 2013 年、总部位于卢旺达的"智慧非洲"（Smart Africa）已经发展为非洲数字经济领域的重要国际组织，目前已经涵盖 32 个非洲国家，从政策、普惠服务、电子政府、创新创业、可持续发展等角度促进非洲数字经济发展。

其二，人口红利是非洲数字经济快速发展的重要原因。非洲是世界上"最年轻的大陆"，据统计，有40多个国家的一半人口在20岁以下。有报告指出，随着非洲大陆电子商务的持续扩张，到2025年，数字经济有望为非洲国内生产总值贡献1800亿美元。① 研究表明，尼日利亚、南非、肯尼亚、埃及是非洲数字经济发展的领头羊，其核心产业聚集区也大多在人口稠密的大都市。非洲第一人口大国尼日利亚是西部非洲数字经济中心，在《国家数字经济政策和战略（2020~2030）》引领下，形成以拉各斯为核心的产业聚集区，电信业、创新创业等发展较全面。南非是南部非洲数字经济中心，在该国通信和数字技术部五年规划引领下，形成以约翰内斯堡和开普敦为中心的产业聚集区，拥有发达的电信业、数字基础设施和总部经济。肯尼亚是东部非洲数字经济中心，在该国《数字经济蓝图》引领下，形成以内罗毕为核心的产业聚集区，被称为"非洲硅谷"，聚集大量创新创业公司，移动支付和电商方面相对领先。在北部非洲，埃及数字经济最发达，在《数字埃及》和《信息通信技术2030年战略》引领下，形成以开罗为中心的产业聚集区，宽带网络和电商发展迅猛。此外，埃塞俄比亚、刚果（金）、乌干达、卢旺达、摩洛哥、加纳、阿尔及利亚、坦桑尼亚、津巴布韦等国在电信、移动支付、电子商务、光纤骨干网等方面亦具有较大发展潜力。

其三，新冠疫情成为非洲数字化转型的催化剂。2020年以来，新冠疫情加速了非洲数字创新，增加了对更多数字基础设施和服务的需求，在内外合力作用下，非洲数字经济形成以电信运营商为核心，以数字设备和技术供应商为依托，由国际数字企业和互联网平台广泛参与，以数据中心、智慧城市、移动通信和终端为热点，以数字创新企业为新增长点的生态格局。非洲数字产业积极开发和保护本地数据资源，促进政府、金融、商贸、物流、教育、医疗等领域的数字化转型。与此同时，非洲国家亦在国际数字治理领域

---

① 《非洲国家努力弥合"数字鸿沟"》，《人民日报》2022年6月10日，第16版。

逐步发挥作用。[①]

其四，"数字鸿沟"依然存在，数字服务领域充满众多机遇。目前，非洲互联网普及率仅为36%，使用宽带的非洲人口占比不足1/3。此外，非洲城乡的数字鸿沟、性别的数字鸿沟以及较低的青年互联网渗透率，意味着填补"数字鸿沟"的潜力巨大。英国经济学人预测，未来数字服务领域充满众多机遇。数字化倡议和战略可能将惠及农业供应链、制造业、运输和物流服务、正式和非正式零售业、卫生和教育供应、休闲和娱乐、金融服务和政府服务。这将有助于支持蓬勃发展的尼日利亚、南非、肯尼亚和埃及的信息通信技术部门和技术中心，并刺激外国投资进入非洲市场。此外，非洲在移动网络覆盖率、智能手机使用、互联网接入等方面还存在巨大短板，巨大的需求和激烈的竞争将快速填补这一差距。[②]

（六）美国出台非洲新战略

1. 美国非洲新战略的内容

美国非洲新战略指出，非洲在世界舞台上具有重要的政治经济地位，对美非双方以及整个世界都具有十分重要的意义。这表明，拜登政府比特朗普政府更加重视非洲。同时，美国非洲新战略认识到，非洲还面临武装冲突、气候变化和食品安全等问题的挑战。基于这些判断，拜登政府将在非洲寻求四大战略目标。

第一，培育公开与开放的社会。美国非洲新战略指出，保持非洲地区的开放、非洲政府和公众的独立自主以及确保非洲国家履行国际责任是美国不变的国家利益。开放社会不仅有助于非洲的福祉，还有利于吸引美国的贸易与投资。为此，美国将在三个方面展开工作：一是促进政府的透明与负责任；二是促进法治和尊重人权；三是帮助非洲国家"更负责任地"开发利

[①] EIU, *Africa Outlook 2023*：*The Challenges Ahead*, p. 10, https：//www.eiu.com/n/campaigns/africa-outlook-2023/, accessed：2022-12-10.

[②] EIU, *Africa Outlook 2023*：*The Challenges Ahead*, p. 10, https：//www.eiu.com/n/campaigns/africa-outlook-2023/, accessed：2022-12-10.

用资源以促进可持续发展。

第二，兑现民主和安全红利。美国非洲新战略指出，非洲对民主的承诺、预防和解决冲突的能力至关重要，它将惠及美非双方人民。为兑现民主和安全带来的红利，美国将在四个领域发力：一是同盟友和地区伙伴遏制极权和军事政变的"逆流"；二是支持公民社会，照顾弱势群体，保护自由与公正的选举；三是改善非洲伙伴的能力，推进地区安全与稳定；四是减轻恐怖团体对美国本土、个人、外交人员和军事团体的威胁。

第三，推进疫后经济恢复和发展。美国非洲新战略指出，解决非洲目前面临的问题，当务之急是消灭疫情及其伴生而来的一系列经济社会后果。受乌克兰危机影响，目前非洲供应链问题和食品安全问题已经变得十分严重，因此，构建包容稳定的非洲经济至关重要。为推进非洲疫后经济恢复和发展，美国将做好四项工作：一是优先处理结束目前疫情危险阶段的项目与政策，并为下一场健康危机提前做好准备；二是支持新冠疫苗及其他医疗设备的生产；三是增加经济活力和债务可持续性，为经济发展提供支持，包括"全球基础设施伙伴关系""繁荣非洲""电力非洲""未来食物供应"，以及新的数字转型倡议；四是同非洲国家展开合作，重建因乌克兰危机而削弱的金融与食品系统。

第四，支持保护环境、应对气候变化及能源转型。美国非洲新战略指出，目前非洲深受气候变化和过度排放带来的危害，而全球气候危机的解决也离不开非洲国家在生态系统保护和自然资源利用方面的努力。因此，美国将从四个方面支持非洲：一是同非洲政府、公民社会和地方团体展开合作，保护和修复自然生态系统；二是帮助非洲国家应对气候变化带来的影响；三是推进非洲国家加速向清洁能源转型，促进非洲能源安全；四是促进公私伙伴关系，发展可提供清洁能源科技的关键矿产开发。[①]

[①] "U. S. Strategy Towards Sub-Saharan Africa," August 2022, pp. 4-16, https://www.white house. gov/wp-content/uploads/2022/08/U. S. -Strategy-Toward-Sub-Saharan-Africa-FINAL. pdf, accessed：2022-12-10.

2. 美国非洲新战略的特点

从总体上看，拜登政府的非洲新战略具有两大特点。一是突出强调美国所谓的普世价值观和国家治理模式。拜登上台以来，推进民主化成为美国政府对非政策的一大着力点。美国非洲新战略的前两大战略目标，通篇都是"自由""公正""开放""民主"之类的词语，它们概括起来实际上就是美式的价值观与国家治理模式。在2021年底于尼日利亚发表的美国对非政策的演讲中，布林肯也赤裸裸地自我表扬美式民主价值观。二是突出强调气候变化和粮食安全等新议题。特朗普执政时期，美国公然退出《巴黎协定》，气候变化议题处于其对非政策非常边缘化的位置。而拜登政府的美国非洲新战略则充斥着"生态系统保护"、"应对气候变化"和"解决非洲粮食安全"等话语。新议题领域占据重要地位，成为拜登政府上台后对非战略的新特点。

3. 美国非洲新战略的意图

主要有三点。第一，树立美国在非洲的正面形象，在政治上拉拢非洲国家，收买非洲国家民心。在同布林肯前后脚对非洲的访问行程中，美国常驻联合国大使琳达·托马斯-格林菲尔德除了宣布1.27亿美元的对非人道主义援助外，还在同乌干达总统穆塞维尼的会晤中宣布将额外向乌干达提供2000万美元资金，帮助该国解决国内粮食问题。布林肯则表示，美国不仅将帮助非洲国家提高粮食产量，还将通过促进国际社会增加石油产量等手段来帮助非洲国家缓解因乌克兰危机而造成的能源问题。

第二，在经济上利用非洲经济发展带来的机会，助力美国经济走出增长乏力的困境。美国非洲新战略认为，非洲经济发展极具潜力，经济合作将为美非双方带来双赢。布林肯在南非接受专访时也直言不讳地表示，非洲具有世界上增长最快的人口，且在数年间将有一半的人口年龄在25岁及以下，这将是地球上最年轻的大陆。到2050年，地球人口的四分之一将在非洲，非洲代表着经济发展的未来，所以发展美非经济关系对美国十分重要。① 近年来，受疫情影响，美国经济不振，通胀高企，乌克兰危机又增加了美国的财政负担。在此形势下，非洲自然被当做可以拉动美国经济的新增长点。

第三，在大国竞争上抹黑中非、俄非关系。美国对非新战略点名批评俄罗斯和中国。俄罗斯在非洲之所以受到美国批评，除了近些年"重返非洲"威胁到美国的利益之外，美国试图在国际社会进一步孤立俄罗斯也是一大原因。至于中非关系，近年来更是得到美国高层的格外"关照"。迄今，布林肯就任美国国务卿三次访问非洲（其中一次是视频访问），每一次均点名批评中国，对中国的批评涵盖意识形态、经济合作和环境保护等各个领域，暴露出美国在非洲打压中国的恶意。

然而，面对美国非洲新战略罔顾事实、刻意抹黑中俄对非关系的做法，非洲各界纷纷说"不"。南非国际关系与合作部长潘多尔在与布林肯举行的联合记者招待会上说："不要逼迫我们非洲国家介入美国和中国之间的冲突，恕我直言，这将会给我们所有的国家都带来动荡，因为它将对全球经济体系带来不利影响。"② 南非金山大学学者迈特希勒勒在题为《布林肯非洲之行：重新接触非洲大陆的争夺战》的文章中指出，美国正试图在非洲展开一场新的地缘政治斗争，在这场争夺战中，非洲国家被劝说选择站在全球某一大国的阵营。但是，面对大国抛出的橄榄枝，非洲国家应当有自己的思考与立场。③ 对于12月中旬召开的美非峰会，非洲各界也是普遍质疑。12月8日，南非智库发布《全球秩序变迁中的拜登政府与非洲：写在美非峰会之前》，报

---

① "U. S. Strategy Towards Sub-Saharan Africa," August 2022, p. 5, https：//www. whitehouse. gov/wp-content/uploads/2022/08/U. S. -Strategy-Toward-Sub-Saharan-Africa-FINAL. pdf, accessed：2022-12-10.

② Secretary Antony J. Blinken and South African Minister of International Relations and Cooperation Naledi Pandor at a Joint Press Availability, August 9, 2022, https：//www. state. gov/secretary-antony-j-blinken-and-south-african-minister-of-international-relations-and-cooperation-naledi-pandor-at-a-joint-press-availability/, accessed：2022-08-11.

③ Amukelani Charmaine Matsilele, "The Battle to Re-Engage with Africa—Anthony Blinken's Visit," August 6, 2022, https：//allafrica. com/stories/202208060023. html, accessed：2022-08-17.

告指出，美国对非政策根本上依然服务于美自身利益。美国对非洲在外交战略上的核心诉求是让非洲国家在国际安全、国际格局、大国竞争上选边站队。非洲联盟主席、塞内加尔总统马基·萨勒近日表示，非洲国家"不想让任何人告诉我们，'不要和某某合作，只和我们合作'。我们希望与所有人合作和开展贸易"。① 可见，非洲国家的独立自主意识和抗压能力在增强。

三　2023年非洲形势展望

展望2023年，非洲地区形势将在多重危机叠加的困境中继续延展其韧性。

（一）非洲政治安全的动荡面上升

乌克兰危机、恐怖主义和粮食安全等问题积重难返，仍将继续通过经济、社会和民生等领域向政治领域传导，从而导致一些非洲国家出现政局动荡。马里、几内亚、布基纳法索和乍得的政治过渡进程，埃塞俄比亚的和平进程及刚果（金）东部地区的局势缓和，还需要各国政府及非洲地区组织付出更多的努力。2023年，非洲将有20多个国家举行各级选举，其中尼日利亚、加蓬、利比里亚、利比亚、马达加斯加、塞拉利昂、南苏丹、苏丹和津巴布韦等国将举行总统选举或同时举行总统与议会选举，贝宁、吉布提、几内亚比绍、毛里塔尼亚、斯威士兰和多哥等国则将举行议会选举。② 这些选举仍然是观察非洲政治发展最为重要的视角，尤其是应密切关注刚果（金）、利比亚、马里、尼日利亚、津巴布韦等有争议国家的选举。如果这些国家均能顺利举行选举，则和平与稳定仍是非洲政治发展的主旋律，否则将扩大非洲政治安全领域的动荡面。

---

① 《美国看中"非洲潜力"？可非洲不会忘记……》，光明网，2022年12月16日，https：//world. gmw. cn/2022-12/16/content_ 36238339. htm，最后访问时间：2022年12月23日。

② Electoral Institute for Sustainable Democracy in Africa，"2023 African Election Calendar，" https：//www. eisa. org/calendar2023. php，accessed：2022-12-06.

（二）非洲经济低增长，但不会出现大面积衰退

无论国际经济环境多么风高浪急，非洲大陆拥有丰富的自然资源、不断扩大的市场规模、充满朝气的人口与市场红利，以及数字和绿色化转型的巨大潜力。2023 年，在全球经济放缓的背景下，尽管非洲资源密集型国家和主要大宗商品出口国将面对市场需求减弱的挑战，但由于国际上对非洲资源争夺的日趋激烈，资源产品的出口价格仍将维持高位，从而有利于非洲资源富集国增加出口收入和吸引外国直接投资，经济前景看好。由于大部分国家都采取了紧缩货币政策，2023 年通货膨胀率相较 2022 年的高点有所回落，但许多非洲国家仍承受着较高的价格压力，一些非洲国家的国际融资成本也将大幅上升。2022 年非洲经济面临的严重挑战将在 2023 年继续发酵，包括沉重的偿债负担，选举周期、地缘政治和地区内冲突造成的不稳定局势，以及地缘冲突和恶劣天气导致的粮食不安全等问题。英国经济学人预测，2023 年非洲整体经济增长率为 3.2%。大部分非洲国家都将保持增长，但各国实际 GDP 增速会存在较大差异，有些国家甚至会停滞不前，在衰退的边缘徘徊。[1]

需要指出的是，非洲地区大国仍未能发挥地区经济火车头的作用。南非由于利率上升、电力供应短缺、需求疲软对国内和出口导向型商业活动构成压力，预计 2023 年的南非经济仅增长 1.5%。尼日利亚将受益于大宗商品贸易以及主要城市充满活力的消费品和服务市场，预计经济增长 3.1%。埃及由于埃镑贬值和对欧洲的液化天然气（LNG）销售支撑了实际出口，预计经济增长略低于 3%。肯尼亚将从 2022 年 8 月全国大选的不确定性中恢复过来，并将在 2023 年成为非洲增长最快的主要经济体，预计经济增长 5%。[2]

---

① EIU, *Africa Outlook 2023: The Challenges Ahead*, p. 1, https://www.eiu.com/n/campaigns/africa-outlook-2023/, accessed: 2022-12-10.

② EIU, *Africa Outlook 2023: The Challenges Ahead*, p. 10. https://www.eiu.com/n/campaigns/africa-outlook-2023/, accessed: 2022-12-10.

（三）大国对非关系进一步深化发展

2023 年大国在非洲的竞争将进一步深化，其中打压中俄已成为美西方国家发展对非关系的重点，对非洲国家造成站队的压力。美国非洲新战略明确针对中俄，法国和日本对标中国的意图也十分明显。而马克龙对非洲的两次访问，凸显了西方与俄罗斯的战略博弈和竞争。在访问中，马克龙称乌克兰危机冲击了非洲的粮食安全与能源安全。[1]在第二次访非行程中，马克龙在能源大国阿尔及利亚试图寻求该国的能源支持，以使西方国家在对俄罗斯制裁方面更有底气。此外，马克龙还指责俄罗斯在阿尔及利亚进行反法宣传，他希望非洲和阿尔及利亚青年不要因此将法国当作敌人。[2]日本召开第八届东京非洲发展国际会议针对中俄的意图也十分明显。作为西方阵营的一员，日本企图借此次会议影射中非关系，攻击中国对非经济合作的模式。岸田内阁表示，希望通过日本一贯主张的增长与分配的良性循环，让有韧性的非洲成为现实。同时，岸田内阁还试图炒作"中国债务陷阱论"，宣称日本与中国的做法不同，将与非洲实现共同发展。而对于俄罗斯，日本借此次会议与七国集团的其他国家保持一致，全面孤立俄罗斯。岸田文雄称，由于俄罗斯对乌克兰的军事行动，食品、化肥和能源价格飞涨，这大大影响了非洲人民的生活质量。[3]

在世界主要力量深度介入非洲，大国博弈和竞争更加突出的背景下，中非合作的外部环境有所恶化，但中国继续保持国际对非合作领先地位的底气仍在。尤其是中非政治互信深厚，互利合作基础扎实，中国在非洲贸易投资

---

[1] "Macron Pledges Support to Boost Food Production in Africa," July 27, 2022, https://abcnews.go.com/International/wireStory/frances-macron-cameroon-start-nation-africa-tour-87409393, accessed: 2022-08-08.

[2] Gilles Kepel, "Things to Remember from Macron's Algeria Visit," Sep. 3, 2022, https://www.al-monitor.com/originals/2022/09/things-remember-macrons-algeria-visit, accessed: 2022-09-06.

[3] Opening Speech by Mr. Kishida Fumio, Eighth Tokyo International Conference on African Development, August 27, 2022, p.4, https://www.mofa.go.jp/afr/af2/page1e_000478.html, Accessed: 2022-08-29.

和基础设施的领先优势短期内无可替代。未来中非关系将继续坚持真实亲诚理念和正确的义利观，继续奉行不干涉非洲国家内政的原则，继续履行尊重非洲并支持非洲发展的承诺，充分发挥国家制度优势的影响力和感召力，中非关系有望迈向更高水平。

课题组组长：李新烽

课题组成员：姚桂梅　刘中伟　沈晓雷　邓延庭①

---

① 李新烽，中国社会科学院西亚非洲研究所所长、研究员；姚桂梅，中国社会科学院西亚非洲研究所研究员；刘中伟，中国社会科学院西亚非洲研究所副研究员；沈晓雷，中国社会科学院西亚非洲研究所副研究员；邓延庭，中国社会科学院西亚非洲研究所助理研究员。

2022～2023年中东地区形势分析与展望

摘　要：　在百年变局、新冠疫情和乌克兰危机等多重因素冲击下，中东国家积极探寻变革途径，回应民众求变诉求，中东地区经济形势回暖，安全局势整体缓和，地区国家间关系趋于缓和，中东地区出现了不同以往的"缓和潮"。美国、俄罗斯、欧洲等域外重要力量加快对中东战略调整步伐，推升了中东地区的大国竞争激烈程度。与此同时，中东国家战略自主性增强，加大了对地区问题乃至国际事务的参与度，国际气候治理合作迎来"中东时间"，中东国家"向东看"和"向东行"趋势明显，中阿峰会为中东地区发展和稳定带来了新机遇。然而，巴以争端、伊核谈判等热点问题难有突破，叙利亚、也门、利比亚和平进程裹足不前，恐怖主义威胁有所回升，反映了地缘政治竞争的复杂性和解决中东地区问题的艰难性，未来中东地区稳定和发展仍充满不确定性。

关键词：　中东地区　大国竞争　"缓和潮"　自主性　中阿峰会

2022年以来，在大国竞争背景下，中东局势和中东地区发展呈现许多新变化。一方面，乌克兰危机外溢，美俄博弈延伸到中东地区，美国、欧洲、俄罗斯、印度等国际社会中的重要力量对中东地区的关注度都在上升。美国出于维护其全球霸权地位的考虑，重新调整了中东政策，强化在中东地区的大国竞争。另一方面，中东地区国家的战略自主性增强，加大了对地区问题乃至国际事务的参与度,"小多边"和"灵活多边"以及次区域整合等成为塑造中东格局的新样态。① 本报告拟考察大国战略竞争背景下中东地区局势的演变和特点,进而分析中东地区重大热点问题的新变化,并对未来中东形势走向予以研判。

一 大国战略竞争背景下中东形势波澜起伏

(一)政治形势:艰难变革

在世界大变局、新冠疫情和乌克兰危机等多重因素叠加和冲击下,中东多国面临系统性治理危机,中东国家政府在艰难中积极探寻变革途径,以回应民众求变诉求。

1. 多国举行大选,变革诉求强烈

2022年5月15日,黎巴嫩举行国民议会选举,718名候选人争夺128个议会席位。此次选举显示出三个明显特点。一是真主党及其盟友丧失议会多数地位。真主党及其盟友仅获61个席位,远低于上次2018年议会选举所获的71席,失去了议会中的多数地位。二是新成立的政党有不少候选人当选。庇护关系盛行导致黎巴嫩新的政治力量很难在大选中获取席位,② 然而,此次选举中,新政党中有12名候选人当选,显示出民众期待政治变革的意愿。三是投票率较低。上次议会选举的投票率为49%,而此次投票率仅为41%,表明民众对近年黎巴嫩愈发严重的政治腐败、政府治理失效和国家经济崩溃等问题的极度失望。

两个海湾君主制国家——科威特和巴林举行议会选举。9月29日,科威特举行2012年以来的第六次国民议会选举,显示出内阁与议会之间的持续紧张关系。这次选举的投票率约为50%,反对派候选人表现良好,获得

---

① 王林聪主编、刘冬副主编《中东发展报告No.24(2021~2022):中东国家的发展规划及其前景》,社会科学文献出版社,2022,摘要,第1页。
② 丁隆、刘国熙:《黎巴嫩治理困境的根源探析》,《西亚非洲》2022年第1期,第143页。

了议会 50 席中的 30 席。同时，2020 年大选中当选的议员仅有 23 人胜选，另有 16 人是首次当选议员，反映了科威特民众求变的愿望。[①] 11 月，巴林举行众议院选举。通过两轮投票选出 40 名议员，首轮投票率创下了 73% 的历史新高，8 名女性候选人当选也创下了历史纪录。[②] 新当选的议员中仅有 12 人是前议员，显示出巴林民众的求变意愿。

11 月 1 日，以色列迎来 2019 年 4 月以来的第五次议会大选。此次大选主要有两个特点。一是投票率高。民众投票率高达 70.6%，是 2015 年以来的最高水平，但以色列阿拉伯公民的投票率仅为 55%。二是右翼力量大获全胜。在 120 个议席中，前总理内塔尼亚胡领导的右翼集团共获 64 席，而看守总理拉皮德领导的竞选联盟仅获 51 席。[③] 可见，以色列社会右倾化更为明显。

2. 战乱国家深陷困局，和解进程裹足不前

2022 年，叙利亚、也门和利比亚三个中东战乱国家政治和解进程缓慢，未取得实质性进展。

叙利亚政治和解进程推进缓慢。以叙利亚政府及其伙伴为一方，以各种反对派和极端组织为另一方的叙利亚冲突仍处于僵局。巴沙尔政府控制着叙利亚的西部、中部和南部地区，美国支持的叙利亚民主军控制着东北部地区，叙利亚国民军和一些极端组织在土耳其的支持下控制着西北部地区，仍呈三足鼎立之势。3 月和 5 月，叙利亚宪法委员会日内瓦会议分别举行第七轮和第八轮会议，但政府、反对派和社会三方力量的代表没有达成实质共识，叙利亚政治和解进程的前景不容乐观。

也门的政治和解进程发生反复。4 月，在联合国的斡旋下，也门各方开

① Oliver B. John，"Will Kuwait's New Parliament Resolve Its Political Impasse？"October 28，2022，https：//www.mei.edu/publications/will-kuwaits-new-parliament-resolve-its-political-impasse，accessed：2022-12-03.

② "2022 Final Election Results，"November 20，2022，https：//www.citizensforbahrain.com/2022/11/20/2022-final-election-results，accessed：2022-12-02.

③ "Understanding Israel's Election Results，"https：//israelpolicyforum.org/wp-content/uploads/2022/11/Israeli-Election-Results-Explainer.pdf，accessed：2022-12-03.

始执行为期两个月的停火协议，也门和平曙光乍现。之后，各方两次同意延长停火协议。在半年的停火期间，也门民众受益明显，也门伤亡人数下降了60%，荷台达港的燃料进口量翻了两番，萨那国际机场重新开放了飞往开罗和安曼的航班。然而，胡塞武装与反胡塞集团围绕胡塞武装控制区的工资发放问题、解除对胡塞武装的制裁等问题争议较大，导致10月各方未能就继续延长停火达成一致，① 也门实现全面和平遥遥无期。

利比亚政治和解进程出现倒退。2020年10月，利比亚开启政治和解进程。由于种种原因，原定于2021年底进行的全国总统和议会大选没有成功举行。2022年2月，利比亚东部的众议院议长萨利赫以民族团结政府总理德贝巴任期结束为由，任命前内政部长巴沙加为民族团结政府新总理。随后，巴沙加试图进入首都的黎波里取代德贝巴，导致双方的支持力量在的黎波里爆发多次流血冲突。6月，联合国秘书长特别顾问斯蒂芬妮·威廉姆斯领导了关于利比亚全国大选法律基础的谈判，但各方之间的关键分歧并未得以解决。② 在内部矛盾和外部干预的双重压力下，利比亚的和平进程充满不确定性。

3. 国家治理危机凸显，多国爆发民众抗议

2022年，中东多国爆发大规模民众抗议。卡内基基金会"全球抗议追踪"项目的资料显示，2022年，中东国家发生规模超1000人民众抗议的有伊朗、摩洛哥、苏丹、突尼斯、土耳其、巴勒斯坦等。③ 其中，伊朗因"头巾事件"引发的抗议引起了全世界的广泛关注。9月13日，伊朗库尔德族女生马萨·阿米尼在警察局不幸遇难，引发全国性的大规模民众抗议。民众

① Gregory D. Johnsen, "Why Yemen's Truce Collapsed at the Moment, the Houthis Believe They Have More to Gain from War Than Peace," November 22, 2022, https：//agsiw. org/why-yemens-truce-collapsed/, accessed：2022-12-05.

② Stephanie T. Williams, "Two Years on from the Ceasefire Agreement, Libya Still Matters," November 2022, https：//www. brookings. edu/wp - content/upboads/2022/11/FP. 20221103_libya_ ceasefire_ williams. pdf, accessed：2023-01-05.

③ "Global Protest Tracker," December 6, 2022, https：//carnegieendowment. org/publications/interactive/protest-tracker, accessed：2022-12-08.

抗议的诉求从最初的调查阿米尼死亡真相和尊重女性权利，发展为反腐败、改善经济状况、进行政治体制变革等。此次抗议显示出持续化、年轻化和内外联动化等特征，对伊朗政权构成严重挑战。伊朗政府强调，尊重民众合法抗议的权利，但是坚决打击骚乱活动和外部干预活动。到 2022 年末，伊朗全国性的抗议活动仍然没有结束的迹象。此次抗议活动实际上是在美国长期制裁下，伊朗国家治理能力不足，民众生活水平持续下降导致对政府的严重不满。首先，由于美国的制裁，伊朗过去十年的经济几乎没有增长，且通货膨胀率接近 50%，民众对于不断高涨的物价叫苦连天。[①] 其次，随着伊朗高速的工业化和城市化、人口年轻化和高学历化、女性自主意识不断增强等，民众对政府相对保守的社会政策容忍度不断下降。最后，美国等伊朗敌对的国家利用社交媒体、网络攻击、舆论煽动等方式，怂恿伊朗青年和其他民众进行抗议和对抗政府，起到了推波助澜的作用。

（二）经济形势：持续回暖

2022 年，随着疫苗上市和逐渐普及，曾为重灾区的伊朗、伊拉克、黎巴嫩、也门、苏丹等国的新冠疫情发病率和死亡率明显下降，疫情形势明显缓解，卡塔尔世界杯盛大场面显示疫情危害减轻，复工复产势头增强。与此同时，受全球油气价格大幅攀升影响，一方面，中东地区经济增长整体向好，但通胀压力加大，另一方面，多数中东国家内外经济平衡得到进一步改善。

1. 经济增长整体强劲[②]

中东地区是全球油气供给的核心地带，受全球油气价格大幅上涨影响，

[①] Nikolay Kozhanov, "The Economic Backdrop of Iran's Protests," October 17, 2022, https://www.mei.edu/publications/economic-backdrop-irans-protests, accessed: 2022-12-08.

[②] 叙利亚数据来自 EIU, "Five-year Forecast: Syria," October 1, 2022, https://viewpoint-eiu-com-s.ra.cass.cn: 8118/analysis/geography/XN/SY/reports/five-year-forecast, accessed: 2022-12-19; 黎巴嫩数据来自 EIU, "Five-year Forecast: Lebanon," December 1, 2022, https://viewpoint-eiu-com-s.ra.cass.cn: 8118/analysis/geography/XN/LB/reports/five-year-forecast, accessed: 2022-12-19; 其他国家数据来自 IMF, "World Economic Outlook Database," October 2022, https://www.imf.org/en/Publications/WEO/weo-database/2022/October, accessed: 2022-11-17。

2022年中东地区经济增长整体表现强劲，该地区大多数国家经济增长率都要高于2021年。2022年，伊拉克（9.3%）、科威特（8.7%）、沙特阿拉伯（7.6%）、埃及（6.6%）、以色列（6.1%）和阿联酋（5.1%）等国的经济增长率均超过5%。不过，苏丹（-0.3%）、叙利亚（-0.9%）、黎巴嫩（-8.2%）和利比亚（-18.5%）经济仍出现不同程度下滑。因此，除少数国家外，绝大多数中东国家经济总量都已恢复至2019年新冠疫情发生前的水平。

2. 通胀压力显著增大[①]

受乌克兰危机导致全球能源和粮食价格上涨影响，2022年中东国家通胀压力显著增大，多数国家的通胀率要高于2021年。其中，黎巴嫩（161.0%）、苏丹（154.9%）、叙利亚（121.5%）等三国的通胀率超过100%，土耳其（73.1%）、也门（43.8%）和伊朗（40.0%）的通胀率也超过40%（含40%）。土耳其由于执行非常规的降息政策，成为中东地区通胀率上升最快的国家，通胀率从2021年的19.6%大幅上涨至73.1%。

3. 财政平衡大幅改善[②]

在财政收入方面，2022年，受益于经济活动的持续复苏和国际能源价格的大幅上涨，除黎巴嫩、叙利亚、苏丹外，其他中东国家财政收入占GDP比重均有上升，而油气资源国财政收入的改善要明显好于非产油国。

---

① 叙利亚数据来自EIU，"Five-year Forecast：Syria，" October 1, 2022, https：//viewpoint-eiu-com-s. ra. cass. cn：8118/analysis/geography/XN/SY/reports/five-year-forecast, accessed：2022-12-19；黎巴嫩数据来自EIU，"Five-year Forecast：Lebanon，" December 1, 2022, https：//viewpoint-eiu-com-s. ra. cass. cn：8118/analysis/geography/XN/LB/reports/five-year-forecast, accessed：2022-12-19；其他国家数据来自IMF，"World Economic Outlook Database，" October 2022, https：//www. imf. org/en/Publications/WEO/weo – database/2022/October, accessed：2022-11-17。

② 叙利亚数据来自EIU，"Five-year Forecast：Syria，" October 1, 2022, https：//viewpoint-eiu-com-s. ra. cass. cn：8118/analysis/geography/XN/SY/reports/five-year-forecast, accessed：2022-12-19；黎巴嫩数据来自EIU，"Five-year Forecast：Lebanon，" December 1, 2022, https：//viewpoint-eiu-com-s. ra. cass. cn：8118/analysis/geography/XN/LB/reports/five-year-forecast, accessed：2022-12-19；其他国家数据来自IMF，"World Economic Outlook Database，" October 2022, https：//www. imf. org/en/Publications/WEO/weo – database/2022/October, accessed：2022-11-17。

其中，财政收入改善明显的是伊拉克和利比亚，两国财政收入占 GDP 比重分别从 2021 年的 35.2% 和 60.0% 上升至 44.2% 和 68.2%。此外，卡塔尔、阿联酋、巴林等国财政收入的增加也十分明显。

在财政支出方面，2022 年，中东国家财政支出规模总体保持稳定，不过，受益于高油价带来的经济快速增长，科威特、阿曼、沙特阿拉伯、巴林和伊拉克等中东油气资源国财政支出占 GDP 比重均有较大幅度下降。阿尔及利亚、利比亚、叙利亚和也门等的财政支出占 GDP 比重同比却较 2021 年均有较大幅度增加，分别比 2021 年增加了 6.6 个百分点、3.7 个百分点、3.6 个百分点和 3.3 个百分点。

总体来看，2022 年，由于财政收入大幅增加和财政支出保持稳定，中东国家财政平衡状况继续得到改善。2022 年，中东地区财政收支实现盈余的国家由 2021 年的 4 个增至 8 个。尽管如此，仍有很多中东国家财政平衡压力依然严峻，2022 年，财政赤字率超过 3% 的中东国家共有 10 个，其中，阿尔及利亚（12.3%）、叙利亚（7.3%）、突尼斯（6.6%）、埃及（6.2%）、约旦（5.9%）和摩洛哥（5.3%）的财政赤字率都在 5% 以上。

4. 经济外部平衡显著改善①

在外部平衡方面，2022 年，受益于经济活动的重启和国际能源价格的大幅上涨，中东国家货物进出口贸易、经常项目账户余额和外汇储备规模均有大幅增长，外债总额虽略有增长，但增幅却创近年来新低。

在货物贸易方面，2022 年，中东国家货物进出口贸易总额出现 30.4% 的同比增幅，由 2020 年的 26418 亿美元升至 34444 亿美元。其中，货物出口贸易额由 2021 年的 14420 亿美元升至 19887 亿美元，同比增长 37.9%；货物进口贸易额从 2021 年的 11998 亿美元增至 14557 亿美元，同比增长 21.3%。由于货物出口远高于进口，2022 年，中东国家货物贸易平衡大幅改善，货物贸易盈余额由 2021 年的 2421 亿美元大幅增长至 5330 亿美元。

---

① EIU, "Data," https://viewpoint-eiu-com-s.ra.cass.cn: 8118/data/, accessed: 2022-12-19.

中东国家经常项目账户余额由 2021 年的 1499 亿美元大幅增至 4125 亿美元。中东国家外汇储备规模继续扩大。根据英国经济学人估测，2022 年，中东国家外汇储备规模增加了 394 亿美元，由 2021 年的 14147 亿美元增至 14541 亿美元，同比增长 2.8%。中东国家外债规模仅增长 138 亿美元，由 2021 年的 22287 亿美元增至 22425 亿美元，同比增幅仅为 0.6%，外债增长额和外债增幅均为近年来新低。不过，仍有一些中东国家外债规模出现大幅增长，其中，约旦外债总额同比增幅高达 10.2%，伊拉克（9.1%）、科威特（7.1%）、埃及（5.1%）等国外债规模的同比增幅也在 5% 以上。

（三）安全形势：地区局势持续缓和

2022 年，中东地区安全形势总体趋于缓和，主要冲突有所减弱，但一些矛盾和问题依然尖锐突出，地区安全联盟体系加速重组。

1. 主要冲突和热点问题呈现降温降级态势，地区紧张动荡局势持续缓和

一年来，叙利亚、也门、利比亚三场地区冲突均有所降温，基本未爆发重大战事。叙利亚僵局继续得以维持。叙政府、美国支持的库尔德地区、土耳其支持的反对派控制区三方基本维持现状，未爆发重大武装冲突。以色列、土耳其虽然不时对叙采取空袭行动，但未导致冲突重大升级。土耳其多次威胁发动地面行动，但未执行。也门停火取得积极进展。在联合国斡旋下，也门冲突各方达成停火协议，于 2022 年 4 月 2 日生效。同年 6 月和 8 月两次延长，也门出现战争爆发七年来的难得平静。也门政府还首次将胡塞武装称为"安萨尔-安拉"①，实际上是对该组织的含蓄承认。同时，也门政府进行重大重组。4 月 7 日，哈迪总统宣布辞职，由 8 人组成的总统委员会成立，为尽快就长期停火启动和谈，达成最终政治解决方案，创造了条件。利比亚冲突显著降级。一年来，虽然东部国民代表大会与民族团结政府之间依然矛盾尖锐，不时爆发冲突，但 2020 年 10 月的停火协议基本得到遵守。

---

① 胡塞武装官方名称为"安萨尔安拉"（Ansar Allah），意为"真主支持者"。因该组织前领导人和主要成员来自胡塞部族（Houthi），外界简称其为胡塞武装。

当前，利比亚处于"后内战阶段"，主要特点是政治冲突为主，武装冲突为辅。2 月，东部国民代表大会选举产生新政府，但民族团结政府总理德贝巴拒绝移交权力。原定于 6 月举行的总统选举被推迟到 2022 年底，后又被延期到 2023 年举行。8 月，双方在的黎波里发生严重武装冲突，但很快得以平息。此外，伊朗核问题谈判年内在维也纳举行多轮。在欧盟和卡塔尔斡旋下，美伊举行了间接谈判。虽然谈判陷入僵局，但各方均未关闭谈判大门。美伊间对抗有所降温，海湾地区安全形势出现好转。

2. 地区安全格局加速调整，各方围绕地区安全秩序博弈加剧

当前中东安全秩序正处于动荡变革期，在中东剧变、美国战略收缩、域内外大国地缘竞争加剧等背景下，中东安全格局发生急剧调整。一方面，域内外大国纷纷提出建立中东或海湾安全新架构，围绕地区秩序之争日趋激烈；美国以中俄伊三国为主要遏制和防范对象，以红海—海湾为重点，加紧构建新的地区安全架构。主要措施包括：将以色列由欧洲司令部防区调整到中央司令部防区，将卡塔尔升级为"非北约主要盟友"；重点加强海上通道安全保护，针对红海、海湾组建多国海上特混舰队，建设无人机舰队；建设"中东防空联盟"（MEAD），推动以色列与海湾阿拉伯国家开展防空合作；加强与地区盟友伙伴的军事安全合作，强调对地区盟友伙伴的安全承诺；推动欧盟、印度在中东安全事务上扮演更大角色，并加强合作，打造中东版四方安全机制（美国、以色列、印度和阿联酋）。

另一方面，地区新型安全与合作联盟不断涌现，小多边机制流行，如以印美阿的中东版四方机制（I2U2）、美国—以色列—阿拉伯国家的反伊朗联盟、内盖夫论坛、东地中海天然气论坛、阿斯塔纳机制、沙特—埃及—希腊—塞浦路斯合作机制、以土耳其和卡塔尔为核心的保守伊斯兰联盟、伊朗—叙利亚—真主党—胡塞武装的地区什叶派轴心、埃及—约旦—伊拉克三边机制、俄罗斯—叙利亚—伊朗三方机制。与此同时，中东与东非、南亚、中亚高加索、黑海、东地中海等域外安全机制联动加强。上海合作组织扩容，中东多国申请加入。印度和巴基斯坦加大与海湾安全合作力度。

3. 地区安全依然存在诸多挑战，中东安全赤字短期难以消除

第一，地区主要冲突和热点问题虽有所降温，但主要矛盾并未消除，冲突风险依然存在。围绕巴以问题、伊朗核问题的对抗十分尖锐，恐怖主义威胁比较严重，黎巴嫩和伊拉克政局动荡。2022 年是近年来巴以冲突最严重的一年。一年来，巴以流血冲突持续不断，暴力恐怖事件不断发生，几乎每日都有巴勒斯坦人在冲突中死亡。8 月 5~7 日，以色列为期 3 天的军事行动导致至少 44 名巴勒斯坦人死亡。① 伊朗核问题谈判未能取得突破，伊朗与美国、以色列、沙特的对抗继续，并不时爆发冲突。4 月，以色列袭击纳坦兹核设施，造成严重破坏。11 月，一艘以色列油轮在阿曼湾遭无人机袭击。美伊海军多次发生海上摩擦。第二，黎巴嫩、伊拉克、突尼斯、苏丹等国政局动荡。伊拉克各政治派别围绕新政府组建爆发严重流血冲突，土耳其和伊朗两国多次对伊拉克北部库尔德地区发动袭击。第三，恐怖主义威胁依然严峻。盘踞于叙利亚、伊拉克、也门和索马里的"伊斯兰国"、"基地"组织依然活跃，有借乱卷土重来之势。10~11 月，伊朗、土耳其接连遭受严重恐怖袭击。11 月 13 日，伊斯坦布尔发生五年来最大规模恐怖袭击事件，造成至少 6 人死亡、81 人受伤。土耳其随即在全国范围内开展反恐行动，并对活跃在伊拉克和叙利亚的库尔德武装发动军事打击行动。第四，乌克兰危机外溢至中东，引发地区粮食危机和能源危机，物价飞涨，加深中东非产油国本已严峻的经济社会危机，对政治和社会稳定构成重要挑战。第五，因气候变化引发的地区环境安全形势日益严峻，多国爆发严重沙尘暴和水资源危机。

（四）大国对中东政策：深度调整

乌克兰危机后，大国对中东的战略进行调整，纷纷在中东寻求支持，在能源安全、粮食供应、气候应对等方面拉拢中东国家靠近自己的立场。美国

---

① "Three-Day Conflict Between Israel and the Palestinian Islamic Jihad," mepc. org, August 2022, https：//mepc. org/commentary/three-day-conflict-between-israel-and-palestinian-islamic-jihad. accessed：2022-12-10.

总统拜登对前任特朗普时期的中东政策进行微调，但缺乏建设性投入的意愿和决心。拜登总统在就任近一年半以后才首次出访中东，这比特朗普总统就任不到半年就出访中东步伐明显落后，显示中东在美国全球战略中的地位和排序进一步下降。俄罗斯继续对中东地区多个热点问题保持关注，然而，由于和美欧的矛盾加剧，以及自身实力因素的限制，其中东政策步调放缓，但与一些中东国家的双边关系仍然有新进展。欧盟一些重要国家的领导人出现变更，他们对中东的政策处于调整阶段。

2022 年美国中东政策的一个重要行动是重返关于恢复履行伊朗核问题协议的谈判，但立场摇摆不定。重返伊朗核问题协议是拜登竞选总统的政治诺言。在 2021 年 4 月召开的《联合全面行动计划》联合委员会第 18 次会议上，美国宣布将就伊核问题重新开展与伊朗的直接接触，随即双方开始在维也纳展开谈判。然而，随着同年 6 月持强硬态度的莱希出任伊朗总统，伊核协议履约进程再度停顿。2021 年 11 月，伊核问题履约谈判在维也纳恢复。2022 年 2 月，美国解除了一部分对伊朗民用核技术的制裁，但在紧随而来的乌克兰危机的冲击下，拜登政府与伊朗谈判的立场再度动摇。在巴以问题上，拜登政府重提"两国方案"，多次在外交场合上表示将支持通过"两国方案"解决巴以冲突，开始重新与巴勒斯坦民族权力机构接触，但总体上仍然袒护以色列。2022 年 5 月，巴以再次在加沙约旦河西岸地区发生流血冲突，美国政府仍然没有采取任何约束以色列的政策。7 月，在拜登总统首次中东外交之行中，拜登虽然也前往约旦河西岸与巴勒斯坦领导人会晤，但明显忽视巴勒斯坦方面的诉求。拜登还要求沙特阿拉伯在能源问题上配合美西方对俄罗斯的制裁，但吃了闭门羹，显示美国在中东问题上的影响力减弱。

俄罗斯在保持与多方接触的前提下稳定拓展其在中东的影响力。一年来，俄罗斯与土耳其、沙特阿拉伯、伊朗、以色列等国家的双边关系都有了新的进展。俄罗斯与沙特阿拉伯在 2021 年 8 月签署了一项"旨在发展两国联合军事合作"的军事协议，两国在军售和能源问题上的合作获得新进展。俄罗斯与土耳其在叙土边界地区的安全合作继续进行。俄罗斯与伊朗的关系也获得重要进展。2022 年 1 月 19 日，伊朗总统莱希历史性地访问了莫斯科，双方达成一项"20 年合作协议"。① 双方宣布将伊朗与欧亚经济联盟的自贸协定延期至 2025 年，这意味着俄伊两国的合作开始向长期战略性方向发展。2022 年 7 月美国拜登总统访问中东之后，俄罗斯普京总统立即访问伊朗并举办俄罗斯—伊朗—土耳其领导人峰会，直接回击美国的大国竞争和中东战略调整。在与埃及的交往中，俄罗斯与埃及的关系延续了长期以来以军事合作为重的特点，两国在 2021 年 12 月按惯例举行一年一度的联合海上军演。2022 年 7 月，俄罗斯外长拉夫罗夫出访埃及，双方就双边关系及乌克兰危机问题交换了意见。然而，在面对埃及多次邀请俄罗斯参与调解埃及与埃塞俄比亚之间关于复兴大坝项目的冲突时，俄罗斯在包括联合国在内的多个场合保持了中立，表明俄罗斯不愿过度介入一些中东国家之间的冲突。

欧盟多边外交及欧盟主要国家与一些中东国家的双边关系都获得新的进展。在欧盟多边外交领域，2 月 17~18 日，在布鲁塞尔举行了非盟—欧盟峰会，北非几个阿拉伯国家的首脑参加了会议，公布了《第六届欧盟—非盟峰会：2030 联合愿景》成果文件，出台了价值 1500 亿欧元的非盟和欧盟投资一揽子计划。欧盟重点关注北非局势的稳定和经济发展，对突尼斯、摩洛哥、阿尔及利亚这几个阿拉伯国家的政治稳定与经济可持续发展尤其关注。5 月 9~10 日，欧盟主办了关于"支持叙利亚及该地区的未来"第六届布鲁塞尔会议，欧盟承诺在 2022 年提供总计 15 亿欧元的资金，援助叙利亚人及帮助邻国安置叙利亚难民，② 显示在叙利亚问题上，欧盟希望通过经济手段发挥重要作用。5 月 18 日，欧盟官方宣布与海湾国家建立战略伙伴关系，旨在扩大和深化与海合会成员国之间的关系，显然，这是欧盟在乌克兰危机后，首先想到向海湾产油国寻求替代能源供应。

在欧盟主要国家与中东国家双边关系领域，法国持续加大对中东的关

---

① 《伊朗总统到访俄罗斯 与普京举行会谈》，中新网，2022 年 1 月 20 日，https://www.chinanews.com.cn/gj/2022/01-20/9656797.shtml，最后访问时间：2022 年 11 月 20 日。

② 《欧盟承诺今年向叙利亚提供 15 亿欧元人道主义援助》，2022 年 5 月 11 日，https://new.qq.com/rain/a/20220511A067UN00，最后访问时间：2022 年 5 月 12 日。

注。马克龙自担任法国总统（2022 年连任）以来，法国通过参与伊核问题、利比亚问题、黎巴嫩灾后重建等地区问题，快速增强其在中东的大国影响力。马克龙总统自 2021 年 5 月至 2022 年 10 月，先后出访黎巴嫩、沙特阿拉伯、阿联酋、伊拉克、阿尔及利亚等中东国家，与这些国家就经济、能源、安全等领域进行对话，显示法国愿意加大参与中东问题的意愿。2021 年 12 月，默克尔正式卸任德国总理，朔尔茨接任。朔尔茨时代的德国中东外交，继续延续默克尔时期的特点，注重在国际治理、难民、安全、能源、卫生甚至气候等领域与中东国家展开对话。2022 年 9 月 24 日，德国总理朔尔茨抵达沙特阿拉伯，开启对沙特、阿联酋和卡塔尔三国为期两天的访问。朔尔茨试图与中东三国在化石能源供应方面达成合作，并尝试在外交层面拉拢中东国家对抗俄罗斯，但实质性成果有限。

（五）中东国家间关系：呈现缓和潮

中东地区国家间关系出现缓和趋势，从尖锐的阵营对垒逐渐走向缓和，展现出近十年较为明显的和解姿态：土耳其领导的穆兄会阵营与沙特、埃及、阿联酋、以色列等反穆兄会阵营之间的缓和；以色列与阿联酋、巴林、摩洛哥、苏丹等阿拉伯国家的和解进程加速；沙特等逊尼派联盟与伊朗领导的什叶派集团之间的冲突更加可控。乌克兰危机以来，中东国家对美国领导的西方阵营的不信任感加剧，降低了对美国的安全依赖意愿，客观上也加速了地区主要国家间的关系缓和。具体表现如下。

一是土耳其与阿联酋、沙特、埃及、以色列的关系全面恢复。2022 年 2 月，土总统埃尔多安出访阿联酋，这是近十年来土总统首次访阿。4 月，埃尔多安五年来首次访问沙特，因 2018 年卡舒吉事件受损的两国关系得以修复，"开启两国关系新时代大门"。① 同时，土决定将卡舒吉案移交沙方。6 月，沙特王储穆罕默德访土耳其。中断多年的土耳其与以色列关系全面恢

---

① "Erdogan Visits Saudi Arabia to Start New Era in Ties," Apr. 28, 2022, https：//www.trtworld.com/turkey/erdogan－visits－saudi－arabia－to－start－new－era－in－ties－56718.accessed：2022－12－10.

复，15年来两国元首首次实现会晤。2022年3月，以色列总统赫尔佐格访问土耳其。6月，土外长访以。8月，两国宣布恢复外交关系，年内实现了互派大使。9月，埃尔多安与以总理拉皮德在纽约会晤。两国能否恢复20世纪90年代的准军事联盟关系值得关注。土与埃及关系也有所改善。11月世界杯期间，埃尔多安与埃总统塞西实现会晤，双方同意启动和解进程。土政府对境内的埃及穆斯林兄弟会成员采取了限制活动措施，双方在利比亚的对抗也有所降级。此外，在俄罗斯斡旋下，土耳其与叙利亚关系出现松动迹象。11月底，埃尔多安总统表示有可能与叙总统会晤并恢复双边关系。

二是以色列与阿拉伯建交国继续保持关系改善势头，高层往来频繁，并不断扩大经济、科技、军事和安全合作。年内，以色列总统对阿联酋、巴林进行历史上首次访问。6月，以总理贝内特访问阿联酋。据悉，以色列向阿联酋和巴林提供了雷达防空系统。以色列向埃及—沙特红海岛屿归还协议开绿灯，沙特则向以色列民航开放领空。旨在推动以色列与阿拉伯建交国开展合作的"内盖夫论坛"正式成立。3月，以色列首次作为东道主邀请美国和4个阿拉伯国家举行外长级会晤。六方决定成立"内盖夫论坛"。6月27日，六国高级外交官在巴林首都麦纳麦举行了该论坛的指导委员会成立大会。9月，以色列内阁批准成立"内盖夫论坛"区域合作机制，以推动以色列与阿拉伯国家合作。论坛下设粮食安全和水、能源、旅游、健康、教育和包容、区域安全6个多边工作组。

三是海湾阿拉伯国家继续和解势头。2022年卡塔尔举行世界杯期间，阿联酋总统和沙特王储齐赴卡塔尔出席世界杯开幕式，增强海合会团结。这显示海合会已彻底结束了"断交危机"的负面影响，其功能和机制初步恢复。

四是伊朗与海湾国家关系有所改善。在伊拉克斡旋下，近年来关系不断恶化的伊朗与沙特自2021年4月开始走向对话。2022年4月，双方代表在巴格达举行了第五轮对话。此外，科威特、阿联酋于2022年先后同伊朗恢复大使级外交关系。

与此同时，叙利亚与阿拉伯国家的关系出现新进展。3月18日，叙总统巴沙尔访问阿联酋。这是自 2011 年叙利亚发生危机以来，他首次出访阿拉伯国家。一些阿拉伯国家陆续同叙利亚恢复外交关系，预示着叙利亚危机有望实现新突破和"软着陆"。

然而，中东地区大国间的敌对紧张并未根本解决，只是从对抗转向竞合，其中，以色列和伊朗仍剑拔弩张，以色列还积极游说美国，拉拢沙特等国，谋求建立反伊军事集团。同时，海湾安全危机尽管趋于缓和，但安全困境还没有彻底摆脱。

二 中东地区热点：新亮点和新变化

2022 年中东地区的热点出现许多新变化。一方面，新亮点不断出现，世界气候大会、中阿峰会和中海峰会、世界博览会、足球世界杯举办，对该地区发展产生深远影响；另一方面，传统的热点问题盘根错节，裹足不前，深刻反映了中东变乱交织的复杂性。

（一）中阿峰会：引领中阿关系进入新时代

2022 年 12 月 7~9 日，中国国家主席习近平应萨勒曼国王邀请对沙特进行国事访问，其间分别举行了中沙、中国—海合会、中国—阿拉伯国家三场峰会。三环峰会是党的二十大后中国政府采取的一场重大外交行动，全面深化了中沙全面战略伙伴关系、中海战略伙伴关系、中阿命运共同体建设，开启了中沙、中海、中阿关系的"新时代"。

习近平主席出访沙特以及举办三环峰会取得重大外交成果。一是中沙全面战略伙伴关系得以全面深化。两国元首都强调将对方置于本国外交的优先方向。双方签署了《中沙全面战略伙伴关系协议》，决定每两年在两国轮流举行一次元首会晤，将中沙高级别联合委员会牵头人级别提升至总理级，"一带一路"倡议与"2030 愿景"对接，签署了 20 项政府间合作协议，覆盖共建"一带一路"、能源、投资、司法、教育、新闻等领域。二是中海战略伙伴关系得以建立。中海双方领导人同意加强中海战略伙伴关系，并推动这一战略伙伴关系进入新时代。峰会颁布了《中海战略对话2023年至2027年行动计划》，就未来5年中海在政治、经贸、能源、文化和旅游、教育、科技等领域合作进行规划。习近平主席在峰会上从团结、发展、安全、文明四个方面精辟阐释了如何建立中海战略伙伴关系，提出未来3~5年中海可在五大重点领域（能源、金融投资、创新科技、航天太空、语言文化）开展深入合作。三是为中阿命运共同体建设规划蓝图，明确方向。习近平主席在峰会上深刻阐述了中阿命运共同体的深刻内涵、实施路径，发布了中阿合作"八大共同行动"，涵盖支持发展、粮食安全、卫生健康、绿色创新、能源安全、文明对话、青年成才、安全稳定诸多领域。峰会发表《利雅得宣言》，一致同意全力构建面向新时代的中阿命运共同体。峰会制定了《中阿全面合作规划纲要》和《深化面向和平与发展的中阿战略伙伴关系文件》两个重要文件。此外，中阿在共建"一带一路"、能源、粮食、投资、绿色、安全、航天等领域签署了多项合作文件。

习近平主席出访沙特以及三环峰会的举办，是新中国成立以来中国面向阿拉伯世界规模最大、规格最高的外交行动，将成为中阿关系发展史上具有划时代意义的里程碑。必须指出的是，中阿战略合作不针对第三方。中阿峰会是国际格局飞速变化的新形势下中阿为加强团结协作，协同推进两大民族复兴，共同维护和促进世界和平发展而采取的战略性行动，为新时代共建中阿命运共同体擘画了蓝图，对未来一段时期的中沙、中海和中阿关系发展"发挥战略引领作用"。中阿为世人呈现的友谊、团结、协作，树立了南南合作的典范，为处于不确定的世界提供了强大的稳定性，为动荡的世界和平与发展注入了正能量，具有世界性意义。

（二）气候变化：国际合作迎来"中东时间"

气候变化问题已经成为全球面临的共同挑战，任何一国都无法置身事外、独善其身。在气候变化国际合作问题上，拥有丰富油气资源的中东国家并不想成为旁观者，而是希望成为积极参与者。2022年11月6~20日，《联合国气候变化框架公约》第二十七次缔约方大会（COP27）在埃及的沙姆

沙伊赫召开。2023 年，《联合国气候变化框架公约》第二十八次缔约方大会
（COP28）将会在阿联酋阿布扎比召开，接连两次联合国气候变化大会在中
东地区召开，凸显了中东国家对气候变化问题的高度重视，气候变化国际合
作也迎来了"中东时间"。

1. 气候变化问题对中东地区的影响

中东地区气候炎热干旱，生态系统极为脆弱，是受全球气候变化问题影
响最大的地区之一。受全球气候变暖影响，中东地区年平均气温持续上升，
严重干旱和其他极端天气出现的频率显著增加，中东国家水资源紧张和土地
荒漠化问题变得更为严峻，中东很多国家的粮食安全问题也变得更为突出。

根据世界银行的资料，受全球气候变化影响，中东国家的人均耕地面积
从 2010 年的 0.135 公顷降至 2020 年的 0.116 公顷。中东国家人均可再生淡
水资源量由 2012 年的 573 立方米降至 2018 年的 513 立方米。而在粮食生产
方面，受气候变化导致农业生产条件恶化影响，2015~2020 年，摩洛哥、约
旦、阿联酋、伊朗、以色列、巴林等国农作物生产指数均出现不同程度的下
滑，埃及、黎巴嫩等国增幅也不足 1%。[①]

气候变化问题带来了一系列日益严重的环境问题，包括水资源紧张、土
地荒漠化以及粮食安全问题突出等。举国家之力、地区之力应对气候变化问
题，也成为中东地区国家的普遍共识。

2. 中东国家参与气候变化国际合作的行动

中东地区拥有十分丰富的石油、天然气资源，是全球油气供给的核心地
带。由于碳化氢资源极为丰富，中东主要油气资源国也成为全球人均碳排放
水平最高的国家，2020 年，卡塔尔人均碳排放水平高达 37 吨/年，居全球
首位。除卡塔尔外，科威特、巴林、沙特阿拉伯等三个国家的人均碳排放水
平也排在全球前 5 位，2020 年分别高达 21 吨/年、21 吨/年和 18 吨/年。此
外，阿联酋的人均碳排放量也达到了 15 吨/年，位列全球第八，人均碳排放

---

① World Bank，"WDI Database，" September 16，2022，https：//databank.worldbank.org/source/world-development-indicators#，accessed：2022-12-4.

水平与澳大利亚相当，略高于美国和加拿大。① 然而，尽管拥有丰富的油气资源，但中东国家却不想被看作是温室气体排放的贡献者，而是希望成为全球气候治理的重要参与者。

中东国家高度重视气候变化问题，绝大多数中东国家都是《联合国气候变化框架公约》的缔约国。根据 2015 年 12 月联合国气候峰会通过的《巴黎协定》，各缔约国需要制定并提交"国家自主贡献"（Nationally Determined Contributions），截至 2021 年 4 月，已有 16 个中东国家提交了"国家自主贡献"文件。② 2021 年 11 月，英国格拉斯哥《联合国气候变化框架公约》第二十六次缔约方大会（COP26）召开前夕，很多中东国家进一步明确了本国的碳减排承诺，例如，阿联酋、以色列等国宣布在 2050 年前实现"碳中和"，土耳其宣布在 2053 年前实现"碳中和"，沙特阿拉伯、阿曼、巴林等国宣布在 2060 年前实现"碳中和"。

2022 年，全球气候变化合作迎来"中东时间"。4 月，首届中东北非气候周（MENA Climate Week 2022）在阿联酋迪拜成功举行。这次会议也成为中东北非地区首次举行的气候周活动。由于 COP27 和 COP28 分别在埃及沙姆沙伊赫和阿联酋阿布扎比举行，该活动的举办具有重要意义，既是 COP26 的延续，又为未来两届会议提前预热、注入新的活力。③

11 月 6~18 日，COP27 在埃及的召开，标志着气候变化问题的国际合作正式进入"中东时刻"，大会就《联合国气候变化框架公约》及《京都议定书》、《巴黎协定》的落实和治理事项通过了数十项决议，其中，建立损失与损害基金成为一大亮点。④ 在这次大会上，中东国家更为重视区域内的

---

① EIU，"Middle East Is Highly Exposed to Climate Change，" November 18，2021，https：// viewpoint-eiu-com-s. ra. cass. cn：8118/analysis/article/321601215，accessed：2022-12-17.

② 吴磊、赵跃晨：《碳中和目标下中国与中东国家的能源合作》，《西亚非洲》2022 年第 6 期，第 58 页。

③ 《应对全球气候变化进入中东北非时间》，中国经济网，2022 年 4 月 13 日，http：// intl. ce. cn/qqss/202204/13/t20220413_ 37486585. shtml，最后访问时间：2022 年 12 月 18 日。

④ 《联合国气候变化大会建立损失与损害基金》，新华网，2022 年 11 月 20 日，http：// www. news. cn/tech/2022-11/20/c_ 1129143785. htm，最后访问时间：2022 年 12 月 18 日。

双边和多边合作，达成一系列重要协议。由沙特和埃及共同主持的第二届"绿色中东"倡议峰会在 COP27 期间举行，"绿色中东"倡议支持中东国家区域性合作，减少区域内碳排放 6.7 亿吨。该倡议还计划种植 500 亿棵树，修复 2 亿公顷退化土地。阿联酋、约旦和以色列政府签署了关于推进"繁荣计划"的谅解备忘录，包含涉及清洁能源投资的"繁荣绿色"项目，三国将在约旦建造 600 兆瓦装机容量的光伏电站，并配有电力存储设施，用于生产清洁能源并出口到以色列。此外，阿联酋与埃及在大会期间签署了新能源合作协议，将在埃及建设装机容量为 10 吉瓦的陆上风电场，该项目是全球最大的风电场之一。阿曼同沙特签署了备忘录，将进一步深化两国在可再生能源、电力、提高能效及减碳技术等方面的合作。[①]

（三）伊核问题：履约谈判功亏一篑

纵观中东诸多热点问题，伊朗核问题仍然具有全局性影响。围绕着伊朗核问题的履约谈判，大国和地区国家继续博弈，经过多轮谈判，但终究没有实现突破，并且成为近年来影响中东地区局势发展的最大不确定因素。

2021 年 4 月起，伊朗核问题多边协议签署相关方在奥地利首都维也纳举行会谈，讨论由于美国单方面退出近 3 年后的恢复履约问题，美国间接参与谈判。此轮会谈受 2021 年 6 月伊朗大选等因素影响而中断。2021 年 11 月 29 日，新一轮伊朗核问题履约谈判在奥地利首都维也纳重启。此后的谈判进程一波三折，一度相当乐观，但最终功亏一篑。

2022 年 3 月 26 日，作为伊核问题谈判牵头人的欧盟外交与安全政策高级代表博雷利表示，伊朗核问题全面协议相关方已"非常接近"达成一致。5 月 3 日，伊朗外交部长阿卜杜拉希扬在接受媒体采访时说，伊朗与美国正在通过交换书面信息的方式进行有关恢复履行伊核协议的谈判。阿卜杜拉希扬说，伊朗正通过欧盟代表与美国交换书面信息，以取消针对伊朗的单方面

---

① 董宜：《全球应对气变合作、迎来"中东时间"》，《中国石油报》2022 年 11 月 22 日，第 8 版。

制裁。伊朗的谈判目标是达成一项强有力和持久的协议。一旦谈判接近达成协议，伊朗谈判代表将会对协议进行最后修改。5月9日，伊朗外交部发言人哈提卜扎德表示，欧盟协调员、欧盟对外行动署副秘书长莫拉即将对伊朗进行访问，此访将使伊朗核问题全面协议相关方谈判朝正确的方向迈进。但好景不长，7月以后，美国国内反对与伊朗达成协议的呼声上涨，并单方面推出对伊朗的新制裁。7月16日，在美国总统拜登结束中东行之际，伊朗外交部发布声明，谴责美国官员和个人对恐怖组织提供政治和宣传上的支持，并将美国前国务卿蓬佩奥、美国共和党人鲁迪·朱利安尼、前白宫国家安全顾问博尔顿等61人列入制裁清单。伊核问题谈判再次陷入持久僵局。

回顾2022年伊核问题谈判过程，乌克兰危机的不确定前景和以色列在相关谈判国家之间的挑拨离间，已经成为影响核谈前景的重要外部因素。乌克兰危机爆发后，美国在伊核问题履约谈判中节外生枝，一方面要求把限制俄罗斯与伊朗的核合作纳入新的谈判协议，另一方面拒绝把伊朗革命卫队从支恐名单中删除，而这样做明显受到以色列的影响。以色列一直把打击伊朗革命卫队在中东特别是在叙利亚的影响作为其安全利益的重要关切。2022年6月3日，以色列总理贝内特在耶路撒冷会见了来访的国际原子能机构总干事格罗西，贝内特强调，"以色列虽然倾向于通过外交手段阻止伊朗发展核武器，但是如果国际社会的外交努力未能成功，以色列保留单独对伊朗采取行动的权利"。[1] 国际原子能机构总干事访问以色列，引起伊朗的强烈抗议和指责。此后，伊朗国内对国际原子能机构的不信任明显上升，也影响了伊朗对达成新的伊核协议的立场。

伊核问题履约谈判目前存在的主要问题和障碍如下。首先，美国和伊朗的谈判战略目标仍然存在差距，美国要求在协议内容中加入限制伊朗导弹技术发展的内容，并限制伊朗与俄罗斯的核合作，而伊朗认为美国的要求纯属无理。伊朗国内强硬势力也不时释放对美国的不信任态度。伊朗最

---

[1] Caitlin Welsh, "The Impact of Russia's Invasion of Ukraine in the Middle East and North Africa," Center for Strategic and International Studies, May 18, 2022, https：//www.csis.org/analysis/impact-russias-invasion-ukraine-middle-east-and-north-africa, accessed：2022-06-05.

高领袖哈梅内伊 2022 年 11 月 26 日在德黑兰谈及伊朗核问题全面协议恢复履约谈判时说，美国在谈判中拒绝解除对伊朗的制裁，美国及其欧洲盟友试图寻求与伊朗达成的潜在协议旨在剥夺伊朗的"防御性军事力量"。他还表示，西方国家近期向伊朗施压的目的是让伊朗在谈判中妥协。[①] 其次，国际原子能机构对伊朗的核查机制及核查范围难以为伊朗接受，伊朗认为不能接受损害伊朗主权及与核活动无关的检查。再次，取消对伊朗的各种制裁问题，伊朗认为美国与欧盟国家应该首先取消对伊朗已实施的制裁，而后二者认为伊朗应首先停止核浓缩铀活动。最后，还有一个关键问题是，伊朗要求美国政府担保不能再次退出新的伊核问题协议，显然，对美国而言难以做到。不难看出，美国的态度依然是能否达成新协议的关键，而眼下拜登政府难下决心达成新的协议，伊核问题履约谈判的长期化倾向更加明显。

（四）恐怖主义威胁：回升势头明显

2019 年，恐怖组织"伊斯兰国"在国际反恐联军的打击下覆灭，中东地区的恐怖主义威胁显著下降。然而，中东地区的恐怖主义威胁在 2022 年明显回升，其原因主要包括以下三个方面。一是中东恐怖主义问题的深层次社会根源并未解决。在中东恐怖主义活动最为猖獗的伊拉克和叙利亚，两国的中央政府治理能力有限，国内社会经济矛盾突出，国家安全形势脆弱，这为"伊斯兰国"和"基地"组织招募人员、筹措资金、发动恐袭提供了机会。二是恐怖组织主动求变并实现生存发展。中东地区的恐怖组织通过化整为零，不断发动消耗战和游击战；利用新冠疫情等兜售"圣战"理念，吸引民众加入；保持融资渠道，确保资金支持等，实现了组织的生存和发展。[②] 三是国际形势变化助推了中东恐怖主义威胁。近年，美国将大国竞争

---

① 《伊朗最高领袖：谈判不能解决伊朗与美国间的问题》，https：//www.chinanews.com/gj/2022/11-27/9903275.shtml，最后访问时间：2022 年 11 月 30 日。

② 范娟荣、李伟：《当前国际恐怖主义与反恐态势分析》，《中国人民公安大学学报（社会科学版）》2021 年第 2 期，第 1 页。

作为其全球战略的优先事务，对于打击中东地区的恐怖主义不愿投入过多资源和精力。此外，受新冠疫情、乌克兰危机等全球性议题的影响，反恐事务在中东国家的地位也进一步下降。国际反恐意愿和能力的下降，推高了中东地区的恐怖主义的威胁。

整体来看，当前中东地区的恐怖主义问题展现出三个特点。第一，"伊斯兰国"组织在中东变得相对活跃，但与其鼎盛时期不可同日而语。在"伊斯兰国"的发源地伊拉克和叙利亚，"伊斯兰国"明显在积聚力量。2022年1月，该组织100多名武装分子在高级指挥官阿布·麦克达德·伊拉克（Abu Miqdad al-iraq）指挥下，袭击叙利亚东北部的哈塞克监狱，杀死140多名叙利亚民主军的战士，救出至少几十名被关押的恐怖分子，包括数名经验丰富的指挥官。这也是该组织近三年最大规模的军事行动，他们最终逃往伊拉克和叙利亚边界附近的巴古斯北部和布萨拉东部的沙漠地带，这里是"伊斯兰国"的新据点，他们在那里收税、招募和训练。① 仅在2022年10月的上半月，"伊斯兰国"就在叙利亚东北部发动了至少5次恐怖袭击。在伊拉克，"伊斯兰国"主要在辛贾尔、尼尼微、基尔库克、萨拉赫丁、迪亚拉、巴格达沿线活动，虽行动比较活跃，但规模和影响并不大。此外，"伊斯兰国"其他分支在中东地区的活动也变得活跃。2022年5月7日和11日，埃及西奈半岛先后发生两次恐怖袭击事件，共造成2名军官和16名士兵死亡，"伊斯兰国西奈分支"声称对袭击负责，袭击发生在临近苏伊士运河东部的边缘地带，是近三年埃及发生的最严重的恐怖袭击事件。10月26日，"伊斯兰国呼罗珊分支"恐怖分子在伊朗设拉子的一个什叶派圣地发动恐怖袭击，造成15人死亡。这也是继2017年、2018年后，"伊斯兰国"在伊朗发动的第三次恐怖袭击。然而，"伊斯兰国"目前在中东的活跃度不应过分夸大，其规模、声势和破坏力与2019年被击败之前无法相提并论。

---

① Mohammed Hassan, Samer al-Ahmed, "A Closer Look at the ISIS Attack on Syria's al-Sina Prison," February 14, 2022, https://www.mei.edu/publications/closer-look-isis-attack-syrias-al-sina-prison, accessed：2022-12-08.

第二，中东地区的恐怖组织呈现出继续向去中心化和本地化转型的特点，其长期威胁变得更加复杂。2022 年 2 月，美军在叙利亚西北部击杀了"伊斯兰国"第二任"哈里发"阿布·易卜拉欣·哈希米·古莱什；7 月，美军在阿富汗击杀"基地"组织头目扎瓦赫里；10 月，"伊斯兰国"最高领导人阿布·哈桑·哈希米·古莱什在叙利亚德拉省遭美军击毙。这些行动虽然打击了中东恐怖主义的网络和士气，但对其活动的实质影响不大，因为"伊斯兰国"和"基地"已经变得越来越去中心化，而不是之前那种严格协调的组织。中东地区的这两大恐怖组织越来越表现出碎片化特征，各分支具有共同的意识形态和整体愿景，但各自行动则高度自主化。此外，中东地区的恐怖组织分支，如"基地组织半岛分支"、沙姆解放组织（HTS）等越来越追求地方事务。① 他们积极参与地方治理，与非意识形态的地方行为体结盟，甚至发展与中央政府的关系，并已经开始收到回报，一些恐怖组织在当地获得了一定程度的认可和声誉，并获得了更大的地方支持。中东地区的恐怖组织越来越关注地方事务，甚至融入地方社会和政治治理，这将使恐怖组织的生存能力更强，其潜在威胁也会变得更大。

第三，中东恐怖主义发展也反映出一些国际格局的变化，笼罩了更多大国竞争的色彩。美国为了开展大国竞争，积极推动中东地区恐怖组织实现政治转型，最为典型的就是推动叙利亚西北部的沙姆解放组织这一恐怖组织转型为政治组织。② 在美国的推动下，沙姆解放组织积极加速"去基地化"和本土化的形象塑造，利用俄罗斯与土耳其之间的分歧加速转型，淡化激进意识形态以巩固地方权力。美国背后的盘算是，通过"洗白"沙姆解放组织的恐怖组织身份，方便美国未来为其提供更多支持，从而更好地利用该组织对抗叙利亚政府军及其背后的俄罗斯，为美国的全球大国竞争战略服务。

---

① Charles Lister, "More Than Two Decades on from 9/11, the Threat Posed by Jihadist Terrorism Is Greater Than Ever," September 9, 2022, https：//www.mei.edu/publications/more-two-decades-911-threat-posed-jihadist-terrorism-greater-ever, accessed：2022-12-09.

② Aaron Y. Zelin, *The Age of Political Jihadism：A Study of Hayat Tahrir al-Sham*, Washington, DC.：The Washington Institute for Near East Policy, 2022, p.69.

三 2023年中东形势展望

当前，百年变局、新冠疫情和地区冲突交织叠加，世界进入新的动荡变革期，大国战略竞争日趋激烈，不稳定性和不确定性显著上升。美国、俄罗斯、欧洲等域外力量加快对中东战略调整的步伐，推升了中东地区的大国竞争激烈程度。中东国家战略自主性增强，并加大了对地区问题乃至国际事务的参与度，正在改变中东地区的面貌，成为重塑中东秩序的重要"地区力量"。① 但是，中东地区正处于转型期和秩序重构期，中东地区局势变化和中东国家发展走向仍具有不确定性。

第一，从政治发展态势看，中东多数国家面临严重的治理赤字问题，民众要求变革的呼声很高，政治稳定面临挑战，存在着新一轮政治动荡的风险。自中东剧变以来，该地区深陷"剧变长波"之中，多数国家面临着越来越严重的社会经济问题，包括贫困、不平等、腐败、气候变化和经济转型压力，民众对于国家经济治理状况的失望在增加，对政府和制度化的政治参与渠道的信任在下降，这尤其反映在广大青年当中。面对此起彼伏的民众抗议，中东国家的政府努力提高国家治理能力，积极回应民众的变革诉求，包括制定并推行中长期发展战略，进行渐进式的政治改革，提高政府的公共服务能力等。然而，系统性的国家改革很难一蹴而就，还面临着内外部因素的掣肘和制约，如何处理好改革、发展和稳定之间的关系，提高国家治理能力和治理体系的现代化水平，仍然是中东国家需要解决的重要问题，且难以在短期内达到目标，因此，在民生问题恶化及外部干预等背景下，民众抗议活动很可能再掀波澜，势必影响政局变动和社会稳定。

第二，从经济发展趋势看，受全球能源价格回落及美欧加息带来的外部经济冲击影响，中东国家经济增速将整体下滑。其中，主要油气生产国科威

---

① 王林聪：《中东国家发展规划与中东地区发展前景》，王林聪主编、刘冬副主编《中东发展报告 No. 24（2021～2022）：中东国家的发展规划及其前景》，社会科学文献出版社，2022，第22页。

特、伊拉克、沙特阿拉伯等经济增长率将明显下滑。在通胀方面，中东国家通胀率将继续回落，其中，苏丹、叙利亚、黎巴嫩、也门、土耳其等高通胀国家的通胀率下降会十分明显。[①] 与此同时，在经济内部平衡方面，中东国家财政收支将总体保持稳定，但受国际能源价格回落影响，中东油气资源国财政盈余率将较 2022 年有所下降，而中东地区财政赤字率较高的国家财政平衡压力依然严峻。[②] 在经济外部平衡方面，受国际能源价格回落影响，中东国家货物进出口贸易略有收缩，贸易额将同比下降 0.6%，其中，货物出口贸易额会同比下降 4.3%，但货物进口贸易额仍会实现 4.4% 的同比增长。受其影响，中东国家货物贸易顺差和经常项目账户顺差将会分别缩小至 3840 亿美元和 2292 亿美元。尽管如此，中东国家外汇储备规模仍将会进一步增至 15056 亿美元，但外债规模也将会扩大至 22789 亿美元。[③]

第三，从中东热点问题的演变趋势看，地区局势和热点问题走向存在不确定性。中东地区安全形势和国家间关系预计将继续保持缓和势头，但是地区安全脆弱性问题并未根本好转，外部干预问题依然严重。一方面，叙利亚、也门和利比亚三大地区热点可能进一步降温，间歇性对话与停火继续。随着土耳其与埃及、阿联酋关系改善，利比亚爆发大规模冲突的可能性显著下降，如国际调停加大，2023 年有望举行总统选举。叙利亚与土耳其关系

---

① 叙利亚数据来自 EIU，"Five-year Forecast: Syria," October 1, 2022, https://viewpoint-eiu-com-s.ra.cass.cn:8118/analysis/geography/XN/SY/reports/five-year-forecast, accessed: 2022-12-19；黎巴嫩数据来自 EIU，"Five-year Forecast: Lebanon," December 1, 2022, https://viewpoint-eiu-com-s.ra.cass.cn:8118/analysis/geography/XN/LB/reports/five-year-forecast, accessed: 2022-12-19；其他国家数据来自 IMF，"World Economic Outlook Database," October 2022, https://www.imf.org/en/Publications/WEO/weo-database/2022/October, accessed: 2022-11-17。

② 叙利亚数据来自 EIU，"Five-year Forecast: Syria," October 1, 2022, https://viewpoint-eiu-com-s.ra.cass.cn:8118/analysis/geography/XN/SY/reports/five-year-forecast, accessed: 2022-12-19；黎巴嫩数据来自 EIU，"Five-year Forecast: Lebanon," December 1, 2022, https://viewpoint-eiu-com-s.ra.cass.cn:8118/analysis/geography/XN/LB/reports/five-year-forecast, accessed: 2022-12-19；其他国家数据来自 IMF，"World Economic Outlook Database," October 2022, https://www.imf.org/en/Publications/WEO/weo-database/2022/October, accessed: 2022-11-17。

③ EIU，"Data," https://viewpoint-eiu-com-s.ra.cass.cn:8118/data/, accessed: 2022-12-19.

有望取得积极进展，土叙俄三方可能在库尔德问题上达成协议，叙库尔德人生存空间面临挤压。也门停火预计仍将时断时续，政治和解出现突破性进展可能性不大。另一方面，中东地区局势依然存在局部低烈度冲突和爆发大规模冲突的风险。土耳其、伊朗和以色列三个非阿拉伯国家的内政外交变化可能对地区局势造成重大影响。

第一，巴以冲突可能升级。鉴于以色列政治日益右翼，美国政府对巴以和平干预力度减弱，阿拉伯世界对以色列态度日益分化，巴以冲突已到了一个新的爆发临界点。2022年巴以冲突频度、烈度显著增大，这一趋势在2023年预计将延续。内塔尼亚胡重新上台并与极端右翼犹太政党结盟，各方预计其政府将对巴勒斯坦推行更强硬政策，并可能采取并吞约旦河西岸部分领土，加速新建定居点等措施，引发巴以新一轮大规模流血冲突。

第二，伊朗问题前景不明。伊朗问题包含多方面内容，涉及伊朗核问题，伊朗与美国、以色列以及沙特等阿拉伯国家的矛盾与冲突，伊朗国内政局等方面。因受乌克兰危机、美中期选举结束、伊朗头巾抗议事件等影响，伊核谈判虽可能性不能排除，但前景日益暗淡。若不能达成协议，伊朗加大核进程，美伊、以伊之间对抗再度升级的可能性非常大。2022年9月爆发的伊朗国内抗议活动已持续至今，如何防止局势失控，对伊朗政府将是一个重大考验。

第三，土耳其大选存在悬念。2023年6月，土将举行议会和总统选举。鉴于经济形势严峻，反对派日益加强合作，正义与发展党和埃尔多安将面临执政20年来最严峻考验。大选结果不仅关乎埃尔多安的政治命运，还直接关涉土耳其的未来方向。反对派已明确提出要废除总统制。大选之年，往往也是动荡之年，内外各种风险并存。为助力选举，土对叙利亚采取大规模地面军事行动的可能性大增。

第四，从大国与中东地区关系看，大国竞争更加突出，不确定因素增加。随着乌克兰危机的持续，中东地区国际关系格局深受外来大国因素的影响，大国力量的此消彼长无疑将使得大国对中东的影响出现新的不平衡现象。与此同时，中东地区国家在乌克兰危机持续的背景下，将被迫调整与美国、俄罗斯、欧盟等域外重要力量的关系。此外，中国、印度等新兴国家在中东影响力的上升，也在某种程度上影响中东地区国家如何在大国之间保持何种平衡。

第五，中国将更加建设性地参与中东地区事务，将推动中国与中东国家关系迈出历史性步伐，为变乱交织的中东地区增强确定性和稳定性。在大国竞争加剧、中东战略格局发生新变化的背景下，中国与中东国家的合作机遇与挑战并存。从全球层面看，中东国家的战略自主性增大是重要机遇，但美欧基于大国竞争战略，积极拉拢中东国家对中国构成挑战；从地区层面看，中东国家间关系整体缓和对中国是利好，但这种缓和态势能否持久仍存在不确定性；从国家层面看，中东国家普遍寻求经济发展和社会稳定对中国有利，但中国与中东国家的民心相通有待进一步加强。[1] 中国在中东热点问题上始终秉持客观公正立场，始终奉行"两个支持"，即支持中东国家团结协作解决地区安全问题，支持中东人民独立自主探索自身发展道路。首届中阿峰会开辟了中国与中东合作的新起点，中国与中东国家合作将在政治互信、经济合作和安全互助方面不断开拓新的合作路径，中阿关系将提质升级，双方合作机制和领域也将不断完善和拓展，落实中阿务实合作"八大共同行动"，推进中海五大重点合作领域，进一步强化"一带一路"倡议和全球发展倡议的双引擎功能，提升中阿经济合作水平，并且积极回应安全关切，落实全球安全倡议，提升中阿安全合作水平，构建面向新时代的中阿命运共同体。

由此观之，伴随着大国战略竞争，中东地区作为"中间地带"的地位更加凸显。在新的历史条件下，中东国家战略自主性增强，以自主求安全、以团结谋发展、以合作促复兴的诉求空前强烈，中东地区大国间关系出现了缓和势头，这为中东地区和平与发展带来了新机遇。这不仅改变着中东国家

---

① 王林聪：《大国竞争下中东局势新变化与中国—中东合作》，《当代世界》2022 年第 10 期，第 42~43 页。

的地位，而且在一定程度上重塑中东秩序，催生着一个不同以往的"新中东"。① 然而，中东国家战略自主性上升并未从根本上改变大国主导中东的局面，中东地区发展和安全问题尖锐复杂，热点问题盘根错节，地区局势走向仍充满变数。因此，未来中东地区的稳定和发展仍充满着不确定性。

课题组组长：王林聪

课题组成员：唐志超　余国庆　刘　冬　朱泉钢②

---

① 王林聪：《中东国家发展规划与中东地区发展前景》，王林聪主编、刘冬副主编《中东发展报告 No. 24（2021~2022）：中东国家的发展规划及其前景》，社会科学文献出版社，2022，第 27 页。

② 王林聪，中国社会科学院西亚非洲研究所副所长、研究员，中国社会科学院海湾研究中心主任，中国中东学会会长；唐志超，中国社会科学院西亚非洲研究所政治室主任、中东发展和治理中心主任、研究员；余国庆，中国社会科学院西亚非洲研究所研究员；刘冬，中国社会科学院西亚非洲研究所副研究员；朱泉钢，中国社会科学院西亚非洲研究所助理研究员。

2022～2023年拉美地区形势分析与展望

摘　要：　经过新冠疫情之后的"补偿性"增长，2022年全球经济复苏遭遇国际不利环境的制约，拉美经济也呈现复苏放缓和脆弱性增加的特征。随着巴西大选后新一任领导人卢拉再次执政，拉美主要国家均已选出左翼政府，地区政治倾向发生变化。疫情造成的社会危机在拉美仍未完全消退，社会发展难以恢复到疫情之前的水平。在大国战略竞争、地缘政治冲突、地区政治倾向等多重因素的影响下，拉美地区国家战略自主意识不断增强，对移民、粮食安全、气候变化等非传统安全议题的关注持续上升。拉美三国正积极构建"锂佩克"，并将对能矿供应链安全带来潜在影响。拜登政府对拉政策主张、美国在拉美地区的战略空间、地区合作与一体化新进展等有待继续观察。2022年，中拉合作成绩显著，双边关系稳中有进。展望2023年，共建"一带一路"的倡议将迎来十周年，中拉关系也将迎来新的发展机遇，中拉应进一步夯实合作基础，推动经贸务实合作取得更加显著的成效。

关键词：　拉丁美洲　"粉红浪潮"　巴西大选　地区一体化　中拉合作

2022年，拉丁美洲和加勒比地区（简称"拉美地区"）经济受国际环境的制约，呈现复苏放缓和脆弱性增加的特征。随着巴西左翼政党赢得总统选举，这标志着拉美地区的新一轮"粉红浪潮"全面回归。但是，应认识到，当前拉美左右翼争夺的焦点不再是"主义"而是"问题"，左翼与右翼间的竞争造成政局动荡，甚至引发政治危机。新冠疫情给拉美造成的社会危机仍未完全消退，尚难以恢复到疫情前的水平。世界局势的不稳定和欧洲地缘政治危机对拉美经济社会产生了诸多负面影响。域内外因素交织催化拉美外交变局。其中，地区国际关系日益受到大国竞争态势的制约，干涉主义受挫、地区战略自主意识不断增强，对移民、粮食安全、气候变化等非传统安全议题的关注持续上升。本年度，需特别关注的是中拉合作和双边关系取得的重大进展，拉美构建"锂佩克"的战略意图及其对中拉能矿合作的潜在影响，拜登政府对拉政策主张和巴西大选凸显的意识形态分歧等。展望2023年，中拉关系将迎来新的发展机遇，拉美左翼政府的内外政策大概率走务实路线，美国对拉美地区的战略将呈现收缩特征，拉美地区合作与一体化进程将加快。

一 2022年拉美地区总体形势

（一）经济复苏受国际环境制约，宏观政策平衡难度增加

经过2021年疫后的"补偿性"增长，全球经济复苏在2022年遭遇国际不利环境的影响，拉美经济也难以独善其身。国际环境不利因素主要体现在疫情反复持续对地区经济造成不利冲击，全球贸易增速放缓，乌克兰危机加剧全球产业链、供应链的不稳定性，全球大宗商品价格飙涨加剧全球通胀程度，等等。在此背景下，拉美经济呈现复苏放缓和脆弱性增长特征。2022年拉美经济趋势主要指标（见表1）和具体表现如下。①

---

① 除非特别说明，经济数据主要引自 CEPAL，*Economic Survey of Latin America and the Caribbean 2022：Trends and Challenges of Investing for a Sustainable and Inclusive Recovery*，Santiago，2022。

表1 2017~2022年拉美地区经济基本面

		2017年	2018年	2019年	2020年	2021年	2022年
双速	经济增长率(%)	1.3	1.1	0.1	-6.8	6.7	3.7
	人均GDP增速(%)	0.3	0.2	-0.9	-7.6	5.7	2.8
双率	通胀率(%)	3.4	3.0	2.9	2.9	6.6	6.8
	失业率(%)	8.1	8.1	7.9	7.9	10.2	9.3
双户	经常账户/GDP(%)	-1.7	-2.6	-2.1	-1.0	-1.5	-1.9
	财政账户/GDP(%)	-3.2	-2.9	-3.0	-6.9	-4.2	-3.1
双债	中央政府公共债务/GDP(%)	39.7	43.0	45.3	56.4	53.1	51.2
	外债/GDP(%)	37.5	39.7	41.4	42.8	43.3	44.8
储备	国际储备(亿美元)	8596.1	8680.3	8522.4	8915.6	9342.7	8666.6

资料来源：CEPAL, *Balance Preliminar de las Economías de América Latina y el Caribe*, 2022 (LC/PUB. 2022/18-P), Santiago, 2022。

1. 经济增长放缓，通胀持续走高

在经历2021年"补偿性"增长之后，2022年，受内外环境不利因素的影响，拉美经济增长趋缓。全球性滞胀压制了拉美外部需求的同时，疫情反复冲击叠加乌克兰危机，破坏了拉美产业链、供应链的稳定性，通过刺激大宗商品价格飙升间接推高了地区通胀水平。拉美国家自身产业复苏的差异性以及结构性改革延误也削弱了经济增长的内生动力。国际货币基金组织发布的《世界经济展望》（2022年10月）预测，拉美地区2022年和2023年的经济增速分别为3.5%和1.7%。① 这表明短期内拉美经济增长趋势已现疲态。从需求结构看，2022年第一季度，拉美地区国内生产总值同比增长2.3%，而国内需求在私人消费推动下增长4.6%。自2021年第一季度以来，国内需求的年度增速超过了GDP的增速，反映了私人消费和投资的回升，也意味着净出口对GDP增长贡献为负值。从生产结构看，随着防疫措施放松，服务业复苏强劲。2022年第一季度的经济活动扩张的动力主要来自运输和通信、商业、住宿和餐饮以及金融服务等部门，其次是制造业和建筑业。

---

① "Inflation and Uncertainty," https://www.imf.org/en/Publications/WEO/Issues/2022/10/11/world-economic-outlook-october-2022, accessed：2022-12-07.

自 2020 年 5 月以来，拉美地区通胀率呈上升趋势。截至 2022 年 6 月，通胀率达到 8.4%，为 2005 年 1 月至 2019 年 12 月间平均水平的两倍多。从次区域来看，截至 2022 年 6 月，南美国家的平均通胀率最高（8.7%），中美洲和墨西哥次之（7.7%），加勒比地区最低（7.4%）。尽管消费价格指数的所有组成部分都受到了通胀的影响，但食品和能源的通胀率最高。该地区未来的通货膨胀模式与全球通胀密切相关，因为其决定因素非常相似。因此，如果乌克兰危机对原材料价格的影响持续存在（特别是对能源和食品的影响），通胀率将保持高位。如果目前的汇率波动水平继续整体下移，美元在国际市场上继续上涨，进口商品和供应品的价格以及通胀率也将继续攀升。

2. 贸易条件预计恶化，双赤字状态依旧

联合国拉丁美洲和加勒比经济委员会（简称"拉美经委会"）预计，2022 年拉美大宗商品贸易条件将平均下降 7%，主要归因于初级产品出口价格上升 20%，而进口价格上升 29%。各个次区域表现不一，油气净出口国 2022 年受益最多，因为其贸易条件增加约 17%。这一组国家包括委内瑞拉、哥伦比亚、厄瓜多尔、玻利维亚、特立尼达和多巴哥、圭亚那、苏里南。[①]尽管这组国家中的一些国家需要进口精炼石油产品以满足国内需求，但它们保持着油气商品的贸易顺差。相比之下，能源价格的上涨对油气进口国是不利的，特别是其他加勒比国家（主要是服务出口国）和中美洲国家，它们的商品贸易条件将出现恶化。

2022 年国际收支经常账户延续 2021 年的赤字水平，相当于 GDP 的 1.9%。与此同时，2021 年的资金流回流拉美为经常账户提供资金并积累了国际储备，但 2022 年资本和金融账户已显示资本流入正在动摇的迹象。财政账户方面，鉴于公共支出的下降幅度大于公共收入下降幅度，财政状况被动改善。预计 2022 年财政收入占 GDP 的 18.5%，财政支出占 GDP 的

---

① 虽然圭亚那和苏里南在世界石油市场上的份额很小，但它们却拥有大量的储量和主要的生产潜力。

21.9%，财政赤字占比将由 2021 年的 4.2%降至 3.4%，仍然高于 3%的国际警戒线。这表明拉美国家中央政府的融资和偿债压力较大。

3. 公债水平仍然高企，经济风险逐渐积累

据拉美经委会数据，截至 2022 年 3 月，拉美国家中央政府公共债务达到 GDP 的 52.1%，虽然较 2021 年略降 1.3 个百分点，但高出 2019 年（45.4%）6.7 个百分点。其中，阿根廷和巴西则分别高达 80.1%和 78.5%。截至 2022 年 4 月 29 日，采用全球新兴市场债券指数（EMBIG）衡量的拉美主权债务风险为 438 个基点，较 2021 年的平均值（399）高 39 个基点，这表明在全球不确定性增加的背景下拉美主权债务风险在增加。

短期经济风险主要有，一是化肥供应中断将导致农业受损，甚至引发粮食危机。鉴于拉美化肥生产能力有限，地区最大的农业生产国严重依赖化肥进口，然而乌克兰危机加剧了化肥价格的上涨。倘若供应链中断时间延长，拉美农业产量将下降，地区发生粮食危机的概率增加。二是核心通货膨胀的增加可能需要比预期更快的货币紧缩，从而引发地区经济大幅衰退。三是地区的公共债务大幅增加，特别是在美联储激进加息的情况下，负面情绪和地区脆弱性交织在一起，可能引发债务危机和金融市场动荡。

4. 抑通胀为首要任务，宏观政策平衡难度增加

为应对通胀高企，拉美国家央行往往采取紧缩的货币政策。巴西是地区最早开启加息周期的国家。2020 年 8 月至 2021 年 3 月，巴西基准利率保持在 2%的历史最低水平。但此后至 2022 年 8 月，巴西央行连续加息 12 次，累计加息 1175 个基点至 13.75%。巴西央行称不排除"恢复加息周期"的可能性。[①] 与之相对，截至 2022 年 7 月，洪都拉斯是唯一没有加息的拉美国家。从长期来看，高利率不仅抑制经济发展而且会增加不良贷款发生率，因此政府维持抑通胀与稳增长之间的平衡难度加大。

2022 年公共支出继续放缓，但通胀趋势为实施支持计划带来额外压力。

---

① 巴西国家货币委员会（CMN）设定的 2022 年通胀率管理目标中值为 3.5%，允许上下浮动 1.5 个百分点。而根据巴西金融市场预期，巴西 2022 年通胀率将为 7.15%，高于政府管控目标 5%的上限。

一方面，总支出下降主要归因于初级经常性支出①的下降，包括补贴和经常性转移的支出减少。另一方面，面对高企的通胀，一些拉美国家已经推出新的补贴或扩大现有的计划，以提高实际购买力水平并保障农业部门的发展。这些措施延缓了初级经常性支出的下降趋势。2022年，拉美大多数经济体的汇率波动加剧，货币加速贬值，导致外汇干预措施增加，对国际储备的依赖加大。在高通胀、弱增长和高风险的三重压力下，拉美国家在货币政策、财政政策、汇率政策和宏观审慎政策之间的权衡更加复杂。

（二）拉美"粉红浪潮"全面回归，左右竞争依然激烈

当前，拉美地区新一轮"粉红浪潮"已全面回归。相较于21世纪初期拉美地区的第一轮左翼"粉红浪潮"，本轮拉美左翼控制的领土和人口都大大超过上一轮"粉红浪潮"，应认识到拉美右翼仍然强大，左翼和右翼之间的竞争依然激烈。

1. "粉红浪潮"实现全面回归

新"粉红浪潮"始于2018年墨西哥国家复兴运动候选人洛佩斯·奥夫拉多尔在大选中获胜，并以2022年巴西左翼劳工党候选人卢拉·达·席尔瓦赢得大选为左翼实现全面"回归"的标志。其间，阿根廷（2019年）、玻利维亚（2020年）、秘鲁（2021年）、智利（2021年）、哥伦比亚（2022年）和巴西（2022年）等国的左翼力量相继赢得总统选举。2022年，哥伦比亚选出了历史上首位左翼总统——古斯塔沃·佩特罗，打破了该国传统的政治格局，哥伦比亚左翼创造了历史：一是左翼政治力量在历史上首次获得选民如此广泛支持；二是佩特罗和另一位候选人共同打破了"乌里韦主义"20年来的政治垄断，右翼主导的、传统且保守的政治生态发生了根本改变。2022年10月，以卢拉为代表的巴西左翼战胜极右翼现任总统博索纳罗，标志着新一轮"粉红浪潮"达到高潮，从根本上改变了拉美政治格局。左翼在拉美有着深厚的思想基础、政治基础和人口基础，这也是拉美国家100多

---

① 中央政府支出的构成包括利息支出、资本性支出、初级经常性支出和净贷款。

年来左翼不断兴起、韧性发展的重要原因。

2. 拉美左右翼争夺的焦点不再是"主义"，而是"问题"

进入 21 世纪，拉美左翼和右翼都出现了新的变化。左翼的变化是红色基因越来越少，越来越强调绿色等。而右翼最主要的变化则是"草根右翼"的出现，其群众基础、政治主张、组织动员等与传统右翼有着较大差异，而且对拉美政治影响深远。草根右翼由社会的不同阶层组成，不仅包括上层的政治经济精英、宗教保守派，也包括大众阶层的成员，而且采用了大众阶层的动员方式，这是区别传统右翼的重要特点。其主张包括限制堕胎、平权行动和 LGBTQ+权利，扩大枪支权利和暴力镇压犯罪，支持自由市场和反对再分配。将这些草根团结在一起的是对传统社会等级的肯定，如父权制、性别、经济、宗教和种族等。[①] 上述问题加上疫情冲击下更加严重的民生、环境保护等问题成为左右翼争论的焦点。新一轮左翼政权继续反对新自由主义模式，但在反美和反对资本主义、主张社会主义方面明显弱化，资源民族主义抬头，其政策走向势必对中拉关系产生深远的影响。然而，新一轮左翼浪潮既不具有地区影响力的领袖，也缺乏系统的理论指导和明确的发展目标。本轮左翼只提出了国有化和绿色经济等政策主张，对世界发展和本国道路缺乏认识，对全球化、资本主义与社会主义也没有明显的关切，成为没有理论的行动，一切都在探索之中。

3. 左翼与右翼之间的竞争破坏政局稳定，甚至引发政治危机

在左翼发展的同时，地区右翼也得到新的发展，仍然保持着强大的实力。当前左翼与右翼之间的斗争已经出现白热化特征。2022 年 12 月 7 日，秘鲁总统佩特罗·卡斯蒂略在未遂的"自我政变"后遭到弹劾并被捕。此前，卡斯蒂略向全国宣布暂时解散国会，决定组建"一个旨在重建法治和民主的例外政府"，直到举行立法选举以组建新的国会，并在 9 个

[①] Lindsay Mayka & Amy Erica Smith，"The Grassroots Right in Latin America：Patterns，Causes，and Consequences，" https：//www. cambridge. org/core/journals/latin－american－politics－and－society/article/introduction－the－grassroots－right－in－latin－america－patterns－causes－and－consequences/F631FC3F628FA1A71186680D545DBC67，accessed：2022－12－10.

月内起草新宪法，但其极度缺乏任何军事或机构等支持，国会以压倒性多数通过对卡斯蒂略的弹劾案后，他旋即被逮捕。2022年12月6日，阿根廷副总统克里斯蒂娜因贪腐，被判处六年监禁，成为阿根廷有史以来第一位因腐败而被定罪的在任副总统。她还因欺诈阿根廷政府而被终身禁止担任公职。该案尚未结束，仍存在多种可能性和变数。阿根廷总统阿尔贝托·费尔南德斯在判决前猛烈抨击了这项裁决。① 此外，智利新宪法在公民投票中被否决。巴西具有破坏性的博索纳罗主义的影响力不容忽视。在左翼执政的秘鲁、阿根廷和巴西议会中，右翼仍然强大，制约着左翼的执政。同时，右翼继续在巴拉圭、乌拉圭和厄瓜多尔等国家执政。2023年阿根廷左翼即将经受大选的考验。②

（三）拉美地区的社会危机仍在持续

2022年，新冠疫情造成的社会危机在拉美仍未完全消退。社会发展难以恢复到疫情之前的水平。尽管拉美国家地处西半球，但世界局势的不稳定和欧洲地缘政治危机依然对其产生了诸多负面影响，包括经济增长乏力、外资减少、通货膨胀高企等。食品和燃料价格的上涨不仅使低收入阶层的生活难以为继，也加剧了社会的不稳定性，而气候变化带来的许多自然灾害进一步凸显了弱势群体的脆弱性。

1. 贫困问题依然严峻

据拉美经济委会的预测，2022年地区的贫困率为32.1%，同比下降0.2个百分点，较2020年下降0.7个百分点；极端贫困率为13.1%，同比上升0.2个百分点，与2020年持平。上述两项指标均比2019年的指标高出1.7

① Latinnew, "Fernández Slams Judiciary over Cristina Corruption Conviction," https：//www. latin news. com/component/k2/item/95294. html? archive = 33&Itemid = 6&cat _ id = 829827：argentina-fernandez-slams-judiciary-over-cristina-corruption-conviction, accessed：2022-12-10.

② Latinnews, "Castillo Impeached and Arrested after Attempted Self-coup Backfires," https：//www. latinnews. com/component/k2/item/95282. html? period = 2022&archive = 33&Itemid = 6&cat _ id = 829827：castillo-impeached-and-arrested-after-attempted-self-coup-backfires, accessed：2022-12-10.

个百分点。① 实际上，2022 年拉美国家缓解贫困问题并非毫无可能。因为大多数国家的经济增长率虽低于 2021 年，但都保持了正增长，这有利于创造就业和提高劳动者收入。然而，通胀的加剧抵消了这一有利因素，尤其是食品价格的快速上涨严重削弱了最低收入阶层的购买力。这是极端贫困水平有所上升的主要原因。为降低通胀对低收入群体的冲击，拉美国家采取了多样化的政策手段，包括直接向特定家庭发放新的现金补贴、免费发放或低价售卖基本食品、提供燃料或交通补贴、降低穷人购买生活必需品的增值税、取消或降低部分食品的进口关税等。

2. 劳动力市场缓慢复苏

从 2022 年第一季度的数据来看，14 个地区国家的劳动参与率和就业率均缓慢上升，但是仍低于 2019 年；失业率为 8.2%，比 2019 年第四季度高出 0.4 个百分点。② 第二季度地区劳动力市场的复苏明显好于第一季度，这使得上半年的就业率提升至 57.7%，仅比 2019 年低 0.3 个百分点；失业率下降到 7.3%，已经低于 2019 年的 8%，巴巴多斯、巴西、哥斯达黎加等国失业率的下降幅度明显高于地区平均水平；受疫情影响，劳动参与率的恢复相对缓慢，上半年达到 62.4%，仍比疫情前低 0.9 个百分点。③ 就业岗位的增加集中在制造业、商业、交通运输业和其他服务行业，这些都是在前两年的疫情中受影响最大的部门。劳动力市场不断加剧的性别不平等在疫情的第三年终于有所改观，这主要得益于女性就业较为集中的服务业得到了很大恢复。2022 年上半年，女性就业指标的改善程度好于男性。男女劳动参与率分别同比提高 1.0 个和 2.2 个百分点，男女就业率分别同比增加 2.9 个和 3.7 个百分点，男女失业率分别同比下降 2.3 个和 3.4 个百分点，这使得女性和男性失业率的差距比由 2021 年上半年的 1.5 倍下降到 2022 年上半年的

① 本段数据来自 CEPAL，"Panorama Social de América Latina 2022," Naciones Unidas, noviembre de 2022，p. 58。

② CEPAL，"Estudio Económico de América Latina y el Caribe 2022," Naciones Unidas, agosto de 2022，p. 82.

③ CEPAL，OIT，"Dinámica de la Productividad Laboral en América Latina," Coyuntura Laboral en América Latina y el Caribe, No. 27, diciembre de 2022，p. 9.

1.4 倍。① 未来拉美地区就业形势的发展走向主要取决于经济活力。不断增加的通胀压力、有限的财政和货币政策空间、收缩的外部需求等都将对提升劳动者就业创造能力产生影响。

3. 疫情对地区国家教育产生长期而深远的影响

据联合国教科文组织的数据，2020 年 2 月至 2022 年 3 月，地区全部和部分关闭中小学的时间平均为 70 周，远远高于 41 周的世界平均水平。② 虽然课堂教学可通过线上教学得以进行，但线上教学对电子设备和网络的要求严重影响了低收入家庭学生的学习进程，加剧了拉美教育中原本就存在的不平等现象。不管是因硬件缺失而暂时中断学业还是因家庭经济困难而最终辍学，都是对人力资本投资和积累的极大破坏。据相关统计，拉美地区每名学生因疫情而损失的学校教育时间达到 1~1.8 年，这会导致其未来的收入减少 12%。③ 很显然，疫情对当前拉美教育的影响将延伸到未来的劳动力市场，从而给社会发展留下一道"难以愈合的伤疤"。

4. 民众对政府信任度走低，凸显社会危机严重后果

社会危机持续的后果之一是民众对政府的信任度和支持率不断下降。根据 2022 年 5~6 月进行的民调，在被调查的 18 个拉美国家中，7 个国家政府首脑的支持率不足 30%，其中巴拉圭总统马里奥·贝尼特斯的支持率仅为 8%。④ 自 2021 年下半年起，秘鲁、洪都拉斯、智利、哥伦比亚、巴西等拉美国家在大选之后相继出现了右翼下台、左翼执政的局面，这与选民厌恶经济社会地位下降、要求变革的心理不无关系。值得注意的是，拉美民众衡量

① CEPAL, OIT, "Dinámica de la Productividad Laboral en América Latina," Coyuntura Laboral en América Latina y el Caribe, No. 27, diciembre de 2022, p. 11.
② CEPAL, "Panorama Social de América Latina 2022," Naciones Unidas, noviembre de 2022, p. 100.
③ CEPAL, "Panorama Social de América Latina 2022," Naciones Unidas, noviembre de 2022, p. 116.
④ Directorio Legislativo, "Imagen del Poder. Monitoreo Bimestral de Aprobación Presidencial en América Latina," julio – agosto 2022, 26 de septiembre de 2022, pp. 4 ~ 8, https：//alert as. directoriolegislativo. org/wp – content/uploads/2022/09/IDP – Julio – Agosto – 2022. pdf, accessed：2022-12-10.

政府政绩的标准已与意识形态脱钩。无论在左翼还是右翼执政的国家，都出现了政府支持率较高或较低的情况。经济发展和民生问题不仅是谁能当选的决定性因素，也是上台后能否巩固执政地位的关键。

5. 海地局势的恶化引发广泛关注

早在 2021 年 7 月，海地总统莫伊兹被刺杀，该国就深陷政治动荡之中，并引发移民潮。进入 2022 年后，海地暴力活动升级，仅上半年首都太子港就有 557 人死于暴力冲突，远多于 2021 年同期的 340 人。① 随着国际大宗商品价格的上涨，海地出现了严重的粮食和燃料短缺问题。9 月政府宣布提高燃料价格后，海地在黑帮势力煽动下爆发社会动乱，国内安全局势异常紧张。海地政府不得不向国际社会求助，要求联合国派遣武装部队，协助政府平息事态。联合国安理会就武装介入问题未达成一致，但通过决议，一致同意对海地黑帮及其资助者实施定向制裁。在安全局势恶化的同时，海地还出现了严重的饥荒和霍乱疫情。根据联合国粮食计划署 10 月发布的报告，面临粮食不足的海地人达到 470 万人，占其总人口的 48%，其中 190 万人已处于粮食安全阶段分类的第四级"危急状态"。② 霍乱疫情曾在 2010~2019 年夺走了约 1 万海地人的生命。此次霍乱卷土重来，叠加新冠疫情，增加了海地卫生防疫的复杂性。根据泛美卫生组织的报告，截至 12 月 6 日，海地共确诊霍乱病例 1193 例，疑似病例 13672 例，死亡 276 人。③ 海地政治、经济、安全和人道主义危机的产生固然有其历史根源，但从当下来看，政府合法性不足、治理能力低下、腐败猖獗、司法体系羸弱是其主要原因。长期以来，国际社会已向海地投入了大量人力、物力、财力援助，但至今仍无法帮

---

① Instituto Tricontinental de Investigación Social, "Nuestra América: Calendario Electoral y Violencia Política en el Marco de la Crisis Global," Informe Observatio de América Latina y el Caribe, No. 18, 21 de septiembre de 2022, p. 7, https://thetricontinental.org/es/argentina/obsal18/, accessed: 2022-12-15.

② WFP, "Se Registran por Primera vez Niveles de Inseguridad Alimentaria Catastróficos en Haití," 14 de octubre de 2022, https://es.wfp.org/noticias/se-registran-por-primera-vez-niveles-de-inseguridad-alimentaria-catastro, accessed: 2022-12-15.

③ PAHO, "Cholera Outbreak in Hispaniola," 8 December 2022, p. 1.

助海地实现稳定和发展。这表明，海地危机的解决归根结底要依靠自身力量，国际社会的支持只能起到辅助作用。

（四）域内外因素交织催化拉美外交变局

2022年，在大国竞争、地缘政治冲突、地区政治倾向进一步"左转"等多重因素的影响下，拉美对外关系格局呈现新变化。地区对外关系日益受大国竞争态势的制约，地区国家战略自主意识不断增强，对移民、粮食安全、气候变化等非传统安全议题的关注持续上升。

1. 地区国际关系日益受到大国竞争态势的制约

（1）美俄加大在拉美的争夺力度。尽管拉美地处冲突的"外围地区"，但这场全球范围内的地缘政治大博弈不可避免地波及该地区。俄罗斯将拉美视为抵御和应对美西方国家战略遏制的后援力量。在乌克兰危机爆发前夕，俄罗斯邀请巴西、阿根廷总统访俄，以寻求构筑与这两国更紧密的关系。俄副总理鲍里索夫访问委内瑞拉、尼加拉瓜和古巴，以发展包括军事合作在内的伙伴关系。作为疫苗外交的一部分，拉美也是俄罗斯新冠疫苗出口的优先目的地。俄罗斯希望通过加强与拉美国家的互动，对美国西方国家在东欧的行动形成牵制。与此同时，美国致力于拉拢拉美国家，以对俄形成全面谴责和极限施压。一是推动美洲国家组织通过谴责俄罗斯的决议，并暂停其观察员国身份。二是分化和牵制俄罗斯在拉美的盟友。美国放宽对古巴家庭汇款和旅行的限制，并大幅增加古巴人的美国签证数量。美国放松对委石油部分制裁，缓解乌克兰危机造成的全球能源危机。美国通过授予哥伦比亚"非北约主要盟友"地位，对委内瑞拉形成战略牵制。三是对巴西、墨西哥、阿根廷等地区大国游说和施压，确保这些国家不出现"挺俄"立场。

（2）拉美国家的立场遭受极大考验。拉美地区国家在确定共同立场方面再次表现出分裂和不团结，在联合国、美洲国家组织等国际机构中的表态缺乏统一的声音。大多数拉美国家在联合国机制下投票谴责俄罗斯，但并不赞成对俄实施制裁。古巴、委内瑞拉、尼加拉瓜三个左翼国家持鲜明的"挺俄"态度，哥伦比亚、秘鲁、乌拉圭等与美国关系密切的国家"助美挺乌"，巴西和阿根廷等地区大国则立场模糊。在某种程度上，拉美各国对乌克兰危机的不同立场不仅集中反映了该地区对外关系的多样性、多向性和多重性特征，同时也暴露了该地区政治极化和意识形态分歧所带来的发展困境。

2. 干涉主义受挫，地区战略自主意识不断增强

当前，拉美需要同时应对外部的体系性调整和内部变动所带来的多重挑战。而在大国竞合加剧的背景下，拉美不断表现出独立的对外政策倾向，以管控与大国尤其是美国的不对称性关系。

（1）干涉主义在拉美受挫。区域组织是美国管控拉美事务的重要工具，随着地区政治格局显著"左转"，美国对一些区域组织的控制力不断下降。一是美洲国家组织的干预能力下降。近年来，该组织以民主为由，多次追随美国对古巴、委内瑞拉和尼加拉瓜三国进行干涉和制裁，2022年4月，尼加拉瓜宣布关闭美洲国家组织驻尼办事处，并决定立即退出该组织。尼加拉瓜将美洲国家组织称为由美国控制的干预势力，尼政府在退出声明中表示"尼加拉瓜不是任何国家的殖民地"。曾经的"利马集团"多次对委内瑞拉马杜罗政府施加压力，但在2022年12月召开的美洲国家组织大会上，明确支持委内瑞拉反对派的国家只剩4个。二是拉美人重新执掌美洲开发银行。该行被特朗普总统打破惯例，强势推举上台的首位美国行长毛里西奥·克拉维尔-卡罗内因自身问题而被免职，巴西央行前行长伊兰·戈德法恩在11月的选举中当选新一任行长，此举被认为该行重新回归正轨，再度成为拉美人"自己"的银行。

（2）哥伦比亚与委内瑞拉关系破冰。哥伦比亚作为美国盟友，是美国孤立和制裁委内瑞拉的重要合作伙伴。哥委关系也是拉美地区最具对抗性的双边关系，多次出现重大外交冲突。2022年8月，佩特罗成为哥伦比亚历史上第一位左翼总统，执政伊始，立刻改变了对马杜罗政府的立场，当月宣布恢复与委外交关系。两国复交不仅有利于拉美地区的和平与安全，同时也反映出地区国家正在逐步摆脱干涉主义的影响，表现出外交上的独立自主性。拉美国家战略自主意识加强，一是受地区左翼回潮态势影响，二是在社

会不稳定、政治两极分化、经济恶化和外交分裂的多重影响下，拉美国家越来越形成一种共识，即不希望本地区成为新冷战的战场。不少学者和前政要提出拉美国家应采取积极的不结盟政策，以应对大国战略竞争。

3. 非传统安全关注度持续上升

长期以来，拉美面临各种非传统安全问题的挑战，包括无序移民、毒品交易和有组织跨国犯罪、气候变化、传染病等对各国乃至地区稳定所带来的冲击。近几年来，新冠疫情的冲击让拉美国家意识到搁置分歧、合作解决这些问题的重要性，乌克兰危机带来的地缘政治动荡更加剧了这一紧迫感。除了持续存在的疫苗需求，以下议题是2022年拉美非传统安全事务的优先事项。

（1）移民问题。近年来，地区移民流动的规模和人口构成发生了巨大变化，移民流出地从主要来自墨西哥和中美洲北部，转变为来自哥伦比亚、古巴、海地、尼加拉瓜和委内瑞拉。由于移民人数激增，超过了各国的接收能力，带来前所未有的人道主义和保护压力。在2022年6月召开的美洲峰会上，20个美洲国家就移民问题签署《洛杉矶移民和保护宣言》，为解决非常规移民的根源问题寻求有效的途径。除了人道主义援助之外，该宣言还承诺扩大合法移民途径，打击人口偷渡网络，应对自然灾害和疫情等共同行动来解决移民问题。

（2）粮食安全。2022年3月，加勒比共同体峰会对乌克兰危机、疫情可能引发的粮食安全问题给予高度关注，并表达将通过区域合作应对粮食安全危机。加勒比国家之所以如此重视粮食安全问题主要是缘于小型经济体面临的独特挑战。一是结构性挑战，加勒比经济体规模小，无法利用规模经济。二是农业部门缺乏熟练劳动力。三是财政负担限制了各国政府的行动能力。四是环境挑战，加勒比海"极易受到极端天气事件和自然灾害的影响"。

（3）气候变化。因对发展模式的不同认识导致的内部分歧，拉美各国应对气候变化的努力是不同的。2022年，地区关于气候行动的一个重大变化是巴西大概率将重新加入全球应对气候变化的行列。巴西新当选总统卢拉参加在埃及举办的联合国气候变化大会（COP27）时表示让巴西在应对全球变暖的努力中发挥领导作用。同时，建议联合国在巴西亚马孙地区主办2025年气候峰会。此举，昭示巴西在气候变化问题上的立场将发生重大改变，并将带来国际关系的重大变化，尤其是对气候问题的关注将改善巴西与美国和欧洲的关系。拜登政府也已将气候变化合作重新纳入美国对拉政策方针。2022年4月，美国与加共体15国召开气候变化会议，形成新的"美国-加勒比2030年应对气候危机伙伴关系"。

二 2022年拉美地区热点

2022年，中拉双边经贸合作稳中有进、双边关系进一步得到巩固、共建"一带一路"成果显著。拉美三国构建"锂佩克"并对能矿供应链安全带来潜在的影响。在第九届美洲峰会上，拜登政府系统阐释了其对拉政策主张，以显示对拉美的重视。巴西大选中虽然左翼获胜，但凸显了意识形态分歧，右翼势力依然强大。

（一）中拉经贸全面恢复并超疫前水平，双边关系稳步推进

1. 中拉双边经贸合作稳中有进

自2000年以来，中拉经贸合作大体上经历两个阶段，一是2000~2011年为跨越式发展阶段，二是2012年至今为新时代高质量发展阶段。尽管2022年受全球政治经济不确定性影响拉美地区经济开始放缓，但是中拉经贸合作却依旧保持充分的活力。这表明经贸合作是中国与拉美国家关系的"压舱石"和"稳定器"，目前中国同拉美国家的经贸合作已全面恢复并超过疫前水平。

就贸易而言，中拉贸易额连创新高。继2021年创4515.9亿美元历史新高后，2022年1~11月双边贸易额达到4483.9亿美元，同比上涨9.2%，中国贸易顺差为200.8亿美元。其中，中国对拉美出口2342.4亿美元，同比上涨13.7%；从拉美进口2141.6亿美元，同比上涨4.7%。按目前增长势头，2022年全年双边贸易额将接近5000亿美元（见表2）。

表2　2010年至2022年11月中国与拉美国家贸易情况

单位：亿美元

年份	进出口额	出口额	进口额	贸易顺差	进出口同比（%）	出口同比（%）	进口同比（%）
2010	1830.7	918.2	912.5	5.7	50.20	60.80	40.90
2011	2414.8	1217.3	1197.5	19.8	31.50	32.60	30.40
2012	2612.5	1352.2	1260.3	91.9	8.20	11.10	5.30
2013	2615.7	1342.7	1273.0	69.7	0.10	-0.70	1.00
2014	2634.6	1362.3	1272.3	90.0	0.80	1.70	-0.20
2015	2365.5	1322.2	1043.3	278.9	-10.20	-2.90	-17.90
2016	2165.6	1138.6	1027.0	111.6	-8.20	-13.80	-1.10
2017	2578.5	1308.3	1270.2	38.1	18.80	14.80	23.20
2018	3074.0	1487.9	1586.1	-98.2	18.90	13.70	24.10
2019	3173.8	1519.8	1654.0	-134.2	3.30	2.10	4.40
2020	3166.4	1507.6	1658.8	-151.2	-0.30	-0.80	0.10
2021	4515.9	2290.1	2225.8	64.3	41.10	52.00	31.40
2022年1~11月	4484.0	2342.4	2141.6	200.8	9.20	13.70	4.70

资料来源：海关总署，转引自 Wind 数据库，最后访问时间：2022年12月11日。

就投资而言，中国对拉投资继续增长。据《2021年度中国对外直接投资统计公报》，中国2021年流向拉美的投资达261.6亿美元，同比增长57%。2021年中国在拉美的投资存量高达6937.4亿美元，同比增长10.2%。中国在拉美的投资存量仅次于亚洲，其占中国对外投资的比重从2020年的24.4%增至2021年的24.9%（见表3），比重继续攀升。

表3　2019~2021年中国对外投资存量变化及分布

单位：亿美元；%

	投资存量变化						投资存量分布		
	2019年		2020年		2021年		2019年	2020年	2021年
	金额	同比	金额	同比	金额	同比	占比	占比	占比
亚洲	14602.2	14.4	16448.9	12.6	17720.2	7.7	66.4	63.7	63.6
非洲	443.9	-3.7	434.0	-2.2	441.9	1.8	2.0	1.7	1.6
欧洲	1143.8	1.4	1224.3	7.0	1347.9	10.1	5.2	4.7	4.8

续表

| | 投资存量变化 | | | | | | 投资存量分布 | | |
| | 2019 年 | | 2020 年 | | 2021 年 | | 2019 年 | 2020 年 | 2021 年 |
	金额	同比	金额	同比	金额	同比	占比	占比	占比
拉丁美洲	4360.5	7.2	6298.1	44.4	6937.4	10.2	19.8	24.4	24.9
北美洲	1002.3	4.0	1000.2	-0.2	1002.3	0.2	4.6	3.9	3.6
大洋洲	436.1	-1.1	401.1	-8.0	401.9	0.2	2.0	1.6	1.4

资料来源：根据中国商务部数据整理并计算，http：//images. mofcom. gov. cn/fec/202211/20221118091910924. pdf，最后访问时间：2022 年 12 月 11 日。

就金融而言，中拉金融合作向机制化和制度创新方向迈进。例如，2022年金砖国家领导人第十四次会晤支持新开发银行做大做强，稳步吸收新成员，同时推动完善应急储备安排机制，筑牢金融安全网和防火墙。目前阿根廷已经正式申请加入金砖国家。在工程承包领域，据商务部统计数据，截至2021年底，中国企业在拉美和加勒比地区累计签订承包工程合同额 2371.5亿美元，完成营业额 1524 亿美元。[①]

2. 中国与拉美国家双边关系进一步巩固

截至 2022 年 12 月，中国已分别同巴西、墨西哥、阿根廷、智利、秘鲁、厄瓜多尔、委内瑞拉建立了"全面战略伙伴关系"，与其他 6 个拉美国家建立了"战略伙伴关系""战略合作伙伴关系""全面合作伙伴关系""战略合作伙伴关系""特殊友好关系"等。中国与拉美国家双边关系基础不断巩固，政治互信水平不断提升。

（1）拉美国家坚定支持北京冬奥会。2022 年 2 月，在全球疫情形势依然严峻的情况下，北京出色地举办了第 24 届冬季奥林匹克运动会，受到国内外各方的高度赞誉。北京冬奥会的成功举办得到了国际社会的广泛支持，但是个别美西方国家将体育政治化，企图利用北京冬奥会搞政治作秀和政治操弄。对此，拉美国家给予了中国坚定的支持。委内瑞拉

---

① 《中拉经贸合作潜力不断释放》，《人民日报》百家号，https：//baijiahao. baidu. com/s？id=1751061868426312056&wfr=spider&for=pc，最后访问时间：2022 年 12 月 11 日。

外交部发布公告，对美国不派政府官员出席北京冬奥会的做法提出抗议，称这是少数国家攻击抹黑中国发展的政治操弄。古巴奥委会也谴责相关国家精心策划干扰北京冬奥会的行为。① 阿根廷总统阿尔韦托·费尔南德斯、厄瓜多尔总统吉列尔莫·拉索，分别应邀出席了北京冬奥会开幕式并访华。

（2）中墨、中阿分别喜迎建交50周年。墨西哥和阿根廷均为拉美地区大国，也是中国在拉美地区重要的经贸合作伙伴。2022年，中墨、中阿均迎来建交50年。建交以来，中墨、中阿关系取得的成就令人瞩目。习近平同墨西哥总统洛佩斯就中墨建交50周年互致贺电中对双方关系发展给予了高度评价。习近平主席指出，建交半个世纪以来，特别是2013年两国建立全面战略伙伴关系以来，双边关系发展进入快车道。洛佩斯表示，50年来，墨中两国共同铸就牢不可破的友谊。② 习近平主席和阿根廷总统费尔南德高度肯定两国关系50年的发展，均表示要合作推动中阿合作不断迈上新台阶，造福两国和两国人民，巩固两国政府和人民友谊。③

（3）中共二十大后古巴领导人成为首位访华的拉美国家元首。2022年11月24~26日，应中方邀请，古巴共产党中央委员会第一书记、古巴国家主席迪亚斯-卡内尔来华进行国事访问。他是中共二十大后中方接待的首位拉美和加勒比国家元首，此访时机重要、意义重大。④ 建交62年来，中古关系已成为社会主义国家团结合作、发展中国家真诚互助的典范。两国元首

---

① 《2021年12月14日外交部发言人汪文斌主持例行记者会》，中华人民共和国外交部网站，2021 年 12 月 14 日，https：//www.fmprc.gov.cn/fyrbt_ 673021/jzhsl_ 673025/202112/t20211214_ 10469624.shtml，最后访问时间：2022年12月13日。

② 《习近平同墨西哥总统洛佩斯就中墨建交50周年互致贺电》，中华人民共和国外交部网站，2022 年 2 月 14 日，https：//www.fmprc.gov.cn/web/ziliao_ 674904/zt_ 674979/dnzt_ 674981/qtzt/kjgzbdfyyq_ 699171/202202/t20220214_ 10642022.shtml，最后访问时间：2022年8月15日。

③ 《习近平同阿根廷总统费尔南德斯就中阿建交50周年互致贺电》，中国政府网，2022年2月19日，http：//www.gov.cn/xinwen/2022-02/19/content_ 5674574.htm，最后访问时间：2022年12月9日。

④ 《2022年11月28日外交部发言人赵立坚主持例行记者会》，中华人民共和国外交部网站，2022 年 11 月 28 日，https：//www.fmprc.gov.cn/fyrbt_ 673021/jzhsl_ 673025/202211/t20221128_ 10981777.shtml，最后访问时间：2022年12月7日。

一致同意将继续加强对两党两国关系的政治引领，加强高层互访和政治对话，推动各层级交往和各领域合作，用好各类合作机制，持续深化新时代中古特殊友好关系，在推动构建人类命运共同体的过程中携手共建中古命运共同体。①

3. 中拉共建"一带一路"持续推进

（1）中国在拉美的"一带一路"朋友圈继续扩大。2022年1月和2月，中国分别与尼加拉瓜和阿根廷签署了共建"一带一路"谅解备忘录。

（2）政策沟通和贸易畅通等成效显著。2022年2月中国和厄瓜多尔正式启动双边自由贸易协定谈判，4月中厄自贸协定谈判第一次首席谈判代表会议就谈判职责范围文件、货物关税减让、协定案文草案及下一步工作安排等议题进行深入磋商，并取得积极进展。② 2022年7月，中国和尼加拉瓜签署了《中华人民共和国政府和尼加拉瓜共和国政府关于自由贸易协定早期收获的安排》，共同宣布启动双方全面自由贸易协定谈判，双方还签署了《中华人民共和国政府和尼加拉瓜共和国政府关于成立经济、贸易和投资合作混合委员会的谅解备忘录》，正式建立双边政府间经贸合作机制。③ 中国与乌拉圭结束双边自由贸易协定联合可研。④

（3）基础设施合作不断拓展。中拉继续巩固传统大型基建项目的合作，一批标志性的重大工程相继落地。2022年5月，由中国港湾承建的墨西哥玛雅铁路第一标段正式开始轨道铺设工作。玛雅铁路项目是墨西哥政府近年

---

① 《中华人民共和国和古巴共和国关于深化新时代中古关系的联合声明》，中华人民共和国外交部网站，2022年11月25日，https：//www.fmprc.gov.cn/zyxw/202211/t20221125_10980884.shtml，最后访问时间：2022年12月9日。

② 《余本林司长出席中国—厄瓜多尔自贸协定谈判第一次首谈视频会议》，中华人民共和国商务部网站，2022年4月28日，http：//fta.mofcom.gov.cn/article/zhengwugk/202205/48417_1.html，最后访问时间：2022年12月10日。

③ 《中国与尼加拉瓜签署自贸协定"早期收获"安排并启动全面自贸协定谈判》，中国一带一路网，2022年7月14日，https：//www.yidaiyilu.gov.cn/xwzx/gnxw/261171.htm，最后访问时间：2022年12月10日。

④ 《商务部新闻发言人就结束中国—乌拉圭自贸协定联合可研答记者问》，中华人民共和国商务部网站，2022年7月14日，http：//fta.mofcom.gov.cn/article/zhengwugk/202207/49182_1.html，最后访问时间：2022年12月14日。

来力推的国家战略项目，第一标段全长 226 公里，连接恰帕斯、塔巴斯科和坎佩切三个州，预计于 2023 年 7 月完工。中拉加强创新驱动，数字基建合作成为重要增长点。① 其中，以华为云为代表的中国云技术进入拉丁美洲市场以来，大大推动了该地区数字化发展。2022 年 9 月，华为宣布 2023 年将在墨西哥和智利建立新的数据中心，在 2022 年至 2023 年为拉美地区提供促进和加速应用程序向云迁移的 EWS 自助建站系统等新技术，使云服务在拉美地区更快、更高效。②

（二）"锂佩克"与能矿产业链安全成为新的关注点

1. 创建"锂佩克"的战略意图

（1）"锂佩克"的构想逐渐走向务实。"锂佩克"是指智利、阿根廷、玻利维亚三个拉美锂资源丰富的国家（亦称"锂三角"）正在筹建的"锂资源联盟"。因其定位与功能类似于"石油输出国组织"——"欧佩克"，故得名"锂佩克"。实际上，创设该组织的构想可追溯到 2011 年，但当时受智利与玻利维亚两国基于历史因素关系紧张影响，这一提议被长期搁置。直至 2021 年底，随着智利左翼政党联盟候选人博里奇赢得大选，智、阿、玻三国均实现了左翼执政后，为"锂佩克"重提议事日程开辟了政治对话沟通的可能性。截至 2022 年底，经过一年的加速推进，创立这一联盟的目标设想已经从最初停留在学术交流层向切实发挥战略性、务实性功能转变。

（2）有效"抱团取暖"进而在全球锂资源战略博弈中占据主动权。"锂三角"国家在全球锂资源布局中举足轻重，具备控制供应链上游、掌握定价权的基本现实条件。就资源量而言，三国储量占全球的份额长期稳定在

---

① 《中国港湾承建墨西哥玛雅铁路第一标段开始铺轨》，中国一带一路网，2022 年 5 月 17 日，https：// www. yidaiyilu. gov. cn/qyfc/zqzx/243999. htm，最后访问时间：2022 年 12 月 15 日。
② 《中国云技术助力拉美数字化发展》，中国一带一路网，2022 年 9 月 24 日，https：// www. yidaiyilu. gov. cn/xwzx/hwxw/279260. htm，最后访问时间：2022 年 12 月 10 日。

60%左右，尤其玻利维亚以25%的比重成为资源量最丰富的国家。① 从储量看，全球锂资源分布高度集中，澳大利亚、中国以及智利、阿根廷均是锂资源供应大国。截至2021年底，在全球已探明的2200万吨锂矿储量中，智利和阿根廷分别以920万吨与220万吨位居第一、第三位。②

（3）充分利用全球能源转型及疫情下催生的锂资源繁荣周期。随着新能源产业迅猛发展，2010~2025年，全球对锂资源的需求，从数量到结构均将实现一个飞跃。一方面，需求大幅增加，预计将从2010年的12万吨锂当量（LCE）升至2025年的67万吨锂当量；另一方面，电池用途占比将显著提升，锂需求结构向新能源电池领域高度倾斜。③ "锂佩克"希望享受锂价持续高企带来的巨额收益，并在全球锂资源市场出现波动时，发挥自主性，提升话语权，实现稳产作用。

2. 中国锂资源市场的供需结构及发展特征

（1）中国锂资源对外依存度较高。从供给端来看，我国锂资源并不稀缺。无论是从资源量还是已探明储量，我国锂资源的丰裕度均可位列全球前5位。④ 从需求端来看，作为全球最主要的锂需求国，中国对外依存度亦相对较高的原因在于国内锂资源禀赋并不出众受当地多重因素制约，开发难度大、成本高，长期以来仅作为供给侧的补充。在中国所需的最主要的三种锂原料——锂精矿、碳酸锂和氢氧化锂中，前两者的获取高度依赖于外部市场。

（2）中拉锂资源供求结构互补。作为全球新崛起的新能源产业大国，当前我国在锂资源产业链的中下游具有强势地位，但在上游则处于相对劣势

---

① Martín Obaya y Mauricio Céspedes, "Análisis de las Redes Globales de Producción de Baterías de Ion de Litio: Implicaciones para los Países del Triángulo del Litio," Documentos de Proyectos (LC/TS.2021/58), Santiago, Comisión Económica para América Latina y el Caribe (CEPAL), 2021, p.34.

② USGS, "Mineral Commodity Summaries 2022," Report of U.S. Geological Survey, January 2022, p.101.

③ McKinsey, "Lithium and Cobalt: A Tale of Two Commodities," Report of Metals and Mining, New York, McKinsey & Company, June 2018, p.8.

④ 中华人民共和国自然资源部编《中国矿产资源报告（2019）》，地质出版社，2019，第1~7页。

地位。近年来，碳酸锂的进口量和进口额均逐年攀升。澳大利亚是我国锂辉石精矿的主要来源地，而智利和阿根廷则占据了我国碳酸锂的进口总量的绝大部分，仅智利一国占比就将近80%。[①] 在此情况下，随着我国对碳酸锂的需求日趋强劲，智利和阿根廷市场对我国能源供应的重要性将凸显。

（3）受新经济业态发展驱动。我国已将发展新能源汽车纳入国家新兴战略产业。后疫情时代，随着更多新能源汽车价格变得更为亲民，充电桩等基建配套设施逐步完善，新能源汽车市场焕发活力，由政策驱动向消费驱动转型。2022年1～10月，我国新能源汽车覆盖率达到将近25%。[②] 从动力领域来看，我国汽车电动化的迅猛浪潮引发对锂电池需求的急速膨胀；从储能领域来看，为抵御全球气候变暖，我国承诺实现的碳达峰、碳中和目标进一步拓展了锂电池需求空间。此外，当前我国大力加速5G建设，通信基站储能设备同样对备用电池的需求量激增。

3. 锂佩克对中拉能矿供应链安全的影响

（1）全球产业迭代引发"绿色复苏"理念日益突出。随着掀起清洁能源热潮，国际社会对新能源电池市场及相关衍生产品的需求显著上升，全球锂资源供应体系深刻变局已拉开序幕。锂资源市场的定价权是全球产业链战略竞争的核心之一。海外关键矿产投资的风险扰动将陡然增加，随着围绕锂资源的博弈日趋白热化，全球主要锂矿大国相继加强对于战略能矿的掌控。拉美"锂三角"国家对"锂佩克"构想的加速落地亦是大势所趋。一旦"锂佩克"建立，或深刻影响我国能矿供应链与新能源产业布局。一方面，若"锂佩克"形成类似于"欧佩克"的那样供应联盟，"锂三角"国家为了保障本国利益，可能将锂价长期维持在高位。我国作为全球最大的锂电池生产国和终端产品消费国，或面临交易成本高企问题。另一方面，地缘视角

---

① 《中国碳酸锂行业市场供需现状及进出口贸易分析：市场需求旺盛》，百家号，https：//baijiahao. baidu. com/s？id＝1744093645235695629&wfr＝spider&for＝pc，最后访问时间：2022年12月10日。

② 全国乘用车市场信息联席会（乘联会）：《2022年10月新能源汽车三电系统洞察报告》，乘联会网站，http：//www. cpcaauto. com/newslist. php？types＝csjd&id＝2929，最后访问时间：2022年12月11日。

下，"锂佩克"的创立对我国而言，并不一定会产生负面影响。若认清该联盟发展的根本动因并应对得当，我国可以成功转"危"为"机"，实现深化中拉务实合作与保障能源供应安全"双管齐下"。

（2）"锂佩克"或可降低对西方把控的锂资源供应链的依赖。"锂佩克"的酝酿筹建是处于地区左翼浪潮的拉美国家资源民族主义的一个真实反映，其主要目的在于反对西方国家的产业金融资本剥削和控制。近年来，美澳形成了紧密的战略利益同盟，我国锂资源供应链上游面临巨大的不确定性。然而，面对美西方霸权，中拉双边获得较多共鸣。某种意义上，"锂佩克"的建立或许进一步夯实智利、阿根廷的碳酸锂供应渠道。

（3）助力中拉能矿合作，契合双方发展诉求。中拉能矿合作基础牢固。就在"锂佩克"筹建过程中，赣锋锂业、天齐锂业等中企加速推进了在"锂三角"国家的布局。值得指出的是，相比一些西方国家企业对"锂三角"在产业链位置上的重重限制，我国企业在对当地矿业的投资未施加任何附加条件与压力。事实上，"锂佩克"成立的长期愿景目标包括扩大成员国及其全球影响力，推动本地区新能源高速发展，进而在锂资源产业链条上获得更多利益。这为中拉矿企在人员培训、技术转移等广阔领域的合作指出了新方向。

（三）第九届美洲峰会召开，美拉关系进入新一轮调适期

2022 年 6 月，第九届美洲峰会在美国洛杉矶召开，这是拜登执政以来首次面向拉美国家的主场外交活动。拜登政府将此次峰会视为重振美国影响力并为西半球发展提出新议程的机会。正如副总统哈里斯所说，她和拜登将本次峰会视为"发起新倡议、开启新对话和建立新伙伴关系的机会"[1]。在峰会上，拜登较为系统阐释了美国对拉政策主张，勾勒出未来一段时间内美拉关系的基本框架。峰会表明，尽管拜登政府在战略上更加重视拉美、对拉

---

[1] "At Summit of the Americas, Biden Hails Importance of Democracy in Region," https：//www.latimes.com/politics/story/2022 - 06 - 08/biden - to - pitch - economic - plan - for - latin - america-in-opening-summit-speech，accessed：2022-06-12.

政策手段更为柔性，但无力消除美拉之间的结构性矛盾，也没法改变美国对拉影响力下降的趋势，未来美拉关系将进入新一轮合作与斗争交织的调适期。

1. 拜登政府对拉政策趋于明朗

峰会期间，拜登政府一再重申拉美地区的战略意义和地缘价值，提出构建基于民主、安全、繁荣的伙伴关系，强调合作应对共同的挑战。从拜登执政以来的对拉政策动向可以看出，拉美在其对外战略中的地位有所提升，是继跨大西洋、印太之后美国战略关注和投入的又一重要板块。在民主、安全、繁荣三大对拉政策支柱之下，拜登政府对拉政策趋于明朗。

（1）强调价值观外交。拜登政府多次对一些拉美国家的民主倒退表示担忧，认为该地区日益严峻的局势是由民主制度薄弱、司法制度政治化、腐败丑闻等政治因素以及增长率下降或停滞、收入不平等和贫困高企等经济因素造成的。峰会期间，美国坚持以"美式价值观"为会议定调，反复强调美洲的"民主属性"，凸显以强化民主意识形态划界的特征。

（2）加大对拉战略投入。一方面，拜登政府积极回应拉方诉求，对标政策优先事项。此次峰会主题是"构建可持续、有韧性和公平的未来"，峰会筹备期间，美国初定的四个讨论议题为疫情应对和复原、绿色未来、公平增长和繁荣，以及强大的包容性民主。为回应拉美国家诉求，推动对拉政策议程，峰会调整为重点聚焦疫情应对和复原、气候变化、清洁能源、数字转型和民主治理五大领域。另一方面，通过一系列合作倡议和计划，拜登政府加大资源投入的承诺。关于新冠疫情应对，"美洲健康和复原力行动计划"承诺，美洲卫生组织将在5年内为拉美国家的50万名卫生工作者提供培训。关于气候变化，美国将提供3.31亿美元的人道主义援助，以解决该地区日益严重的粮食安全问题。关于移民，《洛杉矶移民和保护宣言》宣布美国将提供3.14亿美元的人道主义援助，以支持弱势移民。关于民主，"美洲民主治理行动计划"承诺拨款4200万美元用于支持中美洲的公民社会组织，三年内拨款7500万美元支持西半球300个社区公民组织。此外，拜登政府还将提供5亿美元援助打击有组织犯罪活动，以及私营部门投资 32 亿美元用于支持中美洲"源头治理"战略。

（3）对域外力量的排斥手段更为隐蔽。拜登政府明面上不在乎拉美国家在大国竞争中选边站，但是其在峰会上宣布的"美洲经济繁荣伙伴关系"计划，涵盖贸易、投资、供应链、能源转型和劳工权利五大领域，有明显对标中国"一带一路"倡议的意图。

2. 峰会暴露美拉关系结构性矛盾

（1）拜登政府"价值观外交"受挫。对拜登政府而言，此次峰会是 2021 年 12 月民主峰会的合理延伸，是再次重申强化民主和价值观的机会。在强调"支持民主和尊重人权是美国与整个美洲邻国交往的核心"之后，白宫以"不民主"为由拒绝邀请古巴、尼加拉瓜和委内瑞拉三国与会。遭到包括墨西哥、玻利维亚、阿根廷、洪都拉斯等多国领导人质疑，呼吁不要将任何国家排除在外，墨西哥总统洛佩斯直接质问"（这）是美洲峰会还是美国之友峰会？35 个美洲国家中，最后仅有 23 国领导人出席峰会"[1]。峰会上，美国提出了《美洲民主治理行动计划》原始草案，一些更为雄心勃勃的内容，如承诺向美洲国家组织选举观察团发出长期邀请，并建立一个区域机制来评估对民主的新威胁等，受到与会国抵制，因而没有被纳入最终行动计划。

（2）美国政策议程与拉美国家关切显著错位。第一，拜登更多关注地缘政治，拉美国家更多关注地缘经济。受乌克兰危机影响，美国对拉的总体战略中地缘政治主题的排序上升，对拉经济战略服从于大国竞争战略。拉美国家更多关注拜登在美洲峰会上能否推动新的区域经济议程，以解决经济复苏、疫苗需求、移民、贫困等现实挑战，摆脱当前发展困境。第二，拜登更多关注民主，拉美更多关注发展。拜登鼓吹价值观外交，强化对拉美地区的意识形态管控，不仅以独裁和破坏民主之由继续对委内瑞拉、古巴、尼加拉

---

[1] "2022 Summit of the Americas," https：//crsreports. congress. gov/product/pdf/IN/IN11934, accessed：2022-06-15.

瓜等国实施制裁，还以腐败和法治薄弱为由对其他拉美左翼领导人施压。拉美国家则具有更为强烈而持续的发展愿望，将经济复苏和发展作为政策的"第一要务"。第三，美拉双方利益诉求和实际能力之间的匹配度明显下降，双方业已存在的结构性矛盾在短期内无法解决，对彼此的期望值和现实之间的落差会导致新的矛盾，因此，美拉关系矛盾与斗争的一面始终存在，控制与反控制也将贯穿双方关系的始终。

3. 美拉关系调适成效受多重因素影响

未来，拜登政府对拉政策调整的成效将面临几个因素的影响。一是美国内政治的影响，包括中期选举和党派竞合需要，对华、对俄战略竞争需要。二是拉美地区意识形态分歧、政治极化和地区领导层的缺位，影响拉美国家参与多边主义的意愿，也影响拜登政府对拉政策效果。三是域外力量的竞争，包括中国因素影响力的上升，俄罗斯、伊朗等国的博弈。域外力量的竞争会影响拉美国家对外战略选择，一定程度上弱化拜登对拉政策调整的成效。

（四）巴西大选凸显意识形态分歧

2022年10月，巴西四年一度的大选正式开始，要选举总统、副总统、全部513名众议员和1/3的参议员及部分州的州长和副州长。在第一轮总统选举中，由劳工党、巴西共产党和绿党等组成的左翼巴西希望联盟候选人卢拉和自由党候选人、现任总统博索纳罗分别获得48.43%和43.20%的选票居前两位，进入30日的第二轮总统选举，卢拉以50.90%对49.10%的微弱优势战胜博索纳罗并赢得大选。

1. 以卢拉为首的左翼获胜的主要原因

一是民众对卢拉在21世纪初两个任期内使国家实现经济高速发展、社会减贫成效显著、对外关系彰显巴西大国地位等方面印象深刻。卢拉在第二个任期结束时支持率仍然非常高。二是卢拉为巴西第一位工人出身的总统，其成长经历及亲民形象使其极富领导力和个人魅力，赢得了民众尤其是中下层社会群体的广泛支持。三是博索纳罗执政期间，经济发展缓慢、通货膨胀率较高，贫困人口数量迅速增加，以及糟糕的抗议举措。四是博索纳罗个人一些反民主、反建制的不当言行破坏了自己的形象，引发民众和社会的担忧。如博索纳罗呼吁民众不遵守法院判决，称他和他的支持者"必须消灭"反对派劳工党①，对不投票给博索纳罗的选民进行威胁和报复活动等。五是博索纳罗未获得美国和国际社会的支持。2022 年 6 月，博索纳罗同美国总统拜登在美洲峰会期间会面。博索纳罗要求拜登政府支持他的选举，称卢拉胜选将违背美国利益。然而拜登却改变话题，转而强调保持巴西选举公正的重要性。② 2022 年 9 月，医学杂志《柳叶刀》社论就特别强调博索纳罗是"以反复无常和间接煽动暴力而著称的人"，希望巴西民众抓住大选这个"做出积极改变以减轻严重忽视、不平等和暴力的机会"③。在总统选举第二轮投票前，《自然》的一篇社论称现任博索纳罗的第二个任期将"对科学、民主和环境构成威胁"，并指出"巴西的选民有一个宝贵的机会开始重建博索纳罗被摧毁的东西。如果博索纳罗再任四年，造成的损害可能是无法弥补的"④。

2. 极右翼的"博索纳罗主义"不会消失，左右竞争仍将继续

（1）博索纳罗及其支持者并不承认也不接受选举的失败。尽管卢拉取得了胜利，但这并不意味着博索纳罗所代表的政党已被击败，博索纳罗所代表的思想远未消亡。有报道称，其支持者甚至希望通过政变阻止卢拉执政。2022 年 11 月 1 日开始，博索纳罗的支持者聚集，呼吁发动军事政变，抗议活动愈演愈烈。其间，巴西军队发表声明，称军队"知道如何解释其服务的人民的意愿"，士兵有"确保宪法权力、法律和秩序"的"使命"——这

---

① Folha Press，"Bolsonaro Radicaliza Discurso contra PT Após Novo Caso de Violência Política，" https：//www. bahianoticias. com. br/noticia/272330 - bolsonaro - radicaliza - discurso - contra - pt - apos-novo-caso-de-violencia-politica，accessed：2022-12-16.

② Eric Martin，"Brazil's Bolsonaro Asked Biden for Re-Election Help Against Lula，" https：// ampvideo. bnnbloomberg. ca/brazil-s-bolsonaro-asked-biden-for-re-election-help-against-lula- 1. 1777473，accessed：2022-12-16.

③ The Lancet，"New Beginnings for Latin America？" https：//ifz. org. br/2022/09/04/new - beginnings-for-latin-america/.

④ Adriano Machado，"There's Only One Choice in Brazil's Election — for the Country and the World，" https：//www. nature. com/articles/d41586-022-03388-y，accessed：2022-12-16.

一信息在支持博索纳罗的社交媒体网络中被解读为支持抗议活动。一些法律专家声称，抗议者呼吁军方起来反对新政府，这是在犯罪。巴西海军、陆军和空军发布了一份联合声明，称抗议不是"犯罪"，而是谴责"过度行为"。①

（2）博索纳罗所代表的极右翼仍保留着强大的影响力。大选后，博索纳罗所在的自由党是参众两院的第一大党，其所拥有的议席均超过劳工党。博索纳罗所代表的右翼不仅有军方和保守派基督徒的支持，还有强大的经济利益集团，尤其是农业综合企业的幕后支持——资金和意识形态。事实上，在博索纳罗竞选活动的前50名竞选捐助者中，有33人代表农业综合企业。农业综合企业是巴西高度工业化的部门，占2022年上半年巴西GDP的1/4以上和总出口的48.3%。农业综合企业覆盖了北部的大部分地区——从圣保罗到南部各州的重要地区、中西部的两个强大的州——马托格罗索州和南马托格罗索州，以及北部的罗赖马州。在博索纳罗担任总统期间，巴西的大部分收入都来自上述地区，因为农业部门受益于本国货币贬值和国际商品价格高企。即使没有博索纳罗掌权，农业综合企业也享有广泛的立法代表权，其在巴西建立的政治机器非常有效。在博索纳罗及其前任米歇尔·特梅尔担任总统期间，巴西议会农业阵线（FPA）以有组织和系统的方式促进了他们的利益，特别是拒绝了土著人的土地权利，使其合法用于农业生产。

3.卢拉政府的内外政策走向

在执政理念方面，卢拉第三任期可能更趋近于第一任期的务实主义，而不是第二任期具有意识形态色彩的发展主义。在具体政策方面，卢拉政府最为迫切的就是解决民生问题，这需要大量的资金支持，需要突破宪法规定的财政支出上限，执政联盟一方面要获得参众两院各政党的支持，另一方面也

① Latinnews, "Bolsonaro Fans Call for Military Coup," https：//www.latinnews.com/component/k2/item/94871.html? period=2022&archive=3&Itemid=6&cat_id=829550；brazil-bolsonaro-fans-call-for-military-coup, accessed：2022-12-16.

要防止被反对党抓住把柄。卢拉政府最有可能实现变化的就是在外交方面①，右翼政府执政的 6 年时间里无所作为，忙于处理内部事务，宣布退出"拉美和加勒比国家共同体"和"南美洲国家联盟"，卢拉认为这大大削弱了巴西的大国形象。卢拉联合拉美地区 12 个国家，主张建立新的南美洲国家联盟，改变此前联盟一票否决的一体化机制，重返"拉美和加勒比国家共同体"，这是卢拉政府重振巴西大国形象的重要一步。需要指出的是，巴西右翼仍然保持着强大的政治力量，这必将对卢拉政府的内外政策构成重大挑战。

三　2023年拉美地区形势展望

展望 2023 年，借共建"一带一路"倡议十周年的东风，基于中拉在抗疫中进一步夯实的合作关系，以及中拉经贸合作取得的显著成就，中拉关系发展将迎来新机遇。随着年初巴西新政府就职，标志拉美左翼全面回归后进入新的发展阶段，左翼政府的内外政策走向值得关注。

（一）中拉关系将迎来新的发展机遇

当前中拉关系已经进入平等、互利、创新、开放、惠民的新时代。展望 2023 年，中拉关系将迎来发展的新机遇，主要体现如下。其一，作为国际合作新平台，"一带一路"建设走深走实。2023 年是"一带一路"倡议提出十周年，中国将举办第三届"一带一路"国际合作高峰论坛。从理念到行动，"一带一路"将为中拉合作高质量发展提供广阔平台。其二，双方的结构性改革将持续释放改革红利。中国正在构建新发展格局以促进高质量发展，而拉美地区正在构建经济、社会、环境三位一体协调发展的模式，两者的进展和成效将提供合作新动力。其三，新技术、新业态和新产业的涌现将为合作开拓新领域。其四，区域一体化新趋势将赋予新契机。中国一直坚持

---

① Latinnews，"Foreign Affairs Emerge in Election Debate，"https：//www. latinnews. com/compone nt/k2/item/94138. html？period = 2022&archive = 33&Itemid = 6&cat _ id = 829058：brazil - foreign-affairs-emerge-in-election-debate，accessed：2022-12-16.

倡导建设开放型世界经济，这无疑会增加拉美国家参与亚太区域一体化的吸引力。其五，拉美地区新一轮左翼执政周期将为中拉合作凝聚更多共识，从而为全球治理贡献更多的发展中国家智慧。在上述背景下，中拉合作预计在如下方面获得新进展。

第一，以基建为抓手，共促"一带一路"高质量发展。中拉不仅要继续巩固铁路、公路、港口等传统基础设施合作优势，而且还要推动以数字基础设施为代表的新基建的合作，从而为新兴技术、产业和业态合作奠定基础。第二，坚持创新驱动，探索合作升级新动能。中拉合作已经步入提质增效的新阶段，除巩固农业、能矿等传统合作优势外，还要在"优化存量、寻找增量"方面下功夫。其中，数字经济和能源转型有可能成为促进合作升级的新动能。第三，坚持开放型经济，促进区域一体化合作。双边层面，中国将继续推进与巴拿马、哥伦比亚、乌拉圭和尼加拉瓜等国的自贸协定谈判。多边层面，金砖国家合作机制和金砖国家新开发银行对拉美国家的吸引力将增大。整体合作层面，拉美地区新一轮左翼执政周期将为中拉论坛的机制化建设注入新活力。第四，增进共同利益，完善全球治理体系。一方面，"金砖+"模式为南南合作、实现联合自强树立了典范；另一方面，拉美新一轮左翼执政周期为凝聚发展共识创造了良好环境。中拉双方将在国际组织机构改革、应对粮食、债务和能源危机以及促进可持续发展等方面维护共同利益和发展空间，努力提升国际话语权、议程设置权和规则制定权，推动全球治理体系向着更加公正合理的方向发展。

（二）左翼政府的内外政策走向值得关注

拉美政治呈现意识形态极化、政府政策温和化、政策主张社会化、非意识形态化和实用主义等趋势。左翼政府的政策更多着眼于民生和环保等议题，但将对外交政策进行大幅度调整。

1. 左翼的激进政策受挫，政策将趋于温和化和社会化

秘鲁的卡斯蒂略、智利的博里奇和哥伦比亚的佩特罗都以激进左翼的面目出现，主张国有化、绿色经济和停止采掘业新项目的批准等，但这些主张

在其执政后均遭到严重挑战。

卡斯蒂略在大选期间提出国有化和"社会盈利性"理念，即让采矿企业承担更多的社会责任。因此，在疫情中饱受失业和生活水平下降之苦的民众便把发动社会冲突、向采矿企业施压当成了摆脱困境的方式，造成矿业冲突事件大幅增长，国内矛盾积聚。卡斯蒂略在执政的16个月里3次受到弹劾，2022年12月7日最终被弹劾下台。继任总统迪娜·博鲁阿尔特以极左翼秘鲁自由党的名义当选，但却因政见不合而被开除党籍。她随后表示，"我来自左翼，但来自民主左翼，而不是极权主义或宗派主义"，承诺领导"一个民族团结的政府"①，并任命了一个以技术官僚为主的内阁。②

2022年9月，智利就新宪法进行全民公投，但未获通过，智利将继续沿用现行宪法。新宪法强调环境保护，主张自然资源国有化，遭到传统阶层的强烈反对。部分右翼甚至左翼议员在新宪法公投失败后宣布不再支持再次制定新宪法，但制宪会议大多数代表和左翼的博里奇政府坚持继续制定新宪法，取代皮诺切特时代的现行宪法。为使新宪法能够在将来的全民公投中通过，必须弱化某些改革措施，而这势必会遭到土著人等群体的坚决反对，博里奇政府的执政或许遭遇两面不讨好的境地。

哥伦比亚佩特罗总统的施政计划围绕"变革"展开，主张结束采掘主义的经济发展模式，进行土地改革，成立应对气候变化的"美洲阵线"，改革税制，向富人增加税收，使政府财政收入每年增加GDP的5.5%左右等。目前，佩特罗总统结束采掘主义的主张也遭到争议，甚至财政部部长解释说，"国家并没有做出禁止采掘项目的决定"③。

---

① Latinnews, "Boluarte Meets Political Parties as She Plans Unifying Cabinet," https：//www. latinnews. com/component/k2/item/95303. html? period = 2022&archive = 3&Itemid = 6&cat_ id = 829835：peru-boluarte-meets-political-parties-as-she-plans-unifying-cabinet，accessed：2022-12-17.

② Latinnews， "Boluarte Names Cabinet as Protests Turn Violent," https：//www. latinnews. com/component/k2/item/95329. html? period = 2022&archive = 3&Itemid = 6&cat_ id = 829848：peru-boluarte-names-cabinet-as-protests-turn-violent，accessed：2022-12-17.

③ Latinnews. "Confusion over Possible Ban on Hydrocarbons Exploration," https：//www. latinnews. com/component/k2/item/94554. html? period = 2022&archive = 3&Itemid = 6&cat_ id = 829352：colombia-confusion-over-possible-ban-on-hydrocarbon-exploration，accessed：2022-12-17.

2. 民生、环境保护等议题迫在眉睫，普遍重视矿业政策的调整

受新冠疫情冲击，拉美国家的贫困率再度上升，解决民生问题是各国政府对内政策的重中之重。智利总统博里奇主张废除原有的私人养老金管理机构，个人账户由原来雇员缴纳个人工资的10%提高到16%，由国家统一管理；为65岁以上的人逐步发放250000比索的全民基本养老金；大量恢复由女性主导的工作岗位；支持提高每月最低工资标准，减少工人每周工作时间，加强工会集体谈判和罢工权，保障工人权益。① 哥伦比亚的佩特罗总统主张保障弱势群体权益，设立"平等部"，让妇女获得公职50%的岗位，为非裔、世居民族和同性恋等群体制定保护政策等。

此外，在新冠疫情冲击下，只有矿业部门仍然保持活力，各国政府不可避免地将改革矿业政策放到重要位置，以增加财政收入。智利的博里奇政府推出采矿特许权法案，收紧该国的矿产资源开采政策，向矿业公司大幅增税。墨西哥的洛佩斯政府则在2022年将锂矿收归国有。此外，秘鲁和委内瑞拉都有这样的势头。

3. 大幅度调整外交政策

（1）推进地区一体化。哥伦比亚新政府的对外政策重点将向拉美地区倾斜，在地区层面上加强与安第斯共同体国家的合作。佩特罗表示将"恢复和加强与邻国的对话，以促进区域一体化"，并把团结拉美人民、重建"安第斯公约"和"加勒比公约"定义为新政府的首要任务。拉美其他左翼国家也有意和哥伦比亚共同推进地区一体化进程。墨西哥总统洛佩斯表示希望与佩特罗一道"把美洲打造成类似于欧盟那样的区域"②；阿根廷总统费

---

① Diego Vera, "PC Vuelve al Senado Después de Casi 50 Años con Triunfos de Daniel Núñez y Claudia Pascual," https://www.biobiochile.cl/noticias/nacional/chile/2021/11/22/pc-vuelve-al-senado-despues-de-casi-50-anos-con-triunfos-de-daniel-nunez-y-claudia-pascual.shtml, accessed: 2022-12-17.

② Ronald Payne, "AMLO Hails Progressive Advance in LatAm after Petro's Win in Colombia," https://24newsrecorder.com/world/175694, accessed: 2022-12-17.

尔南德斯则认为他的胜选"确保了拉美通往一体化的道路"①；智利总统博里奇也希望和佩特罗共同"为拉美的团结而奋斗"②。

（2）在气候变化问题上采取积极态度。佩特罗认为目前人类面临的共同挑战是气候变化和大规模战争带来的威胁，所以其政府制定对外政策将围绕"共同应对气候变化"、"防止地球生物多样性消失"以及"为世界和平搭建桥梁"等宏观领域展开。2022 年 9 月 23 日，英国关注环境的网站 Carbon Brief 发布了一份由牛津大学、国际应用系统分析研究所和巴西国家空间研究所的研究人员所做的报告，认为博索纳罗连任会导致亚马孙森林的砍伐速度加快，而如果 2022 年卢拉胜选，其环境政策将遏制森林砍伐，还可以减少温室气体排放。③

（3）恢复和改善与委内瑞拉和俄罗斯的关系。因对"委内瑞拉危机"持不同立场，哥伦比亚和俄罗斯的关系早已恶化。哥伦比亚谴责俄罗斯对马杜罗政府进行军事援助，而俄罗斯则对哥伦比亚伙同美国对抗委内瑞拉表示不满。哥伦比亚的佩特罗将一改哥伦比亚在外交上追随美国的传统，恢复和改善与委内瑞拉和俄罗斯的外交关系。

（三）美国在拉美地区战略空间受限

美国因素是影响拉美对外关系格局的主导变量。拜登政府对拉美地区存在一些中长期战略担忧，包括美国影响力的下降，中拉关系日益密切，古巴、尼加拉瓜和委内瑞拉三国未来走向，拉美国家选举中"对民主的矛盾

① Sofía Rojas, "Alberto Fernández y Cristina Kirchner Felicitaron a Gustavo Petro tras ser Electo Presidente de Colombia," https：//noticiasargentinas. com/politica/alberto－fernandez－y－cristina－kirchner－felicitaron-a-gustavo-petro-tras-ser-electo-presidente-de-colombia, accessed：2022-12-18.

② Cooperativa. cl, "Presidente Boric Felicitó a Gustavo Petro：Trabajaremos Juntos por la unidad de nuestro continente," https：//www. cooperativa. cl/noticias/pais/relaciones－exteriores/colombia/presidente- boric- felicito－a－gustavo－petro－trabajaremos－juntos－por－la/2022－06－19/190743. html, accessed：2022-12-18.

③ Josh Gabbatiss, "Bolsonaro Election Loss Could Cut Brazilian Amazon Deforestation by 89%," https：//ethicalhour. com/governance/analysis- bolsonaro- election- loss- could- cut- brazilian-amazon-deforestation-by-89/, accessed：2022-12-18.

心理"和"粉红浪潮"回归趋势。其中,现阶段拉美左翼的重新崛起引起了美国的高度警惕。有学者指出,拉美从未像今天这样由反美及左翼民粹领导人主导,美国在拉美的战略环境将急剧恶化,拜登政府应采取策略以应对拉美左翼浪潮。① 随着国际力量对比的深刻变化,以及拉美地区政治倾向的发展变化,美国在拉美地区战略空间受限将不可避免。当前美国对拉战略呈现以下发展趋势。

一是西半球战略北移倾向明显。拜登上台后,加大了对墨西哥、中美洲和加勒比地区的资源倾斜。美国发布的《2022年国家安全战略》报告也比较清晰地传送了西半球战略北移态势。报告指出,"西半球尤其是北美国家,是美国繁荣和复原力的关键贡献者"②。关于区域经济合作,美国提出首要任务是与加拿大和墨西哥合作。关于供应链回流,美"近岸"国家对美地缘经济价值不断提升。关于抗击新冠疫情、移民、粮食安全、气候变化、有组织犯罪等非传统安全议题,拜登政府的重点合作对象也是中北美地区。二是对拉合作泛安全化。除业已存在的传统和非传统安全领域合作,美对拉经贸、科技等领域的合作也存在泛安全化趋势。三是对拉政策下沉。2022年美洲峰会召开的同时,还举办了第九届公民社会论坛,第六届美洲青年论坛和第四届美洲CEO峰会。美国经常通过公民社会、青年、利益集团推进对拉战略目标。在国家战略层面受阻的情况下,拜登政府将更多地利用身份政治手段在拉美达到自身的战略目标。

美国对拉美战略的变化趋势表明,美国已经意识到即使在西半球自身也非无所不能,因而正在改变对拉美地区的看法和处理方式,目的是强化利益捆绑,将拉美国家纳入大国竞争的战略轨道,利用"决定性的十年"来维护美国的重要利益,在战略上制胜地缘政治竞争对手。

面临新一轮"粉红浪潮"的回归,南美有重新发展成为独立地缘政治

---

① R. Evan Ellis, "Preparing for Deterioration of the Latin America and Caribbean Strategic Environment," Center for Strategic and International Studies (CSIS), 2022 January.

② "National Security Strategy," https://www.whitehouse.gov/wp-content/uploads/2022/11/8-November-Combined-PDF-for-Upload.pdf, accessed: 2022-11-15.

地区的态势。其一，对大国的平衡外交共识。其二，在国际事务中，南美国家采取更多的独立立场。其三，卢拉的再度执政将改变该地区的"三缺"（缺乏团结、缺乏地区领导力、缺乏国际影响力）状态。卢拉代表着巴西传统外交政策立场的回归，更加强调多边主义和更加合作的国际姿态并重新发挥巴西促进地区一体化的核心作用。南美作为独立地缘政治地区的意义在于对外关系的独立和自主性的增强，有利于南美在大国战略竞争中形成独立的力量。南美能否成为多强竞合博弈的新中间地带，取决于大国对该地区战略价值的认识，也取决于其自身能否加强地区间的联合自强。

（四）"粉红浪潮"催生地区一体化新动力

2022年，随着卢拉当选巴西总统后，包括巴西、墨西哥、哥伦比亚、阿根廷、秘鲁、委内瑞拉和智利在内的拉美七个人口最多的国家已经或将要实现左翼执政。新一轮"粉红浪潮"全面回归，也给拉美地区一体化带来新希望和新动力。

1. 左翼全面回潮总体上有利于推进地区合作与一体化

有分析认为，拉美地区一体化的成功取决于各国政府之间的意识形态共识。近年来，地区国家政治和意识形态差异、各国在左翼与右翼政府之间存在的分歧成为地区一体化的重要障碍。巴西入列"粉红浪潮"，将成为促进地区一体化的积极因素，将进一步推动地区左翼的崛起。总体而言，意识形态上保持一致，有助于建立建设性的双边关系，并深化地区合作水平。

在此轮"粉红浪潮"全面回归之前，尤其2015～2018年拉美集体"向右转"期间，拉美地区在第一轮"左翼周期"下形成的某些一体化重要成果几乎被釜底抽薪。2017年8月，以反对委内瑞拉马杜罗政府为目标的"利马集团"成立，其中包括"南美洲国家联盟"成员国阿根廷、巴西、智利、哥伦比亚、巴拉圭和秘鲁等。成立于2004年的南美洲国家联盟正是在拉美第一轮"粉红浪潮"期间南美地区一体化的标志性成果。此后，哥伦比亚于2018年不仅率先退出该组织，而且于2019年与智利等国协商建立新的组织——"南美进步论坛"，来取代南美洲国家联盟。此后，巴拉圭、阿根廷、厄瓜多尔、巴西、智利和乌拉圭也相继宣布正式退出该联盟。巴西选择在玻利维亚向其移交轮值主席国时退出，厄瓜多尔不仅退出，而且收回了设在本国的联盟秘书处大楼。① 与此同时，拉美国家领导人之间明显的政治对立，往往与国内因素有关，这使得左翼执政和右翼执政的国家间的合作极其困难。巴西的博索纳罗等极右翼领导人与阿根廷的费尔南德斯和墨西哥的洛佩斯·奥夫拉多尔等左翼领导人之间的斗争不断。2019 年 8 月，博尔索纳罗对费尔南德斯使用了敌对言论，称他为"左派强盗"，费尔南德斯对巴西前总统卢拉表示同情而激怒了博索纳罗。② 地区国家领导人之间强烈的意识形态分歧则产生了对立的联盟，如中右翼政府建立的"南美进步论坛"和左翼组建的"普埃布拉集团"。

2. 拉美国家政府和民众对于地区一体化的积极态度

对于推进地区一体化，拉美国家左翼政府，尤其是即将就职的巴西卢拉政府，已经有了明确的措施。同时，拉美地区民众对地区一体化也保持了较高的支持率和热切期盼。巴西当选总统卢拉的施政主张集中体现于其竞选纲领《2023—2026 年巴西重建和转型计划》。其中，对于地区一体化的重要举措包括两方面。一方面，关于拉美地区内部一体化，其政策的关键词可总结为"回归"，主要表现就是"入群"。作为左翼政府，卢拉主张加强同南美洲国家联盟的合作，将重新加入"拉共体"，并加强其主导的南方共同市场（简称"南共市"）的内部的团结和凝聚力。另一方面，在推动国际合作方面，卢拉政策的关键词是"务实"，其采取的方式将是"平衡"。巴西将重新重视国际层面的合作，扩大其在地区和国际多边组织中的影响力，重树大国形象，摆脱博索纳罗政府执政后巴所处的孤立局面。同时，其既要平衡与美洲地区大国——美国的关系，还要平衡与世界其他地区的

---

① 李德鹏、思特格奇：《拉美区域主义的特点及影响因素》，《拉丁美洲研究》2022 年第 4 期。
② Federico Merke, Oliver Stuenkel, and Andreas E. Feldmann, "Reimagining Regional Governance in Latin America," https：//carnegieendowment. org/2021/06/24/reimagining-regional-governance-in-latin-america-pub-84813 ，accessed：2022-12-11.

合作关系。卢拉将继续坚持多边主义、加强南南合作、更加积极地参与金砖国家合作等。

据 2022 年 3 月"拉美晴雨表"的一份民调，拉美地区存在强烈支持地区一体化的舆论环境，这可能是地区领导人在实施联合合作和协调项目方面取得进展的一个令人鼓舞的因素。这份在拉美 18 个拉美国家所做的调查显示，71%的民众支持地区一体化进程。其中，16~25 岁的年轻人更加支持区域一体化（75%），男性（76%）又比女性（67%）支持比例更高一些。这表明拉美各国人民认识到，必须采取一体化和集体合作机制，从而应对从跨国犯罪到森林砍伐等面临的共同挑战。[1]

3. 地区一体化发展进程仍面临诸多挑战

近年来，拉美地区缺乏愿意支持区域合作或具有推动共同未来愿景所需政治影响力的领导人。不过，巴西卢拉即将执政毕竟增加了推进地区一体化成功的机会。作为地区面积最大国家的领导人，预计他会如其第二次担任总统期间推进地区合作那样，致力于加强该国的地区领导力（如成立美洲国家联盟南方联盟）。当前的"粉红浪潮"为拉美地区的团结对话提供了更多的机会，但短期内取得实质进展的前景仍然有限。虽然拉美国家领导人之间的意识形态共识是加强区域一体化的必要但非充分条件。在大多数情况下，地区各国之间的新联盟将不仅建立在意识形态联系的基础上，而且建立在各国人民之间合作的基础上，建立共享自然资源的机制、消除区域贫困，以及打击有组织犯罪、毒品贩运以及非法移民问题等。[2]同时，拉美地区现有区域组织的体制薄弱是阻碍一体化进程的最主要障碍之一。鉴于遵守不力和组织的多样性，过去几年区域组织的成就有限。在薄弱的拉美地区经济一体化方面，其原因在于贸易便利化、原产地规则统

---

[1] Sudfat Muhamad Mahmud, "What Are the Chances of Success of the Latin Regional Integration Project?" 2022-09-02, https://www.politics-dz.com/en/what-are-the-chances-of-success-of-the-latin-regional-integration-project/, accessed：2022-12-15.

[2] Federico Merke, Oliver Stuenkel, and Andreas E. Feldmann, "Reimagining Regional Governance in Latin America," https://carnegieendowment.org/2021/06/24/reimagining-regional-governance-in-latin-america-pub-84813, accessed：2022-12-15.

一等缺乏协调，而最重要的是缺乏建设将该地区各国联系在一起的有形基础设施的共同愿景。

课题组组长：柴 瑜

课题组成员：袁东振 高 程 刘维广 谌园庭

林 华 杨建民 杨志敏 张 勇

芦思姮 郭凌威

执 笔 人：杨志敏①

---

① 柴瑜，中国社会科学院拉丁美洲研究所所长、研究员；袁东振，中国社会科学院拉丁美洲研究所副所长、研究员；高程，中国社会科学院拉丁美洲研究所副所长、研究员；刘维广，中国社会科学院拉丁美洲研究所编审；谌园庭，中国社会科学院拉丁美洲研究所副研究员；林华，中国社会科学院拉丁美洲研究所副研究员；杨建民，中国社会科学院拉丁美洲研究所研究员；杨志敏，中国社会科学院拉丁美洲研究所研究员；张勇，中国社会科学院拉丁美洲研究所研究员；芦思姮，中国社会科学院拉丁美洲研究所副研究员；郭凌威，中国社会科学院拉丁美洲研究所助理研究员。

2022~2023年亚太地区形势分析与展望

摘　要：　2022年，受新冠疫情、乌克兰危机、全球通胀加剧等因素叠
加影响，亚太地区经济增速有所放缓，通胀和债务压力上
升。亚太主要力量调整安全政策，地区格局加速分化重组。
亚太地区政治局势总体稳定，但中小发展中国家的脆弱性凸
显。在热点方面，亚太数字经济发展迅速，数字经济治理博
弈加剧；美国加紧布局"印太战略"，推高地区海洋安全风
险；随着乌克兰危机不断外溢，亚太各国安全利益与诉求差
异显著；RCEP、IPEF并行发展，亚太区域合作机制碎片化
加剧。2023年，亚太地区经济增长动力与阻力并存，地区安
全形势将更趋复杂多变，部分国家内部稳定面临挑战，区域
合作机制一体化与碎片化相互交织。

关键词：　亚太地区　区域合作　大国博弈　地区安全

一　2022年亚太地区形势现状

2022年，受新冠疫情、乌克兰危机、全球通胀加剧等因素叠加影响，亚太地区经济增速有所放缓，通胀和债务压力上升。亚太主要力量调整安全政策、地区格局加速分化重组。亚太地区政治局势总体稳定，但旧有的政治难题尚未得到解决，新的热点问题又渐次浮现，中小发展中国家的脆弱性凸显，部分发达国家政局出现不稳定因素。

（一）亚太地区经济增速有所放缓，通胀和债务压力上升

2022年亚洲经济总体维持增长势头，但增速有所放缓、通胀压力上升。美联储多次大幅加息引发全球美元回流美国，亚洲经济体的货币政策趋于紧缩。由于亚洲一些发展中经济体的对外债务可能面临违约风险，亚洲各经济体将注重维持财政稳定以应对债务上升。

1. 地区经济增速有所放缓、通胀压力上升

2022年亚洲发展中经济体的经济复苏仍在继续，但新冠疫情带来的外部挑战和影响正在减缓其增长。美国和其他发达经济体收紧货币政策产生了负面溢出效应，削弱了全球对亚洲出口的需求，引发了亚洲地区经济增速放缓。9月，亚洲开发银行（简称亚开行）进一步更新了对2022年亚洲发展中经济体的经济增长率预测，从4月的5.23%下调至4.28%；同时将2023年的经济增长率预测从5.27%下调至4.89%。对2022年东亚的经济增长率预测从4月的4.73%下调至3.16%。对2022年南亚的经济增长率预测从6.95%下调至6.51%，对2023年南亚的经济增长率预测从7.43%降至6.51%。对东南亚2022年的经济增长率预测稍有上调，从2021年的3.29%上调至2022年的5.09%。根据亚开行的预测，除新加坡外，东南亚其他国家的经济增长率在2022年均提高，马来西亚从3.09%提高至6.0%、菲律宾从5.70%提高至6.50%、越南从2.58%提高至6.50%（见表1）。

表1 2021~2023年亚洲发展中经济体经济增长率

单位：%

项目	2021年	2022年		2023年	
		ADO2022	更新	ADO2022	更新
发展中经济体	6.96	5.23	4.28	5.27	4.89
发展中经济体（不包括中国）	5.86	5.46	5.27	5.77	5.26
东亚	7.67	4.73	3.16	4.48	4.24
蒙古国	1.40	2.30	1.70	5.60	4.90
中国	8.10	5.00	3.25	4.75	4.50

续表

项目	2021 年	2022 年		2023 年	
		ADO2022	更新	ADO2022	更新
韩国	4.15	3.03	2.60	2.60	2.30
南亚	8.10	6.95	6.51	7.43	6.51
孟加拉国	6.94	6.90	7.25	7.10	6.60
印度	8.68	7.50	7.00	8.00	7.20
巴基斯坦	5.70	4.00	6.00	4.50	3.50
斯里兰卡	3.30	2.40	-8.80	2.47	-3.30
东南亚	3.29	4.85	5.09	5.20	4.98
文莱	-1.59	4.20	2.20	3.60	3.60
柬埔寨	3.03	5.30	5.30	6.52	6.20
印度尼西亚	3.69	4.96	5.40	5.20	5.00
老挝	2.26	3.40	2.50	3.70	3.50
马来西亚	3.09	6.00	6.00	5.40	4.70
缅甸	-5.88	-0.30	2.00	2.60	2.60
菲律宾	5.70	6.00	6.50	6.30	6.30
新加坡	7.61	4.30	3.70	3.20	3.00
泰国	1.53	3.00	2.90	4.50	4.20
越南	2.58	6.50	6.50	6.70	6.70

注：ADO2022 为 Asian Development Outlook 2022（4 月）的预测数据，更新为 Asian Development Outlook Update 2022（9 月）的预测数据。

资料来源："GDP Growth, Asian Development Outlook Update 2022–September 2022（XLSX），" ADB，https：//data. adb. org/dataset/gdp － growth － asia － and － pacific － asian － development － outlook，accessed：2023-01-20。

亚洲发展中经济体的较高经济增长率主要是由国内需求增加拉动的，国内消费对总体经济增长的贡献有所增加，这标志着出口拉动型经济增长方式的重要转变。随着亚洲需求开始从商品转向服务，服务业的增长推动了地区经济体的复苏。

2022 年，亚洲发展中经济体的整体通胀率在上升，该地区平均通胀率从 1 月的 3.0% 增至 7 月的 5.3%。与 2015～2019 年疫情前平均水平相比，2022 年通胀率的持续上升已将地区通胀率推高了 2.5 个百分点，但通胀率仍然低于发达经济体（包括美国和欧元区）以及大多数新兴经济体。2022 年 9 月，亚开行将 2022 年亚洲发展中经济体的通胀率预测从 3.70% 上调至

4.48%，将2023年的通胀率预测从3.11%上调至4.05%（见表2）。通胀压力主要源于全球大宗商品价格上涨和供应链中断，尤其是食品和能源价格上涨。亚洲各国政府2022年采取了各种政策行动，旨在缓冲食品或能源价格上涨的影响。实施的政策中有一半以上是价格补贴或直接补贴、出口限制、暂停或削减税收。

表2 2021~2023年亚洲发展中经济体通货膨胀率

单位：%

项目	2021年	2022年		2023年	
		ADO2022	更新	ADO2022	更新
发展中经济体	2.54	3.70	4.48	3.11	4.05
发展中经济体(不包括中国)	4.11	5.05	6.58	4.17	5.54
东亚	1.10	2.37	2.52	1.99	2.52
蒙古国	7.10	12.40	14.70	9.30	11.60
中国	0.90	2.30	2.30	2.00	2.50
韩国	2.50	3.20	4.50	2.00	3.00
南亚	5.82	6.51	8.15	5.45	7.35
孟加拉国	5.55	6.00	6.15	5.90	6.70
印度	5.51	5.80	6.70	5.00	5.80
巴基斯坦	8.90	11.00	12.20	8.50	18.00
斯里兰卡	5.96	13.26	44.80	6.68	18.60
东南亚	2.04	3.70	5.15	3.14	4.12
文莱	1.70	1.60	3.50	1.00	2.00
柬埔寨	2.92	4.66	5.04	2.18	2.19
印度尼西亚	1.56	3.59	4.60	3.00	5.08
老挝	3.70	5.80	17.00	4.97	4.50
马来西亚	2.48	3.00	2.70	2.50	2.50
缅甸	3.60	8.00	16.00	8.50	8.50
菲律宾	3.90	4.20	5.30	3.30	4.30
新加坡	2.30	3.00	5.50	2.30	2.30
泰国	1.23	3.30	6.30	2.20	2.70
越南	1.84	3.80	3.80	4.00	4.00

注：ADO2022为Asian Development Outlook 2022（4月）的预测数据，更新为Asian Development Outlook Update 2022（9月）的预测数据。

资料来源："Inflation Rate, Asian Development Outlook Update 2022 – September 2022（XLSX），" ADB，https：//data. adb. org/dataset/inflation – rate – asia – and – pacific – asian – development – outlook，accessed：2023-01-20。

2. 亚洲经济体货币政策趋于紧缩

2022 年，持续的通货膨胀成为美联储面临的一大问题。2022 年 3 月 16 日，美联储宣布将联邦基金利率上调 25 个基点，开启了自 2018 年 12 月以来的首次加息。由此，美联储迈入紧缩货币政策周期，以应对持续上涨的通胀压力。美国需求持续旺盛，但受新冠疫情的严重影响，供给出现问题，这导致通胀率预期不断上行。在持续高通胀的压力下，美联储货币紧缩的力度超过预期，2022 年 3 月、5 月、6 月、7 月分别加息 25、50、75、75 个基点，加息频率加快，幅度加大。在美联储 9 月会议前，美国通胀率仍超出市场预期，远高于美联储 2% 的长期目标。9 月，美联储决定加息 75 个基点，将联邦基金利率目标区间抬升至了 3%～3.25%。11 月 2 日美联储将联邦基金利率目标区间上调 75 个基点，达到 3.75%～4%；12 月 14 日再次宣布上调联邦基金利率目标区间 50 个基点，达到 4.25%～4.50%。整体而言，2022 年 3 月 16 日至 12 月 15 日，美联储连续七次加息，累计加息 425 个基点。但美联储主席杰罗姆·鲍威尔（Jerome Powell）表示，尽管美联储采取了有力措施收紧货币政策，快速收紧的全部效果 2022 年底尚未显现。

美联储多次大幅加息引发全球美元回流美国，在全球范围内引发非美元货币对美元普遍贬值。其中，日元对美元贬值幅度在全球主要经济体中最高。4 月 28 日，日本央行宣布维持现行的货币政策宽松力度不变，使其收益率接近于零。[①] 与 2021 年末相比，截至 2022 年 8 月，日元对美元贬值 17.0%；到 2022 年 11 月，日元对美元贬值幅度达 30% 左右，汇率仅为 2011 年高点（75.32 日元兑换 1 美元）的一半左右；日元对美元汇率甚至一度跌破 150 日元兑换 1 美元大关，创 32 年以来新低。[②] 美联储加息导致日本金融市场的吸引力减弱，日美之间利差扩大被普遍看作本轮日元

---

① 张玉来：《日元贬值加剧日本经济不确定性》，光明网，2022 年 4 月 29 日，https：//m.gmw.cn/baijia/2022-04/29/1302922834.html，最后访问时间：2022 年 12 月 18 日。
② 丁红卫：《日元贬值影响日本经济（经济透视）》，中国经济网，2022 年 11 月 29 日，https：//baijiahao.baidu.com/s? id=1750790495980445597&wfr=spider&for=pc，最后访问时间：2022 年 12 月 18 日。

对美元贬值的主因，债利率巨大落差引发在日本的国际资本大幅流向美国。日本通胀率长期较低，迟迟达不到2%的目标，使得日本央行倾向于实施宽松的货币政策。在全球大宗商品价格高位运行、美联储大幅快速加息、日本国内产业结构调整等因素共同作用下，日元持续贬值，日本银行甚至不得不在外汇市场进行"非透明性干预"打击日元投机。[①]

美联储年内多次加息以抑制通胀，提高了美国安全资产的回报率，反过来，全球市场风险上升导致了投资者的"避险"心理，又进一步提升了美国资产的吸引力。[②] 亚洲发展中经济体出现了股市下跌、风险溢价上升、货币贬值和外国投资组合外流的情况，主要是由于全球经济增长放缓、通货膨胀压力加大和对美联储货币紧缩政策预期增强。亚洲发展中经济体的货币在第一季度贬值后，由于增长前景疲软和美元走强，第二季度贬值速度加快，亚洲发展中经济体的货币疲软在很大程度上反映了美元的强势。2022年上半年，亚洲发展中经济体的实际有效汇率对一篮子主要贸易伙伴货币的平均贬值幅度较低，而对美元的平均贬值较高。美元持续走强，引发了全球资本回流美国，进而对新兴市场国家带来较大的货币贬值压力，特别是对于抗风险能力较弱的国家，其货币贬值风险激增。据国际金融协会（IIF）的统计，2022年3月美联储停止资产购买并向市场释放缩表预期，导致新兴市场的投资组合流出98亿美元。其中，股票和债券市场分别流出67亿美元和31亿美元。货币紧缩加速、通胀率上升以及主要贸易伙伴增长放缓带来的负面溢出效应提升了地区风险溢价，自2022年第二季度以来，亚洲发展中经济体的货币持续走弱。

尽管亚洲发展中经济体的经济复苏缓慢，但该地区的通胀率因能源和食品价格上涨而上升。据亚洲开发行《亚洲经济展望2022：调动税收促进发展》预测，2022年亚洲发展中经济体的通胀压力仍将低于世界其他地区，

---

① 许坤：《对现阶段日元恶性贬值的思考》，《价格理论与实践》2022年第11期，第64页。

② 《亚洲发展中国家应对美联储加息表现较好但仍需为美元持续走强做好准备》，中国驻越南社会主义共和国大使馆经济商务处，2022年11月8日，http://vn.mofcom.gov.cn/article/jmxw/202211/20221103365885.shtml，最后访问时间：2022年12月18日。

但所有次区域的整体通胀率都会上升。① 随着通胀率上升，各国央行正争相提高利率。然而，金融一体化加速了全球金融环境趋紧的蔓延，提高利率扩大了彼此的政策影响。亚洲发展中经济体在 2021 年实施了一系列加息，并在 2022 年延续了这一趋势。除日本外，发达经济体 2022 年也开始加息。日元迅速贬值带来的负面影响同样不容忽视，对于能源资源严重依赖进口的日本经济而言，进口价格大幅上涨将会拖累其经济增长；此外，日元的迅速贬值还引发了各界对亚洲可能出现"货币战"的担忧。

3. 亚洲发展中经济体财政负担加重

新冠疫情引发的健康和经济冲击对亚洲经济体产生了深远影响。新冠疫情除了对个体的健康产生直接影响外，还扰乱了卫生保健系统。为了挽救生命和减少经济损失，各国广泛采取预算内和预算外财政措施，增加支出，削减税收，并辅以货币政策支持。几乎所有经济体宣布的财政刺激措施都包括与健康相关的支出，这些支出占了财政支出的大部分。卫生支出主要是用于治疗新冠病例的医疗支出，包括卫生专业人员工资、呼吸机和其他关键医疗设备支出以及实验室检测支出。非健康相关支出侧重于直接支持家庭和缓解企业压力。例如，向受疫情严重影响的关键行业提供了财政支持，包括贷款利息延期偿还、赠款和贷款担保；对企业的支持侧重于补贴，包括引入工资补贴以鼓励企业留住员工、对流动资金贷款的利息支付进行补贴。

在亚洲发展中经济体，新冠疫情的财政应对措施通常是在疫情最严重的时候提供临时救济，许多经济体在宣布财政应对措施时规定了明确的时限。如果支出居高不下、收入减少、赤字严重、疫苗推广缓慢，这些经济体应对新冠疫情的财政措施可能要持续下去。新冠疫情后地区经济复苏，亚洲社会可能需要更多的公共物品和再分配，政府支出将大幅增加。亚洲的一些发展中经济体为了确保居民收入和经济增长，需要加大财政支持力度。预计许多

---

① Asian Development Bank，"Asian Development Outlook 2022：Mobilizing Taxes for Development，" Manila：Asian Development Bank，2022.

亚洲发展中经济体的产出仍将在一段时间内低于疫情前的水平，长期的产出损失会降低税收。[1] 还有一种风险是疫情对就业、资本积累和生产力的影响，可能降低潜在产出。[2] 亚洲发展中经济体还将在未来几十年面临额外的财政负担，特别是与气候变化和老龄化有关的财政负担。

随着全球利率回升、金融环境收紧，激增的全球债务可能使经济的脆弱性凸显。IIF 数据显示，2021 年全球债务总额达到 303 万亿美元，创历史新高。亚洲经济体实施大规模财政刺激措施以应对重大经济衰退，更高的财政赤字导致政府债务水平显著增加。就整个亚洲发展中经济体而言，平均公共债务总额占 GDP 的比重从 2019 年的 51.9% 上升到 2021 的 65.3%，预计在未来几年还会进一步上升。另一个令人担忧的问题是，即使该地区许多经济体公共债务水平相对较低，但私人债务规模更大，而且还在继续上升。亚开行评估认为，由于通胀压力上升、汇率贬值和金融环境不稳定，亚洲发展中经济体的货币政策紧缩步伐加快，经济增长放缓，财政收入减少。政府增加支出以帮助家庭和企业应对食品和能源价格上涨，这将影响政府的财政平衡。亚洲各国政府还面临因利率上升带来的偿债成本上升问题。[3]

政府可能被迫支持面临债务困境的私人借款人，只考虑公共债务的数额可能低估了政府资产负债表的压力。[4] 随着亚洲货币贬值，政府和企业以美元计价的债务负担加重，显示债务违约担忧程度的信用违约互换（CDS）费率在多国上升。到 2022 年 8 月，国债 CDS 费率（5 年期）在菲律宾上涨了

① Asian Development Bank, "Asian Development Outlook 2022: Mobilizing Taxes for Development," Manila: Asian Development Bank, 2022.

② John Fernald and Li Huiyu, "The Impact of COVID on Potential Output," Federal Reserve Bank of San Francisco, San Francisco, CA. September 2021, https://doi.org/10.24148/wp2021-09.

③ Asian Development Bank, "Asian Development Outlook 2022: Mobilizing Taxes for Development," Manila: Asian Development Bank, 2022.

④ Eugenia Go, Sam Hill, Maria Hanna Jaber, Yothin Jinjarak, Donghyun Park, and Anton Ragos: "Developing Asia's Fiscal Landscape and Challenges," ADB Economics Working Paper Series No. 665, June 2022.

1.3%，在印尼上涨了 1.4%，均飙升至 3 月底的两倍左右。① 国际货币基金组织（IMF）关于亚洲地区最新展望的报告显示，新冠疫情暴发后，公共和私人部门的债务状况都恶化了，这是经济增长放缓、利率升高与债务水平上升的结果。IMF 警告，亚洲一些发展中经济体的对外债务可能面临违约风险，亚洲发展中经济体必须注重维持财政稳定，以应对债务上升以及维持货币政策。

（二）亚太主要力量调整安全政策，地区格局加速分化重组

2022 年，在中美博弈加剧、乌克兰危机爆发以及台海局势升温等因素的冲击下，亚太主要国家与地区组织不断调整安全政策，地区格局加速分化重组。美国与日本、澳大利亚、韩国等盟国加强阵营化建设；印度国力增长迅速，战略自主性加强，在美俄间左右逢源，对南亚事务则加强"管控"；东盟各国战略主动性也在回升，试图在成功举办三大主场外交的基础上，继续推动"新不结盟运动"。

1. 美国及其亚太盟国加快阵营化建设

2022 年 2 月，新版《美国印太战略》发布，声称中国"胁迫"和"侵略"全球，在"印太"地区尤为严重；"印太"地区的战略态势将"界定国际秩序的基本性质"，因此，"美国必须在该地区发挥更有效、持久的作用"。② 5 月，美国国务卿安东尼·布林肯再次声称，尽管乌克兰危机爆发，但中国"仍是国际秩序最严峻、最具长期性的挑战"③。

日本高度重视并积极维护美日同盟，努力实现美日军事战略、战术的进

---

① 《国际货币基金组织警告亚洲面临债务上升风险》，中国商务部网站，2022 年 8 月 8 日，http：//vn. mofcom. gov. cn/article/jmxw/202208/20220803338697. shtml，最后访问时间：2022 年 12 月 18 日。

② The White House, *Indo - Pacific Strategy of the United States*, February 2022, https：//www. whitehouse. gov/wp-content/uploads/2022/02/U. S. -Indo-Pacific-Strategy. pdf, accessed：2022-12-11.

③ Antony J. Blinken, The Administration's Approach to the People's Republic of China, United States Department of State, May 26, 2022, https：//www. state. gov/the - administrations - approach-to-the-peoples-republic-of-china/, accessed：2022-12-15.

一步统合对接，提升日本自身的战略威慑力。围绕朝鲜半岛、台海问题等亚太安全热点，日本加强与美国协调，拟定共同作战计划、共享后勤设施并大幅提升联训频率，增强实战化水平。以美日同盟为核心，日本加强与美国其他盟国的战略合作。2022年1月，日本与澳大利亚签署《互惠准入协定》，就两国军队相互访问和物资运输做出便利化安排，标志着日澳防务关系已初具"准同盟"性质。12月，日本与澳大利亚举行外长、防长"2+2"会谈，发表的联合声明中称"强化日美澳三边防卫合作"。日本还与德国、加拿大商签《军事情报保护协定》，试图融入美西方的军事情报网络。此外，2022年日本政府首脑首次参加北约峰会，正式加入北约网络防御中心，其与北约围绕情报共享、军事演训和装备技术领域的合作正在不断加深。①

在对华政策上，日本新版《国家安保战略》将中国定位为"前所未有的战略挑战"，进一步加强针对中国的军事能力建设。近年来，日本主动与美国深度绑定，依托美国盟国体系不断在涉疆、涉藏、涉港、涉台问题上触及中日关系红线，不仅激化中日之间固有的政治安全结构性矛盾，而且导致两国合作性较强的经济领域竞争性、对抗性上升。

2022年5月，尹锡悦政府执政后，韩国从战略模糊转向战略清晰，提出要与美国构建"全球全面战略同盟"，美国给予积极回应。在安全领域，美韩同盟动向值得高度警惕。在美国主导下，美日韩三边关系进一步强化。尹锡悦政府承诺重续《韩日军事情报保护协定》，美日韩先后举行三边防长会议与首脑会议，提出重新举行已经中断五年的美日韩联合军演。韩国还在经济、科技、网络安全等领域深度参与美国的地区议程，包括加入美国所谓"芯片四方联盟"机制。11月发布的美日韩三边伙伴关系联合声明称，将启动"美日韩经济安全对话"，加强关键和新型技术合作、保护关键基础设施、加强关键矿产供应链韧性和多样化等。

虽然尹锡悦政府表示在"相互尊重"的基础上发展中韩关系，围绕经

---

① 项昊宇：《日本军力"突围"，加剧阵营对抗风险》，https：//opinion. huanqiu. com/article/4Atxvr2v3Z9，最后访问时间：2022年12月17日。

济、公共卫生、气候变化和文化交流等领域扩大和深化中韩合作，但其"疏华倚美"态势明显，在涉海、涉台问题上紧跟美国步伐。2022年美韩峰会联合声明不仅提及南海问题，而且强调"保持台湾海峡和平与稳定对维护印太地区安全与繁荣至关重要"。

2022年5月，澳大利亚举行大选，工党大获全胜并独立组建新政府。阿尔巴尼斯（Anthony Albanese）政府上台后，对原有澳大利亚外交、安全政策有继承，也有改变。首先，美澳同盟始终是澳大利亚外交的基石。阿尔巴尼斯政府强调美澳同盟关系对澳的重要性前所未有，美国的深入参与"对印太地区的稳定与繁荣至关重要"。因此，阿尔巴尼斯就职伊始就出访日本并参加美日印澳"四边机制"峰会，并表示澳大利亚的优先事项与"四边机制"议程高度一致，将进一步提升经济、网络、能源、环境与健康等各领域的安全事宜，与美国共建"更具韧性的印太地区"。阿尔巴尼斯政府支持"美英澳三边安全伙伴关系"（AUKUS），认为这不仅使澳大利亚拥有了核动力潜艇，而且有助于加速发展量子技术、人工智能、高超音速和反高超音速技术等先进防御能力。①

其次，在南太平洋事务上，澳大利亚积极与美加强战略协调与合作，加大与中国在南太平洋地区的战略争夺。阿尔巴尼斯政府批评莫里森政府忽视南太平洋地区，尤其是在气候变化问题上明进实退。6月，澳大利亚外长黄英贤密集性访问南太平洋国家，力阻南太平洋国家与中国签署经济、安全一揽子合作协议。同时，澳大利亚建议依托"太平洋岛国论坛"，谋求应对太平洋安全的解决方案，并承诺将气候变化纳入澳大利亚的国防规划和外交，为南太平洋国家应对气候变化提供援助。同月，澳大利亚与美国、日本、英国、新西兰建立"太平洋合作伙伴关系"，共同应对"基于规则的自由开放国际秩序承压上升"等挑战，同太平洋岛国在气候变化、海上安全、卫生等领域开展合作。

---

① "Address：IISS 19th Shangri - La Dialogue, Singapore," Australian Government, June 11, 2022, https：//www. minister. defence. gov. au/speeches/2022 - 06 - 11/address - iiss - 19th - shangri - la - dialogue-singapore，accessed：2022-12-18.

在对华关系上，阿尔巴尼斯政府有意回调前任政府的激进政策。2022年7月，阿尔巴尼斯表示希望中国能够取消对澳大利亚的制裁措施，在双方认同的范围内开展新的经济合作。中澳元首11月15日在巴厘岛会晤，习近平主席指出，"中澳之间从来没有根本利害冲突……中方重视澳方近期展现的改善和发展两国关系的意愿。双方应该总结经验教训，探讨如何推动两国关系重回正确轨道并可持续地向前发展"；阿尔巴尼斯则表示，澳方愿意"同中方共同努力，通过建设性、坦诚对话沟通缩小分歧，推动澳中关系稳定发展，并就应对气候变化、经贸等重要问题开展更多合作"。① 中澳关系能否实质性改善还要看澳大利亚的实际行动，而受国际大环境影响，澳方短期内恐难以在关键问题上回调立场。

2. 印度、东盟积极追求战略自主地位

2022年，印度国内形势整体良好。根据IMF在9月发布的数据，印度已经成为全球第五大经济体。根据最新预测，到2030年，印度将超过日本、德国，成为全球第三大经济体。② 联合国预测，2023年印度将成为全球第一人口大国，这为印度经济发展提供了重要的劳动力资源和市场。该国执政党印度人民党仍然保持"一党独大"的政治格局，从而为莫迪政府继续执行"多向结盟"的外交政策、在国际事务中发挥大国作用提供支撑。所谓"多向结盟"战略，突出特点是以夯实印度战略自主地位为宗旨、以美国等西方国家为侧重进行议题式战略合作，该战略重在强调印度与美国等西方国家在战略层面和意识形态层面的同盟化，但是刻意回避了在实操层面特别是军事实操层面的同盟化，以避免印度被美国拖入军事冲突的旋涡。③

乌克兰危机爆发后，印度的"多向结盟"战略尤为凸显。印度不但拒绝加入"反俄阵营"，反而加大与俄罗斯的能源贸易往来。美国等西方国家

---

① 黄尹甲子、郝亚琳：《习近平会见澳大利亚总理阿尔巴尼斯》，中国政府网，2022年11月15日，https：//www.gov.cn/xinwen/2022－11/content.5727108.htm，最后访问时间：2022年12月18日。

② 《加码印度，他们看重的是什么》，《国际商报》2022年12月12日，第4版。

③ 胡仕胜：《美西方拉拢下，印度将会怎样迎合》，《世界知识》2022年第13期，第15页。

纷纷与印度开展外交互动，目的是"劝印制俄"。但最终被成功游说的不是印度，却是西方国家，其根本原因是印度被视为影响中美战略博弈走向的关键。美国不仅许诺将深化美印防务合作，帮助印度减轻对俄罗斯的武器装备依赖，而且和其他西方国家在基建和传统产业链领域扶助印度。在南亚地区事务中，美国也默许了印度的主导地位，并鼓励印度成为地区安全的"净提供者"。作为回报，印度明显加强了同美国等西方国家的战略合作，以期追求自身安全利益最大化，尤其是"平衡中国的地区和全球影响力"。2022年，美日印澳"四边机制"仍然是印度参与美国"印太战略"的重要途径。11月，美日印澳四国再次举行"马拉巴尔"大规模海上联合演习。印度改变了排斥美国染指南亚其他国家的传统思维，默许美国强化与南亚国家的安全合作。印度还成为印太经济框架（IPEF）的创始成员国，参加了该框架下供应链、绿色低碳和公平经济三个支柱领域的谈判。

不过，印度与美国等西方国家的战略合作也存在"天花板"。例如，9月在参加了 IPEF 首轮部长级会议后，印度宣布暂时退出该框架四大支柱之一的贸易领域谈判。[①] 印度还加强了参与上海合作组织的力度，与东盟建立了全面战略伙伴关系。从 2022 年 12 月开始，印度成为 2023 年度二十国集团（G20）轮值主席国。在自身实力不断增长的前提下，印度倾向于借助各类多边主义平台，坚持其所声称的独立自主外交传统及追求大国地位的雄心。

2022 年，东盟致力于加强"统一性"建设，提升战略主动性，以应对中美战略博弈带来的外交压力，尤其是对其"中心地位"造成的冲击。

首先，美国及其盟国继续加大对东南亚地区的投入。2022 年 2 月出台的新版《美国印太战略》提及"东南亚""东盟"数十次，频次位居各国各区域之首。5 月，美国—东盟举行第二次特别峰会，显示在乌克兰危机背景下美国依然重视发展与东盟的关系。美国还推动美日印澳"四边机制"

---

① 王瀚沚：《在上合组织的积极作为展现印度大国雄心》，《世界知识》2022 年第 22 期，第 22 页。

对接东盟；日本加强对东南亚国家的军事影响，与菲律宾、印尼建立两国外交部长与国防部长同时参与对话的"2+2"机制，就强化防务合作达成共识。面对美国及其盟国伸出的"橄榄枝"，东盟清楚地认识到，美国的根本目的是将其拉入反华的阵营，而一旦放弃"大国平衡"立场，自身的"统一性"和"中心性"将面临严峻考验。虽然当前美国及其盟国声称支持东盟的中心地位，但是美日印澳"四边机制""美英澳三边安全伙伴关系"等一系列美国主导的小多边机制却正在削弱东盟在地区合作中的话语权。因此，东盟必须采取一系列措施加强内部团结，重塑地区中心地位。

其次，东盟外交2022年最大的亮点是作为东盟、G20和亚太经合组织（APEC）轮值主席国的柬埔寨、印尼和泰国，先后成功举办了三大主场外交。这体现了东盟对地区与国际事务的协调能力，践行了东盟主张的包容、开放的区域主义。尤其是印尼顶住来自西方国家的压力，坚持邀请乌克兰和俄罗斯参加G20峰会，并且印尼总统佐科亲自出访俄乌两国加以斡旋。

再次，东盟坚持"大国平衡"政策。一方面，东盟保持与中美的对话沟通，呼吁中美保持克制，达成战略包容，在气候变化、全球公共卫生和核不扩散等领域具有共同利益的问题上加强合作；另一方面，东盟同步升级与中美的对话伙伴关系。继2021年底与中国建立全面战略伙伴关系后，2022年底东盟与美国也建立了全面战略伙伴关系。在经济领域，东盟在与中国推动《区域全面经济伙伴关系协定》（RCEP）落地实施的同时，有7个东盟成员国还作为创始成员国参加了美国主导的IPEF。对此，东盟认为，多国多方案在东南亚的对接有利于东盟吸引投资，促进区域繁荣发展。

最后，东盟还积极拓展第三方合作，加强与日本、澳大利亚、印度、欧盟等国家与地区组织的对话，以增加战略回旋空间。2022年11月，在第二届年度经济课题对策全球会议期间，新加坡外长维文（Vivian Balakrishnan）表示，中美以外的国家可以在科学、技术和供应链方面加强合作，推动"新不结盟运动"，建立一个多级、开放和以规则为基础的大环境。虽然新加坡提出的技术领域的"新不结盟运动"是否能达成尚不知晓，但其表达了地区中小国家最大限度地拒绝"选边站"的立场。① 在 G20 峰会期间，印尼总统佐科也表示，东盟拒绝成为大国博弈的"代理人"。

（三）中小发展中国家脆弱性凸显，部分发达国家政局出现不稳定因素

2022 年亚太地区政治局势总体稳定，但旧有的政治难题尚未得到解决，新的热点问题又渐次浮现。乌克兰危机、新冠疫情以及极端天气引发的自然灾害等因素对各国政治局势产生了复杂影响，发达国家、发展中大国总体韧性较强，而中小发展中国家的脆弱性凸显。

1. 旧有的政治难题尚未得到解决

2021 年缅甸军人掌握政权和阿富汗塔利班（以下简称阿塔）重新执掌阿富汗曾引发国际社会高度关注。2022 年 2 月乌克兰危机爆发后，国际社会对缅甸、阿富汗两国的关注明显减少，但并不意味着两国政治局势趋于稳定。实际上，两国国内局势并未出现有效改观，政治持续动荡。

从缅甸国内的情况来看，军政府没有如约在 2022 年初结束原定为期一年的国家紧急状态，而是于 2022 年 1 月 31 日由缅甸国防和安全委员会宣布延长全国紧急状态 6 个月。2022 年 7 月 31 日，该委员会决定再次延长全国紧急状态 6 个月。2023 年 2 月 1 日，该委员会宣布再次延长全国紧急状态 6 个月。由此看来，缅甸如期结束紧急状态的可能性较低。两年来，缅甸国内民主转型进程停滞，暴力冲突激化。"民族团结政府"与军政府互不承认。不仅如此，军政府与各少数民族地方武装之间的冲突在多地频发，其与政治斗争相互交织，加剧了政治动荡。在社会层面，反对军政府的民众频繁进行街头抗议，部分极端人士甚至袭击政府机构、军事设施、医院、学校等，加剧了社会混乱。从国际上来看，东盟等国际力量对缅甸政治的影响极为有限，缅甸实现民族和解和政治稳定仍任重道远。

---

① 《维文：中美若无法妥协，其他国家可推动科技领域"不结盟运动"》，〔新加坡〕《联合早报》2022 年 11 月 11 日，https://www.zaobao.com/news/singapore/story20221111-1331855，最后访问时间：2022 年 12 月 19 日。

阿富汗的政治难题仍未解决。在2021年阿塔重掌政权之初，国际社会对其有较高的期待。在美军撤出、国内政治和军事反对派无力挑战阿塔执政的形势下，阿塔与"伊斯兰国呼罗珊分支"的矛盾已经成为阿富汗核心安全矛盾。[①] "伊斯兰国"在意识形态、"圣战"领导权等方面对阿塔政权构成严峻的挑战。2022年，极端组织"伊斯兰国"表现活跃。2022年11月30日和12月2日，阿富汗北部萨曼甘省艾巴克市的一所伊斯兰教学校和位于阿富汗首都喀布尔的巴基斯坦驻阿大使馆先后遭到袭击，目标直指巴基斯坦。随后"伊斯兰国"在社交媒体平台发表声明，宣称"对12月2日巴基斯坦驻阿富汗大使馆的遇袭事件负责"，称其目标是"大使馆庭院内的大使及其警卫"。12月12日，喀布尔由中国人经营的"桂园酒店"遭遇袭击，5名中国公民受伤，3名袭击者被击毙。随后，极端组织"伊斯兰国呼罗珊分支"宣称对酒店袭击事件负责。在阿塔取得国内政治控制权之际，巴基斯坦乐见并支持与其存在历史联系的阿塔获得更大的政治发言权，进而在本国西侧建立友好政权。[②] 中国也与阿塔政权进行了积极接触。但从当前的情况来看，阿富汗仍然是暴恐活动多发地，袭击意在放大国际社会对阿塔执政能力的质疑，吓阻国际投资。

2. 中小发展中国家的脆弱性凸显

"屋漏偏逢连夜雨"。尚未从新冠疫情中复苏的不少发展中国家又遭遇了乌克兰危机带来的粮食危机、能源危机等多重危机，经济下滑、通货膨胀、游行示威不断，社会和政治陷入动荡。斯里兰卡、巴基斯坦等国情况尤为严重。

斯里兰卡是印度洋上的岛国，地理位置接近赤道，终年如夏，风景秀丽，素有"印度洋上的明珠"之称。根据世界银行的数据，2019年斯里兰

---

① 王世达：《阿富汗大变局：地缘政治和安全格局的演变》，《俄罗斯东欧中亚研究》2022年第1期，第17～31页。

② 王世达：《阿富汗大变局：地缘政治和安全格局的演变》，《俄罗斯东欧中亚研究》2022年第1期，第17～31页。

卡人均 GDP 达到 4082.7 美元。① 不仅如此，斯里兰卡还保持着南亚地区最高的人类发展指数（HDI）。在联合国开发计划署发布的 2019 年世界各国人类发展指数中，斯里兰卡属于高人类发展指数国家，其中人均预期寿命（76 岁）和人均受教育年限（10.6 年）两个指标得分均高于许多同等收入水平的发展中国家。② 原本一片和谐发展的景象之所以急转直下，原因有四。

第一，2019 年 4 月 21 日复活节当日，斯里兰卡遭遇严重恐怖袭击，包括首都科伦坡等地的多家酒店、教堂等连续发生多起爆炸事件，造成数百人死亡，包括数十名外国人。由于旅游业是斯里兰卡经济的重要组成部分，恐怖袭击对旅游业造成了致命冲击。之后在新冠疫情和乌克兰危机的冲击下，该国旅游业进一步下滑，恐怖袭击的发生也重挫了海外投资者对斯里兰卡的信心。

第二，斯里兰卡粮食危机引发全社会危机。斯里兰卡农业约占国内生产总值的 7%，以种植园经济为主，主要作物有茶叶、橡胶、椰子和稻米。斯里兰卡政府长期实行大米补贴制度。2021 年，斯里兰卡政府颁布了绿色农业法令，主张使用无机肥料和实施农药禁令，导致该国农业生产规模大幅下降，不得不以高价进口粮食。由于斯里兰卡国内粮食短缺和食品价格上涨，通货膨胀水平被进一步推高。2022 年乌克兰危机爆发后，国际市场粮食价格大幅上涨，斯里兰卡粮食供应和财政状况迅速恶化，进而引发严重的经济、社会和政治危机。联合国世界粮食计划署 2022 年 7 月发布的斯里兰卡形势报告显示，该国每 10 户家庭中有 3 户正面临粮食不安全状况，涉及人口达 626 万人。2022 年 6 月，斯里兰卡的食品价格上涨了 57.4%。急剧上涨的食品价格限制了人们获取充足且有营养的食物。③

第三，斯里兰卡政府陷入主权债务违约的境地。发展中经济体在全球资

---

① The World Bank，https：//data. worldbank. org. cn/country/sri - lanka？view = chart，accessed：2023-03-06.

② UNDP，https：//hdr. undp. org/data - center/specific - country - data#/countries/LKA，accessed：2023-03-06.

③ WFP，"SriLanka：Situation Report," July 6, 2022, https：//reliefweb. int/report/sri-lanka/wfp-sri-lanka-situation-report-6-july-2022, accessed：2023-03-06.

本流动大潮中受到的冲击是巨大的。在2008年国际金融危机后，世界各主要经济体为应对危机都出台了较为宽松的货币政策，此时国际市场资本充裕，斯里兰卡以较低成本从国际市场募集了大量资金用于改善本国基础设施。而当国际环境变化、资本向发达国家回流，发展中国家国内经济很快出现困难。越是困难，越需要外部资金援助；可正因国内经济困难，国际评级机构不断下调对它的主权信用评级，使其借贷成本上升，令国际资本对该国"避之唯恐不及"。2022年5月，斯里兰卡自1948年独立以来首次出现主权债务违约。①

第四，经济、社会危机演化为政治危机。随着经济、社会危机的深化，不满的民众走上街头举行游行示威，并愤而冲入总统官邸。在巨大的压力下，2022年7月，时任总理拉尼尔·维克拉马辛哈（Ranil Wickremesinghe）和总统戈塔巴雅·拉贾帕克萨（Gotabhaya Rajapaksa）相继宣布辞职。斯里兰卡陷入社会和政治动荡。

2022年巴基斯坦政局动荡，时任总理伊姆兰·汗（Imran Khan）被弹劾下台，反对派领导人夏巴兹·谢里夫（Shahbaz Sharif）上台执政。巴基斯坦曾于2018年7月25日举行国民议会选举，汗领导的正义运动党（PTI）赢得胜利，成为国民议会第一大党。由于该党在选举中没有获得绝对多数，不得不与一些小党和独立派联合组阁。汗曾推出清洁能源计划、扩大社会福利、对精英阶层加税、鼓励出口等政策措施，但四年间巴经济和社会问题没能得到缓解。根据巴基斯坦国家银行的数据，受疫情影响，巴基斯坦的外债急剧上升。通货膨胀率和消费者物价指数近年来也大幅上涨。巴基斯坦货币卢比大幅贬值，中产阶级的消费能力大为缩水。此外，汗没能满足支持他组阁的那些小党派的愿望。比如，联合政府中的统一民族运动党希望他上台后能够为自己的大本营卡拉奇带来更多发展机会，但这一愿望始终未能实现。这为其被弹劾下台埋下了伏笔。

在巴基斯坦内政的关键时期，2022年2月23~24日汗率团访问俄罗斯，这是自1999年以来巴基斯坦总理首次访问俄罗斯。访问前，巴基斯坦媒体

---

① 刘小雪：《斯里兰卡危机为何愈演越烈》，《世界知识》2022年第15期，第26~27页。

将汗的莫斯科之行称为"历史性访问"，认为此次访问将为两国关系谱写新篇章。这场原本被寄予厚望的访问却因为 24 日俄罗斯宣布对乌克兰发动"特别军事行动"而被赋予了特殊的含义。在"特别军事行动"的号角吹响后，俄罗斯总统普京会见了汗，后者因此受到西方强烈批评。2022 年 3 月 1 日，包括欧盟成员国在内的 22 个驻巴基斯坦首都伊斯兰堡外交使团的负责人联名致信，要求巴基斯坦支持联合国大会谴责俄罗斯对乌克兰发动"特别军事行动"的决议。汗表示，巴基斯坦是俄罗斯的朋友，也是美国的朋友，还是中国和欧洲的朋友；我们不属于任何阵营，巴基斯坦将保持"中立"，并与那些致力于结束乌克兰危机的国家合作。①

然而，想要保持中立的汗很快遭遇政治危机。2022 年 3 月 28 日，反对党联盟以汗领导经济发展不力、没有兑现消除腐败等竞选承诺为由，正式向国民议会提出不信任动议。4 月 1 日，汗接受专访时指出，巴基斯坦政府已向美方提出交涉，询问美方为何干涉巴内政。同日伊斯兰堡民众自发举行集会活动，抗议美国干涉巴基斯坦内政。4 月 3 日，国民议会副议长卡西姆·苏里否决了不信任动议，指出这是"外国阴谋"的一部分，随后汗建议总统阿尔维解散国民议会，但这两个措施都以失败而告终。4 月 7 日，巴最高法院裁定苏里否决反对党联盟的不信任动议的决定违宪，该决定被废止；裁定阿尔维解散国民议会的决定无效。4 月 10 日国民议会以 174 票赞成通过针对汗的不信任动议，使他成为巴基斯坦历史上首位遭国民议会罢免的总理。原本夏巴兹·谢里夫领导的反对派阵营就占据了国民议会总 342 席中的 169 个席位，夏巴兹只需要再拉 3 个支持者，就能轻易过半数。所以，这次投票结果并不意外。4 月 11 日，夏巴兹当选巴基斯坦新一任总理。

汗因访问莫斯科而下台是由于国际局势变化对中小国家政局产生的放大效应。在国内政治力量相对均衡状态下，外力有可能起到至关重要的作用。2022 年 5 月 20 日，巴基斯坦新外长比拉瓦尔·扎尔达里（Bilawal Zarda）

---

① "Pakistani Premier Hits Out at Western Envoys' Joint Letter on Russia," Reuters, March 7, 2022，http：//www.reuters.com，accessed：2022-12-18.

在美国表示："就前总理俄罗斯之行而言，我绝对会为他辩护。巴基斯坦总理这次访问是他外交政策的一部分，没有人知道会发生俄乌冲突。"他强调，"我认为以如此无辜的行为惩罚巴基斯坦是非常不公平的。就联合国不使用武力的原则而言，巴基斯坦是绝对清楚的，我们坚持这些原则"，"巴基斯坦不是任何冲突的一部分，也永远不希望成为"。①

3. 部分发达国家政局出现不稳因素

2022年亚太区域内发达国家的政治局势尽管受到外部世界的冲击小于发展中国家，但仍出现了一些不稳定因素。

2022年11月举行的美国中期选举引发了全球关注，所谓共和党席卷美国的"红色浪潮"并未出现，赢面小于选前预期，这对摩拳擦掌的前总统特朗普是个不小的冲击。即便如此，美国民主党在中期选举中失去了对众议院的控制权，造成"府会分治"的局面，未来两党政治对立将出现新的态势。在民主党掌控众议院时，曾利用"通俄门"等对特朗普总统发起弹劾，还利用"国会山遭冲击事件"和"海湖庄园私藏白宫密件"等问题对特朗普进行调查听证。预计共和党重掌国会众议院后两党斗争形势会发生明显变化。特朗普可能获得喘息机会，拜登可能遭遇反复的政治攻击。

在以安全著称的日本，前首相安倍晋三竟然当街被枪杀，牵出日本政治与宗教团体之间的密切联系。2022年7月8日，安倍晋三在助选过程中被枪击身亡，海上自卫队前队员山上彻也称，其母亲沉迷"统一教"导致家庭陷入贫困，所以对支持该教的安倍晋三心怀怨恨，从而萌生了杀意。7月11日，"统一教"日本分部承认山上彻也的母亲确为其信徒。安倍晋三被枪杀震惊世界，也波及日本政坛。日本首相岸田文雄主持安倍晋三的国葬，但国葬之举在日本国内引起很大争议，国民对安倍晋三和自民党与"统一教"之间的关系颇为不满。内阁成员与"统一教"之间存在联系，拖累了岸田文雄的支持率。日本共同社2022年11月22日报道，在日本前首相安倍晋

① Anwar Iqbal, "In US, Bilawal Defends Imran's Moscow Visit," May 20, 2022, https：//www.dawn.com/news/1690544, accessed：2022-12-18.

三被枪杀 5 个月后，日本政府对"统一教"展开调查，要求该教在 12 月 9日之前回答有关其财产状况、决策过程和资金流向等问题。如果调查结束后能够证实"统一教"违反法律并损害公共利益，政府可以请求法院下令"解散"该教，取消其宗教团体的合法地位和在日本享有的免税待遇。

韩国也出现突发重大公共安全事件。2022 年 10 月 29 日夜，大批年轻人聚集在首尔龙山区梨泰院庆祝万圣节，在一条倾斜的小巷发生大规模踩踏事故，造成 158 人死亡，其中有 26 名外国人。韩国警察厅厅长尹熙根在记者会上称，韩国踩踏事故前曾接到 11 通报警电话，但未采取足够应对措施。韩国行政安全部长官李祥敏和首尔市市长吴世勋也分别公开道歉。"梨泰院踩踏事件"凸显了韩国警察部门应对不力。韩国出现多次大规模民众示威，要求政府查明真相、严惩责任人。韩联社报道称，韩国警察特别搜查本部12 月 1 日提请逮捕首尔龙山警察署前署长李林宰、首尔警察厅公共安宁信息外事部前部长朴成民等 4 名警察。目前看来，这样级别的处理并不能满足死伤者家属和其他民众的要求。12 月 11 日，韩国国会通过了对行政安全部长官李祥敏的罢免案。预期朝野将就此问题继续与尹锡悦政府展开博弈。考虑到 2013 年"世越号沉船事件"曾对韩国政局产生重要影响，"梨泰院踩踏事件"恐成为引发韩国国内政治不稳定的重要因素。

二　2022年亚太地区热点问题

2022 年，亚太地区热点问题多点散发。一方面，传统热点不断发酵，而且进一步复杂化。例如，美国加紧布局"印太战略"，持续炒作台海、南海问题，地区海洋安全日益突出。另一方面，新兴问题层出不穷，影响趋于长期化。例如，地区数字经济治理博弈日趋激烈，亚太经贸合作机制碎片化加剧，乌克兰危机对部分亚洲国家的内政和外交产生外溢性影响等。

（一）亚太数字经济发展迅速，数字经济治理博弈加剧

数字经济成为全球经济发展的关键增长点和重塑国际经济格局的重要推

动力，越来越多的国家认识到数字治理不仅成为 21 世纪国际经济治理的前沿和制高点，更是一国掌握国际经济治理话语权的重要领域。由于数字经济的特殊属性，不同国家对它的界定与理解不尽相同，导致亚太主要国家在数字经济规则方面仍然无法达成普遍共识，数字经济治理博弈加剧。

1. 亚洲数字经济发展迅速

全球数字经济的发展极大地改变了传统制造模式。数字要素和数字技术有望打破现有国际分工体系的技术边界，为制造业带来根本性变革。尽管制造业的数字化转型无法短期内全部实现，但供应链的数字化正使企业的资产趋向轻质化，使价值链管理变得更加易于操作，为全球价值链的重构带来重大机遇。这一系统性技术变革从根本上改变了原有的技术关系、商业模式以及组织结构，以信息技术创新为核心，由云计算、大数据、人工智能、物联网等组成新技术群，催生出众多的新产业和新业态。

在亚洲，数字技术在带动大量亚洲企业参与全球价值链方面发挥着重要作用。过去 30 年来，亚太地区（不包括中国）的区域内贸易保持相对稳定，但与其他地区的贸易发生了很大变化。与 1990 年相比，2020 年亚洲（不包括中国）与北美、欧盟（包括美国）的区域贸易份额逐渐下降，分别为 12.6% 和 10.7%；而与中国的区域贸易份额从 1990 年的 5.8% 增长到 2020 年的 26.6%。[①] 不过有研究发现，国际疫情蔓延引致的美国和欧盟的中间品出口与最终需求下降，均会通过全球产业链渠道对中国产业链稳定造成较为严重的负面冲击，制造业产业链稳定所遭受的负面冲击相对严重，其中计算机、电子及光学制品业的产业链所受冲击最为明显。[②]

亚太地区在电气和光学设备部门的全球价值链以及半导体芯片和电子产品出口方面发挥着越来越大的作用，东亚的大多数经济体和东南亚的一些经济体在全球价值链以及集成电路、电气和光学设备的出口中表现出更大的参

---

① Asian Development Bank, "Asian Economic Integration Report 2022: Advancing Digital Services Trade in Asia and the Pacific," February 2022.
② 张志明、耿景珠、杨攻研、杜明威：《国际疫情蔓延、全球产业链传导与中国产业链稳定》，《国际经贸探索》2022 年第 2 期，第 51 页。

与度，这使得它们容易受到全球芯片短缺的影响。高盛集团确定了 169 个行业，这些行业增加值中至少 1% 的份额来自半导体芯片，其中包括生产汽车、计算机和手机等芯片相关产品。

据亚行估计，全球约 65% 的出口直接和间接依赖半导体芯片；约 5% 是半导体芯片本身（半导体器件和电子集成电路）；约 29% 是芯片依赖型产品；约 30% 是内部没有芯片的产品，但其生产依赖于芯片。亚洲的出口最依赖芯片，其次是欧盟与英国、北美。在亚洲次区域中，东亚的出口最依赖芯片，其次是东南亚。在进口方面，所有地区都有相当份额的依赖芯片的进口商品，东亚和东南亚进口的半导体芯片占份额最高。2022 年，电子制造业的投入品出口正在急剧减速。例如，2022 年前 8 个月，韩国出口同比增长 13.7%，低于 2021 年同期的 27.6%；与 2021 下半年相比，上半年芯片出口萎缩 1.6%，韩国出口量最大的内存芯片的出口萎缩 7.3%。

2. 亚太地区数字经济治理博弈加剧

在亚太地区，美国利用与东亚、东南亚地区的数字经济合作，把中国作为数字经济与数字贸易领域的主要竞争对手，有针对性地采取各种措施在前沿数字科技领域与中国展开竞争。2022 年 3 月，美国提出与日本、韩国、中国台湾组成所谓"芯片四方联盟"机制，以加强芯片产业合作，企图实现芯片生产闭环，将中国大陆企业排除在外。2022 年 5 月 23 日，拜登在日本东京正式宣布启动 IPEF。① 美国试图利用 IPEF 整合美、日、韩等国先进半导体制造业优势建立联盟，形成技术垄断，对中国数字经济发展进行封锁和打压。IPEF 弥补了"印太战略"的经济短板，成为美国借助盟友及伙伴力量来削弱中国在亚太经济中现有地位的一种地缘经济手段。2022 年 8 月，美国在国内通过了《2022 年芯片与科学法案》，法案的第一部分是对芯片产业提供约 800 亿美元的资助，其中包括资助 527 亿美元用于美国本土芯片制造、研发，以及为芯片制造投资提供价值约 240 亿美元的税收减免。

---

① 当时，IPEF 成员包括美国、日本、印度、澳大利亚、韩国、新西兰及文莱、印度尼西亚、马来西亚、菲律宾、新加坡、泰国、越南等东盟 7 国，共 13 个国家。3 天之后，白宫宣布斐济成为 IPEF 第 14 个成员国。

拜登政府加紧推进数字合作行动，主要包括三个方向：借助与盟友及伙伴共建所谓"数字民主俱乐部"、完善私营部门参与的跨国数字合作机制、塑造与"美式模板"相匹配的全球数字规制体系。① 2020 年，美国国际开发署基于"数字发展原则"，发布了《数字战略（2020—2024）》，这成为美国将数字优势融于国际发展合作、加速成为全球数字领导者的重要指南。《数字战略（2020—2024）》提出了美国通过与盟友及伙伴国家开展高效、有效和负责任的国际数字合作行动，促进美国数字安全和经济繁荣的双重目标。在亚太地区，拜登政府希望能以《美墨加协定》数字经济章节和《美日数字贸易协议》等为蓝本，将亚太地区现有的数字经济规则整合成体现美方意图的数字规则，推动相关国家在敏感和关键技术出口管制方面的协调，形成对华数字规则的战略围堵。可以预见，未来一个时期，亚太地区数字治理博弈将会更趋激烈。

在亚太地区，美国与东盟在数字经济发展格局中的差序地位为双方提供了较大的合作空间。美国还通过各种措施支持东盟数字基础设施建设，干扰东盟国家在数字经济领域与中国的密切合作，减少东盟在关键技术方面对中国的依赖，形成以美国为主导的"数字经济圈"。但双方在数据治理领域存在明显分歧，东盟内部数字经济发展水平和模式理念的差异、美国与东盟数字经济发展取向的分歧以及大国博弈加剧带来的新挑战，都对美国与东盟推进数字经济合作造成影响。美国在数字空间制造地区分裂、构建"小圈子"的做法难以得到地区国家的普遍认同。面对美国在双方合作进程中的地缘战略意图，东盟坚持战略理性，避免在大国之间"选边站"。② 同时，美国在价值观、数据跨境流动、基建和劳工等问题上的高标准，也与东盟国家的实际利益不相吻合，甚至不乏冲突。由于亚太地区国家与中国都有紧密的经济

---

① 程海烨：《拜登政府的数字合作战略：意图、行动与限度》，《世界经济与政治论坛》2022 年第 4 期，第 22 页。

② 肖莹莹、张建岗：《美国与东盟的数字经济合作及分歧》，《东南亚研究》2022 年第 4 期，第 45 页。

联系，美国在数字空间制造分化的前景显然不符合地区国家的普遍利益。①

中国于2020年9月8日提出《全球数据安全倡议》，呼吁在数字经济时代秉持发展和安全并重的原则，平衡处理技术进步、经济发展与保护国家安全和社会公共利益的关系。2021年，中国先后申请加入《全面与进步跨太平洋伙伴关系协定》（CPTPP）和《数字经济伙伴关系协定》（DEPA），这无疑将提高中国在亚太区域数字经贸领域的参与度。2022年8月18日，中国加入DEPA工作组正式成立，全面推进中国加入DEPA的谈判。DEPA的内容涵盖了大部分数字经贸领域，如商业和贸易便利化、数字产品处理及相关问题、数据问题、商业和消费者信任、新兴趋势和技术、创新与数字经济、中小型企业合作和数字包容性等议题，具有较强的灵活性、包容性和弹性。该协定允许缔约方根据自身数字经贸发展水平，适度选择加入其中的部分模块而非履行全部义务，为发展中经济体更多、更深度地参与亚太数字经贸治理合作提供了机会和路径。DEPA的高标准数字贸易规则极大地推动了亚太区域数字贸易规则的发展，为亚太区域的数字经贸合作提供了新方向。

数字贸易规则不断发展，并在多边与区域层面形成了不同的发展趋势。尽管美欧高标准的数字贸易规则并不能被大多数经济体接受，但"美式模板"和"欧式模板"的数字贸易规则对区域数字贸易协定的缔结仍产生了极大影响。目前，亚太地区在数字贸易治理机制合作方面取得了重大进展，亚太数字贸易治理机制也呈现多样化和治理平台构筑模式多层次、多架构的特点，对多边层面的规则谈判和规制整合产生了重大影响；在不断提升区域内数字治理水平、强化区域内国家数字伙伴关系网络的同时，也在一定程度上加速了区域内数字贸易治理规则的碎片化趋势。数字经济的兴起对新的治理领域也提出了挑战，如数字经济税收方面的挑战需要进行税收改革举措，这些举措可能大幅改革当前的税收制度，提高数字经济的税收水平。亚太区域数字贸易规则发展已呈现追求议题范围扩大化的趋势，数字治理

---

① 李莉：《美国的印太数字经济外交：推进与前景》，《印度洋经济体研究》2022年第2期，第1页。

规则涉及更多的新兴技术领域。如 2022 年 2 月，英国与新加坡签订了
《英国—新加坡数字经济协定》（UKSDEA），其中就包含了数据、人工智
能及数字身份等规则。

（二）美国加紧布局"印太战略"，推高地区海洋安全风险

在美国"印太战略"的总体框架下，拜登政府继续以阵营化方式强化
对华竞争优势，美澳、美日同盟仍然发挥着南北"双锚"的作用，美日澳、
美日韩等小三边机制得以加强，美日印澳"四边机制"作为"印太战略"
的核心机制被继续拓展与深化合作议程。通过炒作敏感议题与安全热点，美
国及其盟国推高海洋安全风险，重点推进以海洋态势感知为核心的盟友及伙
伴关系建设。

1. 美国在"印太战略"框架下强化盟友及伙伴关系

2022 年 3 月和 5 月，美日印澳"四边机制"分别举行第二次线上和线
下峰会，推动包括海上安全、经济安全、公共卫生安全、气候、关键和新兴
技术、网络安全等诸多议题的合作。在 5 月的东京线下会议期间，四国还宣
布建立"印太海洋态势感知伙伴关系"（IPMDA），强化海上信息共享和提
升海洋监控能力。[1] 在强化自身的同时，美日印澳"四边机制"将扩容对象
瞄准韩国、越南、印尼等美国盟友以及东盟，试图在亚太地区构建更广泛的
"统一阵线"。乌克兰危机爆发后，美国加速北约"印太化"与印太"北约
化"进程。在 6 月的香格里拉对话会议上，英法等欧洲多国防长表示将更
多介入"印太"事务。同月，日本、韩国、澳大利亚和新西兰四国领导人
首次受邀参加北约峰会，以此"开启北约与亚太伙伴扩大合作的路线图，
确保更密切的政治磋商和在共同感兴趣的问题上合作"。[2]

---

[1] "Quad Joint Leaders' Statement," the White House, May 24, 2022, https://www.whitehouse.gov/briefing-room/statements-releases/2022/05/24/quad-joint-leaders-statement/, accessed：2022-12-15.

[2] "Fact Sheet：The 2022 NATO Summit in Madrid," the White House, June 29, 2022, https://www.whitehouse.gov/briefing-room/statements-releases/2022/06/29/fact-sheet-the-2022-nato-summit-in-madrid/, accessed：2022-12-14.

自 2022 年以来，拜登政府利用一系列地区机制推进盟友及伙伴国家的海域态势感知能力建设。5 月，东盟—美国特别峰会举行并发表联合声明，强调美国将继续帮助东盟国家加强海域态势感知能力建设。6 月，美国与澳大利亚、日本、新西兰、英国成立"蓝色太平洋伙伴"（PBP），将"通过提升各国海域态势感知能力、应对气候变化的韧性、保护海上边界利益的能力，确保各国独立和主权"。海域态势感知并不是一个全新产物，但是美国的这一波密集操作，尤其是"印太海洋态势感知伙伴关系"的建立，不仅有助于既有项目的整合，而且实现了对整个"印太"地区的全覆盖。就海域态势感知的具体内容来看，最早是服务于打击海上恐怖主义活动，被纳入"印太战略"的一部分后，则转向服务于大国战略竞争，即以加强非传统安全合作，尤其是打击以"非法、不报告和不管制"（IUU）捕捞活动为名，通过部署各种跟踪识别系统、协调共享数据等方式，提升太平洋、东南亚和印度洋地区各盟友及伙伴的海域监控能力，特别强调加强与准军事及民事力量的协同，并将此作为构建全球海域态势感知体系的重要手段。诸多分析认为，美国的真实目的是以此重点跟踪与监视中国的舰只活动，使中国的海上行动"透明化"，从而维护美国自身的绝对海洋霸权。

2. 美国及其盟国持续炒作台海、南海问题

美国始终将海上安全作为重要"抓手"，近年来更是大幅加强东海、南海、台海的军事联动，以此推动英国、欧盟成员国与北约的力量向亚太地区延伸，使域内外盟友及伙伴之间相互连接。乌克兰危机爆发后，美国更是以此为借口，与日澳等国频频操纵国际舆情，炒作"中国威胁论"，试图通过恫吓使更多国家"结伴入盟"。

在台海问题上，美国"以台制华"的挑衅行为导致安全局势显著升温。尤其是 8 月美国国会众议长佩洛西窜访台湾地区，美军同时高频率在台海、南海地区进行活动以提升所谓"军事威慑力"，使得台海危机大有"一触即发"之势，引发地区各国高度关注。东盟及其成员国在坚持一个中国政策同时，呼吁各方保持冷静与克制。此外，美国多次增加对台军售，号称以此"持续加强台湾地区的不对称战力"，深化"美台安全伙伴关系"。2022 年

底，美国参议院通过《2023 财年国防授权法案》，其中包括未来 5 年美国将向台湾地区提供 100 亿美元无偿军事援助，并要求美国政府加快对台军售。

南海问题继续保持"斗而不破"的基本态势，其年度特征主要表现为"三大反差"。

一是南海海上一线斗争激烈胶着，但相关国家都默契地采取低调的处理方式。从 2021 年开始，越南在南沙海域启动新一轮非法岛礁建设，使过去 10 年的造岛总面积达到 2.2 平方公里。① 越南与马来西亚还继续在"南海断续线"内进行非法油气开采。中国也采取了海上执法行动维护自身合法权益。南海海域形成了多方、多点的长期对峙。但是，各方均避免过度炒作，尤其是越南和菲律宾一改过去利用国际舆情向中国施压的"传统"。这种变化的部分原因或是鉴于地区安全形势已然动荡不安，越菲等国不愿因炒作南海问题而招致域外力量更多介入，进而"引火上身"。

二是较之于南海当事国的克制，美日澳等域外国家持续介入南海问题，尤其是通过制造新话题，增加其行动的"正当性"。2022 年上半年，美国先后发布《关于海洋界线的第 150 号报告》《中美在东海和南海的战略竞争》《中国在全球渔业发展中的作用》等多份报告，强调南海问题的战略价值，试图进一步坐实南海仲裁案"裁决"，利用"渔业非法捕捞"等议题抹黑中国，借此推动与东盟国家的海域态势感知合作。美国的真正目的是加强与中国的海上安全战略竞争，维护自身在"印太"海域的安全主导权。对此，相关国家并未明确反对，部分国家更是意在借机制衡中国海上影响力的扩大。此外，美国重点改善美菲同盟关系，通过推进《加强防务合作协议》（EDCA），加快建设既有五个基地的基础设施以服务于美军训练与作战需求，同时试图增加包括苏比克湾在内的更多的基地，提升美方对华威慑能力。

三是台海问题和南海问题形成反差，对这一反差走势的判断将影响到对

---

① "Vietnam's Major Spratly Expansion," Center for Strategic & International Studies, December 15, 2022, https：//amti. csis. org/vietnams-major-spratly-expansion/, accessed：2022-12-19.

整个亚太安全形势发展的预判。从横向比较来看，南海问题在亚太安全形势中的曝光度和紧迫性暂时让位给台海问题与乌克兰危机。台海局势的升温引发地区国家的高度关注与担忧。尽管台海、南海问题的联动性显著加强，但较之于台海问题，南海问题的危险系数相对较小。但从纵向比较来看，南海形势较过去几年呈不断恶化态势。不仅"南海行为准则"磋商进入"深水区"，而且南海仲裁案"裁决"的负面影响持续扩散，美国不断制造新议题，域外国家干预也使南海形势错综复杂。更为重要的是，放置于周边整体环境评估，南海问题的连带性和战略外溢性突出。因此，平衡把握台海、南海问题，精准判断大势发展，在政策制定与实际部署中充分考虑二者的联动性尤为重要。

当然，稳定南海的积极因素仍然存在，尤其是中国与东盟整体和东盟当事国之间形成了"双轨"外交。11月，中国与东盟十国发表联合声明，纪念《南海各方行为宣言》签署20周年。声明指出，《南海各方行为宣言》是中国—东盟对话关系中具有里程碑意义的文件，体现了各方促进地区和平与稳定、增进互信与信心的共同承诺。① 各方形成共识，将在协商一致基础上早日达成有效、富有实质内容、符合包括1982年《联合国海洋法公约》在内国际法的"南海行为准则"。

（三）乌克兰危机外溢，亚太各国安全利益与诉求差异显著

乌克兰危机的爆发对亚太地区的政治、经济与安全形势构成全方位的冲击。地区各国对俄立场分化显著，在对联合国大会有关乌克兰危机决议的数次投票中，有支持、有弃权，也有反对。同时，各国还纷纷调整本国安全政策，或是增加国防开支预算，或是改变武器装备购买方案，或是调整与域内国家尤其是地区大国的关系。

---

① 《纪念〈南海各方行为宣言〉签署二十周年联合声明》，中国外交部网站，2022年11月14日，https：//www.fmprc.gov.cn/zyxw/202211/t20221114_ 10974207.shtml，最后访问时间：2022年12月19日。

1. 亚太各国在乌克兰危机问题上立场分歧明显

在亚太地区，美国刻意将中俄"捆绑"，试图渲染中国对地区安全的"威胁"，从而构筑更为广泛而牢固的盟友及伙伴关系网络。这导致地区国家面临很大"选边站"的压力，也导致中国面临更多来自周边国家的压力。总体来看，亚太国家的立场大致分为三类。

第一类是坚决反对俄罗斯的军事行动，支持对俄进行严厉制裁。持这类立场的国家数量较多，但立场还需细分。例如，日本、韩国、澳大利亚等美国盟国不仅要求严厉制裁俄罗斯，更是跟随美国在东亚地区建立对抗性阵营。新加坡、尼泊尔、不丹和马尔代夫等国家也反对俄罗斯的军事行动，新加坡更是成为东盟唯一加入对俄制裁的国家。新加坡坚持的是小国逻辑，但新加坡同时也强调，小国面对大国竞争，不能"选边站"，要与所有邻国和大国保持友好关系。①

第二类是相对中立，在投票中以弃权票为主。持这类立场的国家有越南、老挝等东南亚国家，以及印度、巴基斯坦等南亚国家。这些国家的出发点各有不同。除了美国主要盟国外，多数亚太国家保持战略审慎，区分中俄差异，并未大幅倒向美国。部分国家从乌克兰危机中认识到，小国若战略失当，可能陷入"代理人战争"泥潭，必须小心应对。例如，越南认为其地缘战略地位与乌克兰相似，都是大国地缘战略竞争的前沿国家，必须高度警惕。此外，越南基于与俄传统关系及对俄式装备的依赖，不愿谴责俄罗斯，在联大要求俄从乌撤军的决议草案表决中投了弃权票。但越南政府也开始与美国国防公司讨论对越提供军事装备的计划，并计划从以色列、印度、欧洲和东北亚国家购买军备。外界判断这是越南减少依赖俄罗斯武器的一个新迹象。②

第三类是坚定支持俄罗斯。持这类立场的国家中朝鲜坚决站在俄方一

① 《俄乌之战给新加坡四大警示》，〔新加坡〕《联合早报》2022 年 2 月 28 日，https：//www.zaobao. com/news/singapore/story20220228-1247443，最后访问时间：2022 年 12 月 19 日。

② 《越南与美国供应商讨论购买军备 显示有意减少依赖俄国》，〔新加坡〕《联合早报》2022 年 12 月 16 日，https：//www. zaobao. com/news/sea/story20221216-1343963，最后访问时间：2022 年 12 月 16 日。

边，朝鲜官方将乌克兰危机的爆发归咎于美国，而俄罗斯也投桃报李，表示将大力提升俄朝关系。缅甸现政府公开支持俄罗斯，但因其联大代表仍为原政府代表，所以在相关投票中持反对俄罗斯的立场。

2. 乌克兰危机冲击亚太地区安全局势

乌克兰危机显著冲击亚太地区国家的安全观、国际秩序观，部分地区国家迅速调整其国防预算，拥核意愿明显上升，地区军事行动的对抗性有所加强。

第一，新一轮军备竞赛的风险加剧。2022 年 6 月，日本首相岸田文雄在香格里拉对话会上提出"岸田和平愿景"，强调要从根本上加强日本的防御能力，加强日美同盟以及与"志同道合国家"开展的安全保障合作。日本明确定位朝鲜、中国、俄罗斯为主要"安全威胁来源"，进一步转换防御性态势，强化国防预算投入保障，计划到 2027 年国防开支增加到 GDP 的 2%，也就是直接对标北约成员国的国防支出，将此用于提高军力建设的针对性与效率。日本在 2022 年对防卫政策与措施进行了一系列调整，这在 12 月底公布的最新的防卫三文件——《国家安保战略》、《国家防卫战略》和《防卫力整备计划》中得到集中体现，包括大幅增加防卫开支、发展进攻性武器装备、扩大安全行动范围以及拓展"准同盟"网络。这标志着二战后日本安保政策"转守为攻"的重大转向，也将决定今后 5~10 年日本安保政策的方向。

阿尔巴尼斯政府确认将澳大利亚 GDP 的 2%用于国防，包括增强澳大利亚国防军，如远程和精确打击武器、进攻性和防御性网络以及区域拒止系统。2022 年初，美英澳三国宣布将在 AUKUS 框架下开展超音速武器研发。韩国等国也声称其国防预算将比照欧洲国家的做法调整到 GDP 的 2%。新加坡在已将 GDP 的 1.5%用于军费开支的基础上进一步追加预算，提升自主防卫能力。不少国家还加强先进武器的联合研发和购买。例如，越南、菲律宾、印尼等东南亚国家重点通过购买军备和接受军援，加强非对称性军事力量建设。值得关注的是，日本、澳大利亚等国均将太空、网络、极地等列为安全议程中的重点合作项目与大力拓展领域。可以预计，围绕这些"新战略边疆"的大国竞争将会日益激烈。各国军备大规模的提质增量将加剧本地区的"安全困境",也将加大意外军事摩擦发生的概率。

第二,部分地区国家拥核意愿上升。乌克兰危机爆发后,日本政界与社会舆论在修宪、备武、拥核等问题上态度更趋积极,民众在国家安全敏感问题上的政治警惕性显著下降。2022年5月,在美韩领导人联合声明中,美国同意了韩国的要求,表示"如果必要,美国将使用核武器保护韩国"。这种表态或预示,美国可能在韩国部署核潜艇和战略轰炸机等。AUKUS成立后,日本、韩国均表达了加入其中的意愿,日韩国内再次出现战略躁动,核开发、核共享的呼声高涨。同时,受乌克兰危机的影响,朝鲜更加坚定拥核立场。

第三,地区军事行动的对抗性有所加强。在东北亚,朝韩为了巩固国防都在极力增强军事力量。面对朝鲜密集发射各类型导弹,尹锡悦新政府表示要强力回应,美韩大规模军演再次重启,美战略武器和资产或将大量进入半岛。在台海、南海一线,美国及其盟国的各类军事活动更具针对性与挑衅色彩。2022年上半年,自2015年以来最大规模的美菲"肩并肩"军事演习选择在菲北部的吕宋岛附近举行,该岛东北端的卡加延省距离中国台湾很近。对此,就连菲律宾政要都表示,军演充满挑衅性,令人不安,菲律宾应坚持独立自主的政策,避免充当"马前卒"。①

3. 乌克兰危机对亚太国家政局产生复杂影响

乌克兰危机在政治、经济、社会等诸多领域对世界各国产生了极为复杂的影响。在直接影响方面,在一些国家国内政治力量处于相对平衡的状态时,乌克兰危机的外部影响使天平倒向了亲美国的政治势力一边。以韩国为例,中美战略博弈加剧之初,时任韩国总统文在寅坚持战略模糊,不在中美之间"选边站",其外交政策更多聚焦朝鲜半岛。然而,乌克兰危机的爆发在很大程度上改变了2022年韩国大选结果,也改变了韩国的内政

---

① 《菲美2022年度"肩并肩"联合军演启动》,新华网,2022年3月28日,http://www.
xinhuanet.com/world/2022-03/28/c_ 1128511117. htm,最后访问时间:2022年12月19日。

外交走向。

根据盖洛普公司长期的民调结果，1987 年韩国政治转型后历届政府在任末期的支持率一般在 40% 以下，甚至跌到个位数。自政治转型以来，韩国还没有出现一届政府在任末期支持率超过 30% 而执政党未能实现连任的情况。虽然受到房价高企等原因的影响，文在寅政府在任末期仍然保持了 40% 左右的支持率，这是在 1987 年以来历届政府中最高的，原本实现连任的可能性很大。但是在选举的关键期，乌克兰危机爆发了。这场危机至少从两个方面影响了韩国的总统选举。

一是韩国与乌克兰所处的地缘政治环境相似，安全危机时时处处存在，韩美同盟由此成为韩国的安全支柱。相对而言，进步力量更加强调自主外交、亲朝、反美、反日；保守力量更加倚重美国、亲美、亲日、反朝。乌克兰危机爆发后，韩国国内舆论迅速倒向乌克兰和美国等"自由世界"一边，选情对亲美的在野保守势力有利。

二是乌克兰危机爆发宣告文在寅政府三大对外经济政策之一"新北方政策"彻底破产，而这一政策的核心就是加大韩国与俄罗斯的经济联系。2017 年 9 月 7 日，文在寅借用"北方政策"的提法，在俄罗斯符拉迪沃斯托克（海参崴）"第三届东方经济论坛"上提出"新北方政策"，建议韩国和俄罗斯应该联合起来，推动经济项目的合作。为此，在韩俄两国之间要搭建九座"桥梁"（"九桥战略"），即在天然气、铁路、海港、电力、北极航道等九个不同领域加大合作，通过韩国和俄罗斯的合作建立欧亚经济共同体。由于俄罗斯在 2014 年占领克里米亚后一直处于美欧制裁之下，韩国的"新北方政策"进展缓慢。乌克兰危机爆发后，文在寅政府第一时间宣布制裁俄罗斯，俄也在随后把韩国列入"非友好国家"名单。① 韩俄关系陷入冰点，"新北方政策"宣告破产。2022 年 3 月 9 日，尹锡悦以 48.56% 的得票率、领先对手 0.73 个百分点的微弱优势赢得大选，韩国政权实现更迭。乌

---

① 董向荣：《韩国总统选举与尹锡悦政府对外政策展望》，《当代世界》2022 年第 4 期，第 50~55 页。

克兰危机把期待扮演"均衡者"角色的韩国推向了美国一边，东北亚阵营对立加剧。

（四）RCEP、IPEF 并行发展，区域合作机制碎片化加剧

RCEP 整合了目前 15 个成员国签署实施的 27 个贸易安排和 44 个投资协定，通过统一关税承诺、原产地规则、贸易投资便利化以及其他贸易规则，最大限度地整合了东亚地区碎片化的经贸制度安排，有利于促进区域内中间产品的贸易和投资活动，推动区域价值链、产业链深化发展。与此同时，美国正式启动 IPEF 谈判，各方将就贸易、供应链、清洁能源、公平经济等四大支柱领域进行协商和谈判，试图重构亚太经贸合作的规则体系。

1. RCEP 推动亚太高水平经贸合作

从 2022 年 1 月 1 日起，RCEP 对文莱、柬埔寨、老挝、新加坡、泰国、越南、中国、日本、新西兰和澳大利亚等 10 国正式生效，从 2 月 1 日起对韩国生效，从 3 月 18 日起对马来西亚生效，从 5 月 1 日起对缅甸生效。截至 2022 年底，15 个签署成员国中生效成员国数量已达 13 个。自 RCEP 生效以来，成员国多次召开多领域联合会议，协商推进实施协定，同时组建了RCEP 产业合作委员会推动各国贸易、投资、产业合作。2022 年 7 月至 8月，RCEP 产业合作委员会与中国 10 多家全国性商业协会分别签署《战略合作备忘录》，商定共同助力中国与 RCEP 其他成员国相关行业合作新发展。

依据协议承诺，中国对 RCEP 成员国的货物贸易自由化率平均达88.5%，其中对东盟最高，达 90.5%。在 RCEP 成员国中，新加坡承诺的货物贸易自由化率最高，达 100%；其次为澳大利亚、文莱，分别达 98.3%、98.2%；缅甸和老挝最低，均为 86%。长期以来，RCEP 成员国的区域内部贸易比重维持在高位，除中国外，对其他成员国而言，区域内部贸易占其对外贸易总额的 50% 以上。2022 年 1 月至 6 月，RCEP 区域内贸易实现较快增长。从出口来看，中国、韩国和新加坡对 RCEP 贸易伙伴出口分别达4691.5 亿美元、1718.7 亿美元和 1370.8 亿美元，同比分别增长 15.1%、

18.7%和19.1%，较三国对全球出口增速高出0.8个、3.5个和1个百分点。澳大利亚、印尼、马来西亚等国对 RCEP 贸易伙伴出口增长均在10%以上。从进口来看，越南、澳大利亚和新西兰从 RCEP 贸易伙伴进口分别达1349.6亿美元、886.3亿美元和156.1亿美元，同比分别增长13.3%、26.2%和18.2%，较三国对全球进口增速高出1.6个、4.6个和3.3个百分点。日本、韩国、泰国、印尼、马来西亚等国从 RCEP 贸易伙伴进口增速均超过10%。[1] 值得注意的是，RCEP 首次在中日以及韩日之间建立自贸联系，2022年1月至6月，中日、韩日双边进出口贸易额分别为20.3万亿日元、5.5万亿日元，分别较2021年同期增长10.6%、25.5%。[2] 尽管各成员互为主要贸易伙伴，内部贸易基数高，但 RCEP 仍有力地推动了区域内部贸易发展，内部贸易比重稳定在45%左右，也保障了亚洲在全球价值链中的中心地位。

联合国贸易和发展会议数据显示，2022年1月至6月，全球外国直接投资（FDI）为8720亿美元，较2021年同期下滑7%，东亚地区吸收外国直接投资为1850亿美元，较2021年同期提高5%。尽管自2022年以来，全球投资波动较大，但基于东亚地区经济链接和供应链韧性，多数 RCEP 成员国吸收外国直接投资仍实现了较快增长。其中，中国实际使用外国直接投资1123.5亿美元，同比增长21.8%；马来西亚吸收外国直接投资1384.7亿林吉特（约合315.0亿美元），同比增长62.2%；澳大利亚吸收外国直接投资412.6亿美元，同比增长136.2%；日本吸收外国直接投资1.8万亿日元（约合132.5亿美元），同比增长8.5%；韩国吸收外国直接投资90.4亿美元，同比增长29.1%；同期，越南、印度尼西亚、泰国吸收外国直接投资分别达140.3亿美元、102.7亿美元、61.5亿美元。[3] 值得注意的是，中国、马来西亚和越南在2022年第二季度吸收外国直接投资分别较2021年同期提

---

① 商务部国际贸易经济合作研究院：《中国自由贸易区建设20周年暨 RCEP 实施进展报告》，智库报告，2022，第49~50页。
② 根据 CEIC 数据库数据计算。
③ 根据 CEIC 数据库数据计算。

高了 18%、37% 和 15%。①

尽管成员国在经济体制、发展水平、规模体量等方面差异巨大，但 RCEP 在多样性与高标准之间实现了较大平衡，用灵活的方式处理了不同利益诉求，体现出全面性、先进性和包容性。

首先，RCEP 涵盖领域全面。其正文既包括货物贸易、服务贸易、投资等传统领域的贸易投资便利化和相关开放承诺，也包括知识产权、电子商务、竞争政策、政府采购等大量涉及边境后议题的贸易新规则。

其次，RCEP 探索一系列高标准经贸规则。在知识产权方面，共 83 个条款，不仅包括商标、专利、著作权等，还涉及透明度、反不正当竞争、技术援助等广泛内容议题，有助于整体性提高本地区知识产权保护水平，为创新活动提供了制度保障。在服务贸易领域，RCEP 成员承诺将在协议生效后 6 年内实现负面清单，开放水平不仅超过世界贸易组织（WTO），也高于现有各个 "东盟+1" 自贸协定。例如，中国在入世承诺约 100 个部门的基础上，在 RCEP 中新增了研发、管理咨询、制造业相关服务、空运等 22 个部门，并提高了法律、金融、建筑、海运等 37 个部门的开放水平。在电子商务规则方面，RCEP 是亚太区域内达成的范围最广、成员国最多的多边电子商务规则，也是目前中国参与水平最高的电子商务协定。各成员国承诺促进无纸化贸易、承认电子签名的效力、为网络交易的开展提供制度性保障，有利于企业借助跨境电商平台扩大出口。在投资领域，协议引入了投资促进、投资保护、投资便利化与自由化等议题，全部成员承诺采用负面清单方式，甚至通过 "冻结机制" 和 "棘轮机制"，防止对外资的开放承诺出现倒退现象。

再次，RCEP 充分展现了包容性。RCEP 充分考虑成员国不同的发展水平和经济需求，给予欠发达成员国一定的过渡期或例外条款，设立了 20 年左右的市场开放过渡期，逐步实现 90% 税目产品进口零关税，并为柬埔寨、老挝、缅甸等成员国提供了制定国内立法和完善监管体系的过渡期。

---

① UNCTAD, *Global Investment Trend Monitor*, No. 42, October 2022.

2. IPEF 谈判加剧区域合作机制碎片化

2022 年 5 月 23 日，拜登在日本东京正式宣布启动 IPEF 谈判，计划在 18 个月内完成包括贸易、供应链、清洁经济和公平经济等四大领域的 IPEF 谈判，为此，美国强调以"灵活性"和"包容性"加快谈判进度，并致力于实现在贸易、技术、基建等三方面的目标。

第一，塑造轮辐贸易结构。按照拜登政府设想，IPEF 下的贸易谈判将是以美国为中心的轮辐结构，即美国与其他成员国谈判，而其他成员国相互之间不必或很少谈判。由于贸易涉及除市场准入外的广泛议题，美国并不试图达成类似于传统贸易协定那种一揽子协议，而是根据不同议题领域、参与国家、谈判推进速度、协定执行能力，与相关国家采取双边谈判的方式。由于加拿大、墨西哥、秘鲁和智利等美洲国家与美国早已建立了成熟的贸易安排，因此美国认为目前无须过早将这些国家纳入谈判，而将当前的重点放到印度、韩国和部分东盟国家，未来可能扩展到孟加拉国、斯里兰卡等南亚国家。

第二，重塑技术伙伴关系。新的技术伙伴关系包括两个方面。一方面，加强发达成员在新兴技术领域的合作，包括人工智能框架、先进制造业和网络安全、机器人技术、城市空中交通、自动驾驶等，合作方式包括制定联合研究路线图、创建联合科技标准机制、确定可信和非高风险的信息与通信技术供应商等。另一方面，重塑关键资源的供应链，加强对与大容量电池、医疗用品相关的关键矿物和原料的管理，强调美国及其伙伴在前沿技术和关键资源上需要占据主导地位。

第三，推动基建框架整合。美国将基建支柱的重点放在发展中成员上，积极在"湄公河之友""重建美好世界"等平台扩大基建合作与对接，具体包括港口、铁路、公路、能源和信息通信技术等所谓"优质"基础设施建设；通过技术和人力资源开发强化民间组织沟通；通过海关便利实现制度联通，加强经济伙伴关系。

IPEF 具有强烈的"排华""遏华"意识，如其按照计划最终落实，将对亚太地区合作和地区生产网络产生影响。一是冲击现有区域经济合作框架。IPEF与传统区域贸易协定不同，其强调的不是开放、多边、平等互惠的自由贸易，而是进行双边协商。这可能在亚洲地区引发以美国为中心的、排斥中国的贸易轮辐结构，形成"定制化"的经济封锁网络，在很大程度上影响RCEP的有序推进，冲击亚洲区域经济合作进程，人为干扰地区生产网络的正常运转。二是供应链网络"去中国化"。拜登政府提出，IPEF是为了监控和打击"非市场贸易和产业政策"，构建"去中国化"的供应链网络。尤其是在半导体领域，美国积极与韩国、日本和马来西亚等IPEF成员国开展合作，加强对成员国内半导体供应链的控制，促进供应链关键节点的生产能力整合。同时对中国采取差异化的排挤策略，挤压中国企业在全球供应链网络中的生存空间。三是扰乱区域内基础设施建设。IPEF基建支柱以"价值观导向""美国主导"为前提，强调所谓基建标准，迫使相关国家"选边站"，这势必会对区域内部基础设施建设，甚至是国际发展合作带来压力。值得注意的是，IPEF基建支柱不仅涉及传统基建项目，而且希望在印太地区推广其标准等，IPEF试图在新基建领域引领规则制定。

三 2023年亚太地区形势展望

亚洲经济体对外开放程度较高，易受欧美等发达经济体经济形势和政策变化的影响。若2023年发达经济体陷入衰退，亚洲经济体的出口将受到严重打击，金融不稳定和国际收支压力增大。亚太安全形势总体可控，中美博弈进一步向经济、科技和产业多领域拓展。从国内政治的角度来看，亚太地区诸多发展中国家仍然面临民族国家构建的重要使命和稳定性方面的挑战。在区域合作方面，RCEP为构建区域内部统一市场提供了强大动力，而美国发起的IPEF可能会加剧亚太地区机制的碎片化和竞争性。

（一）经济增长动力与阻力并存

亚洲以发展中经济体为主，且对外开放程度较高，受国际市场和外部因素的影响较大。亚开行 2022 年 9 月发布的预测报告显示，2023 年中国 GDP 将同比增长 4.5%，日本 GDP 将同比增长 1.6%，韩国 GDP 将同比增长 2.3%，除中日韩外的其他亚洲经济体将同比增长 5.3%。但亚洲经济的发展前景伴随着巨大的下行风险，发达经济体货币政策收紧幅度超过预期，美国通胀率正处于近 40 年以来高位，持续的通胀压力可能引发美国和其他主要经济体采取比预期更为激进的货币紧缩政策。美联储认为美国居民消费和商业投资经济基本面能够支持其持续快速加息以抑制通胀，但美联储激进的货币紧缩政策，引发了全球（除美国外）金融市场动荡、资本流出、汇率贬值，经济增长压力以及整体的金融不稳定局势。亚开行定量模拟分析表明，假设从 2022 年 9 月到 2023 年第二季度，美联储将政策利率提高 150 个基点，则发达经济体在 2023 年将陷入衰退。2022 年亚洲主要经济体的出口表现较强，因此从经济基本面看，外需对 2022 年亚洲经济形成支撑。对于亚洲经济体而言，发达经济体衰退影响亚洲经济体的主要传播渠道是出口，亚洲外向型经济体将受到严重打击，基本面脆弱的经济体可能遭受金融不稳定和货币压力，国际收支困难恶化。

考虑到国际大宗商品主要以美元计价交易，其价格走势除了受供求影响外，还受美元币值变化的影响。如果美国通胀回落、经济衰退风险上升，2023 年美联储加息节奏可能放缓或停止，美国市场利率水平将维持稳定并趋于下降。[1] 全球大宗商品价格在 2022 年再次大幅上涨后，预计 2023 年将有所下降，由此将减缓 2023 年的通货膨胀。根据世界银行 2022 年 4 月 26 日的大宗商品价格预测，随着供应链中断的缓解，预计 2023 年全球食品价格将下降，国际大宗商品价格下降的趋势将在 2023 年缓解亚洲发展中国家和其他地区的通胀压力。摩根士丹利亚洲首席经济学家分析也认为，与美欧等其他

---

① 《美联储年内 6 次加息背后 2023 年美股能否见底？》，中国日报网，2022 年 11 月 25 日，https：//baijiahao.baidu.com/s？id=1750447920785980668&wfr=spider&for=pc，最后访问时间：2022 年 12 月 8 日。

主要经济体相比，亚洲的劳动力市场并不紧张，有助于该地区遏制通货膨胀。①

（二）安全形势将更趋复杂多变

今后一个时期，亚太安全形势的走向仍将主要受到中美战略博弈的影响，双方博弈的领域将向经济、科技和产业多领域进一步拓展。鉴于美国及其盟国迄今并没有与中国发生大规模军事冲突的意愿，因此地区整体安全形势仍相对可控，但中国面临的体系性压力将持续加大。同时，地区中小国家以及非安全因素将对地区秩序重构的速度与方向产生深远影响，值得密切关注。

首先，首脑会晤为中美有限合作创造契机，但大国博弈总体态势难以改变。2022年11月14日，习近平主席在印尼巴厘岛与美国总统拜登举行会晤，这是新冠疫情后中美两国元首首次线下会面。双方一致认同确立中美关系指导原则的重要性。12月初，中美高级官员在中国廊坊举行会谈，双方围绕落实中美元首巴厘岛会晤共识、推进中美关系指导原则磋商、妥善处理双边关系中的台湾问题等重要敏感问题、加强各层级交往和开展相关领域合作进行了深入沟通。预计中美或在短期内开启有限合作，特别是在气候变化、公共卫生等领域。

尽管拜登政府短期内很难改变对中国的战略误判，但其强调保持国际合作以应对跨国性挑战，尤其是寻求对华合作，这就需要其在中美战略竞争和应对跨国挑战之间寻求平衡。目前来看，东南亚、南太平洋国家明确反对大国地缘政治竞争，呼吁中美达成"战略包容"。在这种呼声下，中美业已各自开展更多地区合作，或将为中美与第三方合作提供机会并通过对话协商避免形成恶性竞争，这将是亚太区域治理的利好趋势。自2022以来，美国采取的一系列行动严重破坏了台海和平稳定，推高了本地区发生军事冲突的风险。当前，恢复中美在安全领域的多层级对话具有紧迫性，加强危机管控是

---

① 《摩根士丹利认为亚洲通胀已见顶》，驻越南社会主义共和国大使馆经济商务处，2022年8月25日，http：//vn. mofcom. gov. cn/article/jmxw/202208/20220803343674. shtml，最后访问时间：2022年12月8日。

中美作为世界大国的共同责任。

其次，世界经济形势与域内各国经济恢复力将显著影响地区稳定。2022年初，巴基斯坦、斯里兰卡等国因经济危机导致政权更迭乃至国家混乱，为已经备受新冠疫情折磨的各国敲响了警钟。自2022年以来，乌克兰危机引发的粮食、能源危机以及世界经济通胀使各国经济复苏步伐进一步迟滞，各机构纷纷调低对亚太国家的经济增长率预期。2023年，全球与地区经济究竟走向何处仍具有很大的不确定性。而对于大部分国家而言，检验政府是否拥有政治合法性，根本上还需要确保经济的可持续性发展。

在大国博弈层面，美国已将经济、技术等诸多领域泛安全化，中美博弈的最终结果将取决于经济、技术等全方位的较量。中国明确表示，2023年将坚持推进高水平对外开放，稳步扩大规则、规制、管理、标准等制度型开放。[1] 随着新冠疫情防控政策的改变，2023年中国经济形势的好转将为中国与域内国家共同加强区域治理、塑造稳定的地区环境提供更多强有力的支撑。

最后，域内中小国家对地区秩序重构的影响力将继续上升。面对大国博弈加剧，不少中小国家已经从最初"两头通吃"的乐观过渡到战略焦虑，并进而更多地争取战略主动性，这些战略认知与应对的变化对于地区秩序重构的速度与走向产生越来越大的影响。2023年，印尼担任东盟轮值主席国，势必在地区与国际事务中更加积极作为。对内，加强东盟统一性建设，包括完成接纳东帝汶加入东盟的程序，并以"照顾每一方的利益、避免重构图和建立共识"的方式推动缅甸问题的解决。[2] 对外，借助2022年成功举办G20峰会的势头，塑造更为繁荣稳定的地区环境，吸引国际投资进入东南亚。不仅如此，对于将承担G20主办国的印度，印尼强调，印尼与印度都是过去"不结盟运动"的参与者，应在未来南南合作中发挥更大作用。这

---

① 《中央经济工作会议在北京举行　习近平李克强李强作重要讲话　赵乐际王沪宁韩正蔡奇丁薛祥李希出席会议》，新华网，2022年12月16日，http://www.news.cn/politics/leaders/2022-12/16/c_1129214446.htm，最后访问时间：2022年12月16日。

② 《印尼建立共识手腕高超　或能使缅甸问题取得进展》，〔新加坡〕《联合早报》2022年12月19日，https://www.zaobao.com/news/sea/story20221219-1344866，最后访问时间：2022年12月19日。

在一定程度上也呼应了新加坡提出的"新不结盟运动"倡议。中国应继续关注和尊重这些中小国家的选择，并通过共建"全球发展倡议"，与各国共同实现可持续发展与可持续的地区和平。

（三）部分国家内部稳定面临挑战

在 2022 年经合组织（OECD）发布的《脆弱性国家报告》中，阿富汗、叙利亚、伊拉克等都被归为"极端脆弱国家"，缅甸、东帝汶、塔吉克斯坦、孟加拉国、柬埔寨、土库曼斯坦、老挝、朝鲜、伊朗等则被列入"脆弱国家"。[①] 上述国家都位于亚太区域或相邻区域，存在相互关联的可能性，提示亚太地区发展中国家未来面临着稳定性方面的挑战。

从国内政治的角度来看，亚太地区诸多发展中国家仍然面临民族国家构建的重要使命。这些国家或者尚未建立起统一的国家政权，或者未能摆脱恐怖主义和内部分裂的困扰，未能为经济社会发展提供稳定的国内环境，偶尔出现的经济繁荣只能沦为"无源之水、无本之木"。在阿富汗，苏联、美国等对该国的外部干预并没有带来发展的希望，其内部力量的角力仍将持续。在缅甸，军事政变的爆发使得政治发展进程循环往复。即使 2023 年缅甸大选能按照计划举行，没有民盟参加的大选结果和军政府的"合法性"也很难得到国际社会的认同。在斯里兰卡，曾经的经济繁荣在恐怖主义袭击和国际政治经济大变局下化为乌有。在巴基斯坦，最近几十年来还没有一任民选政府能够顺利完成 5 年的宪法任期。这些国家的政治稳定状况短期内很难实现。

从国内与国际互动的角度来看，发展中国家经济韧性往往不足，当国际政治经济出现变局时可能遭受巨大冲击。特别是经济结构相对单一、对外依赖程度高、外债比重高的国家会面临比其他国家更为严峻的经济下滑、通货膨胀压力，进而引发国内政治动荡。亚太地区发展中国家众多，这些国家面临着多样性的发展难题，经济不稳定性是其脆弱性的重要方面，有些问题很

---

① OECD, *States of Fragility 2022*, Paris：OECD Publishing, 2022, p. 31, https：//doi. org/ 10. 1787/c7fedf5e-en.

难在短期内解决，这也预示着其发展进程之艰难。

2023 年不是重要选举年，比较值得关注的是街头运动极为活跃的泰国。泰国本届众议院将于 2023 年 3 月 24 日届满。泰国选举委员会公布，下届大选计划于 2023 年 5 月 7 日举行。不过，目前泰国各界普遍认为，巴育总理很可能提前解散国会、举行大选。与 2019 年大选前保守阵营力挺巴育派系作为唯一政治代言人的明确态度不同，当前泰国政局面临的是在中左中右合流趋势下的混沌不明，这也增加了未来泰国出现政治不稳定的风险。

（四）区域合作一体化与碎片化相互交织

RCEP 进一步加深了亚洲经济体之间的经济链接，强化了区域内部产业链与供应链韧性，为构建区域内统一市场提供了强大动力。当然，鉴于亚洲地区经济发展状况的多样性，RCEP 还存在进一步完善空间。一方面，与 CPTPP 相比，RCEP 贸易投资自由化水平有待进一步提升。例如，电子商务章节中源代码、金融服务中跨境数据流动和计算设施位置，以及反竞争实践、线上争端解决等规则都是值得继续探索深化的领域。另一方面，RCEP 成员的区域价值链参与度仍低于亚洲平均水平。据亚开行数据，2018 年 RCEP 成员国区域价值链参与度为 46.8%，复杂价值链参与度为 15.8%，低于同期 48.9% 和 26.2% 的亚洲平均水平。2020 年，马来西亚、新加坡、韩国、越南等成员国复杂区域价值链参与度超过亚洲平均水平，[1] 而老挝、印尼等成员国仍有进一步提升空间。未来如何让广大发展中国家更好地参与地区生产网络，特别是通过复杂价值链贸易推动经济发展是需要持续研究的课题。

与此同时，美国发起的 IPEF 很可能加剧亚太地区区域合作机制的碎片化趋势。在贸易和供应链问题上，韩国、马来西亚等部分东盟国家是集成电路和其他电子产品产业链上的主要参与者，如果 IPEF 包含类似技术限制或供应

---

[1] Jong Woo Kang, "RCEP Is a Gargantuan Trade Deal but Will Economies Be Able to Make the Most of It?" Asian Development Bank, November 11, 2020, https：//aric.adb.org/blog/rcep-is-a-gargantuan-trade-deal-but-will-economies-be-able-to-make-the-most-of-it, accessed：2020-11-20.

链管制等条款，那么可能影响这些国家在 RCEP 甚至 CPTPP 等已达成贸易协定中的承诺。在基建和减碳方面，为了减少部分成员国融入 IPEF 的障碍，美国可能采取财政、技术支持以及设立缓冲期的做法予以应对。从谈判角度看，由于美国拒绝在该框架下探讨关税问题，在缺乏市场准入条款的情况下，IPEF 难以在短期内为其他成员国带来实质性利益，进而难以换取全部成员国接受高标准和有约束力的规则。对此，美国可能从两方面给予激励：一方面，强调该框架将为疫情下的供应链和贸易稳定提供保障，提升各成员国在产业链和供应链的地位；另一方面，强调其他成员国在非经济方面的收益。

拜登政府计划以总统行政令的形式履行 IPEF 下的承诺，这种方式可绕过美国国会批准和国内保护主义团体的掣肘，有利于短时间内推动 IPEF 达成和顺利运行，但也导致该框架法律地位薄弱，存在新政府上台后被推翻的可能。为了使其他 IPEF 成员国提升信心，拜登政府试图在谈判过程中与国会加强沟通和磋商，希望在谈判达成后能够寻求获得正式的立法批准，以确保 IPEF 具有"约束力和持久性"。然而，拜登政府宣称 IPEF 将坚持西方价值观，这使得新加坡、文莱、泰国均表现出警惕，部分东南亚成员国对 IPEF 表现出了矛盾心态。可以预见，IPEF 谈判能否顺利实现预期效果仍存在较大不确定性。

课题组组长：李向阳

课题组成员：沈铭辉　董向荣　张　洁　张中元[①]

---

① 李向阳，中国社会科学院亚太与全球战略研究院院长、研究员；沈铭辉，中国社会科学院亚太与全球战略研究院副院长、研究员；董向荣，中国社会科学院亚太与全球战略研究院亚太政治研究室主任、研究员；张洁，中国社会科学院亚太与全球战略研究院亚太安全外交研究室主任、研究员；张中元，中国社会科学院亚太与全球战略研究院国际经济关系研究室副主任、研究员。

2022～2023年美国形势分析与展望

摘　要：2022年美国经济小幅增长，高通胀率困扰美国经济。为抑制通胀，美联储运用"加息+缩表"的组合，力度空前地收紧货币政策。拜登执政困难重重但稍有成果，党派之争依旧凸显。在美国中期选举中，共和党仅获小胜，民主党遭遇小败，却彰显了美式民主的乱象。美国社会撕裂加剧，在堕胎、枪支管制、移民等诸多议题上缺乏共识，短期内难以找到解决的方案。在对外关系方面，拜登政府强化与盟友关系，竭力勾连欧洲和亚太地区的联盟体系；重塑多边主义规则，加速构建区域性经济合作机制；聚焦"中国挑战"，延续美国对华竞争政策。展望未来，美国经济将陷入温和衰退，通胀持续回落；受共和党的牵制，拜登执政更加步履维艰，或将更多精力放在外交领域；对华战略竞争左右美国外交思维，中美关系短期内难有实质性改善。

关键词：　美国经济　中期选举　美国社会　美国外交　中美关系

一　2022年美国总体态势

（一）美国经济

由于财政刺激计划到期以及美联储的持续高强度加息，2022年美国经济小幅增长。2022年前三季度美国经济在曲折中实现了小幅增长，GDP 环比折年增长率分别为-1.6%、-0.6%、2.9%，第四季度有望继续保持弱增长。其中，前两个季度连续负增长，已出现技术性衰退，但第三季度实现了超预期复苏。2022年美国经济的增速为2.1%，全年GDP总额为25.5万亿美元。表1给出了自2020年以来美国主要经济指标的增长情况。2022年美国经济增长远远不及年初的预期，主要是由于超预期高通胀带来的货币政策持续收紧。

表1 2020~2022年美国实际GDP及各要素环比折年增长率

单位：%

项目	2020年	2021年	2022年		
			第一季度	第二季度	第三季度
GDP	-2.8	5.9	-1.6	-0.6	2.9
私人消费支出	-3.0	8.3	1.3	2.0	1.7
私人总投资	-5.3	9.0	5.4	-14.1	-9.1
固定投资	-2.3	7.4	4.8	-5.0	-4.1
非住宅投资	-4.9	6.4	7.9	0.1	5.1
住宅投资	7.2	10.7	-3.1	-17.8	-26.8
货物与服务净出口	—	—	—	—	—
出口	-13.2	6.1	-4.6	13.8	15.3
进口	-9.0	14.1	18.4	2.2	-7.3
政府支出与投资	2.6	0.6	-2.3	-1.6	3.0
联邦政府	6.2	2.3	-5.3	-3.4	3.4
州和地方政府	0.4	-0.5	-0.4	-0.6	2.8

注：各要素环比增长率经季度调整，按年率折算。

资料来源：Bureau of Economic Analysis, U. S. Department of Commerce, November 30, 2022, https：//www. bea. gov/sites/default/files/2022-11/gdp3q22_ 2nd. pdf, accessed：2022-12-05。

1. 消费和出口表现较好，投资成为拖累项

消费是美国经济的最主要驱动力。伴随着疫情相关财政补贴的退出，2022年美国的消费增长较为温和，但受益于强劲就业市场的支持，消费在下半年逐步走强。美国是进口大国，其经常账户逆差常年扩大，净出口对GDP贡献率一般为负。然而，净出口出乎意料地成为2022年美国经济增长的重要

动力，特别是在第三季度。进口的走弱主要是因为商品需求的疲软，第三季度美国的进口甚至环比下降了 7.3%。伴随着美联储的加息，美元指数不断走高，一度升至 114 的高位；但美元强势并未显著影响美国的出口，美国第二、第三季度出口大幅度增长。这一方面是因为汇率对出口的负面效应滞后；另一方面，美国第三季度出口 15.3% 的环比增长中，贡献最大的是工业用品和材料，尤其是石油产品及其他非耐用品。在欧洲陷入能源危机之际，美国加大了对欧洲的石油和天然气出口。利率水平的走高还使得投资在第二、第三季度出现了大幅萎缩，拖累了 GDP 的增长。其中，住宅投资对利率最为敏感，降幅也最大，第三季度环比收缩 26.8%（见表 1）。30 年期固定抵押贷款的利率在 11 月初升至 7% 以上，创 2001 年以来的最高水平。

2. 高通胀率成为2022年美国经济的首要问题

美国的通胀率在 2022 年一直维持在高位。消费者物价指数（CPI）从 1 月的 7.5% 一路走高，6 月达到 9.1%，不断刷新自 20 世纪 80 年代"滞涨"时期以来的新高；此后仍然维持在较高水平，10 月为 7.7%。受到俄乌冲突的影响，上半年美国总体通胀率的走高在很大程度上受到食品和能源价格暴涨的拉动，但去除食品和能源价格的核心通胀率在 2022 年一直维持在 6% 以上，体现出了通胀的持续性。[①] 拜登政府在抑制通胀方面收效甚微，释放石油储备库存对于平抑油价的作用有限；《2022 年通胀削减法案》（The Inflation Reduction Act of 2022）名不副实，主要目的是促进美国新能源的发展而非抑制通胀。美联储的持续加息是抑制通胀的最有力措施，目前已经初见成效。10 月份的通胀率首次出现了超预期下降，但由于住房价格等的粘性，想要把通胀率拉回到 2% 的目标，美国还有很长的路要走。

3. 就业市场保持强劲

2022 年美国就业市场表现较好，失业率从 1 月的 4.0% 一路降至 7 月的 3.5%，处于 1970 年以来的最低水平，11 月仍然保持在 3.7% 的低位。新增

[①] Bureau of Labor Statistics, U.S. Department of Labor, November 25, 2022, https：//www.bls.gov/cpi/, accessed：2022-12-05.

非农就业人数持续超过市场预期，在 2 月高达 71.4 万人，11 月还有 26.3 万人，正常值则为 10 万~15 万人。职位空缺数维持在 1000 万个以上，职位空缺数与失业人数的差值在 400 万左右。求职比率（职位空缺数与失业人数之比）一度高达 1.7，反映出劳动力市场持续紧张的局面。疫情后劳动力供给持续不足是造成劳动力市场紧张的主要原因。劳动参与率在 62% 左右波动，与 2021 年相比没有进一步提高，显著低于 2020 年 2 月疫情暴发前 63.4% 的水平。① 美国当前的劳动力数量与国会预算办公室（CBO）对劳动力增长的预测相比，仍有 350 万人的缺口。出现劳动力缺口的一个重要原因是部分患有新冠肺炎或遭受"长新冠"困扰的劳动者仍未返回劳动力市场；另一个重要原因则是"超额退休"，即退休人数超出了由人口老龄化所推算的水平。根据美联储的估计，超额退休人员可能高达 200 万人。②

（二）美国政治

1. 拜登执政困难重重但稍有成果

在 2022 年的大部分时间里，拜登的执政都处于困难的局面。美国的通胀率和汽油价格持续保持高位，在 6 月达到顶峰。该月的通胀率升到 9.1%，全美平均汽油价格涨到 5 美元/加仑。③ 经济和通胀问题成为美国民众最关心的问题，但拜登政府对此缺乏有效的应对手段，基本上是等着通胀率和油价下降。俄乌冲突爆发后，虽然美国人普遍支持乌克兰并反对俄罗斯，但该事件产生的"聚旗效应"远不像"9·11"事件那样强烈且持久，拜登并未收获强大的民意支持。相反，俄乌冲突加剧了通胀率和油价的上涨。美国民

---

① Bureau of Labor Statistics, U. S. Department of Labor, November 30, 2022, https://www.bls.gov/bls/employment.htm, accessed：2022-12-05.

② Joshua Montes, Christopher Smith, and Juliana Dajon, "The Great Retirement Boom：The Pandemic-Era Surge in Retirements and Implications for Future Labor Force Participation, Finance and Economics Discussion Series 2022 - 081," Washington：Board of Governors of the Federal Reserve System, https://doi.org/10.17016/FEDS.2022.081, accessed：2022-12-10.

③ Isabella Simonetti, "U. S. Gas Prices Are Now Lower than a Year Ago," *The New York Times*, December 8, 2022, https://www.nytimes.com/2022/12/08/business/energy - environment/gasoline-prices.html, accessed：2022-12-10.

众对拜登政府的支持率长期处于低位。2022 年 1 月，拜登的支持率为 43%，到 7 月只剩下 38%。不过这种低支持率在历史上并不少见，总统的支持率通常在执政第二年会显著下降。拜登在 2022 年的支持率与特朗普、奥巴马、克林顿、里根等前任总统在执政第二年的支持率大致相当。① 拜登的低支持率导致他在民主党内遭到质疑。参加 2022 年中期选举的民主党候选人普遍与拜登保持距离，拜登也很少帮民主党候选人站台和辅选。随着下半年美国的通胀和油价稳步下降，拜登的支持率有所回升，到 9 月份升高到 42%。由于民主党在中期选举的结果好于预期，拜登的党内地位暂时得到稳固。

虽然困难重重，但拜登政府还是取得了一定的立法成绩。其中一项重要立法成果是 8 月 9 日由拜登签署的《2022 年芯片与科学法案》。该法案涉及的总金额高达 2800 亿美元，包括向美国芯片产业提供大约 527 亿美元的资金支持，为芯片企业提供价值 240 亿美元的投资税抵免，鼓励芯片企业在美国研发和制造芯片，并在未来几年提供约 2000 亿美元的科研经费支持。这是一项非常重要的产业政策法案，得到两党议员的支持，意味着美国将重振国内芯片制造，并加强美国科技的国际竞争力。另一项重要立法成果是 8 月 16 日签署的《2022 年通胀削减法案》。根据该法案，美国将在未来 10 年内筹集 7370 亿美元资金，其中 3690 亿美元用于促进清洁能源和应对气候变化，2380 亿美元用于削减赤字，640 亿美元用于将奥巴马医保的额外补贴延长至 2025 年。由于该法案向美国生产电动汽车和电池的企业和消费者提供税收优惠，这导致美国与欧盟及日韩等国之间出现补贴争端。

民主党长期以来希望通过严格的控枪法案，但遭到共和党的阻挠，一直到 5 月得克萨斯州的尤瓦尔迪小学发生大规模枪击案后，两党才就控枪达成有限共识，通过了《两党更安全社区法案》。这是美国 30 多年来首次通过的重要联邦枪支改革法案，主要内容是加强对 21 岁以下购枪者的背景调查，为心理健康项目和学校安全升级提供资金。美国最高法院在 6 月

---

① "How Unpopular Is Joe Biden?" FiveThirtyEight, December 6, 2022, https：//projects. fivethirtyeight. com/biden-approval-rating/, accessed：2022-12-10.

份推翻"罗诉韦德案"后，民主党试图通过全国范围内的保障女性堕胎权的法案，但并未成功。民主党还担心最高法院可能推翻 2015 年将同性婚姻合法化的裁决，便提出保护同性婚姻和跨种族婚姻的《尊重婚姻法案》。该法案得到两党议员的支持，并于 12 月 13 日由拜登签署。拜登的另一重要政绩是成功提名凯坦吉·布朗·杰克逊（Ketanji Brown Jackson）为美国最高法院首位黑人女性大法官。在民主党只占国会微弱多数的情况下，拜登执政前两年任命了大约 90 位联邦上诉法院和地方法院的法官，数量超过他的大多数前任。[①]

民主党在国会两院只有极微弱的优势，而且民主党内进步派与温和派在优先事项和具体政策上存在较大分歧，因此民主党往往需要花费数月甚至更长时间弥合党内分歧，特别是要说服两位著名的温和派议员乔·曼钦（Joe Manchin）和克里斯滕·西内马（Kyrsten Sinema），以致经常错过有利的政治时机，不能达到让民众充分满意的效果，拜登政府短期内也没能从上述立法成果中获得显著收益。不过从中期选举的结果来看，相对于前总统特朗普以及共和党内少数极端分子的狂乱表演，拜登所坚持的相对温和稳健的路线，得到了不少中间选民的认可。

2. 党派之争依旧凸显

2022 年的政党政治仍然表现出两党对立、党内分裂的局面。两党的恶斗是全方位的，波及各项政策。两党在堕胎、控枪、移民、犯罪、教育等社会文化问题上的激烈争夺已经不仅是为了获取权力和塑造政策，更像是一场关乎生死存亡的斗争。两党议员在国会中相互否决，使国会很难通过重大立法。即使是两党有较强共识的《2022 年芯片与科学法案》，从提出最初版本到最终通过也花费了大约 3 年之久，而且遭到了大多数共和党议员的反对。《2022 年通胀削减法案》则完全是民主党的优先事项，被共和党议员一致反

---

① Russell Wheeler, "Biden's Record-setting Judicial Confirmation Efforts Face Three Challenges in 2023-2024," Brookings Institution, December 6, 2022, https://www.brookings.edu/blog/fixgov/2022/12/06/bidens-record-setting-judicial-confirmation-efforts-face-three-challenges-in-2023-2024/, accessed: 2022-12-10.

对。两党的对立不仅体现在政策和意识形态上，而且延伸到情感上，即两党成员之间相互厌恶甚至充满敌意。如今刺激两党选民出来投票的主要动力不只是对本党的偏好，更多的是对反对党的厌恶。2022年中期选举，特朗普可谓民主党的"大功臣"，他的极端言行成功刺激了大量本来对拜登感到不满的选民出来支持民主党。但这次中期选举没能解决美国任何大问题，也没有改变两党近年来势均力敌、尖锐对立的态势，美国政治分裂将长期持续。自2016年大选以来，两党的选民基础和政策立场没有发生重大变化。民主党主要依靠自由派白人和少数族裔，共和党主要依靠保守派白人。两党争夺的关键地区是中西部"铁锈带"和南部边境州。

民主党内部依旧存在进步派与温和派之间的斗争。进步派以伯尼·桑德斯（Bernie Sanders）、普拉米拉·贾亚帕尔（Pramila Jayapal）、亚历山德里娅·奥卡西奥-科尔特斯（Alexandria Ocasio-Cortez）为代表，在众议院有大约100名正式成员，是民主党内最大的意识形态党团。进步派在2022年继续要求民主党增加国内支出、扩展福利项目、发展清洁能源、应对气候变化、简化投票规则、宣扬"觉醒文化"等，其主要成果是通过《2022年通胀削减法案》向清洁能源和气候变化领域投入3000多亿美元的资金。不过该法案的规模比进步派在拜登上任之初所期待的《重建美好未来法案》小得多，后者的资金规模最初高达3.5万亿美元，后来在众议院通过的版本也有1.75万亿美元。进步派在2022年中期选举初选中表现不佳，但在最终投票中有许多意外收获，使其重新获得抵御党内温和派攻击和推动进步议程的信心。民主党内的温和派议员以曼钦和西内马最为著名，他们在政府支出、气候变化、清洁能源、移民、性少数群体权利等问题上比进步派保守得多，并且反对废除冗长辩论规则。这导致民主党的立法一再遭到他们的长期阻挠与拖延，引起进步派的强烈不满。面对党内两派斗争，拜登政府总体上持折中态度，一方面支持进步派增加国内支出、发展清洁能源、应对气候变化的要求，另一方面赞成温和派反对"削减警察经费"、远离"觉醒文化"的立场。拜登的折中态度曾引发进步派的不满，但民主党的中期选举结果好于预期，这有利于拜登继续维持温和稳健路线。

共和党内特朗普派与建制派的斗争比民主党的内斗激烈得多。两派的分歧与斗争自特朗普执政时期延续至今。特朗普派比建制派更关心国内的"文化战争",更激烈地反对移民、自由贸易和对外军事干预。建制派以参议院共和党领袖麦康奈尔(Mitch McConnell)为代表,他一直在私下活动,试图挫败特朗普对共和党的掌控。共和党众议院领袖麦卡锡(Kevin McCarthy)则紧跟特朗普,众议院共和党议员总体上比参议院共和党议员更亲特朗普。特朗普在2022年仍然是共和党内最受欢迎的人物,支持率超过其他共和党政客。特朗普并不关心共和党的前途,他只在乎自己对权力的掌控和2024年再次竞选总统,在共和党内扮演着"造王者"和搅局者的角色。①特朗普牢固掌控着共和党的基本盘,使得共和党建制派既无力摆脱特朗普,也不敢公开批评特朗普。特朗普派在共和党选民和媒体中的影响力远大于在共和党精英和国会中的影响力。这导致他们在政策制定中往往处于弱势。他们对共和党政策的影响主要集中在移民、贸易和文化议题上,但建制派基本上主导着外交和安全政策。

(三)美国社会

2022年的美国社会继续因循拜登政府"应对疫情、恢复经济、重建信任"的初始蓝图展开,却始终难掩两条矛盾主线。一是国家与社会间的结构性张力。一方面为快速走出疫情阴霾、重建国家公信力,拜登试图开启"大政府"模式,通过加强对经济、科技及社会活动的宏观干预,促使国内和跨国资本反哺社会,修复日益严峻的社会不平等情势及随之而生的社会矛盾。另一方面,受到资本主义逐利本性的驱使以及党派、利益集团的绑架,看似重在"纠偏"的公共政策始终带有鲜明的资本至上、精英至上、选票至上痕迹,不仅落地大打折扣,将精英与草根、巨富与赤贫、极左与极右等内生张力放大和固化,更使政府遭遇民众深度质疑,备受"塔西佗陷阱"

---

① 付随鑫:《特朗普能否东山再起——基于对其政治前景影响因素的分析》,《当代美国评论》2021年第2期,第99页。

阴影困扰。二是中期选举引发的"民主疲劳综合征"。美国社会在通货膨胀、堕胎合宪等党派争议焦点的作用下，以极端思潮及政治暴力等非民主方式被卷入波谲云诡的选情之中。

1. 艰难修补美好，民生难题悬而未决

2022 年是美国中期选举年。为了赢得选民支持，拜登政府推进了以开源、托底、维稳为目标的系列民生改革举措。抛开立意不谈，从执行面看，上述措施早已偏离了最初"重建美好未来"的宏愿，仅能算作小修小补。具体而言，开源措施即投资大型基础设施、芯片生产和清洁能源项目，通过激活制造业创造新就业岗位，对冲疫情风险。托底措施则重在筑牢"社会安全网"，涉及大幅扩大针对低收入人群的医疗补助计划、补充营养援助计划（俗称"食品券"）、学校膳食计划等社会福利项目的覆盖范围，启动用以填补"数字鸿沟"的"可负担高速宽带计划"（Affordable Connectivity Program，ACP）[1]，和意在为借款人有效纾困、确保疫后经济包容发展的"学生贷款减免计划"[2]。与此同时，签署《2022 年通胀削减法案》，尝试弱化近 40 年来最严重的通货膨胀对劳动阶层生活水平的普遍冲击。

客观而言，这套以"重建美好未来"为初衷的宏伟复兴计划从立法和制度层面彰显了民主党激活发展内驱力、调和复杂社会矛盾的决心，其执行面可谓喜忧参半。美国劳工统计局 2022 年 10 月的数据显示，就业人数比 2020 年 2 月增加了 80.4 万人。[3] 失业率从拜登上任时的 6.4% 下降到 2022 年 10 月的 3.7%。[4] 制造业新增就业岗位 69.6 万个，20 个月内（截至 2022

---

[1] "How to Sign up for the Affordable Connectivity Program," The White House, https：//www. whitehouse. gov/getinternet/, accessed：2022-11-27.

[2] "President Biden Announces Student Loan Relief for Borrowers Who Need It Most," The White House, August 24, 2022, https：//www. whitehouse. gov/briefing - room/statements - releases/2022/08/ 24/fact-sheet-president-biden-announces-student-loan-relief-for-borrowers-who-need-it-most/, accessed：2022-11-27.

[3] 10 月数据被标记为"P"（暂时值）。See "Employment, Hours, and Earnings from the Current Employment Statistics Survey（National）," U. S. Bureau of Labor Statistics, https：// data. bls. gov/timeseries/CES0000000001, accessed：2022-11-27.

[4] "Labor Force Statistics from the Current Population Survey," U. S. Bureau of Labor Statistics, https：//data. bls. gov/timeseries/LNS14000000, accessed：2022-11-27.

年9月）增长5.7%。① 数据"好看"的背后则是难以忽视的负面效应。一是尽管失业率看似很低，但劳动参与率仅为61.7%～62.1%（2022年11月）②，总体处于自1980年以来的最低水平，这意味着大量适龄劳动力因各种情况游离于就业市场之外，社会面实际无业人数远高于失业率所对应的人口数量。二是大型基建和学贷减免等计划受到政党内耗的拖拽，形成了理想与现实的巨大鸿沟，同时也加剧了选民立场的极化分裂。三是上述看似扶危济困之举，实则获益者仍为中高收入者。以学贷为例，尽管超过4300万人拥有近1.6万亿美元的联邦学生贷款，但大部分持有者为中高收入家庭。③与之相反，政策优惠所加剧的通货膨胀则对中低收入家庭的收入和储蓄冲击极大，因为他们不仅对粮食、能源等必需品价格上涨更具敏感性，也没有抵御通胀的金融产品。有鉴于此，困扰美国已久的不平等鸿沟持续深化。

2. 社会久维不稳，"奥弗顿之窗"破框

中期选举刺激了两党及其选民阵营之间有关经济民粹主义及激进文化主义的尖锐矛盾，各类暴力事件层出不穷，"内战"甚至一度登上美国社交网站的热搜榜。民调显示，超过88%的受访者担心选举触发更大规模的政治暴力事件。④ 因此致力于扭转美国社会日趋失控的暴力犯罪、大规模枪击案、边境乱象的维稳措施，无疑是拜登政府2022年社会政策的重中之重。诸如国会众议院通过《2022预防国内恐怖主义法案》⑤，虽然最终能否成法

---

① "Employment, Hours, and Earnings from the Current Employment Statistics Survey（National），" Bureau of Labor Statistics, U. S. Department of Labor, November 4, 2022, https：//data. bls. gov/timeseries/CES 3000000001, accessed：2022-11-27.

② "Labor Force Statistics from the Current Population Survey," Bureau of Labor Statistics, U. S. Department of Labor, December 1, 2022, https：//data. bls. gov/timeseries/LNS11300000, accessed：2022-12-03.

③ "Federal Student Loan Portfolio," U. S. Government, https：//studentaid. gov/data - center/ student/portfolio, accessed：2022-12-03.

④ "Washington Post - ABC News Poll," November 2, 2022, https：//docs - cdn - prod. news - engineering. aws. wapo. pub/ publish _ document/e1e76ca3 - d201 - 4fe0 - 962c - 2612ea4be47e/ published/e1e76ca3-d201-4fe0-962c-2612ea4be47e. pdf, accessed：2022-12-03.

⑤ "H. R. 350 -Domestic Terrorism Prevention Act of 2022," U. S. Congress, U. S. Congress, May 18, 2022, https：//www. congress. gov/bill/117th-congress/house-bill/350, accessed：2022-12-04.

尚未可知，却传达出了提升打击"国内恐怖主义"威胁水平的强烈意愿。再如召开"团结一致峰会"（the United We Stand Summit）抵御仇恨暴力对美国民主和公共安全的锈蚀[1]；签署美国近 30 年来首部《两党安全社区法案》；为寻求庇护或政治保护的移民开放了美墨边境；等等。但这些措施效果并不明显，暴力犯罪率居高不下。2022 年上半年财产犯罪取代谋杀案和枪支暴力成为危害最大的犯罪类别，但谋杀案发生率仍比疫情前（2019 年）高出 39%。[2] 更糟糕的是，根据美国联邦调查局的数据，2022 年仅 63%的地方执法机构参与由其发起的全国性犯罪数据年度收集工作，系自 1979 年以来最低值，严重影响了有关部门对上年度美国总体犯罪情况的准确评估。[3] 2019 年的数据显示，执法机构对暴力犯罪的破获率基本从未突破 50%，财物盗抢案破获率更低至 20%。[4] 这与警察部门表面宣称警力不足以应对此类"非重点"案件，实则因破获此类案件回报率低而选择性漠视密切相关。

究其根源，暴力事件此起彼伏的背后是美国社会中代表政治光谱上大多数人可接受立场的"奥弗顿之窗"不断破框。换言之，随着社会撕裂和共识消弭，人们对极端思潮和虚假信息等非主流认知的警惕性走低、涵容度不断增加。主要表现有二：一是多种极端思潮与种族、性别平等，堕胎合宪性，控枪，移民和毒品管控等具体议题相互嵌套，使得新一轮"文化战争"愈演愈烈。二是受选举触发的"民主疲劳综合征"刺激，虚假信息和阴谋

[1] "The United We Stand Summit: Taking Action to Prevent and Address Hate-Motivated Violence and Foster Unity," The White House, September 15, 2022, https://www.whitehouse.gov/briefing-room/statements-releases/2022/09/15/fact-sheet-the-united-we-stand-summit-taking-action-to-prevent-and-address-hate-motivated-violence-and-foster-unity/, accessed: 2022-12-04.

[2] "Pandemic, Social Unrest, and Crime in U. S. Cities: Mid-Year 2022 Update," Council on Criminal Justice, July 22, 2022, https://counciloncj.org/mid-year-2022-crime-trends/, accessed: 2022-12-04.

[3] "The FBI Released Its Crime Report for 2021-But It Tells Us Less about the Overall State of Crime in the US than Ever," CNN, October 5, 2022, https://edition.cnn.com/2022/10/05/us/fbi-national-crime-report-2021-data/index.html, accessed: 2022-12-03.

[4] "Percent of Offenses Cleared by Arrest or Exceptional Means," FBI, 2019, https://ucr.fbi.gov/crime-in-the-u.s/2019/crime-in-the-u.s.-2019/topic-pages/tables/table-25, accessed: 2022-12-03.

论大肆泛滥。此类认知一方面与选举相关，大多为2020年大选时有关选举安全和选民欺诈的虚假信息的沿用或变体；另一方面则围绕当前美国国内和国际重大议题展开，如新冠肺炎疫情（疫苗注射）、俄乌冲突等。例如，有调查显示关于新冠肺炎疫苗能够改变人体DNA这样的虚假信息，9%的受访者认为准确，还有26%的人认为真假难辨。① 相当大比例的受访者很难确定虚假信息的准确性无疑给反智主义及极端主义立场的扩散提供了空间。

3. 难民潮 vs 人才荒，移民改革难进易退

中期选举年内，移民改革及种族平等依然是各类社会议题中最具争议的焦点。

而如下情势也使移民政策调整不仅迫在眉睫，而且难进易退。第一，西南边境乱局每况愈下。2022财年，美墨边境共阻截非法移民238万人次②，比2021财年增长37%，不仅数量打破历史纪录，且人口构成发生重大变化，其中43%的移民和寻求庇护者来自美国严加防范的墨西哥及北三角国家以外，5年前该数据仅为4%。③ 第二，移民政策长期不合理加剧了美国劳动力市场失序。一方面，移民政策收紧，与公共卫生安全相关的临时移民限制措施、移民案件及事务大量积压导致2016~2021年合计减少移民340万人④，这是劳动力严重短缺的重要诱因。2022年10月数据显示，全美空缺职位多达1030万个，就业人数仅为600万人。⑤ 劳动力市场的供需矛盾反向制约了

---

① "Report #86: Misperceptions about the War in Ukraine and Covid-19 Vaccines," The Covid States, April 2022, https://www.covidstates.org/reports/misperceptions-about-the-war-in-ukraine-and-covid-19-vaccines, accessed: 2022-12-20.

② "Southwest Land Border Encounters," U. S. Customs and Border Protection, February 3, 2023, https://www.cbp.gov/newsroom/stats/southwest-land-border-encounters, accessed: 2022-12-06.

③ Ariel G. Ruiz Soto, "Record-Breaking Migrant Encounters at the U. S.-Mexico Border Overlook the Bigger Story," Migration Policy Institute, October 2022, https://www.migrationpolicy.org/news/2022-record-migrant-encounters-us-mexico-border, accessed: 2022-12-06.

④ "Immigration Shortfall May Be a Headwind for Labor Supply," Federal Reserve Bank of Kansas City, May 11, 2022, https://www.kansascityfed.org/research/economic-bulletin/immigration-shortfall-may-be-a-headwind-for-labor-supply/, accessed: 2022-12-06.

⑤ Jeffry Bartash "U. S. Job Openings Fall to 10. 3 Million—But Labor Market Still Too Strong for the Fed," Market Watch, November 30, 2022, https://www.bls.gov/news.release/jolts.nr0.htm, accessed: 2022-12-07.

通货膨胀的有效缓解。另一方面，移民占据全美 STEM（科学、技术、工程和数学）工作者数量的 1/4，且 2021 年美国财富 500 强企业中有 44% 是由移民或移民子女创立的。[①] 但近些年 STEM 人才的实际存量与美国在国防相关行业和关键技术领域保持竞争力的宏大目标难以匹配，职位空缺量比合格工作者人数多出 300 万个，若依此速度增长，到 2030 年该差距将扩大到 600 万个。[②] 鉴于美国劳工统计局预测，2030 年 STEM 相关就业岗位还将增加 10.5%，[③] 当务之急是依托移民政策改革，优化美国总体劳动力技能水平并为其产业提供有价值的技能支撑。

结合当前非法移民快速激增、合法且高质量移民缺口较大的尴尬处境，拜登政府看似做出了部分政策优化，实则进展无多。对难民和非法移民来说，虽然官方表态较为明朗，但实质政策仍是特朗普时代的延续。例如，沿用旨在立即拒绝南部边境移民入境的"第 42 条"，即便 2022 年 3 月宣布短暂废除，但后续仍依赖其加快非法移民遣返，11 月 15 日该法令再度被美国哥伦比亚特区地区法院叫停。这项政策的任意与反复无常已然给南部边境带来了难以承受的压力与损失。2022 财年，拜登把接纳难民配额提高到 125000 人，但实际接纳人数仅 26465 人，[④] 不仅基本维持在特朗普时代的平均水平，且计划与实际执行之间的缺口让等待入境的难民形成巨大心理落差，加大了边境的不稳定性。换言之，大型非法移民潮不仅是此类政策的背

---

① "Foreign-Born STEM Workers in the United States," American Immigration Council, June 2022, https：//www. americanimmigrationcouncil. org/sites/default/files/research/foreign-born_ stem_ workers_ in_ the_ united_ states_ final_ 0. pdf, accessed：2022-12-20.

② Arturo Castellanos-Canales, "America's Labor Shortage：How Low Immigration Levels Accentuated the Problem and How Immigration Can Fix It," National Immigration Forum, February 28, 2022, https：//immigrationforum. org/article/americas-labor-shortage-how-low-immigration-levels-accentuated-the-problem-and-how-immigration-can-fix-it/#_ ftn62, accessed：2022-12-20.

③ "Foreign-Born STEM Workers in the United States," American Immigration Council, June 2022, https：//www. americanimmigrationcouncil. org/sites/default/files/research/foreign-born_ stem_ workers_ in_ the_ united_ states_ final_ 0. pdf, accessed：2022-12-20.

④ "U. S. Annual Refugee Resettlement Ceilings and Number of Refugees Admitted, 1980-Present," Migration Policy Institute, December 31, 2022, https：//www. migrationpolicy. org/programs/data-hub/ charts/us-refugee-resettlement, accessed：2023-03-04.

景，也是其必然结果。对 STEM 人才等高科技移民而言，拜登政府推出了一系列"引智举措"，例如国土安全部列出 22 个可被纳入 STEM 范畴的新专业领域，并将他们毕业后的实习期（OPT）延长至三年,[①] 据此，美国公民与移民服务局也在同步更新对技能突出的 STEM 移民给予"国家利益豁免"的指导方针,[②] 目的在于推进海外人才引进，健全多层次移民融入机制。尽管两党在利用移民政策打赢人才战争方面存在一定共识，也推出了部分新政，但落实到具体条款和标准细则，依然会因立场分歧或技术操作原因很难在国会获得通过，由此可知，美国利用移民政策重塑人才优势仍有很长的路要走。

（四）美国外交

1. 强化与盟友关系，整合欧洲和印太地区的两大联盟体系

俄乌冲突爆发后，美国通过"捆绑中俄"、渲染"中国威胁论"等策略强化了与盟友的关系，加速整合欧洲和印太地区的两大联盟体系。

第一，美国利用俄乌冲突增强美欧跨大西洋关系。俄乌冲突爆发后，美国利用欧洲国家的"反俄""恐俄"浪潮，借机拉拢和团结欧洲盟友，联合盟友对俄罗斯发起经济制裁和金融制裁，推动欧盟启动对俄罗斯的能源"脱钩"进程，以迟滞俄罗斯在俄乌冲突中的攻势。此外，美国还借机向欧洲增兵，增加在欧洲地区的军事存在，北约再度找到"存在价值"并成功吸纳瑞典和芬兰，北约内部的主要欧洲国家主动增加军费开支以应对俄罗斯威胁，北约东翼的军事力量得到极大强化。

第二，美国增加了与印太盟友及伙伴之间的协调。俄乌冲突爆发后，美国大肆渲染"大陆武力攻台论"，借机强化美台防务体系，增强

---

① "DHS Expands Opportunities in U. S. for STEM Professionals," U. S. Department of Homeland Security, January 21, 2022, https：//www. dhs. gov/news/2022/01/21/dhs - expands - opportunities-us-stem-professionals, accessed：2022-12-07.

② "USCIS Updates Guidance on National Interest Waivers," U. S. Citizenship and Immigration Services, January 21, 2022, https：//www. uscis. gov/newsroom/alerts/uscis - updates - guidance-on-national-interest-waivers, accessed：2022-12-07.

了台湾地区对美国的依赖程度。美国渲染"中国威胁论"，加紧与日本、澳大利亚、印度等地区盟友及伙伴之间的对华协调。2022 年 3 月 3 日，在俄乌冲突爆发后不久，美国便在"美日印澳四方安全对话"线上峰会上讨论俄乌冲突对印太地区的影响，强调"不能让俄乌冲突在印太地区重演"。① 美国还通过举办美国-东盟特别峰会寻求加强"印太四方"与东盟之间的对接，以"反华"为主题持续巩固和扩展印太地区的联盟体系。②

第三，美国通过"捆绑中俄"加速整合欧洲和印太地区的两大联盟体系。美国推动印太盟友参与北约军事合作机制，并利用欧洲在俄乌冲突中的对美依赖和对华不满情绪，要求欧洲盟友在"反华"议题上与美国保持一致。在 2022 年 6 月举办的北约马德里峰会上，日本、韩国、澳大利亚和新西兰应邀参加，此次会议明确将中国定位为"系统性挑战"和"破坏国际秩序的国家"，对中俄之间日益加深的战略伙伴关系表示深切担忧，这是北约战略概念中首次明确提到中国。

2. 重塑多边主义规则，加速构建区域性经济合作机制

在拜登政府看来，现有的国际机制不仅未能继续促进美国的国家利益，反而使美国的竞争对手从中获益。基于此认知，美国基于自身利益重塑多边主义规则，以此打造对美国有利的地缘经济新格局。

在欧洲，美国以美国-欧盟贸易和技术理事会（Trade and Technology Council，TTC）为抓手深化与欧洲的经贸及技术合作。2022 年 5 月 15～16日，TTC 在法国巴黎召开第二次部长级会议并发布联合声明，阐述双方在出口管制、技术标准、气候和清洁技术、半导体供应链等方面的合作进展和未来工作方向。其中，美国和欧盟强化了在半导体供应链及出口管制方面的协调与共识，强调使用民主价值规范深化跨大西洋贸易和经济关系，保证美

---

① "Joint Readout of Quad Leaders Call," The White House, March 3, 2022, https：//www. whitehouse. gov/briefing-room/statements-releases/2022/03/03/joint-readout-of-quad-leaders-call/, accessed：2022-11-11.

② 赵明昊：《俄乌冲突对中美关系的影响析论》，《和平与发展》2022 年第 3 期，第 9 页。

国和欧盟对其他国家实施统一出口管制政策。① 尽管美国和欧盟并未明确提及中国，但美国可通过该措施防止中国借道欧洲来获得美国禁止出口的技术。

在拉美地区，2022年6月8日，拜登总统在第九届美洲国家首脑会上提出"美洲经济繁荣伙伴关系计划"（Americas Partnership for Economic Prosperity），该计划主要包括5大主题：重振区域经济体制并激活投资、建立更具弹性的供应链、更新基本协议以推动经济公平发展、创造清洁能源就业机会和促进脱碳及生物多样性、确保可持续性和包容性贸易。② 该倡议旨在加强供应链方面的合作，增强美国抵御意外冲击的能力，推动经济复苏和增长。

2022年6月26～28日，在德国巴伐利亚州举办的G7峰会上，G7领导人宣布正式启动由美国倡议的"全球基础设施和投资伙伴关系"（Partnership for Global Infrastructure and Investment）。该倡议计划在未来5年内筹款6000亿美元，为发展中国家提供基础设施建设资金。该倡议主要包括四大支柱。①通过投资适应气候变化的基础设施、开发清洁能源供应链等措施应对气候危机。②开发、扩展和部署安全的通信技术网络及基础设施，以推动经济增长并促进建设开放的数字社会。③通过增加女性经济参与机会的基础设施投资，促进性别平等和公平。④通过升级卫生系统的基础设施等手段促进全球健康卫生安全。③ 这一基建倡议也被普遍视为由美国主导、对标中国"一带一路"倡议的最新动作。

---

① "EU-US Trade and Technology Council: Strengthening Our Renewed Partnership in Turbulent Times," European Commission, May 16, 2022, https://ec. europa. eu/commission/presscorner/detail/en/IP_ 22_ 3034, accessed: 2022-11-13.

② "FACT SHEET: President Biden Announces the Americas Partnership for Economic Prosperity," The White House, June 8, 2022, https://www. whitehouse. gov/briefing-room/statements-releases/2022/06/08/fact-president-biden-announces-the-americas-partnership-for-economic-prosperity/, accessed: 2022-11-14.

③ "FACT SHEET: President Biden and G7 Leaders Formally Launch the Partnership for Global Infrastructure and Investment," The White House, June 26, 2022, https://www. whitehouse. gov/briefing-room/statements-releases/2022/06/26/fact-sheet-president-biden-and-g7-leaders-formally-launch-the-partnership-for-global-infrastructure-and-investment/, accessed: 2022-11-13.

通过上述安排，拜登政府将其关心的"中国挑战"、气候变化、新兴技术、供应链安全等议题融入不同的合作机制，打造以美国为中心、盟友共同参与的复合网络结构，根据美国国家利益需要重塑了多边主义机制，以此替代原有的全球性自由主义秩序。

3. 聚焦"中国挑战"，延续美国对华竞争政策

以 5 月 26 日美国国务卿布林肯在乔治·华盛顿大学的讲话为标志，拜登政府为期一年多的对华政策评估已然完成。布林肯明确表示："尽管普京总统发动的战争还在继续，我们仍将聚焦于对国际秩序的最严峻的长期挑战——这就是中华人民共和国带来的挑战。"他进而指出："中国是唯一不仅具有重塑国际秩序的意图——其日益增强的经济、外交、军事和技术力量又使其具备这样做的能力的国家。"① 10 月 12 日发布的《国家安全战略》再次确认了这一认知。

乌克兰危机的爆发强化了美国对中国的聚焦和不满，坚定了美国延续对华竞争政策的决心。美国在新疆、台湾和半导体等议题上对华施压。

在新疆问题上，美国将人权议题与发展议题关联，以所谓"强迫劳动"为名对涉疆个人及实体实施制裁。2022 年 6 月 21 日，美国"维吾尔强迫劳动预防法案"正式生效，法案将新疆地区生产的全部产品均推定为"强迫劳动"产品，并禁止美国企业进口与新疆相关的所有产品。② 此项举措的实质是在产业链和供应链层面对新疆经济进行全面封锁和扼杀，以"强迫劳动"为名剥夺新疆人民的工作权利。

在台湾问题上，美国强化"以台制华"战略。一方面，白宫对台"战略模糊"日趋走向"战略清晰"。乌克兰危机爆发后，美国企图将台湾问题"乌克兰化"，借机提升美台实质性关系。2022 年 2 月，拜登政府批准向台

---

① Antony J. Blinken, "The Administration's Approach to the People's Republic of China," The George Washington University, Washington, D. C., May 26, 2022. https：//www. state. gov/the-administrations-approach-to-the-peoples-republic-of-china/, assessed：2022-12-18.

② 该法案提出"可反驳的推定"，即美国推定所有新疆产品皆通过"强迫劳动"生产，除非进口商提供明确且令人信服的相反证明。

湾当局出售"爱国者"导弹技术协助项目,拜登本人更为频繁地在公开场合声称"协防台湾"。另一方面,美国国会通过立法等手段不断虚化"一个中国"政策。2022年8月,美国会众议长佩洛西窜访台湾地区,为台湾当局"站台打气"。9月14日,美国会参议院外交关系委员会通过"2022台湾政策法"提案,试图赋予台湾主要非北约盟友地位。

在半导体领域,美国加大对华封锁打压力度。在半导体制造领域,美国出台《2022年芯片与科学法案》,通过提供资金补贴和税收减免方式吸引韩国、日本和台湾地区的半导体企业赴美投资建厂,要求接受优惠政策的企业10年内不得在中国等"异己国家"新建半导体工厂。[①] 此外,美国收紧出口管制政策限制中国获取先进半导体技术的渠道。2022年10月7日,美国工业与安全局出台新规强化对华半导体的制裁力度,新规禁止向中国出口14纳米以下制程的先进芯片,禁止美国企业向中国独资企业出口用于生产先进逻辑芯片的设备,禁止美国人为研发或生产先进半导体的中国公司提供服务。[②] 拜登政府还在持续推动"芯片四方联盟",游说日本、荷兰等盟友选边站,加大对华出口管制力度。

二 2022年美国重大事件

(一)高通胀率困扰美国经济

2022年美国的通胀率持续走高,CPI一度高达9.1%,创下近40年的新高。高通胀率成为贯穿2022年全年的热点话题。高通胀率加剧了美民众的不满情绪,拜登在年内多次表示治理通胀已成为政府"首要任务"。

1. 总体通胀率持续走高

美国的通胀率从2021年下半年开始走高,2022年则进一步走高。从图

---

① U. S. Congress, "H. R. 4346 – Supreme Court Security Funding Act of 2022," pp. 18-24.

② Bureau of Industry and Security, Commerce Department, "Revisions to the Unverified List; Clarifications to Activities and Criteria That May Lead to Additions to the Entity List," *Federal Register*, Vol. 87, No. 197, October 13, 2022, pp. 61971-61977.

1 可以看到，2021 年 12 月美国的 CPI 已经高达 7%，远超 2%的目标水平；自 2022 年以来，美国的 CPI 继续持续走高，6 月达到 9.1%的新高；此后 CPI 虽然没有继续走高，但仍然维持在 8%以上的高位。2022 年初俄乌冲突爆发，俄乌两国都是重要的农产品出口国，俄罗斯还是全球最主要的能源出口国之一。俄乌冲突对大宗商品市场造成了重大冲击，食品和能源价格暴涨，是造成美国总体通胀率持续走高的重要原因。6 月能源价格的同比涨幅高达 41.6%，食品价格的同比增幅也达到 10.1%。下半年以来，国际原油价格出现了显著下调，粮食价格的增长也逐步放缓，美国的总体 CPI 也有了小幅下降。

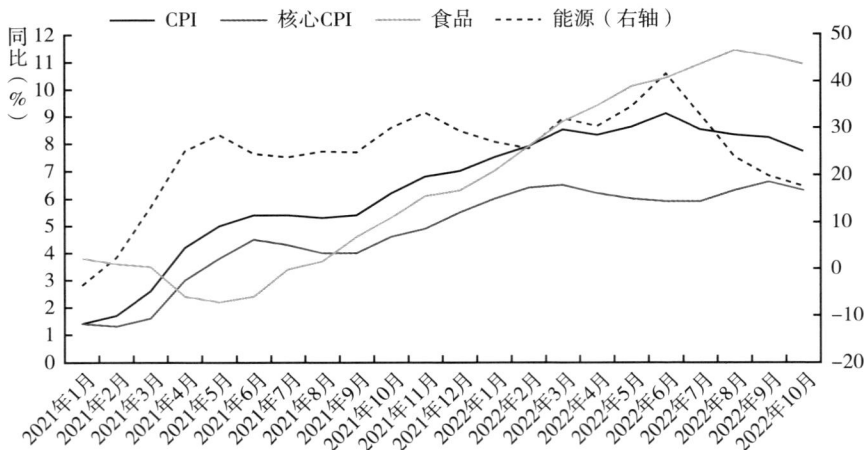

图 1　2021~2022 年美国的 CPI 情况

资料来源：Bureau of Labor Statistics，U. S. Department of Labor，November 25，2022，https：//beta. bls. gov/dataViewer/view/timeseries/CUSR0000SA0，accessed：2022-12-08。

2. 核心通胀率经历了从商品向服务的轮动

虽然总体通胀率上升的势头在下半年没有持续，但美国的通胀率在下半年仍然维持在 8%以上的高位。这主要是因为剔除波动幅度较大的食品和能源价格的核心通胀率也一直保持在 6%以上的高位，显示出美国通胀的"粘性"。核心通胀率经历了从商品向服务的轮动（见图 2）。

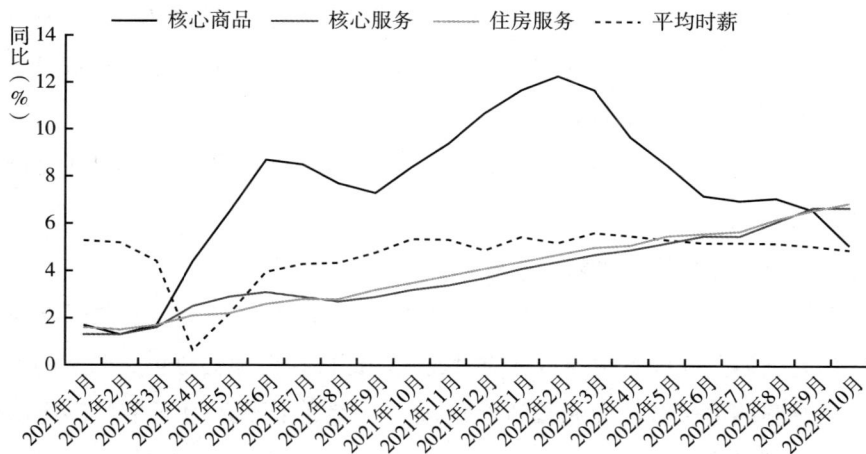

图 2　2021~2022 年美国 CPI 主要构成情况

资料来源：Bureau of Labor Statistics，U. S. Department of Labor，November 25，2022，https：//www. bls. gov/charts/consumer-price-index/consumer-price-index-by-category. htm，accessed：2022-12-08。

在疫情的早期，财政货币刺激带来的异常强劲的需求碰上了疫情导致的供应破坏，商品价格上涨明显。自 2022 年以来，美国的供应链问题已经基本解决。核心商品的 CPI 同比增幅在 3 月以后已经进入下行通道。虽然 10 月的核心商品 CPI 同比涨幅仍高达 5.1%，但与 2022 年年初相比已经下降了近 6%，环比已经首次出现 0.4% 的负增长。现在就宣称抑制了商品通胀还为时尚早，但如果目前的趋势延续下去，商品价格应该在未来几个月开始对总体通胀率产生下行压力。

自 2022 年年初以来，核心服务逐渐取代核心商品，成为推动核心通胀率上涨的主要动力。当前服务通胀率对整体通胀率的贡献率超过 50%。核心服务中最主要的是住房服务和工资通胀。住房服务在核心 CPI 中所占的权重高达 40%。与商品通胀不同，住房服务通胀率持续上升，10 月同比增长 6.9%。住房通胀往往会滞后于其他价格。住房以外的核心服务也是理解核心通胀率未来演变的最重要分项。由于工资构成了提供这些服务的最大成本，劳动力市场是理解这一类别通胀的关键。三季度以来，平均时薪的同比增速持续放缓，从 8 月的 5.2%一路下行至 10 月的 4.7%。平均时薪与同时期的其他薪资增速指标形成反差，反映的薪资压力稍显乐观。但是，相对于前期的工资增长，迄今为止的下降是非常温和的，并且工资增长率仍然远远高于 2%的目标通胀率，"工资-价格螺旋"① 的风险仍然存在。

3. 拜登的通胀治理政策"诚意不足"

5 月底，拜登政府撰文给出了应对高通胀的计划，主要包含三方面内容。一是强调美联储是主要负责应对通胀的部门，但他会尊重美联储的独立性。二是强调通过基础设施投资缓解港口拥堵、卡车运力不足等供应链问题，通过"社会保障计划"保障家庭的基本需求，同时大幅释放石油储备。三是强调通过削减财政赤字控制通胀，并表示将在 2022 年削减 1.7 万亿美元的财政赤字。② 拜登政府还在 8 月签署了《2022 年通胀削减法案》，但仔细分析拜登的通胀治理政策就会发现，明显是诚意不足的。

一是拜登政府在 2021 年年底推出了总额 5500 亿美元的"基础设施和就业法案"，但基础设施建设需要较长周期，无法在短期内显现改善美供应链和运输状况的实效，美供应链问题的缓解更多归因于包括美国在内的一些国家疫情管控的放松。住房供应行动计划、儿童保育、老年人护理补贴等"社会保障计划"在国会遭遇巨大阻力，推出仍遥遥无期，更不用说保障高通胀率下的美国家庭生活水平不受影响。释放石油储备等措施对于俄乌冲突背景下能源价格高企的影响也可谓杯水车薪，拜登在首次中东之行期间未能从沙特阿拉伯那里获得 OPEC 增产的承诺；2022 年下半年能源价格的下降主要原因是全球经济放缓背景下需求减弱导致的。

---

① "工资-价格螺旋"（Wage-Price Spiral）是一种用于解释工资上涨与通货膨胀之间因果关系的宏观经济理论。工资-价格螺旋表明，工资上涨会增加可支配收入，从而增加对商品的需求并导致价格上涨。价格上涨增加了对更高工资的需求，这导致更高的生产成本和进一步的价格上涨压力，从而形成螺旋式价格上升。

② "Joe Biden: My Plan for Fighting Inflation," *The Wall Street Journal*, June 1, 2022, https://www.wsj.com/articles/my-plan-for-fighting-inflation-joe-biden-gas-prices-economy-unemployment-jobs-covid-11653940654, accessed: 2022-12-08.

二是彼得森国际经济研究所 2022 年 3 月底发表的报告认为，贸易政策调整是降低美通胀的有效手段。拜登政府如能全部移除特朗普政府对各国产品额外加征的关税，可将 CPI 降低 1.3 个百分点，平均帮每个美国家庭每年节省 797 美元，而仅取消对中国加征的 301 关税一项动作就可将 CPI 降低 1 个百分点。[①] 而且，降低关税通常能起到"累退税"的作用，对低收入家庭影响最大。这笔账算下来虽并不太大，但缓解高通胀对低收入家庭影响的作用将是肉眼可见的。拜登也一直在考虑这一手段，在 5 月还曾表示要评估削减对华关税，但一直未采取实际行动。这固然是因为共和党百般阻挠，但主要还是因为拜登政府内部存在巨大分歧，决心不足。

三是美联储的加息是抑制通胀最有效的措施，但这并不在拜登政府的控制之内，而且美联储 2022 年的快速加息更多的是为此前开启紧缩过慢"买单"。美联储的大幅加息使得美国的投资特别是住房投资在第二、第三季度出现了显著下降，但对于通胀的影响有些"滞后"（具体分析见下一部分）。

四是《2022 年通胀削减法案》名不符实。拜登政府宣称《2022 年通胀削减法案》的主要目的是"减少赤字，降低通胀"，涉及能源安全和气候变化、医疗健康、税制改革多个议题，主要内容包括支出 3910 亿美元用于气候和能源，1080 亿美元用于疫情补贴；通过提高企业最低税、开展处方药医保价格谈判以及加强税收执法来增加 7380 亿美元收入；期望减少 2390 亿美元赤字。然而这个法案对于通胀的影响几乎可以忽略，国会预算办公室（CBO）的估计显示，法案对于通胀的影响只有 0.1%。[②] 法案的更主要聚焦点其实是支持发展美国本土的新能源汽车。法案将对新电动汽车提供 7500 美元税收抵免，对旧电动汽车提供 4000 美元税收抵免。但是获得补贴的电动汽车必须在北美组装，电池中的材料和"关键矿物"必须来自美国或与美国有自由贸易协定（FTA）的国家。

[①] Sherman Robinson and Karen Thierfelder, "Can Liberalizing Trade Reduce US CPI Inflation? Insights from an Economywide Analysis," *Image*, No. 10, 2022, pp. 1-11.

[②] "Economic Analysis of Budget Reconciliation Legislation," Congressional Budget Office, August 4, 2022, https：//www.cbo.gov/publication/58357, accessed：2022-12-08.

（二）美联储力度空前收紧货币政策

面对着持续走高的通胀率，自 2022 年以来美联储运用"加息+缩表"组合加快收紧货币政策，紧缩力度是空前的。根据金融危机后的经验，美联储从宽松转向收紧一般分为缩减购债（Taper）、加息以及缩表三个阶段。

1. 紧缩周期

美国在 2022 年 3 月份完成了缩减购债。为应对新冠疫情的影响，美联储从 2020 年 3 月开启了新一轮的量化宽松计划，向市场购买国债和住房抵押贷款证券（Mortgage-Backed Security，MBS）。2020 年 6 月以后，美联储一直维持了每月 1200 亿美元的购债规模，持续实行量化宽松政策。在 2021 年美国通胀逐步走高以后，美联储坚称通胀只是"暂时的"，迟迟不愿退出宽松的货币政策。到 2021 年 11 月，美国的 CPI 已经升至 6.8%，美联储终于开始缩减购债。初期的幅度定为每月减少 150 亿美元，包括 100 亿美元的国债和 50 亿美元的住房抵押贷款证券，并逐步扩大。到 2022 年 3 月，美联储最终完成了缩减购债。需要指出的是，缩减购债指的是购债的速度放缓，但资产负债的规模仍然在扩张。从 2020 年 3 月到 2022 年 3 月，美联储的资产负债表在两年的时间里从 4.2 万亿美元升至 8.9 万亿美元，增长了 4.7 万亿美元（见图 3）。

自 2022 年 3 月开始，美联储连续大幅加息。自 2020 年 3 月以来，美联储一直把联邦基金利率维持在 0~0.25%。在 2022 年 3 月完成缩减购债后，美联储同时开启了加息，在 3 月和 5 月，美联储分别加息 25 个和 50 个基点①，在随后的 6 月、7 月、9 月和 11 月的议息会议上，美联储连续 4 次加息 75 个基点。截至 11 月，美联储在 8 个月的时间内累计加息 375 个基点，联邦基金利率升至 3.75%~4%（见图 4）。从表 2 可以看到，与 1983~2018 年的六次加息周期相比，该加息周期是加息节奏最快、幅度最大、频次最高的。

---

① 一个基点是 0.01%。

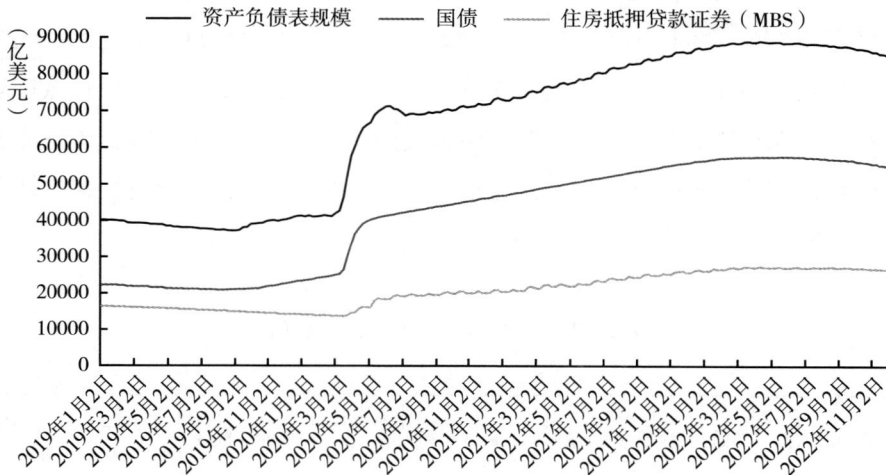

图3　2019～2022年美联储的资产负债

资料来源：Federal Reserve，November 23，2022，https：//www.federalreserve.gov/releases/h41/，accessed：2022-12-08。

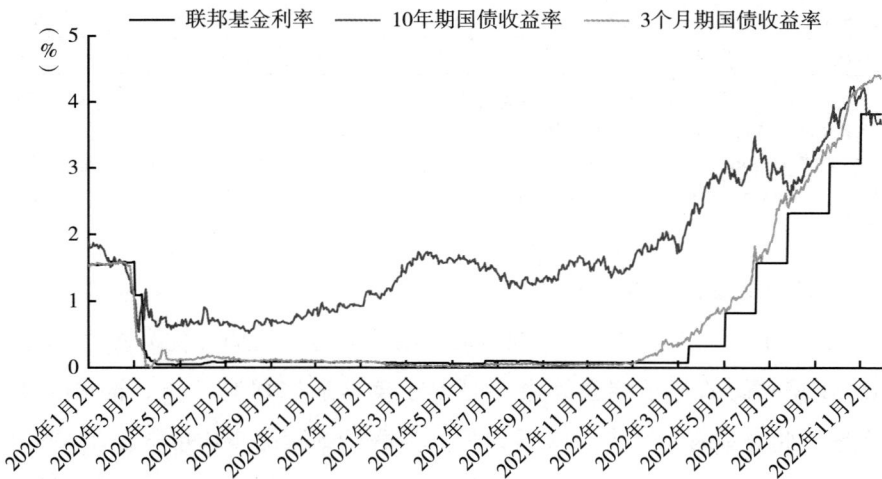

图4　2020～2022年美国联邦基金利率及国债收益率

资料来源：St. Louis Fed，November 30，2022，https：//fred.stlouisfed.org/series/EFFR，accessed：2022-12-08。

在加息的同时，美联储6月还开启了缩表计划。初始阶段，美国国债的缩减规模为每月300亿美元，9月后每月减持规模扩大至600亿美元；机构抵押贷款支持证券（MBS）初始缩减规模为175亿美元，9月后每月减持规模扩大至350亿美元。从6月份开始缩表到11月底，美联储的资产负债表已经累计缩减3300亿美元，其中国债2600亿美元，机构抵押贷款支持证券500亿美元。

表2　1983~2018年美联储的加息周期

单位：%

开启加息时间	起始利率	结束加息时间	最终利率	持续时间（月）	加息幅度	收益率曲线倒挂	经济周期顶点
1983.03.31	8.50	1984.08.09	11.50	17	3.00	否	无
1988.03.29	6.50	1989.05.16	9.81	15	3.31	是	1990.7
1994.02.04	3.00	1995.02.01	6.00	12	3.00	否	无
1999.06.30	4.75	2000.05.16	6.50	11	1.75	是	2001.3
2004.06.30	1.00	2006.06.29	5.25	24	4.25	是	2007.12
2015.12.16	0	2018.12.19	2.25	36	2.25	是	2020.2
六次平均	3.9	—	6.9	17	2.93	—	—

注：＊收益率曲线倒挂是指出现了短端收益率水平高于长端。美国历史上，收益率曲线倒挂往往发生在经济衰退之前，一般比衰退提前1~2年的时间。

资料来源：St. Louis Fed, April 14, 2022, https：//www.stlouisfed.org/on-the-economy/2022/apr/fed-tightening-episodes-since-1980s-part-one, accessed：2022-12-08。

2. 紧缩周期进入新阶段

在经历了"追赶式"的紧缩后，美联储的紧缩周期有望进入第二阶段。2022年美联储的超预期紧缩主要是由于美国通胀居高不下，部分也是在"追赶"此前紧缩的脚步。12月以后，美联储的紧缩步伐可能逐步慢下来。一是此时的利率已经进入限制性区间，投资特别是房地产投资显著放缓。经济在逐步"降温"，许多分析认为美国在2023年陷入衰退似乎难以避免。二是利率水平接近本轮加息顶点。美联储9月的点阵图显示本轮加息周期的最高利率水平为4.5%左右，虽然这个水平可能还会进一步小幅提升，但继续加息的空间已经有限，预计本轮加息的终点在5%~5.5%。三是10月的通胀出现了超预期下降，特别是核心通胀的下降，让美联储看到了通胀逐步得到控制的曙光。但需要注意的是，美联储的目标是将通胀重新恢复至2%的目标水平，并不只是满足于缓和通胀，鉴于当前劳动力紧缺和持续的服务业通胀，美联储很难暂停加息甚至转向降息，高利率将持续较长时间。因此，美联储的紧缩有望进入第二阶段，即加息速度放缓，但利率维持在较高水平。

3. 影响

一是美国经济衰退的风险增加。伴随着联邦基金利率的提高，美国国内的利率水平显著上升。10年期国债收益率从年初的1.5%一度升至4.2%，30年期住房抵押贷款利率从年初的3%升至7%。利率水平的提高拖累了投资，第二、第三季度投资显著收缩，特别是房地产的投资；消费也日渐疲软，环比增速不及2%。相应地，美国经济陷入衰退的风险在不断增加。根据研究，收益率曲线倒挂是美国经济陷入衰退的先行指标。表2可以看到，在1983~2018年的六次加息中，收益率曲线倒挂都无一例外伴随着经济衰退。当前，10年期和2年期国债收益率自6月以来已经持续倒挂，10年和3个月期国债收益率在10月下旬以后也开始倒挂，美国经济实现"软着陆"的希望很渺茫，2023年陷入衰退似乎难以避免。二是全球负面外溢效应不断扩大。伴随着美联储的加息，美元指数从年初的95一度升至113的高位，创自2001年以来的新高，12月初仍然维持在105左右。相应地，主要货币对美元显著贬值。英镑和美元都曾一度跌破平价，日元兑美元曾跌至147，迫使日本央行时隔24年再次出手干预汇市。新兴市场国家则面临着较大的资本外流压力。2022年3月份美联储开启加息以后，新兴市场国家连续5个月面临资本净流出，创下自2005年有记录以来的最长净流出时间，3~7月合计流出资金高达325亿美元，此后流出速度逐步放缓。对比来看，2022年前三季度回流美国的国际资本规模共计11810亿美元，创下自1978年数据统计以来的新高。货币贬值和资本外流还导致新兴市场国家的债务风险激增，斯里兰卡等小国还出现了外债违约的问题。

（三）2022年美国中期选举彰显美式民主的乱象

2022年美国中期选举，美国联邦参议院100个席位中的35个席位、众议院全部435个席位和36个州州长改选。最终共和党仅获小胜，民主党遭遇小败。共和党的众议院席位从选前的212个增加到221个，民主党的众议院席位从222个减少到213个。共和党参议院席位从选前的50个减少到49个，民主党的参议院席位从50个增加到51个。[①] 佩洛西在获选后宣布辞去担任长达20年之久的众议院民主党领袖一职，将其交给哈基姆·杰弗里斯（Hakeem Jeffries）。这是美国国会历史上首位担任主要党派领袖的非洲裔美国人。麦卡锡将担任新的众议院议长，但他遭到特朗普派议员的严重挑战，可能被迫做出重大让步。查克·舒默（Chuck Schumer）仍担任民主党参议院领袖。麦康奈尔击败特朗普支持的共和党参议员斯科特（Rick Scott）的挑战，将继续担任共和党参议院领袖。

通常来说，美国总统所属政党会在中期选举中失去不少国会席位。加上拜登执政表现不佳，美国经济形势严峻，选民最关心通货膨胀等经济问题，共和党也主打经济牌，因此选前许多人预测此次选举会迎来共和党大胜的"红色浪潮"，但结果只出现了"红色涟漪"，民主党的表现明显好于预期。这一结果至少有两个直接原因。一是最高法院保守派大法官在2022年6月推翻了"罗诉韦德案"，共和党随之在许多州立法严格限制妇女的堕胎权，这极大地刺激了女性选民和年轻选民出来投民主党的票。二是特朗普以自身好恶而强推的一些候选人竞争力不强，导致共和党在宾夕法尼亚、佐治亚、亚利桑那等多个关键州的参议员选举中遭遇失败，未能拿下参议院的控制权。

从根本上讲，正是政治极化导致美国近年来的选举都极为胶着。一方面，由于两党对等极化，中间选民消失殆尽，两党绝大多数选民都会严格按

---

① 来自亚利桑那的民主党参议员西内马已于12月9日宣布退出民主党并登记为独立人士。这导致民主党未来两年在参议院的席位从51席降至50席。

政党界限投票。这意味着两党都不可能在选举中获得显著优势。虽然拜登执政和经济形势都很糟糕，但共和党也很难通过吸引民主党选民来形成"红色浪潮"。另一方面，在两党的基本盘都非常稳固的情况下，激烈的竞争主要发生在数量非常少的摇摆选区或摇摆州。在这些地区，两党候选人尽管投入巨量竞选资金，但差距往往不到1个百分点或数千张选票。

本次中期选举充分暴露了美式民主的乱象。政治极化导致两党没法挖走对方的选民，也没有多少中间选民可供争取，因此主要竞选手段就变成千方百计动员本党基本盘。但越是本党的核心选民，其诉求往往越极端。候选人为了动员他们，就必须提出极端的主张来迎合他们，或者通过全力抹黑对手来恐吓他们。这就导致美国选举充满极端表演、深挖黑料、人身攻击。例如在堕胎问题上，民调反复显示，大多数美国选民都支持某种形式的堕胎。但许多共和党候选人为了迎合白人福音派选民，甚至主张在任何情况下堕胎都是非法的。这种为了少数人的特殊利益而牺牲普遍利益的做法，充分说明美式民主严重缺乏代表性和公正性。

本次中期选举也证明美国的选举基本上是富人的游戏。本次中期选举两党耗资超过167亿美元，成为美国历史上最为昂贵的一次。仅宾夕法尼亚州一个参议院席位，两党投入的直接竞选资金就高达1.3亿美元，外部团体另外投入了2.4亿美元。美国的竞选资金越来越被具有强烈政治偏好的富人所主导。[①] 竞选耗费的金钱越来越多，却丝毫没有改变政治极化的现状，也没有带来更有效的国家治理。

美式民主面临的危机正越来越严重。在2020年大选后，特朗普竭力宣传选举舞弊论，拒绝承诺和平交接总统权力，还在2021年1月6日煽动起国会山骚乱。在本次选举中，共和党的569名各类候选人中共有291名选举舞弊论者，其中大约200人完全否认2020年大选结果的合法性。至少有125

---

① Taylor Giorno and Pete Quist, "Total Cost of 2022 State and Federal Elections Projected to Exceed $16.7 Billion," OpenSecrets, November 3, 2022, https://www.opensecrets.org/news/2022/11/total-cost-of-2022-state-and-federal-elections-projected-to-exceed-16-7-billion/, accessed: 2022-12-10.

名选举舞弊论者当选了众议员，超过共和党众议员总数的一半。[1] 拜登之前为了挽救民主党的选情，抛弃团结美国的承诺，公开点名批评特朗普以及支持他的"MAGA 共和党人"[2] 是极端分子，拥抱"半法西斯主义"，是美国民主的威胁。特朗普则宣称拜登是美国的敌人。8 月，美国联邦调查局突袭了特朗普的海湖庄园，理由是搜查特朗普从白宫带走的机密文件，但在特朗普及其支持者看来，这是拜登和民主党蓄意实施的政治迫害，目的是阻止特朗普再次当选总统。在选举前夕还发生了极端分子袭击佩洛西的丈夫的暴力事件。这些党派恶斗和政治暴力在美国整个历史上都是罕见的。一旦传统被抛弃、底线被突破，美国政治斗争只会向更卑劣、更野蛮的方向发展。

（四）最高法院推翻确立堕胎权的判例

2022 年 6 月 24 日，美国联邦最高法院在审理"密西西比州卫生部官员多布斯诉杰克逊女性健康组织案"后，推翻了下级法院视密西西比州《胎龄法案》违宪的裁决。9 位大法官在生命权与自由权、联邦权与州权、司法公正与政治赋能之间博弈的最终结论有二：一是宪法中没有保障堕胎权的明文条款，故而理应回归立法情境、避免妄加拓展；二是宪法未将管理堕胎的相关权利授予联邦机构，因此应将对堕胎做出规定和限制的权力归还各州。这不仅彻底推翻了近 50 年来保障美国妇女堕胎权的经典判例——"罗诉韦德案"，还在美国社会激起多重涟漪效应。

第一，最高法院公正性遭质疑。鉴于最高法院既是美国宪法精神和基本法理的双重卫道士，亦堪称美国政治生态、社会准则与民情舆论的风向标，故而从最高法院否决"罗诉韦德案"的意见初稿泄露，再到对堕胎权判决

---

[1] Adrian Blanco, Daniel Wolfe and Amy Gardner, "Tracking Which 2020 Election Deniers Are Winning, Losing in the Midterms," *The Washington Post*, December 15, 2022, https：// www. washingtonpost. com/politics/interactive/2022/election – deniers – midterms/, accessed: 2022－12－16.

[2] "MAGA 共和党人"是指共和党中强烈支持特朗普的人。MAGA 是特朗普 2016 年总统竞选口号"Make American Great Again"的首字母缩写。

的自我逆转，严重影响了其威望和声誉，事后仅 25% 的美国人表示对其仍有信心，系同题系列民调结果中的历史最低值。① 第二，特定群体受损严重，不平等与撕裂或将加剧。与白人女性相比，若无宪法保护的堕胎自由，少数族裔女性更有可能因受教育水平偏低、意外怀孕率较高、生活境遇堪忧而蒙受损失。另外，积极限制自由堕胎权的多为福利与税收水平双低的红州，故而一方面生活在红州的贫困女性个人权益脆弱性更高，另一方面以堕胎权为起点，红州和蓝州的差异或将演化为两种生活方式和价值理念的隔离。

（五）得州小学校园枪击案再引控枪激辩

2022 年 5 月 24 日，一名 18 岁男子在美国得克萨斯州尤瓦尔迪市罗伯小学展开无差别攻击，共造成 19 名儿童及 2 名教师遇害，系自 2012 年桑迪胡克小学校园枪击案以来美国小学发生的最致命枪击事件。该惨剧不过是 2022 年美国校园枪击案及各类大规模枪击事件的缩影。据统计，截至 12 月 9 日，美国共爆发大规模枪击事件 622 起，41495 人因枪殒命。② 其中 K-12 阶段校园枪击案创历史新高，目前约 300 起。③

然而在全美就枪患痛定思痛、多地爆发大规模呼吁控枪游行之际，美国联邦最高法院仍于 6 月 23 日推翻了纽约州一项限制民众在外隐蔽携枪的法律，此举不仅严重打击了控枪派的热忱，而且对包括加利福尼亚州、马里兰州、马萨诸塞州等同样具有此类法案的州产生负面示范作用，未来各州遏制枪支暴力之举将难上加难。无怪乎纽约大学布伦南司法研究中心主任迈克尔·瓦尔德曼称，该裁决堪称美国史上最高法院对持枪权最大的扩展，不仅

---

① Jeffrey M. Jones, "Confidence in U. S. Supreme Court Sinks to Historic Low," Gallup, June 23, 2022, https://news. gallup. com/poll/394103/confidence - supreme - court - sinks - historic - low. aspx, accessed：2022-12-08.

② Gun Violence Archive, https://www. gunviolencearchive. org/, accessed：2022-12-20.

③ "All Shootings at Schools from 1970 - Present," K - 12 School Shooting Database, https://k12ssdb. org/all-shootings, accessed：2022-12-20.

危险且时机不妥，给本就危机四伏的公共安全保护制造了更大的不确定性。①

（六）美国借乌克兰危机对俄罗斯发起全面制裁，旨在"拖垮"俄罗斯

乌克兰危机爆发后，美俄关系跌入谷底，美国联合盟友从政治、经济、金融、能源等领域对俄罗斯发起全方位制裁，借此削弱俄罗斯在乌克兰战场上的优势，最终实现"拖垮"俄罗斯的目的。

在政治和外交领域，美国联合盟友向俄罗斯施压，促成联合国通过谴责俄罗斯"入侵"乌克兰、暂停俄罗斯联合国人权理事会成员资格、要求俄罗斯赔偿乌克兰等决议。在能源领域，美国禁止俄罗斯通过北溪2号管道出口天然气，停止美国与俄罗斯之间的石油和天然气交易，促使欧洲盟友在2022年12月5日以后通过限价方式购买俄罗斯石油。在金融领域，美国对俄罗斯主要金融机构和个人发起制裁，禁止美国实体与个人与俄罗斯主要银行进行涉及主权债务的金融交易，将俄罗斯的主要金融机构清除出国际资金清算系统（SWIFT）。② 在军事和高技术领域，美国重点限制俄罗斯军工企业获取先进军事技术和工业资本的能力，制裁了800多个俄罗斯军工相关实体，将一大批俄罗斯高技术企业、军工企业列入出口管制实体清单。据美国国务院披露，美国及其盟友已经冻结了价值约3000亿美元的俄罗斯中央银行资产，将拖累俄罗斯的经济增长。③

---

① Michael Waldman, "The Most Dangerous Gun Ruling in History, at the Worst Possible Time," *The Washington Post*, June 23, 2022, https：//www.washingtonpost.com/opinions/2022/06/23/ bruen-supreme-court-gun-rights-dangerous/, accessed：2022-12-09.

② "What Are the Sanctions on Russia and Are They Hurting Its Economy？" BBC, September 30, 2022, https：//www.bbc.com/news/world-europe-60125659, accessed：2022-11-15.

③ "The Impact of Sanctions and Export Controls on the Russian Federation," U. S. Department of State, October 20, 2022, https：//www.state.gov/the-impact-of-sanctions-and-export-controls-on-the-russian-federation/, accessed：2022-11-16.

（七）启动"印太经济框架"，借此削弱中国的经济影响力

2022年5月23日，拜登总统在访问日本期间宣布其启动"印太经济框架"（Indo-Pacific Economic Framework）。除美国外，该框架主要包括韩国、马来西亚、新西兰、印尼、菲律宾、新加坡、泰国、越南、澳大利亚等13个国家。

该框架涵盖贸易和数字经济、供应链、清洁能源、税收和反腐败四个支柱领域。在贸易和数字经济领域，该框架将建立高标准、包容、自由和公平的贸易承诺，通过贸易和技术方面的创新性手段促进可持续和包容性的经济增长；在供应链领域，框架重点聚焦芯片和关键矿产，旨在提高透明度、安全性和可持续性来减轻关键供应链中断或出现危机的负面影响；在清洁能源方面，框架成员国将通过技术共享、加强融资等方式加快推动清洁能源技术的发展，建立对气候影响的抵御能力，以实现《巴黎协定》中概述的目标；在税收和反腐败领域，成员国计划通过实施强有力的税收、反洗钱和反贿赂制度来遏制"印太"地区的逃税和腐败现象，打造更加公平的竞争环境。[1] 拜登政府主导推出"印太经济框架"的目的是弥补美国在亚太区域经济合作机制中的缺位，服务其"中产阶级外交政策"，削弱中国的经济影响力，重建美国在亚太经贸领域的主导地位。[2] 需要注意的是，由于共和党不愿为拜登在印太地区促进气候韧性和加大基础设施建设提供支持，外加国内工会和环保组织对自由贸易协定的强烈抵制，拜登政府只得采用权威性较低的"行政命令"的方式来推进"印太经济框架"，也未能向该框架参与方做出对外扩大市场开放、降低关税的承诺。

（八）发布新版《国家安全战略》，全力应对与中俄的"大国竞争"

2022年10月12日，拜登政府发布其首份《国家安全战略》（简称"战

---

[1] "Everything You Need to Know about the Indo-Pacific Economic Framework（IPEF），" India Briefing, September 9, 2022, https：//www.india-briefing.com/news/everything-you-need-to-know-about-the-indo-pacific-economic-framework-25141.html/，accessed：2022-11-17.

[2] 杜兰：《"印太经济框架"的动向及其对华影响》，《当代美国评论》2022年第3期，第87页。

略"），阐述了美国对国际形势的判断、面临的主要挑战、维护自身利益的基本路径、推进国家安全战略的优先事项等。

拜登政府将"大国竞争"确立为美国国家安全战略的主题。拜登认为后冷战时代已经彻底结束，世界处于决定性十年的前期，大国之间正在展开一场争夺国际秩序主导权的竞争。[①] 拜登强调与中俄进行"大国竞争"的必要性，美国将俄罗斯视为"最急迫和直接的威胁"，将中国视为"最严峻的地缘政治挑战"，并提出"竞赢"（out-compete）中国的战略目标。[②]拜登政府从提升国力、团结盟友及伙伴、增强军事威慑、重塑关键领域的国际规则四个方面明确了美国霸权护持和"大国竞争"的基本路径。与特朗普政府带有明显孤立主义、单边主义和现实主义倾向的国家安全战略相比，拜登政府在继续强调技术优势和军事威慑的同时，为美国国家安全战略注入了规则、联盟、价值观、非传统安全议题等极具民主党色彩的因素。通过整合上述因素，拜登政府实现了"内外政策的贯通"，贯通了"重振美国实力"的国内议程与"应对大国竞争"的国际议程，在内容上更加细致和充实。可以说，拜登政府《国家安全战略》的出台标志着美国国家安全战略的调整告一段落和美国竞争性对华政策框架的基本定型。

三 2023年美国发展趋势

（一）2023年美国经济将陷入温和衰退，通胀持续回落

尽管美联储的加息接近尾声，但为了使通胀率保持在下降的轨道上，美联储可能在几乎整个2023年都将基准利率保持在高于中等的水平，美国经

① "The 2022 National Security Strategy," The White House, October 12, 2022, https：//www. whitehouse. gov/ wp－content/uploads/2022/11/8－November－Combined－PDF－for－Upload. pdf, p. 6, accessed：2022-11-18.

② "The 2022 National Security Strategy," The White House, October 12, 2022, https：//www. whitehouse. gov/ wp－content/uploads/2022/11/8－November－Combined－PDF－for－Upload. pdf, p. 8-20, accessed：2022-11-18.

济将继续受到高利率的影响，特别是在上半年。投资和出口将显著拖累美国经济增长，受益于劳动力市场的良好表现，作为主要动力的消费受到的影响将相对较小，但在经济增长中的支撑作用将会进一步趋弱。民主党在中期选举中丢掉了众议院的控制权，使得拜登政府在推进财政支出方面面临更大的阻力，很难继续通过大规模的财政刺激促进美国经济的增长。

因此，预计2023年美国经济很难避免衰退，"软着陆"的概率很小。具体来看，预计美联储将在2022年12月和2023年第一季度加息2～3次，美国经济在第二季度后逐步陷入衰退。衰退的程度可能是较为"温和"的，但可能更为持久，超过历史上10个月的平均时长，预计2023年美国GDP增速为0.5%左右。经济衰退将为劳动力市场降温，失业率将从2022年的3.7%升至6%以上。加息叠加经济衰退，预计美国通胀将继续回落，2023年第一季度回落至6%上下，第二季度通胀压力将降至5%上下，年底前降至4%以下。

（二）拜登未来执政步履维艰

对拜登来说，中期选举的结果好于预期，但仍然弊大于利。一方面，拜登将更容易抵制进步派要求继续左转的压力，也容易抵制党内要求在2024年大选换人的呼声。自2016年大选以来，进步派未能撼动温和派对民主党的主导权，其势力也未显著增长。与特朗普的右翼民粹主义相比，桑德斯的左翼民粹主义的衰退程度更大。但拜登的党内地位仍取决于其执政表现。如果他在通货膨胀、经济衰退、乌克兰危机等问题上遭遇重挫，党内挑战将增大。另一方面，共和党夺取众议院会严重阻碍拜登施政，降低其支持率和连任能力。未来两年，拜登将很难通过重大立法，主要靠行政令治国。目前民主党内选举改革法案、堕胎权利法案等大量优先立法项目，很可能被削减或搁置。共和党已提出大量优先议程，包括抑制通胀、增强能源独立性、削减债务和福利、增加国防支出、调查拜登政府、打击非法移民和犯罪等。

共和党只在众议院占微弱多数，它缺乏通过立法的能力。共和党更可能为了吸引选民注意而坚持极端立场，故意挑起对拜登的斗争，迫使拜登政府做出部分让步。共和党最有能力实施的行动是在众议院针对拜登发起调查，包括从阿富汗撤军、新冠病毒起源、拜登的移民政策、亨利·拜登的商业活动等事项。一些极端共和党议员誓言对拜登发起弹劾，但除非发现对拜登非常不利的证据，共和党领袖很可能不会轻易支持该举动。基于党争的弹劾虽然能让共和党的核心选民满意，但会疏远中间选民。共和党可能发起设定债务上限、削减福利的斗争。由于共和党只拥有众议院的微弱多数，它将缺乏足够的斗争筹码。而且，2023 年上半年美国经济可能陷入衰退，一些共和党议员可能不愿冒破坏经济和扰乱金融市场的风险，其主要目的将是通过极端的表演来兑现竞选承诺和迫使拜登让步，不大可能造成政府关门或债务违约。

由于内政受阻，拜登将不得不把更多精力放在外交上。拜登的外交会受到共和党更大的压力，将更加强硬并缺乏转圜空间。拜登可能将重点放在两党更具共识、更容易推进的对华对俄打压、维护同盟关系、加强技术和经济脱钩等方面。由于国会共和党缺乏制定外交政策的能力，其主要手段将是通过调查从阿富汗撤军、新冠病毒起源、美国公司与中国的联系等事项对拜登政府施加压力，迫使其接受共和党的部分主张。共和党还可能迫使拜登政府增加国防预算。共和党一向认为美国的国防预算远低于安全需要，而且由于通胀美国去年的国防预算实际上在下降。拜登政府提出的 2023 财年国防部预算请求为 7730 亿美元，军事相关预算总额为 8130 亿美元。共和党至少会要求该项预算赶上通胀，麦康奈尔则希望扣除通胀后的增长幅度应达到 5%。

（三）共和党内部斗争将激化

特朗普的影响力有所受损，可能激化共和党内斗。由于特朗普支持的摇摆地区的候选人普遍失败，建制派对其不满将加剧，会尝试摆脱特朗普本人，许多选民也怀疑特朗普是否代表共和党的未来。麦康奈尔、罗姆尼、彭斯、蓬佩奥、瑞安等多位共和党政要都在大选后表示特朗普不能继续代表共和党的未来。保守派媒体大亨默多克利用他掌控的福克斯新闻网、《华尔街日报》、《纽约邮报》等媒体公开批评特朗普。苏世民等共和党大金主表示不会支持特朗普 2024 年竞选。

共和党建制派试图寻找特朗普的替代者。此人需要能同时吸引特朗普的支持者和中间选民。目前看，罗恩·德桑蒂斯（Ron DeSantis）是建制派最青睐的人物，也是对特朗普再次竞选的最大威胁。他通过对民主党发起坚决的"文化战争"，赢得了特朗普支持者的好感，而且在佛罗里达州有扎实的政绩，在最近的连任选举中取得压倒性优势，特别是得到了关键的拉美裔选民的大力支持。德桑蒂斯的党内支持率在持续上升，特朗普已经多次公开打压他。由于特朗普依旧掌控着共和党的核心选民，且拥有充沛的竞选资金，目前还很难判断建制派能否在2024年党内初选中击败特朗普。

麦康奈尔会继续带领参议院共和党维持建制派路线，特别是在外交和安全议题上，例如继续支持对乌克兰的援助和对俄罗斯的打压，继续维持美国同盟体系。尽管在众议院中建制派对特朗普派的优势并不明显，但建制派仍然占据着外交委员会、军事委员会、情报委员会、商务委员会、筹款委员会等关键委员会的领导职位。这意味着在外交和安全等重大政策上建制派路线仍然能占上风。两院建制派比特朗普派更亲商业，他们可能倾向于豁免特朗普加征的部分关税。建制派可能阻挠特朗普派议员的过火要求，例如弹劾拜登、政府关门等。

共和党短期内将维持"特朗普化"。一方面，特朗普主义的存在基础没有显著消退。白人蓝领的衰落与不满、少数族裔人口增长与移民涌入所带来的经济与文化冲击，都会长期存在。本次中期选举后，特朗普有能力继续掌控共和党的核心选民。特朗普派议员对参议院共和党的影响有限，但对众议院共和党的影响越来越大。他们虽不足以完全主导众议院共和党的议程，但足以迫使建制派对其让步。另一方面，移民、贸易等议题在美国政治中的重要性在下降，右翼民粹主义的影响力已经不像在2016年时那么大，尤其是对中间选民的吸引力明显不足。只要不出现重大经济衰退或移民危机，右翼民粹主义很难再像2016年那样抬头。

共和党的问题在于很难充分融合建制派路线和特朗普路线，并找到一个超越特朗普的领袖人物。无论建制派路线还是特朗普路线，都难以确保在未来大选中获胜。前者很难赢得初选，后者会疏远中间选民。特朗普立场极端，行事乖张，热衷于炒作 2020 年大选舞弊等旧话题，不足以带领共和党向前看。共和党试图找到一个既能坚持特朗普路线并吸引特朗普选民，又能展现执政能力并吸引中间选民的领袖人物。佛罗里达州州长罗恩·德桑蒂斯、弗吉尼亚州州长格伦·杨金（Glenn Youngkin）等人具有这种潜力，但他们在共和党的影响力尚不足以与特朗普相比。特朗普本人也不会轻易放弃权力，而且会尝试再次竞选。这意味着共和党的内斗将会非常激烈，其前景可能被特朗普拖累。

（四）美国社会矛盾重重，短期内难以找到解决的方案

着眼美国社会微观层面，人们便会发现未来等待拜登政府的不仅仅是解决单一社会难题，更是如何在经济和文化的双重困局中找到填平社会鸿沟、保护社会正义、缓解民生压力、引领民心向背的突破口。这将面临至少三个方面的阻力。

首先是重大社会议题的武器化与工具化特征凸显。一是，从 2022 年美国社会围绕堕胎权和控枪问题产生的深刻分歧和秩序冲击推断，未来此类牵涉全民关切、触及美式价值底色、影响两党政绩和票仓的社会议题，将继续背离其"发乎民止乎民"的存在价值，退化成政客、主流媒体、利益集团等热衷炒作、吸引流量、煽动民意的重要工具。二是，此类议题有可能充当破坏司法独立的"潘多拉魔盒"。鉴于"罗诉韦德案"这一里程碑式的判决都能在保守派大法官占优势的最高法院遭遇翻盘，未来有关避孕、同性恋行为和同性婚姻权利的一系列经典先例都有可能"跌落神坛"，在政治干预司法过程中充当"马前卒"。三是，此类议题也将进一步沦为保守派与进步派之间在联邦与州、精英与平民、司法与政治、科学经验与人文传统等对立统一关系中不断制造新裂痕的武器。回溯美国历史，保守与进步恰似美国精神的一体两面，二者之间的良性抗辩贯穿美国从家庭价值、生活方式到宗教信仰、公序良俗等宏大叙事。然而如今受到政治斗争裹挟，两派更倾向于把枪支持有、人工流产、同性恋婚姻等微观话题打造为相互攻讦的筹码，使之彻底丧失其社会使命和公益性，进一步沦为反向加速美国主流价值观碎片化、社会生活部落化、民主生态寡头化的"楔子"。

其次是美国社会陷入"经济不正义与文化不正义"的双重悖论。回看2022年的美国社会，便会发现：一方面，贫富高度分化、代际流动性不佳、再分配机能失调等"经济不正义"症状并未随拜登的复兴宏图逐步落地而得到有效缓解；另一方面，2020年人口普查有关白人主体地位正在丧失，美国即将迎来多样性爆炸的判断，初步印证了大量美国白人对"族裔主体倒挂"的忌惮，并对其权力和文化上的优势地位构成威胁。因此以种族主义、逆向种族主义、排外主义等为内核的"文化不正义"症状近期将继续扰动美国社会。对经济不正义来说，最佳矫正途径即为缩小群体差异，而打破文化不正义窠臼的途径则恰恰相反，需要肯定，乃至放大某个群体的特殊性及诉求。拜登任内不得不同时处理上述两项不正义，这无论从理论角度还是现实层面显然都是悖论。加之中期选举过后，拜登的施政环境不比先前友好，故而可以做出如下推测。第一，切实缓解以上悖论的雄心和能力都将有所折损，有效社会治理步骤更有可能被利益操控、政治表演和两党博弈锈蚀。第二，美国社会尚未迎来转机，短期内还将沿着结构性不平等、身份认同危机和公共秩序混乱等既有轨道继续行进。

最后是美国社会不堪重负与"塔西佗陷阱"预警。近年来，受种族矛盾、政治斗争、新冠肺炎疫情等冲击，美国人所感知到的精神压力普遍有所增加。2022年《美国人压力报告》揭示了使美国不堪重负的几项主要"压力源"。一是对政府和公民自由的悲观看法，其中70%的受访者表示遭到政府忽视，64%的受访者感到公民权利受损。二是对美国未来前景黯淡的担忧，68%的人表示这是他们记忆中美国境遇最差的时期，76%的人表示国运前程未卜令其压力倍增。三是导致生活必需品价格暴涨的通货膨胀是83%的美国成年人的重负所在。四是对暴力、犯罪等恶性事件的担忧让大多数美国人（75%）缺乏安全感，而该压力对拉丁裔和黑人等少数族裔而言感知更为明显。[①] 上述统计不单从一个侧面揭示了美国民众的重大关切和政策期

[①] "Stress in America 2022," American Psychological Association, October, 2022, https：//www. apa. org/news/ press/releases/stress/2022/concerned-future-inflation, accessed：2022-12-09.

许，也反映出美国社会正处于暗流涌动、压力冲顶、亟待纾解的非稳定状态。该情势从表面看易快速拉低民众健康水平和平均寿命，大幅压缩他们对极端思潮和暴力事件的冷静周期，最终引发群体性冲动甚至大规模失控；从长远看则将触发民众无条件质疑政府、公权力丧失公信力。2022 年的民调显示，仅有 20% 的人相信政府大多数时候会做出正确选择，超过 65% 的人认为政客竞选纯粹是为了自己的利益。[①] 概言之，以上种种若不加警醒和有效遏制，或将使美国彻底陷入"后民主时代"法治薄弱、经济绩效走低、制度危机频仍的困境，为人民—精英二元对抗从幕后走向前台，从潜流变为主流创造条件。

（五）对华战略竞争左右美国外交思维，中美关系难有实质性改善

伴随以聚焦"中国挑战"为底色的《国家安全战略》的实施，未来美国对华政策的前景不容乐观。

2022 年爆发的俄乌冲突是塑造美国外交的地缘政治事件。这场冲突深刻影响了拜登政府的国家安全观念和外交战略布局，固化并升级了美国的"大国竞争"战略，坚定了美国聚焦"中国挑战"的决心、强化了美国与盟友及伙伴的关系。拜登政府不遗余力地利用俄乌冲突推进美国外交政策议程，以安全和价值观为由重构全球供应链体系，推动美国与盟友及伙伴在高技术、经贸、地缘政治领域的协调。

在地缘政治领域，美国将继续强化对中国的围堵。在《国家安全战略》中，拜登政府提出通过构筑联盟和增强军事威慑来确保美国的军事优势，最终达到"竞赢"中国的战略目标，这将不可避免地加剧中美在亚太地区的安全矛盾。[②] 除了稳固美国与日本、韩国、澳大利亚、菲律宾等国的双边同

---

① "Americans' Views of Government: Decades of Distrust, Enduring Support for Its Role," Pew Research Center, June 6, 2022, https://www.pewresearch.org/politics/2022/06/06/americans-views-of-government-decades-of-distrust-enduring-support-for-its-role/, accessed: 2022-12-09.

② 袁征、宫小飞：《拜登政府〈国家安全战略〉探析》，《中国评论》2022 年 12 月号，第 72 页。

盟关系之外，美国竭力强化以"奥库斯"、"印太四方"和"五眼联盟"为核心的遏华安全机制，竭力推动北约盟友对印太事务的介入。美国提出"综合威慑"的概念，力图实现跨军事和非军事手段整合、跨地区整合、跨部门整合、跨冲突范畴整合、跨盟友和伙伴关系整合，以达到成功威慑中国的目的。①

在高技术领域，美国将继续强化对华技术封锁力度。2022年10月27日，美国商务部分管工业与安全局的副部长艾伦·埃斯特维兹（Alan Estevez）在新美国安全中心接受采访时表示，美国正在阻止荷兰和日本的光刻机制造商继续向中国出口光刻机。② 这表明美国在收紧出口管制政策后，将从芯片制造工具入手，进一步限制中国获取先进芯片的渠道。此外，美国还将扩大对华技术封锁的范围。据白宫官员透露，美国决定将对华出口管制政策从半导体扩展至量子信息科学、生物技术、人工智能软件和先进算法等其他高技术领域，并正在制定相应方案。③

在供应链方面，美国将通过"议题联盟"，加速构建"去中国化"供应链。在中低端制造业领域，美国将印度、越南作为承接美国及其盟友中低端制造业的重要基地，借此削弱中国在制造业领域的龙头地位。在关键矿产资源领域，为减少对中国的依赖，2022年6月，美国联合澳大利亚、德国、日本、加拿大、韩国等10个盟国共同组建"矿产安全伙伴关系"（Minerals Security Partnership），以负责关键矿产的生产、加工和回收，维护美国在关键矿产领域的供应链安全。④ 在清洁能源领域，美国围绕光伏供应链和锂电

---

① "The 2022 National Security Strategy," The White House, October 12, 2022, https：// www. whitehouse. gov/ wp - content/uploads/2022/11/8 - November - Combined - PDF - for - Upload. pdf, p. 21, accessed：2022-11-18.

② "A Conversation with Under Secretary of Commerce Alan F. Estevez," Center for a New American Security, October 27, 2022, https：//www. cnas. org/publications/transcript/a - conversation - with-under-secretary-of-commerce-alan-f-estevez, accessed：2022-11-21.

③ "The Biden Administration Is Weighing Further Controls on Chinese Technology," The New York Times, October 27, 2022, https：//www. nytimes. com/2022/10/27/business/the-biden-administration - is-weighing-further-controls-on-chinese-technology. html , accessed：2022-11-22.

④ "Minerals Security Partnership," U. S. Department of States, June 14, 2022, https：// www. state. gov/minerals-security-partnership/, accessed：2022-11-25.

池供应链，通过扶持本国产业技术创新、以人权为由打压中国产业、开拓关键矿产资源的供应渠道等方式减少对中国的依赖。① 在拜登政府的《国家安全战略》出台后，美国将加速构建"去中国化"供应链进程，推动自身及盟友在关键供应链领域对华"脱钩"。

面对美国对华政策的"新冷战"态势，中美关系的当务之急是管控分歧。2022 年 11 月 14 日，中美两国元首在印度尼西亚巴厘岛举行会晤，就事关中美双方及世界和平的重大问题展开沟通。中美元首会晤充分表明双方均有管控分歧、避免冲突、发展合作的意愿。习近平主席强调中美关系"不偏航、不失速、更不能相撞"，拜登总统表示"中美竞争不应该演变为冲突，两国必需负责任地管理竞争"。② 世界由分到合的"后冷战时代"已然结束，未来不确定性陡然增加，中美两国必须直面这一现实，明确中美关系的基本政治共识与战略底线原则，在求同存异和相互尊重的基础之上管控分歧，避免分歧演化为对抗冲突。

课题组组长：袁　征
课题组成员：王聪悦　马　伟　付随鑫　宫小飞③

---

① 张锐、洪涛：《清洁能源供应链与拜登政府的重塑战略：基于地缘政治视角》，《和平与发展》2022 年第 1 期，第 27~32 页。

② 参见《习近平同美国总统拜登举行会晤》，新华网，2022 年 11 月 15 日，http：// www. news. cn/politics/leaders/2022－11/15/c＿ 1129128713. htm；"Readout of President Joe Biden's Meeting with President Xi Jinping of the People's Republic of China," The White House, November 14, 2022, https：//www. whitehouse. gov/briefingroom/statements－releases/ 2022/11/ 14/readou, accessed：2022－11－26。

③ 袁征，中国社会科学院美国研究所副所长、研究员；王聪悦，中国社会科学院美国研究所副研究员；马伟，中国社会科学院美国研究所助理研究员；付随鑫，中国社会科学院美国研究所助理研究员；宫小飞，中国社会科学院美国研究所助理研究员。

2022~2023年日本形势分析与展望

摘　要：　2022年，在新冠疫情持续、乌克兰危机带来的国际政治经济形势不确定性加剧的复杂环境下，日本持续受到内外两方面的冲击，在政治、经济和外交安全领域做出进一步深化调整。政治上，首相岸田文雄虽能勉强控局并顺利赢得7月举行的参议院选举，但由前首相安倍晋三遇刺身亡引发的政治丑闻却使政府支持率急速下滑，表明了当前日本国内政治基础的脆弱性。经济上，疫情和乌克兰危机进一步加深了日本的供应链混乱程度，能源、粮食等国际大宗商品的通胀令其经济雪上加霜、复苏缓慢，难以进入稳定增长轨道。外交安全上，日本一方面在乌克兰危机后积极追随美西方对俄施压，并渲染乌克兰危机将引发"台海之变"，企图借机打造针对中俄的国际"包围圈"；另一方面继续强化自身安全能力建设，加快推进"国家正常化"进程。展望2023年，由于日本难以走出经济低迷状态，支持率无法提振的岸田文雄政府可能将进一步投靠国内保守右翼势力，以乌克兰危机、中国崛起危及东亚安全为由，采取强化军备、修改宪法、拉拢区域外国家搅乱本地区局势等手段，持续推动日本"国家正常化"和"军事大国化"进程。

关键词：　日本战略与外交　日本政治　日本经济　岸田文雄　中日关系

在新冠疫情与乌克兰危机导致的国际变局叠加冲击下，2022 年日本的国家形势出现诸多变数：岸田文雄首相虽带领自民党通过参议院选举的考验，随后却因政治丑闻使其支持率急剧下滑；本就因疫情长期化而羸弱的经济又受到乌克兰危机的严重冲击，难见复苏希望；外交安全领域继续追随美西方脚步，在东亚区域的盲动行为不断，国家战略走向一个关键的十字路口。本报告将按照形势分析、重大热点评析、发展趋势展望的分析框架，从战略、内政、外交、经济四个方面评估 2022 年的日本形势及热点问题，并展望 2023 年日本的可能发展走向。

一　2022年日本形势分析

2022 年日本面临国内外政经等多方面的叠加负面因素，但其仍试图在外交安全领域通过强化对美协调和"国家正常化"等途径来实现围堵、牵制中国和所谓"战略自主"的目的。这种南辕北辙的做法将进一步增加日本发展前景的不确定性。

（一）2022年日本战略形势

在国家发展战略和安全战略层面，2022 年日本继续强化对美协调基础上的"战略自主"，并在乌克兰危机等新形势下表现出新发展动向。

1. 加速推进"国家正常化"进程

自安倍政府以来，日本更加致力于"摆脱战后体制"，旨在实现"国家正常化"的战略目标。岸田政府在国家发展战略上继承"安倍路线"，借助形势发展主要在安全领域和修宪问题上进行"突破"。在乌克兰危机背景下，日本积极向乌克兰出口防弹衣和头盔等防卫装备，为自己的国防发展松绑，小步突破战后"专守防卫"原则。3 月 8 日，日本政府决定修改有关自卫队装备出口规则的"防卫装备转移三原则"运用指南，并向乌克兰派遣了一架运输机运送装备。4 月 19 日，日本防卫大臣岸信夫又表示，为响应乌克兰政府的请求，日方将向该国提供用于抵御化学武器的防护面罩和防护服，以及用于侦察的无人机。

利用乌克兰危机，日本进一步修改了《自卫队法》，使自卫队更易于参加海外行动，放松自卫队在保护海外侨民安全上的限制条件，增加自卫队在国民中的好感度，为争取国民支持"自卫队入宪"打铺垫。4月13日，日本修改后的新《自卫队法》在参议院表决通过，放宽了海外出现突发事态时自卫队营救日侨的条件，调整了阻碍快速决断的"安全实施"这一过去规定，扩充了此前被规定为"日侨"的运送对象，在运送方式方面也更改了优先使用政府专机的原则，改为使用自卫队运输机。

岸田政府将修宪问题视为重要的政治议程。1月1日，岸田发表2022年新年贺词，表示将把修宪作为"本年度重大课题"，"深化国会讨论，唤起国民议论"。1月5日，岸田在自民党领导层会议上又强调，2022年是修宪重要年份，要国会积极讨论和国民广泛讨论双驱并重，形成自民党强力推进修宪的态势。岸田在国会的施政演说就修宪问题强调："应在国会上对宪法修订展开讨论。虽然宪法的应有方式应该由全体国民来决定，但为了唤起围绕宪法修订的国民讨论，需要我们国会议员在国会内外反复开展讨论，对外传播意见。"① 2月1日，自民党修宪实现本部召开会议，召集负责在全国开展宪法集会的国会议员参加，启动了修宪运动，由这些议员组成的"实务部队"共有约50人。2月2日，在众议院预算委员会上，岸田称应基于自民党提出的在宪法第九条中明确写入自卫队、创设紧急事态条款、解除参议院选举合区制度、加强教育这四项主张修改宪法。

2. 在安全上强化"战略自主"

日本继续加强自身安全能力建设，特别是针对中国强化在西南诸岛方向的军事存在。岸田政府自成立以来，就防卫力建设问题多次表示"将不排除任何选项进行探讨"。在防卫费问题上，岸田政府主张力争用5年左右将其增至国内生产总值（GDP）的2%以上。1月，岸田在国会的施政演说明

---

① 首相官邸「第二百八回国会における岸田内閣総理大臣施政方針演説」、2022年1月17日、https：//www.kantei.go.jp/jp/101_kishida/statement/2022/0117shiseihoshin.html，最后访问时间：2022年12月16日。

确强调："包括所谓'对敌基地攻击能力'在内，不排除任何选项，进行现实性研究。包括上月通过的补充预算和新年度预算，尽快彻底加强防卫能力。在加强包括海上保安厅与自卫队协作的海上安保体制的同时，将推进提升岛屿防御能力等，强化西南诸岛方面的军力。为了保证日本国民等在海外遭遇危机时可得到万无一失的运送，将向本届国会提交《自卫队法》的修订草案。"① 5 月 23 日，在日美首脑会谈中，岸田又对拜登表态，要大幅增加防卫费，强调决意从根本上强化日本的防卫力。乌克兰危机发生后，安倍晋三和高市早苗等保守政客不断借题发挥，主张"提升自卫能力"，甚至鼓噪"核共享"。在现实层面，日本不断调整机制，以及强化防卫能力建设。在网络安全领域，3 月 17 日，日本防卫省正式成立"自卫队网络防卫队"，陆海空自卫队共同参与。该机构人员编制约为 540 人，一方面将应对专门针对自卫队的网络攻击，另一方面将开展更多实战化训练。在世界各国纷纷将太空纳入作战领域的背景下，日本也不断强化监视太空状况的能力。在太空安全领域，日本防卫省 3 月在位于东京的航空自卫队府中基地成立了"太空作战群"，作为专门部队"太空作战队"的上级指挥机构。"太空作战群"编制为 70 人，由第一、第二太空作战队和新组建的太空作战指挥所运用队合并而成。"太空作战群"将与日本宇宙航空研究开发机构合作，建立"太空状态监视系统"。此外，4 月，日本防卫省还新设暂定名称为"全球战略情报官"的职位，负责分析新闻报道和社交媒体贴文的真实性和意图，以应对"假消息"，提升日本"混合战"能力。

日本侧重强化在钓鱼岛方向的西南诸岛方向上的军事存在。4 月 1 日起，日本航空自卫队在与那国岛部署常驻雷达部队，规模约 20 人，负责使用移动雷达进行警戒监视，把此前不定期配备的雷达部队改为常驻，提高情报收集能力。9 月，日本防卫大臣浜田靖一表示，将在西南诸岛地区增设弹药库和燃料贮藏罐等军事设施，储存防区外导弹等装备。无人防卫能力是当

---

① 首相官邸「第二百八回国会における岸田内閣総理大臣施政方針演説」、2022 年 1 月 17 日、https://www.kantei.go.jp/jp/101_kishida/statement/2022/0117shiseihoshin.html，最后访问时间：2022 年 12 月 16 日。

前日本重点强化的防卫能力领域之一。日本计划扩大无人作战系统在陆海空全领域的运用，正在积极开发用于布设和扫除水雷的无人潜航器，以确保在东海方向的海上和水下优势。10月，日本海上保安厅从美国引进的MQ-9B"海上卫士"无人机正式投入使用，该无人机可绕日本专属经济区飞行一周后返回，具备长时间监视能力。海上保安厅还计划从美国采购更多的该型无人机，已在2023财政年度的预算中列入相关预算。除海上保安厅之外，日本海上自卫队也计划引进美制MQ-9系列无人机，部署至鹿儿岛基地。

日本不断开展联合军事演习，提升自卫队作战能力。4月，日美在菲律宾海至日本海一线，连续组织为期10天的海上联合演习，开启2022财年首场联合军事行动。5月，日本陆上自卫队在静冈县东富士演习场进行"富士综合火力演习"，以离岛防卫为目的，这是日本陆上自卫队在该演习场进行的最大规模的实弹演习。8月，日本陆上自卫队与美国陆军在九州地区展开一系列军事演习，旨在提高离岛防卫能力。9月，德国空军与日本自卫队在日本举行了首次联合军事演习。11月，日美开启为期10天的"利剑"联合军演，这是两国最大的联合军演，全是实战课目，内容包括水陆两栖作战、陆海空作战及特种作战、后勤补给及太空和网络领域的军事合作等。澳大利亚、加拿大和英国等也派兵参加联合演习，演习的地点不仅包括九州南部，还包括琉球群岛和东海部分海域。"利剑"演习影响力较大，是日美举行的第16次年度大规模联合作战演习，主要检验在遭到"武力攻击"后，美日两国在海上、地面和空中的协同作战能力。

3. 强化经济安保战略

岸田政府将"经济安保"作为招牌政策并不断加以推进，致力于强化技术优势和供应链韧性，提升经济安保意识。日本新设机构，推进尖端技术发展并确保其不会"外泄"。1月，日本宣布新设暂命名为"重要技术研究开发协议会"的机构，为国家安全保障局和内阁府、防卫省、文部科学省等相关省厅的干部以及研究人员提供交换意见、促进技术研发的平台，相关人员则须履行保密义务，研究资金从5000亿日元规模的经济安全保障基金中支出。2月，自民党内成立"关于粮食安全保障检讨委员会"，旨在确保食品安全、提升粮食自给率、围绕粮食问题构筑综合安全保障体制，代理总务会会长森山裕任委员长，组织关系隶属于自民党的综合农林政策调查会。4月，公安调查厅出于经济安保考虑新设了"经济安全保障特别调查室"和"网络对策特别调查室"。为增强国家整体的经济安保意识，防止尖端技术流向海外，警察厅加快了面向企业及研究机构的经济安保宣讲。2021年1月，警察厅成立专门小组，并在4月新设经济安全保障对策室。地方层面，日本大阪府警与爱知县警也成立了专门的工作小组。

在经济形势严峻及乌克兰危机背景下，岸田政府更加关注供应链安全。2月3日，日本内阁府公布了《世界经济潮流》报告，研究了日本所处的经济环境，指出若依赖特定国家的情况进一步加剧，将难以应对供应链冲击等风险，强调完善供应链。[①] 在乌克兰危机背景下，稀有金属出口停滞、价格上涨，日本担心原材料紧缺将对汽车、半导体等产业造成影响。4月，日本经产省表示将加强半导体原材料氖等产品的采购。为保持原材料进口，日本还帮助企业投资设备、扩大生产能力，以及和美国等盟国构建合作采购的组织架构。特别是在粮食安全和能源安全等方面，日本经济安保意识增强。6月21日，日本农林水产省公布的测算数据显示，日本进口的粮食中约半数依赖美澳等四个国家，特别是小麦、大豆等，存在过于依赖特定国家的风险。农林水产省省内讨论小组汇总了有关食品安全保障的报告，并分析了农业人手不足等25项国内外风险，建议逐步替换为本国供应。8月24日，日本农林水产省确定的2023财年预算总额较2022财年增加17.7%，达2.6808万亿日元。考虑到乌克兰危机的影响，农水省将预算重点向粮食安保领域分配，旨在促进农林水产业的可持续发展。7月20日，日本综合海洋政策本部专家会议就下一期海洋基本计划向岸田文雄首相递交意见书，要求在以稀土为代表的海洋资源开发领域加强经济安全保障。10月31日，日本经产省

---

① 日本内閣府「世界経済の潮流2022年I」、https：//www5.cao.go.jp/j-j/sekai_chouryuu/sh22-01/pdf/s1-22.pdf，最后访问时间：2022年12月16日。

2022财年第二次补充预算案的核心内容包括列入约9500亿日元预算，以确保液化天然气（LNG）等重要物资的稳定供应。日本政府基于8月份实施的《经济安全保障推进法案》，在2022年底前将半导体、液化天然气、蓄电池、稀土等指定为重要物资，对重要物资采取支援措施，力争分散采购来源地和强化生产体制。

（二）2022年的日本政局态势分析

2022年的日本内政从表面上看总体平稳。首相岸田文雄在这一年的执政过程中大体上延续了前任（安倍晋三和菅义伟）的"首相主导"决策模式，并力图在派系林立的自民党内维持其党总裁的权威。7月份岸田率领执政党以较大优势赢得参议院选举，也再次证明了当前日本政坛内自民党"一家独大"的优势格局并未发生改变。然而，在疫情和乌克兰危机等外部因素刺激下，日本国内矛盾正迫近临界点，民众对政府的不满之声愈盛，加之前首相安倍晋三意外遇刺身亡，种种不确定因素正加剧着自民党内部各派系势力的博弈，对政府决策的干涉力度也正在不断提高。岸田文雄首相是否具备足够的个人能力和威望巩固自己的首相地位，能否领导日本走出困境，仍存在明显疑问。

1. 岸田文雄执政"新风格"：对"首相主导"决策模式的调整重组

2021年末岸田文雄上台后，如何尽快将自身意志有效转化为政府决策施策，成为其进入2022年后的头等要事。在新冠疫情的冲击之下，安倍晋三长期执政时所奉行的"首相主导"决策模式——首相独揽决策权，自上而下向政府内部各省厅的行政官僚群体发布各种命令[1]——日渐暴露出难以忽视的短板。由于决策权（和官僚群体的人事权）等关键权力皆集中在首相手里，相关专业的行政官僚可能出于自保顾虑，不敢坦诚表达真实意见。这就使得决策成功与否完全依赖于首相的个人判断，决策质量存在风险。菅义伟执政期间，就曾试图照搬"安倍式"决策模式，但其个人视

---

① 〔日〕安世舟：《漂流的日本政治》，高克译，社会科学文献出版社，2011，第104页。

野、能力和政治威望同后者相比差距较大，与高度集中的首相权力并不相配，出现了不少严重决策错误，① 引发举国不满和政敌攻击，不得不黯然下台。

岸田文雄以八面玲珑、善于迎合各方意见的政治形象著称，其执政风格也同样偏向于调和、兼顾各方的意见、利益。因此他上任后有意对安倍晋三、菅义伟采取的"自上而下"式决策模式进行调整。在进行决策工作时，他时常采取至现场调研、"围坐交谈"倾听基层人员声音的方式。在讨论过程中，他也将一线工作者提出的各种诉求意见记录到其广为宣传的"岸田笔记"上。此举意在彰显岸田身先士卒践行"法案和政策吸收基层各种意见"的形象，并号召负责政策落实的官僚效仿首相发挥能动性，亲临一线。

同菅义伟喜好越级直接指挥具体工作的风格不同，岸田对行政官僚群体表现出温和态度。在官邸官僚的中坚骨干成员——首相秘书官的人事任命上，他除起用了曾任经济产业省次官的心腹岛田隆外，其他成员皆从各省厅局长级干部中选拔，② 希望通过这些成员与出身部门间的紧密关系，加强首相官邸与行政官僚们的合作程度。国家安全保障局局长秋叶刚男和内阁情报官泷泽裕昭等"安倍旧臣"也获提拔进入了岸田外交核心决策圈。与官僚群体相处时，岸田更公开表示"无论是自上而下还是自下而上，在需要的时候采取相应手段才是明智的政治（选择）"。例如岸田在 2022 年上半年处理新冠疫情的过程中，同其前任菅义伟无序、武断的防疫姿态相比，就展现出倾听相关领域专家和官僚意见的姿态，采取了保护重点人群、加强医疗体系等做法，有效安抚了日本民众的情绪，内阁支持率基本

---

① 『菅首相の機能不全。「軍師不在」で「裸の王様」』、HuffPost Japan、2021 年 1 月 8 日、https：//www. huffingtonpost. jp/entry/story_ jp_ 5ff7f222c5b66f3f795c7ee9，最后访问时间：2022 年 11 月 15 日。

② 「政策の軌道修正繰り返す岸田政権…支える官邸の重厚布陣」、読売新聞オンライン、2022 年 1 月 28 日、https：//www. yomiuri. co. jp/column/henshu/20220126 - OYT8T50068/，最后访问时间：2022 年 11 月 16 日。

保持稳定。①

　　岸田"尊重与和解"的姿态使官僚的活跃度和发言权有所提升，甚至有日本舆论认为1955年体制下的"霞关（官僚）主导"自下而上式决策方式正在复活。② 但从一些例证来看，岸田实际上在重大决策时仍然选择通过首相官邸，特别是通过自己的心腹及同派阀成员进行小范围决定。③ 其中具有代表性的即为日本对乌克兰危机的处理问题。危机发生后，尽管外务省和自民党内以安倍晋三、森喜朗为代表的声音认为日本应继续观望或斡旋，但岸田文雄在观察欧美动向和民间"恐俄"情绪，并与其心腹木原诚二（岸田派事务局长）等人商议后，迅速发表了对俄强硬声明，并未考虑他人意见。④ 这也表明，岸田文雄决策时的协调色彩更多是一种吸取菅义伟教训后所做出的权宜之计。只要条件成熟，岸田仍然希望贯彻"首相主导"的集中决策模式。

　　岸田这种杂糅着"集中领导"和"集体领导"的决策模式的确能够规避一些决策失误，但若处理不好，很容易"取二者之短"。在2022年下半年，面对安倍国葬、自民党与"统一教"勾连丑闻、"新资本主义"构想落地等亟待解决的棘手问题时，岸田要么在多方利益诉求和纠葛之下难以决断（例如是否应对"统一教"进行深入调查），要么武断决策引发众怒（例如无视民意强行为安倍举行国葬），一筹莫展的窘迫形象也让曾对其有所期待的民众大为失望，成为其支持率快速下滑的一大要因。

　　2. "岸田—安倍"两极对峙成为2022年上半年日本政坛的主基调

　　从整体上看，自民党是一个面向大众的选举型政党，内部组织程度较

---

① 『聞く力はもろ刃の剣…岸田流「官邸主導」探る　第6波対策が試金石』、西日本新聞me、2022年1月5日、https：//www.nishinippon.co.jp/item/n/856854/，最后访问时间：2022年11月16日。

② 「岸田政権発足3カ月　脱トップダウン、模索」、毎日新聞ニュースサイト、2022年1月5日、https：//mainichi.jp/articles/20220105/ddm/005/010/035000c，最后访问时间：2022年11月17日。

③ 这一决策"小团体"的成员包括内阁官房长官松野博一、内阁官房副长官木原诚二、内阁官房副长官矶崎仁彦、首相秘书官岛田隆、首相助理村井英树、数字化产业副大臣小林史明等人。

④ 『「聞く力」の岸田首相　トップダウン型に変化は？』、FNNプライムオンライン、2022年1月15日、https：//www.fnn.jp/articles/-/299564，最后访问时间：2022年12月18日。

低，公开存在着具有较大政治影响力的派系。这些派系一方面犹如"党中党"，在自民党内营造出"多党制"的氛围，刺激自民党不断自我变革；但另一方面，派系对于政府决策有较大影响力，容易导致政出多门、政客扯皮、利益集团横行等负面现象。① 尽管安倍晋三二次执政期间，曾采取了一系列提高首相地位的集权措施，形成了"首相主导"政府决策的局面，② 但其之所以能够做到"首相主导"，在很大程度上也与其本身作为自民党内最大派系"清和会"首领的巨大政治影响力密切相关。2021 年 10 月岸田文雄上台后，如何处理与党内各派系的关系同样成为棘手难题。岸田虽然是党内老牌派系"宏池会"的首领，但其派系人数在自民党六大派系中长期排在四五位，共 40 余人，同最大派系"清和会"的 90 余人相差较大。③ 而且其在竞选党总裁的过程中，为求支持曾向以安倍晋三、麻生太郎为首的党内各派系俯身求援，许诺种种利益进行交换。这一行为也进一步削弱了自身的权威。

从 2022 年初至年中，首相岸田文雄与前首相安倍晋三围绕政策主导权的博弈，成为日本政坛的一条主要脉络。岸田如愿上台后，结合上位时许下的政治承诺和党内各方力量对比，分别授予各派相对应的党政职务。安倍晋三及其领导的"清和会"势力因对岸田赢得总裁选举贡献最大，故所得回报最多——不仅有多名成员进入内阁担任要职，④ 其心腹高市早苗更是一跃成为"党三役"的政务调查会会长。不仅如此，安倍晋三虽辞去首相，但依旧"退而不休"，利用自身的政治能力和影响力，高调对国内外（尤其是外交安全领域）大事主动发声，以此限制岸田的决策空间；此外主要通过高市早苗所掌控的自民党政调会这一党的核心政策设计和议定机构，组织嫡

① 张伯玉：《论日本自民党的中央集权化》，《日本问题研究》2018 年第 3 期。
② 吴怀中：《从选举看日本政治生态流变与特性》，《当代世界》2021 年第 11 期。
③ 截至 2022 年 12 月，自民党内前五大派系（按人数）分别为"清和会"（原会长安倍晋三，现会长暂缺，97 人）、"平成研究会"（会长茂木敏充，54 人）、"志公会"（会长麻生太郎，53 人）、"志帅会"（会长二阶俊博，43 人）和岸田领导的"宏池会"（43 人）。
④ 如内阁官房长官松野博一、防卫大臣岸信夫、经济产业大臣萩生田光一、党总务会会长福田达夫。

系在政府决策过程中对岸田实施干扰。① 其中的代表性事件即为 2 月 1 日日本众议院通过一项所谓"关切中国人权问题"的决议。该决议的出台与以安倍为代表的党内保守右翼势力的积极推动密切相关。安倍本人公开喊话向岸田政府施压，其麾下的高市早苗、下村博文、古屋圭司等资深政客也按其指示四处串联造势。② 尽管岸田政府对这一行为有所疑虑，但面对安倍势力的持续逼压，最终"合流"并批准了这一挑衅行为。③ 此外，安倍等人还于 1 月份呼应美西方掀起的所谓"外交抵制"北京冬奥会的反华浪潮，迫使岸田文雄最终派遣不具有官方身份的东京奥组委主席桥本圣子出席冬奥会。④ 这一例证也再次显现出安倍晋三在重大战略决策上对岸田政府的较强影响力。

然而，同为老牌政客的岸田文雄并不希望终圆"首相梦"后继续扮演傀儡角色。⑤ 自感执政基础并不牢固的岸田采取了"迂回作战"的方式，在与安倍"斗而不破"、尽量避免得罪安倍所代表的保守右翼势力的前提下，从党务和行政两个方面持续采取措施调整党内权力格局，重新强调首相（党总裁）的主导作用。

2022 年 2 月乌克兰危机的发生，为岸田文雄重塑首相权威提供了重要助力。安倍晋三执政时曾长期秉持对俄友好态度，冀望通过改善日俄关系来

---

① 例如在岸田主抓的经济政策领域另组建自民党"财政政策检讨本部"，与岸田直辖的"财政健全化推进本部"分庭抗礼，唱对台戏。

② 「对中决议で意思明確化を　自民・安倍氏」、時事ドットコムニュース、https://www.jiji.com/jc/article?k=2021122000713&g=pol，最后访问时间：2022 年 11 月 18 日。

③ 『岸田内閣の对中宥和姿勢が"台湾有事誘発"　非難決議で「中国」「侵害」削除、海上保安庁法改正の行方も不明…日本全体が「柔らかい脇腹」に』、夕刊フジ公式サイト、2022 年 1 月 24 日、https://www.zakzak.co.jp/article/20220124 - 2U27M4DWRJN3RI2U7C5ZOJ2EBM/，最后访问时间：2022 年 11 月 18 日。

④ 『北京五輪「外交的ボイコット表明を」　自民部会で強硬論相次ぐ』、毎日新聞ニュースサイト、2021 年 12 月 23 日、https://mainichi.jp/articles/20211223/k00/00m/010/163000c，最后访问时间：2022 年 11 月 19 日。

⑤ 『「傀儡と見られるのでは」新総裁・岸田文雄は"あの男"に似ている…めでたいはずの首相就任に感じる「悲劇の匂い」』、文春オンライン、2021 年 10 月 2 日、https://bunshun.jp/articles/-/49093，最后访问时间：2022 年 11 月 18 日。

解决北方四岛问题或借此"拉俄制华"。针对安倍这一特性，岸田政府在不断渲染"俄罗斯威胁论"，在日本社会掀起广泛的恐俄厌俄情绪的同时，也借对俄强硬姿态向外界暗示，安倍的对俄友好外交是失败的绥靖行为，使后者的政治影响遭到明显打击。①

在党务方面，岸田一是继续利用 2021 年上台组阁时做出的人事安排（在内阁官房长官、党干事长、外务大臣等关键岗位上明确拒绝安倍推荐人选，获任的松野博一、茂木敏充、林芳正等都与安倍关系疏远），尽可能阻滞安倍直接插手政府核心决策事务。二是积极"合纵连横"，引入多方势力对冲制衡安倍影响，营造"脱安倍"的新权力核心圈。岸田以党干事长一职拉拢党内第二大派系"平成研究会"首领茂木敏充，又和作为安倍盟友、与"宏池会"属同一脉系的第三大派系"志公会"（麻生派）首领麻生太郎积极来往，任命麻生为党副总裁，防止麻生派系倒向安倍，使自民党内俨然形成了"岸田—茂木—麻生"的权力基轴。随后，由于安倍遇刺身亡，失去主要对手的岸田终于掌握了自民党的主导权。

3. 自民党赢得第 26 届参议院选举

对于自民党来说，2022 年最重要的政治任务就是 7 月 10 日举行的参议院选举。在 2019 年的参议院选举中，由安倍晋三率领的自民党在选情向好的情况下议席数不增反减。这一结果也使得被安倍视为"毕生事业"的宪法修改进程遭遇重挫。岸田文雄本人从党内权力博弈的视角来看，也希望通过一场选举胜利来巩固首相权威。

2022 年 7 月 10 日，日本举行第 26 届参议院选举活动。日本的参议院共有 248 个议席，任期六年，每隔三年会举行参议员半数选举。本次参议院选举的正常改选议席数为 124 个，再加上补充神奈川选区 1 个空缺的"合并选举"，日本朝野各党派将争夺 125 个参议院议席。正常改选议席中，由小选区选出 74 人，比例代表选区选出 50 人（小选区由选民直接对候选人进行投

---

① 『ロシア政局で「安倍離れ?」岸田政権の外交は正念場』、毎日新聞デジタル、2022 年 4 月 11 日、https://mainichi.jp/premier/business/articles/20220408/biz/00m/070/005000d，最后访问时间：2022 年 11 月 16 日。

票，得票最多者当选；比例代表选区则是由选民对各政党进行投票，并根据得票数按一定比例给各政党分配议席）。

从目前的席位看，自民、公明两党此次有70个议席（自民党56席、公明党14席）不用参加改选，需要改选的议席有69个（自民党55席、公明党14席）。因此自公两党只要在此次选举中获得55个议席，就能确保参议院议席过半数（125席）。

7月8日，在奈良市内街头演讲的前首相安倍晋三遭枪击遇刺身亡，对日本国内外舆论造成广泛冲击，也给本次选举蒙上了沉重的阴影。

选举的结果是自民党比公示前增加了8个议席（63席），确保了单独改选过半数的压倒性胜利。公明党比公示前减少了1个议席，获得了13个议席。

在野党日本维新会获得了比公示前增加6个议席的12个议席，另外，令和新选组也获得了3个议席。立宪民主党只获得了比公示前减少6个议席的17个议席，不仅在小选区败北，在比例代表选区获得的票数也首次低于日本维新会。另外，国民民主党获得5个议席，减少2个；日本共产党获得了4个议席，减少2个。

在此次选举中，自民党、公明党、日本维新会、国民民主党等有意修改日本国宪法的"修宪势力"获得的议席数大大超过了达到2/3以上议席（166个议席）所需的82个议席，为95个议席。加上非改选议席，共有179个议席。由此，修宪势力获得了在参众两院提议修改宪法所需的2/3以上的议席。

4.岸田文雄改组内阁，但旋即因丑闻迭发而陷入困境

岸田文雄政府顺利通过参议院选举的考验，加之安倍晋三的遇刺身亡，自民党内的政治力学格局出现了有利于岸田的变化。结合这一形势，岸田文雄在8月份对内阁进行了重新改组。19名内阁成员中，除保留了外务大臣林芳正和内阁官房长官松野博一等5人外，其余14个岗位均被调整，其中首次入阁阁僚9人。

新内阁成员中，2008年在麻生太郎执政时担任防卫大臣的浜田靖一

再次出任防卫大臣；在安倍晋三、菅义伟执政时长期担任主管防疫的经济再生担当大臣的西村康稔出任经济产业大臣；党政调会会长高市早苗被"外放"出任经济安全保障担当大臣；党内政治对手河野太郎担任数字大臣。

随后，岸田文雄还对自民党高层进行了调整。自民党四大要员中，茂木敏充留任干事长；原选举对策委员长远藤利明担任总务会会长；安倍派的萩生田光一担任政调会会长；非主流派系森山派的森山裕担任选举对策委员长。

从内阁成员和党高层的所属派系来看，岸田文雄表面上对于安倍去世之后的格局调整不大，各派系人数相当，势力均衡，但实际上，安倍派系失去了防卫大臣和文部科学大臣这两个掌控着巨额预算的关键岗位，这也符合岸田一贯以来的执政风格，即不会起明面冲突，用水面下的调整来迂回实现目标。

岸田重组内阁后自认为党内外已无人可掣肘，本打算有所作为。但"人算不如天算"，从 7 月开始，岸田支持率迅速走低，9 月跌至 40%，10 月进一步跌至 38%，民调指数首次出现"死亡交叉"（即不支持率高于支持率，见图 1）。

支持率迅速下降导致岸田执政短期风险上升。按照一般规律，日本政府支持率一旦低于 30% 就表明执政进入"危险区"。岸田支持率在短短两个月"腰斩"，原因在于三个"未能"，即未能妥善处理安倍"国葬"问题，未能充分解释并处理自民党与"统一教"关系，以及未能有效应对当前物价上涨、贫富分化加剧等经济民生危机。其中前两个"未能"导致岸田本人政治信誉严重受损，后一个"未能"加深了外界对岸田执政能力的质疑。从自民党党内舆论看，岸田对本党的掌控能力有所下降，针对党高层的不满声音正在发酵。

（三）2022年日本经济形势

在新冠疫情持续、国际政治经济形势不确定性加剧的复杂环境下，日本

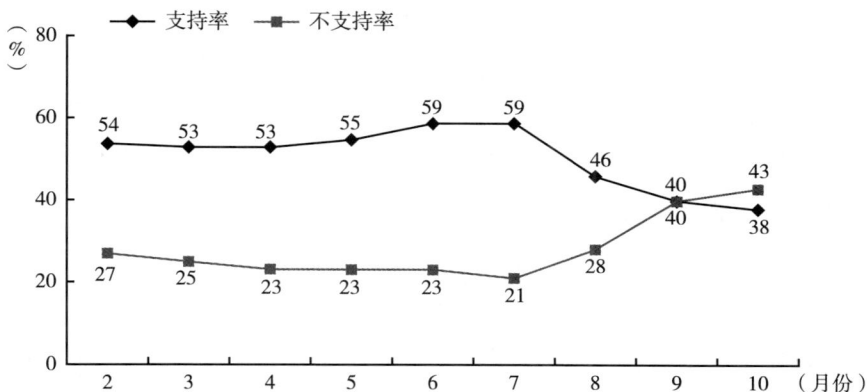

图 1　日本放送学会（NHK）所示 2022 年 2~10 月岸田文雄内阁支持率变化

资料来源：『岸田内閣「支持」38%「不支持」43%内閣発足後初めて逆転』、NHK、2022 年 10 月 11 日、https：//www3. nhk. or. jp/news/html/20221011/k10013854891000. html，最后访问时间：2022 年 11 月 30 日。

经济受到多重冲击，承压趋重。自 2020 年初疫情在日本暴发以来，到 2022 年 10 月，日本经历过七波疫情高峰期，其中，2022 年 1~3 月和 7~9 月的第六波和第七波疫情，最高峰时单日确诊人数分别突破 10 万和 26 万。疫情的长期化对日本经济造成深刻影响，乌克兰危机进一步加剧了全球供应链的混乱和未来经济走势的不确定性，导致能源、粮食等国际大宗商品价格上涨，全球通货膨胀高企。在内外因素冲击下，日本宏观经济复苏缓慢、难以进入稳定增长轨道，内需和外贸均面临挑战，物价上涨给企业生产和居民生活带来压力、加剧社会不满。

1. 宏观经济复苏缓慢，难以维持稳定增长

在新冠疫情和乌克兰危机长期化的"两面夹击"下，日本经济的脆弱性与波动性日益凸显，缺乏稳定的复苏趋势。主要表现在以下三个方面。

第一，经济恢复速度缓慢，尚未恢复到疫情前水平。2022 年 11 月 15 日，日本内阁府公布的日本国内生产总值统计数据显示，2022 年第一、第二、第三季度日本实际 GDP 季节调整值分别为 539.2 万亿日元、545.3 万亿

日元、543.6 万亿日元（见图 2）。而在疫情前的 2019 年，除第四季度消费税增税导致实际 GDP 季节调整值大幅下降之外，其余三个季度实际 GDP 季节调整值均在 550 万亿日元以上。这说明日本经济还没有恢复到疫情前的水平，而同期世界主要经济体大多已经超越疫情前水平，这也给日本经济复苏和日本政府实施经济政策造成很大压力。

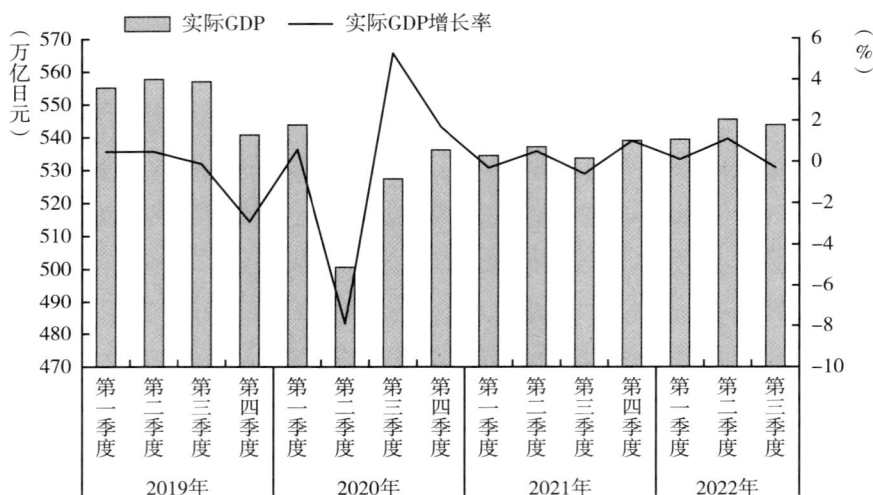

图 2　2019 年第一季度~2022 年第三季度日本各季度实际 GDP 及增长率

说明：实际 GDP 为季节调整值，增长率为环比增长率。

资料来源：日本内阁府「四半期别 GDP 速报 2022 年 7~9 月期·1 次速报」、2022 年 11 月 15 日、https://www.esri.cao.go.jp/jp/sna/data/data_list/sokuhou/files/2022/qe223/gdemenuja.html，最后访问时间：2022 年 11 月 25 日。

第二，各季度经济增长率起伏波动，难以维持连续正增长。日本内阁府 GDP 统计数据显示，在经历过 2020 年各季度经济增长率大幅波动之后，从 2021 年第一季度起，日本实际 GDP 环比增长率围绕 0% 上下波动（见图 2）。2022 年第一、第二、第三季度，实际 GDP 环比增长率分别为 0.1%、1.1%、-0.3%。特别是 2022 年第三季度，此前市场普遍预计应为连续正增长，年率换算值在 1% 左右，但结果显示第三季度增长率为 -0.3%，年率换算值达到 -1.2%，稳定复苏的步伐再次被中断。这反映出第七波疫情对日本经济造成的直接冲击，但更进一步来说，也表明日本经济的结构性问题在特定危机环境下集中显现了出来。

第三，经济增长率整体水平低。2022年10月，国际货币基金组织（IMF）在《世界经济展望报告》中下调2022年日本实际GDP增长率预期至1.7%，低于发达国家平均水平（2.4%），也低于世界平均水平（3.2%）；并且，这次预测较2022年4月的预测下降0.7个百分点，较2021年10月的预测下降1.5个百分点，说明日本经济前景逐渐黯淡。① 据《日本经济新闻》预测，如果日元继续贬值或在低位徘徊，那么按美元计算的日本名义GDP有可能跌破4万亿美元，倒退回30年前的水平。

2.内需疲弱，需求不足制约经济增长

私人消费和企业设备投资是日本内需的两大支撑，在日本实际GDP中占比分别在55%和15%左右。自2022年以来，日本私人消费低迷，特别是旅游、交通、餐饮、住宿和娱乐等服务业消费受疫情打击严重。第一、第二、第三季度，私人消费环比增长率分别为0.3%、1.2%、0.3%，反映出第六波和第七波疫情对第一和第三季度私人消费的冲击。企业设备投资有一定恢复，第一、第二、第三季度环比增长率分别为-0.1%、2.4%、1.5%，企业为适应疫情下经济社会变化的趋势，在数字化、省力化方面进行投资的动力增强。② 可以看出，随着日本国内经济社会活动的逐渐放开，需求有所恢复，但日本市场期待的大规模反弹并未出现，说明经济预期的不确定性对居民和企业需求起到一定抑制作用。

同时，供需缺口显示需求不足，总需求持续低于潜在总供给。日本内阁府公布的统计数据显示，用于表示日本经济需求与潜在供给之差的供需缺口（GDP Gap）指标，从2019年第四季度开始，已经连续11个季度为负值，

---

① International Monetary Fund, "World Economic Outlook Report," October 2022, https://www.imf.org/en/Publications/WEO/Issues/2022/10/11/world-economic-outlook-october-2022, accessed: 2022-11-25.

② 日本内閣府「四半期別GDP速報2022年7~9月期・1次速報」、2022年11月15日、https://www.esri.cao.go.jp/jp/sna/data/data_list/sokuhou/files/2022/qe223/gdemenuja.html，最后访问时间：2022年11月25日。

2022 年第一和第二季度分别为-3.3% 和-2.7%，说明存在约 15 万亿日元的需求不足，反映出总需求持续在潜在总供给下方徘徊，成为制约经济增长的重要因素。

3. 进口价格大幅上升，对外贸易持续逆差

受国际大宗商品价格上涨和日元贬值的影响，日本对外贸易进口价格大幅上升。根据日本央行统计数据，2022 年 4~10 月，日本企业进口物价指数连续 7 个月同比增长率超过 40%。① 进口价格上涨带动进口额的大幅增加，日本对外贸易进口额一路上扬，增长幅度显著超过出口额增长幅度（见图 3）。从 2021 年 8 月到 2022 年 10 月，日本对外贸易连续 15 个月为逆差状态，其中 2022 年上半财年（2022 年 4~9 月）逆差额合计超过 11 万亿日元，刷新自 1979 年以来的半年度最高值。近年来，日本主要依靠海外投资收益弥补贸易逆差，使得经常收支一直保持顺差。但是，由于贸易逆差扩大，2022年日本经常收支明显恶化。根据财务省统计数据，2022 年上半财年，表示贸易和投资等海外交易状况的经常收支黑字额比去年同期减少 58.6%，是2014 年以来的最低水平。②

4. 物价上涨压迫企业生产和居民生活，加剧社会不满和贫富分化

进口价格上升推高日本国内物价，食品和能源等生活必需品的价格持续上涨。根据日本总务省统计数据，2022 年，日本消费者物价指数（CPI，以2020 年为 100）不断攀升，剔除波动较大的生鲜食品之后，综合指数的同比增长率在 2022 年 1~3 月不到 1%，到 4~7 月上升至 2.0%~2.5%，8 月继续上升至 2.8%，9 月达到 3.0%，10 月则达到 3.6%，涨幅为约 40 年来最高点。③ 根

① 日本銀行「企業物価指数（2022 年 10 月速报）」、2022 年 11 月 11 日、https：//www. boj. or. jp/statistics/pi/cgpi_ release/cgpi2210. pdf，最后访问时间：2022 年 11 月 25 日。

② 日本财務省「令和 4 年度上期中 国際収支状况（速报）の概要」、2022 年 11 月 9 日、https：//www. mof. go. jp/policy/international_ policy/reference/balance_ of_ payments/preliminary/pg2022hfy. htm，最后访问时间：2022 年 11 月 25 日。

③ 日本総務省「2020 年基準 消費者物価指数 全国 2022 年（令和 4 年）10 月分」、2022 年 11 月 18 日、https：//www. stat. go. jp/data/cpi/sokuhou/tsuki/index - z. html，最后访问时间：2022 年 11 月 25 日。

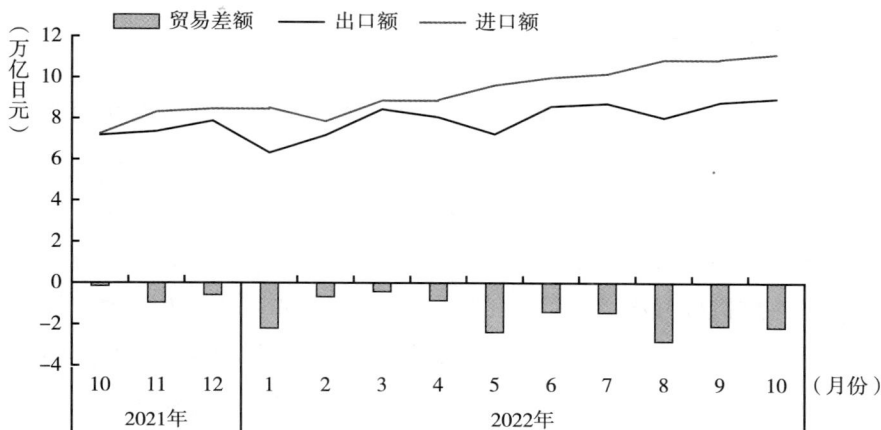

图3 2021年10月~2022年10月日本对外贸易的变化

资料来源：日本财务省「令和4年10月分贸易統計（速报）」、2022年11月17日、https：//www. customs. go. jp/toukei/shinbun/trade-st/2022/202210c. xml；日本财务省「令和4年度上半期分［輸出確报；輸入速报（9桁）］」、2022年10月28日、https：//www. customs. go. jp/toukei/shinbun/trade-st/2022/202235d. xml，最后访问时间：2022年11月25日。

据日本调查公司帝国征信的统计，仅2022年10月涨价的食品就达到约6600种，2022年全年日本涨价的食品或将超过2万种；根据日本智库测算，2022年度日本家庭生活费支出平均将增加8万日元。①

物价走高打击消费者的购买力，对企业生产和居民生活造成压力。对于企业来说，由于原材料和零部件的进货成本增加，企业面临收益恶化的困境，设备投资的动力也会不足。成本的上升将从上游企业向下游企业传递，中小企业和处于产业链下游的企业将会承压更重。对于居民来说，居民消费是承担物价上涨后果的最终消费环节，特别是日常消费品占家庭消费比例较高的中低收入家庭承受着较大的压力。物价高涨加剧社会贫富分化，引发社会不满情绪，这成为岸田政府支持率下跌的主要原因之一。

---

① 「10月值上げの波、家計の重荷一段と 食品負担7万円増"」、『日本经济新聞』、2022年9月29日。「止まらぬ円安、家計や企業に痛み 生活費は年8万円増も」、『日本经济新聞』、2022年10月15日。

（四）2022年日本的外交态势

近年来，随着日本国内修宪势力不断壮大，日本政党格局受到严重冲击，弱势的反修宪势力几乎无法发挥政策制衡作用。自民党倡导的"价值观外交"、"自由开放的印太"战略及提升日本防卫能力的外交及安保政策大行其道。尤其是乌克兰危机发生后，日本一直与美西方一道对俄施压，并渲染乌克兰危机将引发"台海之变"，希望欧美关注东亚，并极力拉拢东盟国家，企图打造针对中俄的国际"包围圈"，实现其外交及安保政策的战略预期。显然，日本以乌克兰危机类推"台海变局"，将台湾问题和乌克兰问题相提并论，其"搅局者"的图谋已暴露无遗。

1. 强化日美"协调一致"行动

日本借维护"珍视自由、民主主义、人权和基于法治等普世价值和原则的国际秩序"之名，强化日美同盟的"威慑力"和应对能力，推进"自由开放的印太"战略。日本一直致力于改变"不对等"的日美同盟关系，力图改变过去日美安保政策中"盾与矛"的职责分工状态。在美国实力相对衰弱的背景下，日本试图通过"进一步强化日美同盟的威慑力和应对能力"，[①] 在国际事务中更加自主地发挥"主导作用"。2021 年底，岸田文雄在第 207 届国会发表施政演说时表示，要在"强化作为印太地区乃至国际社会和平与繁荣基石的日美同盟"基础上，"与东盟和欧洲志同道合的国家携手，活用日美澳印框架"，为实现"自由开放的印太"战略而深化合作，"切实维护珍视自由、民主主义、人权和基于法治等普世价值和原则的国际秩序"。[②] 2022 年初，岸田文雄在第 208 届国会发表施政演说时再次强调，要"珍视普世价值"，并且其提出的"新时代现实主义外交"的第一支柱就

---

① 首相官邸「第二百七回国会における岸田内閣総理大臣所信表明演説」、2021 年 12 月 6 日、https：//www.kantei.go.jp/jp/101＿kishida/statement/2021/1206shoshinhyomei.html，最后访问时间：2022 年 11 月 27 日。

② 首相官邸「第二百七回国会における岸田内閣総理大臣所信表明演説」、2021 年 12 月 6 日、https：//www.kantei.go.jp/jp/101＿kishida/statement/2021/1206shoshinhyomei.html，最后访问时间：2022 年 11 月 27 日。

是珍视自由、民主主义、人权、法治等普世价值和原则。① 这显示出岸田政府不仅要继续深化日美同盟，而且要维护"珍视自由、民主主义、人权和基于法治等普世价值和原则的国际秩序"的强烈意愿。为此，岸田指责俄对乌发动的"特别军事行动""违反《联合国宪章》，动摇国际秩序根基"。可见，日本借乌克兰危机炒作亚太安全威胁、渲染地区紧张局势，其实质是力求强化自身的防卫能力，为自卫队入宪和参与乃至主导构建新的国际秩序制造舆论。

2. 通过"拉帮结派"实现"自主外交"

日本不断通过"价值观外交"强化同盟和"准同盟"关系，推进"自由开放的印太"战略，寻求在国际社会中发挥"自主外交"的主动性。日本借乌克兰危机渲染台海问题，企图加强与北约国家的防卫安全合作，强化日美同盟和与北约的"准同盟"关系。日本将乌克兰危机和台海问题变成自身的"重要安全关切"，其目的在于，对外借北约和日美同盟的力量削弱俄罗斯和中国，对内突破"和平宪法"束缚，进一步提升军事实力。2022 年 1 月，日本与澳大利亚签署《互惠准入协定》（RAA）以强化安保合作，日澳的"特殊的战略伙伴关系"得以确立；随后，日本又与英国就新防务合作《互惠准入协定》展开积极磋商。该协定一旦签署，便意味着英国的军事力量可触及亚太地区，这势必给亚太地区的安全环境带来不稳定因素。

此外，日本借乌克兰危机和台海问题，加紧在东南亚构建所谓"自由开放的印太"的战略支点。岸田政府加大与东南亚国家的互动频率，与印度尼西亚就供应链安全、经济安保加强合作，与泰国达成新的防务协议，推进与越南的"广泛战略伙伴关系"等，试图通过加强与东南亚国家的政治、经济、安全合作，进一步充实和强化其"自由开放的印太"战略。同时，日本配合美国拉拢东南亚国家在乌克兰危机和台海问题上选边站队，鼓动东

---

① 首相官邸「第二百八回国会における岸田内閣総理大臣施政方針演説」、2022 年 1 月 17 日、https：//www. kantei. go. jp/jp/101_ kishida/statement/2022/0117shiseihoshin. html，最后访问时间：2022 年 12 月 16 日。

南亚国家"共同反对以武力改变现状"，力图在国际事务中发挥所谓"地区影响力"。

3. 渲染周边威胁论，借机提升日本"防卫能力"

日本所谓"周边外交"涉及中国、俄罗斯、朝鲜和韩国等，宣称"地区的和平与稳定至关重要"，力争构筑"既具建设性又稳定"的中日关系，力争解决日俄"领土问题、缔结和平条约"。[①] 但是，近来日本在推进其"周边外交"的过程中，除渲染乌克兰危机外，还不断渲染南海、东海及台海问题。岸田文雄出访言必称"不允许任何地区使用武力单方面改变现状"，力图将欧洲变局与亚太局势加以捆绑，刻意渲染台海问题，力求将乌克兰危机的话题延伸至印太、亚太，借援助乌克兰之名，行提升自身军事实力、遏制中国之实。

二　2022年日本重大热点评析

2022年，岸田文雄政府和安倍晋三是两个关键词，作为日本战略主要制定者的安倍遇刺身亡不仅对政局影响深远，"后安倍时代"日本的战略、外交和经济走向也是我们关注的主要热点，岸田政府既有继承安倍的一面，也有其自身的特征。

（一）2022年日本战略热点

1. 修宪问题

疫情背景下，特别是自乌克兰危机发生以来，岸田政府以形势和安全环境发生变化为由，一改以往较为低调的姿态，多次在与修宪相关的事务上制造声势，放风探路。2月10日，日本国会举行了首次众议院宪法审查会的自由讨论，在行政当局和执政党最优先推进的新年度预算案的审议阶段就召

---

① 首相官邸「第二百八回国会における岸田内閣総理大臣施政方針演説」、2022年1月17日、https：//www.kantei.go.jp/jp/101_ kishida/statement/2022/0117shiseihoshin.html，最后访问时间：2022年12月16日。

开宪法审查会实属罕见。自民党以新冠疫情堪称"国难"为借口，要求讨论紧急状态下线上进行国会审议的可行性，试图推动日本政府在宪法中新设"紧急事态条款"，借此推动修宪讨论。3月13日，岸田在日本自民党大会上发表演说，表达修改日本宪法第九条的意图。在进程上，岸田也表示无须一举实现全部目标，以求最广泛地动员舆论。岸田政府在众议院启动修宪毫无障碍。本届日本众议院新当选的议员中同意修宪的预计超过310席，特别是自民党议员尤为积极。3月17日，自民党部分议员在国会大厦召开会议，宣布成立"修改宪法推进国会议员联盟"，成员为包括前干事长二阶俊博、石破茂、甘利明等在内的60人。

修宪是2022年日本参议院选举的重点议题。在宪法颁布75周年纪念日前夕，岸田在接受采访时表示，为给自卫队违宪之争打上终止符，将继续就这一重要课题（在宪法第九条中明确写入自卫队）予以耐心说明，通过今夏参议院选举中的诉求主张，表明自民党的积极态度。参议院选举的结果是，不仅自民党大获全胜，其他修宪势力的议席总体上也有增长。从需要改选的议席数和选后获得的议席数看，日本维新会由6席增至12席，修宪势力的议席数量继续超过参议院议席总数的三分之二。比较而言，反对修宪的势力则总体上议席数减少。立宪民主党由23席降至17席，日本共产党由6席降至4席，社民党维持1席。

7月10日，岸田在日本富士电视台的节目中说，自民党提出了一个紧迫的、现代的课题，必须把它推向前进。7月11日，岸田在自民党总部会见记者时，又表示将尽早推动发起修宪。但对于修宪问题，日本民众的态度与议会层面的形势有较大差别。参议院选举结果揭晓后，共同社实施的全国电话调查显示，回答"应该加紧修宪"的受访者占37.5%，回答"无须急于修宪"的占58.4%；对于"参议院选举中最重视什么"的提问，回答"物价上涨对策和经济对策"的受访者最多，占比达42.6%，而回答"修宪"的仅占5.6%。此外，11月12日，反对修改宪法第九条的由日本地方政府现任及卸任首长组成的"全国首长九条之会"在东京召开会议。会议针对岸田提出的加强防卫力表决通过了反对宣言，强调宪法第九条对实现永久和平不可或缺。

2. 谋求"对敌基地攻击能力"

日本历届政府认为，在宪法上拥有"对敌基地攻击能力"是可能的，但作为政策判断则予以保留，现实中一直维持依靠美军打击力的立场。在"对敌基地攻击能力"问题上，岸田政府态度更积极、动作更大。岸田政府表示，要"不排除任何选项"、从根本上提升日本的防卫力。"对敌基地攻击能力"最初意在拥有在对方疆域内阻止导弹发射的攻击能力。2 月 16 日，日本防卫大臣岸信夫在众议院预算委员会小组会上探讨是否应该拥有"对敌基地攻击能力"时甚至表示，"不排除"自卫队飞机进入对方领空并轰炸军事据点的选项。

日本政府拟在现有拦截导弹的基础上，增加部署远程导弹，两者合计将超千枚。日本积极探讨改进"12 式岸舰导弹"，使其射程达到 1000 公里，在发射方式上也将增加海上和空中发射。在延长"12 式岸舰导弹"射程外，日本政府还探讨研发潜射导弹，优先讨论装备问题，谋求"对敌基地攻击能力"。值得注意的是，由于潜水艇能够移动至远方海域，一旦搭载远程导弹，将突破战后日本坚持的"专守防卫"原则。日本有意提前开始运用远程导弹，日本防卫省在 2023 财年预算的概算要求中提出，把能够从敌方射程范围外发动攻击的"防区外导弹"的开始运用时间提前 3 年左右。

当前日本争论的焦点是，攻击对象不限定为导弹基地，还要加上对方具有指挥控制功能的目标。为实际运用"对敌基地攻击能力"，日本政府积极探讨发动的必要条件。其内容不仅禁止采取违反国际法的先发制人攻击，还包括仅限采取最小限度的措施。日本政府的相关策略是，尽可能简化条件，不限定攻击对象，保留模糊性，以不向对方亮底防止降低威慑效果。在能力建设上，7 月，日本宇宙航空研究开发机构在鹿儿岛县的内之浦宇宙空间观测所成功发射一枚小型火箭，该火箭是为开发速度达到五六倍声速以上的高超声速飞行器进行的试验。

3. 推出"经济安保法案"

1 月 17 日，岸田在国会演说中就经济安全保障强调："经济安全保障作为'新资本主义'的重要支柱，是刻不容缓的课题。要通过出台新法律，支援供应链的强韧化，并完善电力、通信、金融等主要基础设施领域中重要设备和系统的安全性事先审查制度、涉及安全保障方面的发明专利的非公开制度等。"[①] 1月19日，日本政府召开有关《经济安全保障推进法案》的有识者会议，汇总了提案的重点内容，会议认为通过财政、金融向民间企业提供支援，帮助其强化供应链至关重要，应在此基础上推动法案尽快提交国会。

日本《经济安全保障推进法案》旨在确保重要物资稳定供应，同时努力降低尖端技术外流或遭受网络袭击的风险。3月17日，众议院全体会议开始审议《经济安全保障推进法案》。岸田表示在以提高自律性和确保技术优势为目标的同时将吸引民间投资。4月7日，日本众议院以多数票通过《经济安全保障推进法案》，法案包括确保重要物资的供应链、确保基础设施的安全性、官民共同开发尖端技术以及专利非公开等四大支柱。在强化供应链方面，国家拥有调查原材料来源和库存的权限；电力、燃气等基础设施领域设备的投资项目，由国家进行事前审查；对铀浓缩等可能用于军事的技术专利采取不公开措施，防止技术外泄。5月11日，《经济安全保障推进法案》在参议院全体会议上同样以多数票获赞成通过。

日本《经济安全保障推进法案》明确，为防范通过网络攻击"重要基础设施"，在引进重要设备时需要接受国家事前审批的领域由6个扩充至14个，分别是电力、天然气、石油、水务、电信、广播、邮政、金融、信用卡、铁路、汽运、外航货运、航空、机场。受此影响，经济界忧虑情绪扩大。在7月26日的记者会上，经济安全保障担当大臣小林鹰之宣布，《经济安全保障推进法案》四大支柱中的强化供应链和官民技术合作将于8月1日先行实施。此外，小林还宣布将在内阁府下设置经济安全保障推进室，推动汇总法律的具体实施方案。8月29日，日本政府在有识者会议上公布基于《经济安全保障推进法案》选定"特定重要技术"的"第一次研发愿景"，

---

① 首相官邸「第二百八回国会における岸田内閣総理大臣施政方針演説」、2022年1月17日、https：//www.kantei.go.jp/jp/101_ kishida/statement/2022/0117shiseihoshin.html，最后访问时间：2022年12月16日。

将无人侦察机、小型卫星、人工智能等 27 项重点技术指定为援助对象，由国家提供资金援助和扶植。日本政府预计在 2022 年内公开募集研究项目，主要研究人员拟限定为日本居民，所属机构需拥有日本的法人资格，研究项目将在 10 年的中长期视野下以 5 年投入社会使用为目标。

（二）2022年内政热点述评

从政局来看，2022 年最大的热点无疑有两个：一是安倍晋三意外遇刺身亡后对自民党乃至整个日本政界造成的巨大冲击和影响；二是岸田文雄领导自民党顺利赢得参议院选举，获得了在议会中的绝对稳定多数席位。对这两次事件的研讨有助于我们理解日本政治的运行规律。

1. 安倍晋三遇刺身亡的政治影响

安倍生前为自民党内最大派系"清和政策研究会"（简称"清和会"或安倍派）的首领，其逝世将对自身派系造成严重影响，该派系将进入动荡分化期。

首先，"清和会"极度依赖安倍的个人能力，其逝世后派系向心力将迅速下降。该派系内原本就山头林立，充斥着历任派系领袖（如福田赳夫、安倍晋太郎、森喜朗、小泉纯一郎）的门生故吏。2012 年安倍二次上台以后，一直是该派系的实际领导人，并于 2021 年正式出任"清和会"的会长。安倍领导期间曾通过各项权谋手段，逐渐整合了派系内大部分势力。近年来，"清和会"以安倍为中心逐渐分为几个群体：安倍胞弟岸信夫及亲信萩生田光一、西村康稔等组成"侧近派"；资历老，作为重臣的下村博文、世耕弘成、松野博一等；少壮派代表福田达夫、小泉进次郎等；派系外也有一心想入会，得到安倍重用的高市早苗等。

安倍任首相时及下野之后，一直在自民党内保持着巨大的影响力，在两位继任首相菅义伟、岸田文雄的上位过程中起到了关键作用。二者为回报安倍，对安倍派系成员进行提拔照顾，有多名成员获得过党政要职。安倍长期执政且政治能力较为突出，派系权力高度集中于一身，因此"清和会"内的其他成员相较而言缺乏历练，仰仗、依赖安倍的现象突出。安倍的突然逝世，无疑将严重削弱"清和会"的政治影响力。①

其次，接班的中坚人才存在短板，短期内难有驾驭全局的领导者。安倍逝世后，"清和会"被迫直面"后继无人"的困境。该派虽人数众多，但现有候选人均有不同程度的短板，缺乏能够平衡各方的长期控局能力。

例如，目前在安倍派内部排名靠前的三人——两位代理会长下村博文和塩谷立、事务总长西村康稔，与安倍相比"硬伤"明显。下村博文历任文部科学大臣、内阁官房副长官、自民党政调会会长等职。其自1996年就追随安倍，是后者在意识形态领域推动保守右翼化的主要负责人。其权力诉求鲜明，2021年曾打算竞选党总裁，但因缺少党内支持而作罢。由于政绩"偏科"，集中于务虚领域，其在民众间存在感较低。塩谷立历任文部科学大臣、内阁官房副长官、自民党总务会会长和选举对策委员长。其资历虽老（32年），但曾有4次在小选区落选的尴尬经历。近年来又被数次曝出违反防疫条例聚会的丑闻，形象不佳。西村康稔任分管"清和会"日常工作的事务总长，历任内阁府副大臣、内阁官房副长官、经济再生担当大臣和应对新冠疫情担当大臣，是安倍长期执政时进行经济决策的主要助手。安倍去世后其表现积极，率先表现出接班意愿。但其在菅义伟执政时期负责防疫工作时经常遭到媒体抨击，业务能力有待证明。

此外，负责管理"清和会"所属参议员的世耕弘成和安倍较宠信的萩生田光一也拥有继任会长的潜质。但前者有违"派系会长一般由众议员担任"的惯例，后者长期从事一线具体工作，控局能力不强，而且与统一教牵扯较深，在民众中的形象急剧恶化。②

总而言之，现有候选人皆无足够政治能量像安倍那样驾驭这一党内最大派系。据目前情势分析，"清和会"如短期内难以选出继承人，很可能在未来

① 「決められない最大派閥 トップ不在の"安倍派"」、NHK、2022年11月10日、https：//www. nhk. or. jp/politics/articles/feature/91677. html，最后访问时间：2022年12月1日。

② 「萩生田光一氏、旧統一教会との関係謝罪 新たな説明なし 衆院予算委」、朝日新聞デジタル、2022年10月17日、https：//www. asahi. com/articles/ASQBK3DJ8QBKUTFK00B. html，最后访问时间：2022年12月1日。

一段时间内采取下村博文、塩谷立、西村康稔"联合执政"的形式以缓和矛盾，但这种"多头模式"可能会严重影响派系正常运作，甚至引发分裂风险。

2. 2022年参议院选举结果分析

从选举前的风向看，岸田文雄自2021年上台后执政成绩平稳，有以下几点表现：①虽然政绩不多，但其面对国民表现出低姿态和恳切态度，让政敌基本上找不到攻击的切入口。②其提出的以改善分配为主题的"新资本主义"计划，仍令民众有所期待。③防疫方面，奥密克戎毒性较低，且日本疫苗第三针接种率已达60%，毒株致死率明显降低，因此民众已基本接受与疫情共存。④在乌克兰危机发生后，岸田文雄利用民众恐慌情绪，展现对俄强硬姿态，有效提升了政府的支持率。

尽管岸田及其治下的日本政府在面对疫情冲击时因表现不佳而引发舆论广泛质疑，其本人在自民党内部遭受了诸多掣肘，但是在立法领域的国会内，由于在野各政党在政治力量、政策主张和斗争策略上存在着明显短板，政府决策并未受到多少抵抗或牵制。

自民党在防疫方面屡遭批判，但从整体上讲该党仍然是日本国内最具有执政经验和政治行动力的政治势力。菅义伟执政时虽然缺乏全局视野和驾驭能力，但在其关注的新冠疫苗推广事务上做得较为扎实，使日本后来居上成为发达国家里疫苗接种率较高的国家，为日本民众逐渐走出疫情恐慌做出了重要贡献。继任的岸田文雄内阁上任后也明确承认感受到民众在疫情影响下的怨气，摆出"倾听底层呼声"姿态，主动贴合选民诉求，积极表达自我改革的决心和计划。例如其强调通过建设"新资本主义"，提高普通民众所得，缓解贫富差距；通过有力行政手段强化疫情监测、传播隔离、病患收治能力，许诺尽快完成疫苗第三针接种；加快推动自民党内领导层新老交替和中青年议员上位，扭转党在民众心中老朽腐化、金权勾连的传统不良形象。[①] 姑且不论这些举措的效果，至少它们在态度上较准确地击中了民众痛点，且有效

---

① 自民党 公式サイト、https：//www.jimin.jp-east-2.storage.api.nifcloud.com/pdf/manifest/20211018_ manifest.pdf，最后访问时间：2022年12月1日。

对冲了在野党指责。

随着疫情冲击效应的减弱，情绪得到有效抚慰的选民在进行权衡后，其中绝大多数依然选择继续支持执政党。选举前的民意调查显示，自民党的全国支持率基本保持在 30% 以上，在投票日前又上升至 40% 左右，与之合作执政的公明党支持率也稳定在 5%，排在各政党（除自民党外）的首位。与之相对应的是，所有在野党的支持率总和仅有 18% 左右。①

日本在野党中能在国会中获得稳定席位的主要有立宪民主党、日本共产党、日本维新会、国民民主党等。但从选举结果看，各党一味对自民党进行批判，但自身所提出的政策主张空泛且缺乏有效可行的落地路径，也令选民厌倦，被普遍视为"为反对而反对"的破坏性力量，试图接收"政权批判票"的企图也因此落空。

在野党政策主张上的匮乏性，尤其体现在应对疫情冲击上。虽然自民党的不少政策颇受诟病（如前文所提到的防疫、稳定物价等），但在野党提出的施政方案相较执政党几无新意，如作为主要对手的立宪民主党的对策纲领重点同样集中在加强医疗体制能力、提高弱势群体补贴、疫后复兴等常规领域，并无根本性突破甚至还不如自民党竞选纲领所涉及的面广；还有一些带有民粹色彩的小政党为迎合疫情所引发的社会极端情绪、沉迷于在一些细枝末节的技术性问题上"刷存在""搞噱头"② 等，呈现出碎片化、随意化特点，可信度较低，不仅进一步分流了在野党候选人选票，也令选民对在野党候选人群体产生不信任感。

总体上看，此次参议院选举的结果表明，即使遭遇空前的疫情冲击，自公执政联盟仍然在日本政坛拥有无可替代的支配地位，而这也为首相领导执政党决定和施行政策提供了坚实的保障。

---

① 「政党支持率 自民 39.5% 内閣支持率は上昇」、NHK、2021 年 11 月 8 日、https：//www. nhk. or. jp/politics/articles/lastweek/71662. html，最后访问时间：2022 年 12 月 1 日。

② 例如"令和新选组"的山本太郎竞选时承诺要给予全日本民众巨额补贴，大范围免除学费、医疗费，补贴民众的日常生活支出，全额承担中小企业在疫情和物价上涨时的损失等，对需要的天价经费来源却语焉不详，具体参见山本太郎参选官方网站，https：//taro - yamamoto. jp/policy，最后访问时间：2022 年 12 月 1 日。

（三）2022年日本经济热点

自 2022 年 3 月起，日元持续大幅贬值，日元汇率走势和日本央行货币政策成为日本社会乃至国际社会关注的焦点。同时，岸田政府对其主要经济政策"新资本主义"不断进行充实和具象化，并出台《"新资本主义"的总体设计及实施计划》。

1. 日元贬值及日本央行货币政策

从 2022 年 3 月初到 10 月中旬，日元汇率不断下跌，日元经历了大幅贬值的过程。根据日本央行统计数据，美元兑日元汇率在 3 月初为 1 美元兑 115 日元左右，4 月末达到 130 日元区间，9 月 2 日突破 140 日元，10 月 20 日突破 150 日元，累计贬值超过 25%，成为国际主要货币中贬值幅度最大的一种货币（见图 4）。国际清算银行数据显示，日元购买力已经降至 1971 年以来的最低水平。

在各国央行纷纷收紧货币政策，美联储加快进入加息轨道的情况下，日本央行继续维持超宽松货币政策，日美利率差在短时间内迅速拉大，成为日元贬值的直接诱因。2022 年 4 月 27~28 日，日本央行召开金融政策决定会议并做出不加息的明确表态，继续维持将长期利率降至约 0%、短期利率降至 -0.1% 的以长短期利率操作为核心的货币宽松政策，并决定在每个交易日实施以固定利率无限量买入国债的市场操作，以确保实现收益率曲线控制目标。此后，6 月 16~17 日、7 月 20~21 日、9 月 21~22 日、10 月 27~28 日，日本央行数次召开金融政策决定会议，结果均为继续坚持大规模货币宽松政策。

日本央行在全球加息浪潮中仍然维持着超宽松货币政策的原因主要有两方面。一方面，日本经济严重依赖低利率政策环境。如前文分析的那样，在世界主要经济体大多已经超越疫情前水平的情况下，日本经济仍然没有恢复，需求不振，消费低迷。虽然消费者物价指数不断上涨，并且已经达到日本央行设定的 2% 的通胀目标，但这主要是由于成本上升，并没有带来日本政府期望的工资协同上涨的良性循环。因此，日本央行仍需要超宽松货币政

图 4　2022 年 1 月 4 日~2022 年 11 月 22 日美元兑日元汇率的变化（东京市场，最高值）

资料来源：日本銀行「外国為替市況（日次）」、https：//www. boj. or. jp/statistics/market/forex/fxdaily/index. htm/，最后访问时间：2022 年 11 月 25 日。

策托底个人消费和企业投资，刺激需求增加，带动就业环境改善和工资上涨。

另一方面，高额政府债务难以承受利率上升的压力。根据日本财务省的统计，截至 2022 年 9 月末，日本普通国债发行余额达到创纪录的 993.8 万亿日元，包括普通国债、财投债、借款、政府短期证券在内的"国家债务"总额达到 1251.4 万亿日元，刷新历史最高纪录，按日本人口计算，平均每人负债约 1002 万日元。① 庞大的日本政府债务决定了利率的微调将会对利息支出产生重大影响，这也是日本难以退出超宽松货币政策的重要原因。

2. 岸田政府经济政策

2021 年 10 月开始执政的岸田政府将构建"新资本主义"作为经济政策的核心内容，其基本理念是"推动经济增长与分配的良性循环"和"开辟

---

① 「国债发行残高 993 兆円　9 月末、1000 兆円目前に」、『日本経済新聞』、2022 年 11 月 10 日。

新冠疫情后的新社会"。2022 年 6 月 7 日，日本政府公布《"新资本主义"的总体设计及实施计划》，明确了"新资本主义"的总体设计、重点投资领域和主要措施；2022 年 10 月 28 日，日本内阁会议通过名为"克服物价上涨、实现经济再生"的新一轮经济刺激计划，总资金规模达到 71.6 万亿日元，从中可以看出岸田政府经济政策的主要内容和重点领域。

（1）《"新资本主义"的总体设计及实施计划》。"新资本主义"的总体目标设置为：打破收入分配僵局，进一步实现经济增长；为解决日本社会问题而进行努力，并将其作为创造附加价值的源泉；促进技术革新和官民合作，有计划、有重点地进行投资，实现经济和社会协调发展。

"新资本主义"的重点投资领域由对人的投资和分配、科技创新重点投资、创业企业支持及推进开放式创新、脱碳与数字化转型投资四大核心内容组成（见图 5）。

对人的投资和分配主要包括六个方面。其一是提高劳动者工资水平。主要内容是，利用税收优惠措施鼓励企业提高工资；规范大企业与中小企业之间的业务分包承包制度，促进大企业与中小企业的合作；着力改善护理人员、社会福利工作人员、保育员等的工资待遇。其二是提高劳动技能、提升劳动力市场的流动性。主要内容是，健全终身学习、职业培训、兼职和再就业支援制度，提升全体劳动者的数字技术水平；对年轻人和科研人员进行支援，建立起允许初期失败并追求长期成果的研究开发援助制度；培养数字化专业人才，积累专业能力，提升附加价值；扩大副业和兼职范围，推进多种工作方式。其三是制定从储蓄向投资转换的"资产收入倍增计划"。主要内容是，促进居民个人金融资产从以存款、现金为主的储蓄转移到投资，创造家庭收支的良性循环。其四是构建儿童、劳动年龄人口、老龄人口等各年龄层都包含在内的活跃社会。主要内容是，创立"儿童家庭厅"，推进幼儿园和保育所的均等化；充实保育和儿童课后看护机制，减轻年轻父母的负担；加大奖学金支援力度，确保奖学金制度更加规范、灵活；改善育儿家庭的居住条件，对育儿家庭购置和租赁住宅进行支援；减轻家庭护理负担，增强对认知障碍症的预防和应对，防止年轻人因为护理老人而失业。其五是促进工

	对人的投资和分配	·提高劳动者工资水平 ·提高劳动技能、提升劳动力市场的流动性 ·制定从储蓄向投资转换的"资产收入倍增计划" ·构建儿童、劳动年龄人口、老龄人口等各年龄层都包含在内的活跃社会 ·促进工作方式多样性、提升就业选择灵活性 ·强化人力资本投资等非财务信息的公开和披露
"新资本主义"的重点投资领域	科技创新重点投资	·促进量子技术领域的投资 ·促进AI应用领域的投资 ·促进生物制造领域的投资 ·促进再生医疗、细胞医疗、基因治疗领域的投资 ·推进大学教育改革 ·将2025年大阪世博会作为"未来社会的实验场"、新技术的橱窗和唤起未来希望的起爆剂
	创业企业支持及推进开放式创新	·制定"创业企业培育5年计划",通过公共资本投资、人才支持体系、完善规则机制、打造创业基地等方式对创业企业提供支持,改善创业企业的创新环境 ·促进开放式创新,推动大企业与科技创业企业共同开展研发,提高企业国际竞争力和议价能力,避免短期利益、过度竞争影响长期发展,从长远角度营造有利于企业进行投资的环境
	脱碳与数字化转型投资	·促进绿色经济转型投资,重点投资于氢能和氨能、海上风力等可再生能源、碳捕获与封存、碳循环利用、新能源汽车、节能住宅和建筑物、省电性能优良的半导体、蓄电池等 ·促进数字化转型投资,重点是推进面向后5G时代和6G的研究开发、改善数字市场环境、推动数字健康的普及和医疗数字化、通过数字化转型提高中小企业的生产率和竞争力、促进城市数字化、强化网络安全等

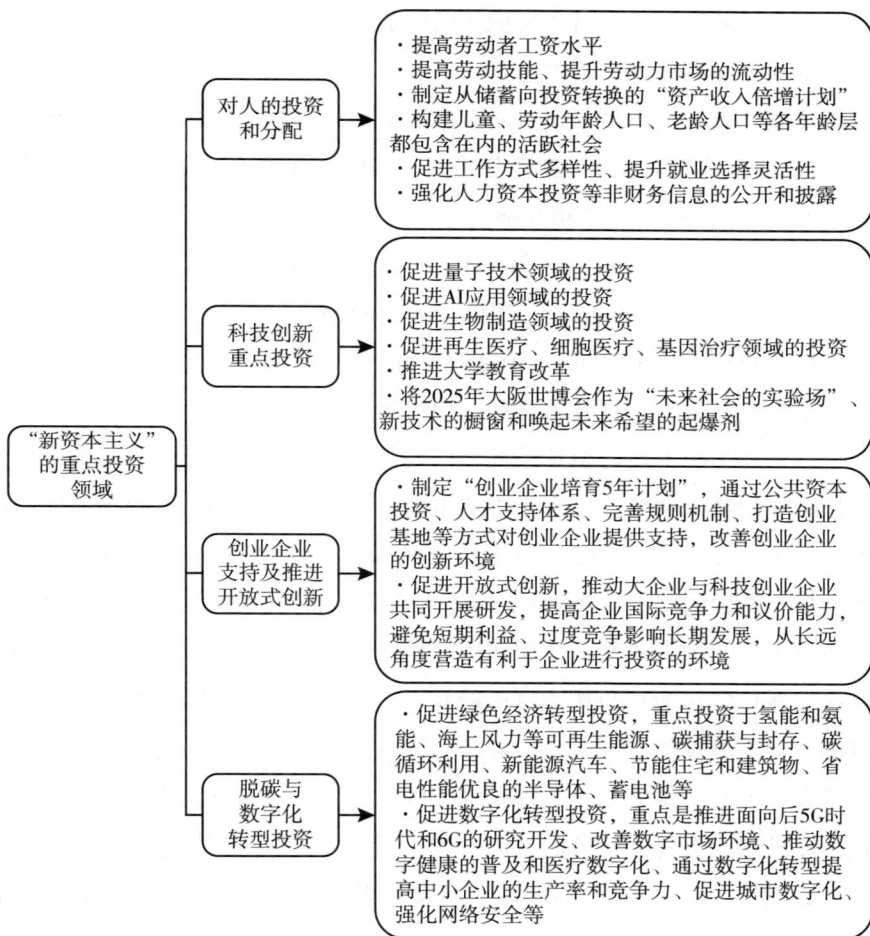

图5 "新资本主义"的重点投资领域

资料来源：日本内阁官房「新しい资本主义のグランドデザイン及び实行计画」、2022年6月7日、https：//www.cas.go.jp/jp/seisaku/atarashii_ sihonsyugi/pdf/ap2022.pdf,最后访问时间：2022年11月25日。

作方式多样性、提升就业选择灵活性。主要内容是，彻底推行同工同酬，导入多样化的就业方式；规定企业有义务就男女工资差距的相关信息进行披露，提高管理层中的女性比例，详细评估制约女性就业的因素；实现劳动者全部加入社会保险，完善社会保障制度；推动工作方式改革，保障居家办公和远程办公的顺利开展，落实男职工陪产假。其六是强化人力资本投资等非财务信息的公开和披露。

科技创新重点投资主要包括六个方面。其一是量子技术领域。主要内容是，促进量子计算机的大规模化和高功能化的研究开发，与半导体和Beyond 5G 等其他技术领域相互融合；与世界先进国家合作，强化下一代半导体的设计、制造能力；推进量子技术的社会应用。其二是 AI 应用领域。主要内容是，促进 AI 技术的产业化，根据企业的实际需求推进 AI 技术的开发和应用；将日本优势产业与 AI 技术相融合，提高产品和服务的竞争力。其三是生物制造领域。主要内容是，通过生物制造技术的开发，在解决海洋污染、粮食和资源不足等全球性社会问题的同时促进经济增长；将大规模生产、社会应用纳入视野，推进基础技术的开发支援、基地建设和人才培养。其四是再生医疗、细胞医疗、基因治疗领域。主要内容是，推进再生医疗、细胞医疗、基因治疗的临床研究和临床试验，加强对新医疗技术的研究开发，注重医疗专业人才培养，加快医疗技术的产品化和实用化；推动基因组医疗的发展；强化治疗药物和疫苗的开发。其五是推进大学教育改革。主要内容是，促进科技领域的人才培养和年轻科研人员的培养，打造世界顶尖水平的研究型大学；培养超越文理科框架的综合、高端人才，促进理科女生的活跃；促进研究与管理运营的分离。其六是将 2025 年大阪世博会作为"未来社会的实验场"、新技术的橱窗和唤起未来希望的起爆剂，展示日本最新技术对社会的贡献。

创业企业支持及推进开放式创新主要包括两个方面。其一是制定"创业企业培育 5 年计划"，通过公共资本投资、人才支持体系、完善规则机制、打造创业基地等方式对创业企业提供支持，改善创业企业的创新环境。主要内容是，利用政府采购，加大对新创业企业的支援力度；扩大公共资本对风险资本的投资，包括海外风险投资；引导个人金融资产和日本政府养老金投资基金（GPIF）等长期运营资金流向风险投资；扩大面向具有优秀思想和技能的青年人才的支持体系；打造创业者聚集的全球性创业园区；进行规则修订，简化担保程序；实施 IPO 流程改革；为商业化需要时间的创业企业的成长提供股票期权等相关支持；为致力于解决社会问题的初创企业提供支持，改善法律和制度环境，并考虑创建新的企业形式，在私营部门发挥公共作用；建立公平交易的法律制度；完善非上市股票二级市场建设；打造海外创业人才培育基地；强化企业家教育和知识产权战略。其二是促进开放式创新，推动大企业与科技创业企业共同开展研发，提高企业国际竞争力和议价能力，避免短期利益、过度竞争影响长期发展，从长远角度营造有利于企业进行投资的环境。

脱碳与数字化转型投资主要包括两个方面。其一是促进绿色经济转型投资，重点投资于氢能和氨能、海上风力等可再生能源、碳捕获与封存、碳循环利用、新能源汽车、节能住宅和建筑物、省电性能优良的半导体、蓄电池等。具体措施有，设置绿色经济转型政府专项债；建立新的制度框架，在加强监管措施的同时，提高企业盈利能力和投资可预见性；在拓展绿色金融的同时，结合创新金融等新型金融方式为企业脱碳投资提供融资支持；通过亚洲零排放共同体构想，强化与亚洲各国的脱碳合作机制，同时推进与美国等发达国家在清洁能源领域的创新合作。其二是促进数字化转型投资，重点是推进面向后 5G 时代和 6G 的研究开发、改善数字市场环境、推动数字健康的普及和医疗数字化、通过数字化转型提高中小企业的生产率和竞争力、促进城市数字化、强化网络安全等。

（2）"克服物价上涨、实现经济再生"的新一轮经济刺激计划。为拉动经济增长，应对新冠疫情、日元贬值、物价上涨等多重因素对日本经济和社会造成的冲击，2022 年 10 月 28 日，岸田政府出台名为"克服物价上涨、实现经济再生"的新一轮经济刺激计划，以"应对物价上涨和提高工资""借日元贬值之势恢复并加强盈利能力""加速推进'新资本主义'""确保国民安全和放心""未来准备"五大领域为重点，总资金规模达到 71.6 万亿日元，其中，财政支出为 39.0 万亿日元。

"应对物价上涨和提高工资"主要包括三个方面。其一是对因能源、食品等价格上涨而处于困难状况的企业和居民提供支援。主要内容是，对电费、燃气费和汽油价格上涨提供补贴，减轻居民和企业的负担；为生活困难的群众运送免费食品。其二是构筑危机应对型能源供给体制和食品供给体制。主要内容是，强化液化天然气稳定供给体制；在今后三年内对企业购入节能机器和设备进行集中补贴，促进住宅节能改造和零排放电源的应用；促进肥料和饲料的国产化以及大豆和小麦的国内生产转移。其三是促进工资持续增长，扶持中小企业。主要内容是，积极提高工资以抵消物价上涨的影响，大幅扩大对行业重点企业、中小企业等的支援力度，提供补贴以帮助企业进行经营模式转换和提高生产效率，为企业提高工资创造条件。这一领域预计总资金规模为 37.5 万亿日元，其中财政支出为 12.2 万亿日元（见表1）。

表 1　新一轮经济刺激计划的主要内容和资金分配

主要内容	财政支出	总资金规模
应对物价上涨和提高工资	12.2 万亿日元	37.5 万亿日元
借日元贬值之势恢复并加强盈利能力	4.8 万亿日元	8.9 万亿日元
加速推进"新资本主义"	6.7 万亿日元	9.8 万亿日元
确保国民安全和放心	10.6 万亿日元	10.7 万亿日元
未来准备	4.7 万亿日元	4.7 万亿日元
合计	39.0 万亿日元	71.6 万亿日元

资料来源：日本内阁府「物価高克服・経済再生実現のための総合経済対策」、2022 年 10 月 28 日、https://www5.cao.go.jp/keizai1/keizaitaisaku/2022-2/20221028_taisaku.pdf，最后访问时间：2022 年 11 月 25 日。

"借日元贬值之势恢复并加强盈利能力"主要包括两个方面。其一是激发市场活力，促进需求恢复。主要内容是，重振旅游业，制定新的《观光立国推进基本计划》，快速实现年入境消费额超过 5 万亿日元的目标；提振地方活力，刺激需求，完善娱乐和购物设施，开展文化艺术活动和体育健康活动；强化农业生产区、畜牧业和渔业等生产基地，加强木材工业国际竞争力；完善地方基础设施，促进城乡平衡发展。其二是利用日元贬值之机强化经济结构。主要内容是，强化重要物资的国内生产能力并扩大出口，日美共同开发新一代半导体技术，在尖端半导体等重要尖端技术领域通过国际合作扩大投资；支持供应链中断风险较大的重要产品、原材料和零部件回归国内生产基地，扩大对内直接投资；扩大中小企业和农林水产品的出口。这一领域预计总资金规模为8.9万亿日元，其中财政支出为4.8万亿日元。

"加速推进'新资本主义'"主要包括三个方面。其一是推进薪资提升、劳动力自由流动、对人投资的一体化改革。其二是对科技创新、加速创业、脱碳与数字化转型等重点领域进行大胆投资。其三是构建包容型社会。主要内容是，扩充少子化对策，强化对育儿家庭和儿童的支援；促进女性活跃，培养女性数字人才和创业者；对感受到孤独和孤立的居民提供支援，对失业者、残疾人等弱势群体提供支持。这一领域预计总资金规模为9.8万亿日元，其中财政支出为6.7万亿日元。

"确保国民安全和放心"主要包括五个方面。其一是强化传染病应对机制。主要内容是，完善医疗保健体制，确保病床和疗养设施充足；完善疫苗接种体制，加快研发疫苗和治疗药物，加强与国际机构的合作。其二是强化灾害应对机制，推进国土强韧化。其三是加快自然灾害后的恢复和重振。其四是强化经济安全和食品安全。主要内容是，重点开发量子、AI等尖端重要技术；打造重要物资的韧性供应链，设置专项基金，根据物资的特性对生产、供给、储备、替代物资的开发等提供支持；强化食品安全保障。其五是确保安全和放心。主要内容是，推进"儿童安心·安全对策支援体系"，如为校车安装和改造安全装置等；增强对消费者权益的保护力度。这一领域预计总资金规模为10.7万亿日元，其中财政支出为10.6万亿日元。

"未来准备"主要是增加"新冠疫情及原油价格和物价高涨对策预备费"的额度，预计总资金规模和财政支出均为4.7万亿日元。

（四）2022年日本外交热点评析

2022年日本政局发生重大变动，安倍晋三遇刺，第26届参议院大选，使得日本内政外交进入调整期。岸田政府在对外关系上延续了安倍执政时期的外交理念。岸田文雄将"修宪""新时代现实主义外交""人权问题"和"强化日本防卫力"等作为外交及安保重点。岸田政府依托日美同盟强化"自由开放的印太"战略及其安全机制的意向，与对华"对话"的外交口号形成反差及背离。借乌克兰危机，日本与欧美国家在制裁俄罗斯的同时，不忘渲染"中国威胁论"。岸田政府在构建日澳"准同盟"关系、主办第八届东京非洲发展国际会议（TICAD）过程中无不表现出明显的对华针对性。日本对华外交的主张和立场，仍存在不稳定性或不确定性。

1. 日澳签署《互惠准入协定》，构建准同盟关系

近年来，日本不断加强与"准同盟国"澳大利亚的政治与安全领域的密切合作。2022年1月6日，岸田文雄首相与澳大利亚总理莫里森签署简化两国派遣部队程序的防务合作协定——《互惠准入协定》，规定了自卫队和澳大利亚军队在联合演习等场合访问对方国家时的法定地位。日澳两国在首脑会谈中确认双方将为实现"自由开放的印太"战略而携手合作。岸田在签署《互惠准入协定》仪式上强调，"这是标志日澳安全合作迈向新台阶的划时代协定"。莫里森也表示，通过协定"两国间将实现高水平合作"。[1]双方还发表了联合声明，写明为了印太地区的和平稳定，将进一步加强防务合作。声明还确认就包括美国和印度的"四边机制"（Quad）展开合作。该联合声明不忘渲染"中国威胁论"，对东海和南海局势"表示严重关切"，还强调了"台湾海峡和平稳定的重要性"。[2]

根据《互惠准入协定》，双方部队联合训练时可简化携带武器入境的程序和海关手续。它可以使两国间部队派遣变得顺畅，安全合作更方便展开。除了《日美地位协定》外，这是日本首次与他国缔结此类协定。日澳两国完成各自的国内程序后，《互惠准入协定》将会生效。为此日澳设置了就运用该协定展开磋商和协调的新机构"联合委员会"。[3] 日本政府将以此次日

---

① 《日澳签署〈互惠准入协定〉便于展开联合训练》，共同社，2022年1月6日，https：//china. kyodonews. net/news/2022/01/7a8b25a65690--.html，最后访问时间：2022年11月23日。

② 《日澳首脑发表加强防务合作的联合声明》，共同社，2022年1月6日，https：//china. kyodonews. net/news/2022/01/a4090931ddd9.html，最后访问时间：2022年11月23日。

③ 《日澳签署〈互惠准入协定〉便于展开联合训练》，共同社，2022年1月6日，https：//china. kyodonews. net/news/2022/01/7a8b25a65690--.html，最后访问时间：2022年11月23日。

澳《互惠准入协定》为案例，力争与其他"志同道合国家"缔结该协定。日本已与英国在 2021 年 10 月启动谈判，法国也有意与日本缔结。

事实上，日澳两国于 2014 年就已经启动《互惠准入协定》谈判，但因日本死刑制度等问题而陷入僵局。譬如，废除死刑的澳大利亚的军方人员在日本派遣期间犯了重罪能否适用豁免？谈判难点在于"是否对在日本犯下重罪的澳大利亚士兵适用维持死刑的日本司法制度"。要求适用的日本政府与反对死刑的澳大利亚之间持续存在分歧，谈判一度进展艰难。在这场谈判中，日本政府最初主张公务期间犯罪的审判权归日方。澳大利亚主张无论是否在公务期间，都不应适用日方法规。双方在约 7 年的谈判过程中，将相当一部分时间用于讨论如何解决"死刑问题"。

出于日澳合作优先的共识，双方最终达成了妥协。同时，日本政府以规定驻日美军士兵法律地位的《日美地位协定》推进了日澳《互惠准入协定》谈判。根据《日美地位协定》，如果驻日美军士兵在执行公务时犯罪，美国拥有优先审判权。在 2022 年 1 月 6 日签署的日澳《互惠准入协定》中规定，若在执行公务时犯罪，派遣国拥有审判权，若在公务期间外犯罪，接收国拥有审判权。为强化日澳"准同盟"关系，岸田首相对谈妥协定表示满意。从发展双边关系来看，日澳《互惠准入协定》的迅速谈妥，被日本媒体认为是为了"团结应对崛起的中国"，也欲通过此协定使得日美澳印"四边机制"保持密切合作。[①]

值得关注的是，日本自卫队首次对澳军实施"武器等防护"，这是与日澳《互惠准入协定》同样重要的军事合作。所谓"武器等防护"是指日本自卫队守护他国舰艇和飞机的活动。这是 2016 年日本安保法施行后赋予日本自卫队的任务。2021 年 11 月 12 日，日澳在日本周边开展联合训练时，海上自卫队护卫舰"稻妻"号对澳大利亚海军护卫舰"瓦拉蒙加"号实施了基于安全保障相关法的"武器等防护"。日本防卫省称，澳大利亚是特别

[①] 《日澳 RAA 谈判因死刑陷僵局，着眼中国终谈妥》，共同社，2022 年 1 月 7 日，https://china.kyodonews.net/news/2022/01/55326e0424b0-raa-.html，最后访问时间：2022 年 11 月 23 日。

的战略伙伴。实施警护提升了相互运用性，可以进一步加强双边紧密合作。① 这是日本首次对美国以外的国家实施"武器等防护"。

2022年5月24日，澳大利亚新任总理阿尔巴尼斯访问日本，日澳再次确认将进一步推进双边安全和防务合作。双方商定争取让《互惠准入协定》早日生效。岸田首相在会谈中强调："在地区安全环境愈加严峻的形势下，需要加强双边关系和实现'自由开放的印太'战略的努力。"阿尔巴尼斯总理就外交和安全政策表示将继承前届政府对华强硬路线的基本方针。② 双方一致同意，将进一步加大日本与澳大利亚在安全和经济领域的合作力度。6月15日，日本防卫大臣岸信夫与到访的澳大利亚副总理兼国防部部长马尔斯举行会谈时强调："日澳两国共同的战略难题堆积如山。希望进一步深化双边关系。应该进一步提升日澳两国的实战性防务合作、相互运用性训练和活动的水平。"马尔斯回应称："在复杂的国际环境下，日本对于澳大利亚而言是重要的存在。"他同意在加强澳大利亚与日本合作的基础上，"发挥各自的强项"，合力发展两国的科技和战略能力。③ 两人在会谈中就加强与太平洋岛国的合作达成了一致，还确认将努力推动《互惠准入协定》尽快生效。此次日澳防长见面是在6月12日新加坡亚洲安全会议中的会谈后短期内的再度会晤，彰显了日澳紧密的安全合作关系。

2. 日本对乌克兰危机的反应及"一边倒"政策取向

日本在乌克兰危机之初就与美西方站在一起，保持对俄施压态势。但日俄领土问题又使得日本国内对俄态度复杂。尽管日本政府与美西方保持步调一致，但执政党内也有人担忧这可能会影响存在领土问题的日俄间的关系。为此，日本更多地有"西祸东引"的意图，渲染乌克兰危机有引发"台海

---

① 《防卫省称首次对澳军实施"武器等防护"》，共同社，2021年11月12日，https：//china. kyodonews. net/news/2021/11/228a09173f61. html，最后访问时间：2022年11月24日。

② 《岸田与澳大利亚新总理举行会谈》，共同社，2022年5月25日，https：//china. kyodonews. net/news/2022/05/ec435c4000b5. html，最后访问时间：2022年11月29日。

③ 《日澳防长短期内再度会谈，彰显关系紧密》，共同社，2022年6月15日，https：//china. kyodonews. net/news/2022/06/37e6dbe41234--. html，最后访问时间：2022年11月29日。

变局"的可能性，希望欧美保持对华"威压式经济政策"，日本可借机强化自身防卫力。

一是日本认为乌克兰危机是对"国际秩序"的冲击。日本在乌克兰危机问题上，以七国集团的面目出现，借力对俄施压和制裁。日本首相岸田文雄称，包括派兵在内的俄方行动"侵害了乌克兰主权与领土完整，日方无法认同"；"违反了国际法和旨在解决乌克兰东部纷争的《明斯克协议》"，① 是在"动摇国际秩序的根基，应予以强烈谴责"。② 日本外务大臣林芳正于2022年2月24日召见俄驻日大使加卢津，告知"绝不能允许凭借力量单方面改变现状。日方予以强烈谴责"。林芳正表示进攻"无疑是对乌克兰主权和领土完整的侵害，显然违反国际法"。他要求保护在乌日侨，还表示"俄方应立即停止进攻，撤回俄罗斯境内"。③ 2022年9月，日本首相岸田文雄在纽约联合国总部发表联大一般性辩论演讲时称，"俄罗斯对乌克兰采取军事行动"，使得国际秩序受到严重动摇，有必要尽快推动安理会改革以加强联合国的职能。

二是日本用"侵略"来表述乌克兰危机。日本与同盟国美国达成"俄罗斯武力攻击乌克兰是侵略行为"的一致共识。2022年2月26日，林芳正与美国国务卿布林肯举行电话会谈时称："此次俄罗斯军队的侵略侵犯了乌克兰的主权和领土完整，严重违反禁止行使武力的国际法。"两人确认"加强日美同盟的威慑力和应对能力不可或缺"。两人一致认为，"俄罗斯进攻乌克兰对安全的影响不限于欧洲"。④ 同样，岸田首相在2022年2月28日

---

① 《岸田就乌克兰问题强烈谴责俄方行为》，共同社，2022年2月22日，https：//china. kyodonews. net/news/2022/02/62fa2ef5c8b2. html，最后访问时间：2022年11月29日。
② 《岸田谴责俄罗斯进攻乌克兰动摇国际秩序》，共同社，2022年2月24日，https：// china. kyodonews. net/news/2022/02/3416a069d230. html，最后访问时间：2022年11月29日。
③ 《日本外相召见俄驻日大使谴责俄军进攻乌克兰》，共同社，2022年2月25日，https：// china. kyodonews. net/news/2022/02/2316495053a9. html，最后访问时间：2022年11月30日。
④ 《日美外长谴责俄罗斯武力攻击乌克兰是"侵略"》，共同社，2022年2月26日，https：//china. kyodonews. net/news/2022/02/c9a3b003ec5c. html，最后访问时间：2022年11月30日。

参议院预算委员会上表明："侵略乌克兰是凭借力量改变现状，绝对不能允许。"①

三是日本加大对俄制裁力度，涉及冻结普京资产等相关措施。乌克兰危机发生后，日本政府担心对日俄领土谈判造成影响，避免使用对俄制裁一词，仅称"将采取强硬行动"。乌克兰危机升级后，日本基于美国的要求对俄采取强硬姿态，发动制裁的时机也是视七国集团的动向而决定。日本以外务省和经济产业省为主，准备了多个制裁方案。具体措施包括对俄出口高科技产品的限制和以俄罗斯相关人士为对象的资产冻结。其中，冻结资产的对象包括与俄总统普京有关联的个人和企业；出口管制对象是半导体和人工智能（AI）的高科技产品及尖端技术产品。2022 年 2 月 23 日，岸田就俄罗斯承认乌东部"亲俄派"控制的两个地区独立，宣布了三项制裁措施，内容包括停止向两地相关人士发放签证、禁止与两地的进出口交易等。2022 年 2 月 25 日，岸田首相宣布针对俄罗斯追加 3 项制裁措施：冻结俄罗斯国有开发银行（VEB）、俄罗斯银行等 3 家银行的在日资产；冻结俄罗斯个人及团体的在日资产并停止发放签证；限制对俄军事相关团体的出口以及基于国际协议的管制清单品种和半导体等的出口。岸田指出，"日本与以七国集团为首的国际社会协调一致实施制裁，是对俄罗斯发出的重要讯息"，并表示日本还"将迅速"发动对俄制裁，并根据情况考虑进一步追加制裁力度。②

四是日本指责俄罗斯对乌的军事行动"违反《联合国宪章》"。林芳正于 2022 年 3 月 1 日在日本参议院预算委员会上，批评俄总统普京下令核武部队转入高度警戒状态是危险行为，表示"将继续强烈呼吁任何情况下都不得使用核武器"。他特别指出，《联合国宪章》第 2 条第 4 款规定，各成员国不得使用或威胁使用武力来侵害任何成员国或国家的领土完整或政治独

---

① 《岸田称将迅速冻结普京资产，探讨制裁白俄罗斯》，共同社，2022 年 2 月 28 日，https：//china. kyodonews. net/news/2022/02/76deb11f5973--. html，最后访问时间：2022 年 11 月 30 日。

② 《岸田宣布追加制裁，强调俄将付出"高昂代价"》，共同社，2022 年 2 月 25 日，https：//china. kyodonews. net/news/2022/02/b74098b21e5c--. html，最后访问时间：2022 年 11 月 30 日。

立。俄罗斯进攻乌克兰"是《联合国宪章》第 2 条第 4 款所禁止的非法使用武力行为,严重违反国际法"。林芳正强调:"俄罗斯侵略乌克兰是凭借力量单方面改变现状的尝试,是动摇国际秩序根基的行径。"①

五是日本出现打破禁忌、与美国"核共享"的论调,显露出日本政客"见机行事"的图谋。借乌克兰危机升级,卸任首相安倍晋三于 2022 年 2 月 27 日宣称,应在日本讨论"核共享"政策,即在日本疆域部署美国核武器及"共同运用",并称北约部分成员国已采用此方式。安倍表示:乌克兰危机升级,"世界的安全如何得到维护呢?不可把现实的讨论视为禁忌"。他很惋惜地表示,苏联解体后,乌克兰放弃拥有核武器,于 1994 年签署了《布达佩斯安全保障备忘录》。对于与美国"核共享"相关话题,安倍强调"日本也应将各种选项纳入视野进行讨论"。他还认为,考虑到中国和朝鲜等国在增强军备,有必要强化日美关系和日本的防卫力,应具备"瞄准对方军事中枢的反击力"。② 对此,岸田首相对在日本部署美国核武器并"核共享"的可能性予以否定,但是,安倍借乌克兰危机升级讨论与美国"核共享",显现出日本政坛突破"无核三原则"政策的理念与苗头。

3. 第八届东京非洲发展国际会议将日非定位为"共同成长的伙伴"

东京非洲发展国际会议自 1993 年起由日本与联合国、非洲联盟(AU)等共同举办,力图实现受困于争端或贫困的非洲地区的发展。近年来,日本通过主办东京非洲发展国际会议,强化其"援非"话语权,努力深化日非关系。在加大经援、投资和安保合作力度的基础上,力求在非洲打造"自由开放的印太"战略支点,对冲"一带一路"倡议的国际影响力。

2022 年 3 月 27 日,在东京非洲发展国际会议的部长会议上,日本外务

---

① 《日外相指出俄对乌军事行动违反联合国宪章》,共同社,2022 年 3 月 1 日,https://china. kyodonews. net/news/2022/03/53d86913e300. html,最后访问时间:2022 年 12 月 1 日。
② 《安倍称应打破禁忌讨论"核共享"政策》,共同社,2022 年 2 月 27 日,https://china. kyodonews. net/news/2022/02/794f8d1db697. html,最后访问时间:2022 年 12 月 1 日。

大臣林芳正将中国通过"一带一路"加强与非洲国家的经贸关系诬陷为"债务陷阱"。他表示："不能放任发展中国家变得不稳定"，应完善金融投资环境，"包括不公平、不透明的贷款在内，应对不遵守国际规则和标准的开发性金融是紧迫的课题"。① 该次会议还讨论了新冠疫情对策、人才培养和民间投资的推进方法。

近年来，日本政府大力扶持本国企业在非洲创业。2022 年 8 月 8 日，日本举行由官民组成的"非洲商务磋商会"，为日本在突尼斯召开第八届东京非洲发展国际会议"暖场"。经济产业大臣萩生田光一表示，将扶持旨在解决贫困和卫生等非洲各国社会问题的创业企业。萩生田就非洲形势称："在人口增加的背景下，有着经济增长潜力，受到全世界的关注"。他表示，今后日本将大力支援日企进驻非洲，为促进非洲的产业化强化人才培养，并进一步加强资源外交。②

2022 年 8 月 28 日，在第八届东京非洲发展国际会议上，日本首相岸田文雄在线发表演说称，今后 3 年将官民携手对非洲投入总额 300 亿美元的资金。他把日本与非洲定位为"共同成长的伙伴"，并将在非洲"重视人才投资和经济增长的质量"。"日本将与非洲共同解决课题，以期为非洲的成长做出强有力的贡献。"岸田文雄特别强调了发展日非关系的目的。他指出，"为了推进'自由开放的印太'、实现包括安理会改革在内的加强联合国整体机能的目标，日本将从各个层面加强与非洲开展的合作"。③ 具体措施包括：一是促进绿色发展。日本将成立"非洲绿色发展倡议"，并官民联合对非洲投资 40 亿美元。二是促进投资。特别是投资于日本与非洲极富活力的年轻人所致力的初创企业。三是为了改善非洲人民的生活水平，将与非洲开

---

① 《日外相表示将支援非洲摆脱"债务陷阱"》，共同社，2022 年 3 月 27 日，https：//china. kyodonews. net/news/2022/03/45c9e0a408bd. html，最后访问时间：2022 年 12 月 1 日。

② 《日本政府将扶持企业在非洲创业》，共同社，2022 年 8 月 9 日，https：//china. kyodonews. net/news/2022/08/5db0805b71db. html，最后访问时间：2022 年 12 月 2 日。

③ 首相官邸「TICAD8 開会式　岸田総理スピーチ」、2022 年 8 月 27 日、https：//www. kantei. go. jp/jp/101 _ kishida/statement/2022/0827ticad8kaikaishiki. html，最后访问时间：2022 年 12 月 3 日。

发银行携手实施 50 亿美元的共同融资。其目的是推进针对财务稳健性的改革、可持续发展的非洲建设。四是除了强化新冠疫情防治外，日本还将对非洲的艾滋病、结核、疟疾等传染病的防疫提供对策和支援，在未来 3 年内提供 10.8 亿美元的资金，加强保健系统建设。五是培养人才。日本将在未来 3 年内培养产业、医疗保健、教育、农业、司法行政等领域的 30 万名人才，并立足于日本与非洲的未来培养更多的有用人才。

第八届东京非洲发展国际会议以"经济、社会、和平与稳定"为议题，探讨了粮食和能源价格高涨、不透明开发金融等非洲发展过程中的难题，并就乌克兰危机对非洲和全球经济造成的影响，表达了"严重关切"。会后通过了成果文件《突尼斯宣言》，日本表示将通过培养人才和促进投资支援非洲实现高质量的经济增长。基于重视"经济增长质量"的日方意向，该会议宣言表示将实现面向非洲可持续发展的"结构转型"。

日本在第八届东京非洲发展国际会议上的对非支援对策主要内容包括：为应对乌克兰危机导致的全球性粮食危机，将帮助非洲实现大米产量翻一番，从中长期提高非洲的粮食生产能力；促进透明度高的资金筹措，培养财政管理专家；将支援非洲的创新企业，协助非洲创业者与日企合作；着眼于日本未来能源采购，将推进向可再生能源出资；帮助普及新冠疫苗，为防治传染病而培养医务人员；通过强化海上执法能力，助力地区稳定化。[1]

值得关注的是，日本在第八届东京非洲发展国际会议上表现出深化发展日非安全关系的意向。事实上，在发展日非经贸关系的基础上，日本对非关系不断扩展至政治与安全领域。以参与"反海盗"及联合国维和行动等"国际贡献"的名义，日本逐步扩大海上自卫队的活动范围和权限，加大了派遣自卫队参与非洲安全事务的力度，以展示突破和平宪法束缚、谋求政治大国地位的诉求。2022 年 5 月，日本拟把派遣到南苏丹的联合国维和人员任期延长一年。日本政府就继续派遣的意义强调称："有助于整个非洲的和平与稳

---

[1] 《岸田在 TICAD 表态将投入 300 亿美元援非》，共同社，2022 年 8 月 28 日，https://china.kyodonews.net/news/2022/08/672850e4df8e-ticad300.html，最后访问时间：2022 年 12 月 3 日。

定，能与国际社会一同帮助南苏丹的和平进程取得进展。"此外，日本还表明了在非洲继续积极参与联合国事务、培养人才等意愿。① 日本在第八届东京非洲发展国际会议上表示要"通过强化海上执法能力，助力地区稳定化"，反映出日本在非洲参与政治与安全事务的长远意向。可见，日本以参与在非洲的联合国维和行动为先导，派遣自卫队介入非洲国际事务的做法仍会继续进行。

日本对非政策主要服务于其实现发展与安全、加入联合国安理会常任理事国、推进"自由开放的印太"战略的总体目标。日本对非政策的变化主要表现为，正在从原来的政府开发援助向经贸投资的方向发展、从发展合作向安全合作的方向发展，日本正在从全球和地区战略的角度来重视非洲，非洲已被日本视为"自由开放的印太"重要的战略延伸。日本正通过东京非洲发展国际会议的平台加大对非洲的投入，包括强调高质量基础设施合作，加大人才培养力度，加强海上执法能力合作。同时，维持其在非洲的海外军事基地、参与联合国维和派兵，依然是日本突破和平宪法限制、谋求政治军事目标的重要途径。针对中国在非洲的影响，日本正积极利用其科技优势、人才培养优势（如在非洲培养财务人员）来对抗"一带一路"倡议。

三　2023年日本发展趋势

展望2023年，日本经济提振势头低迷，政治保守化、右翼化渐成大势，其外交和战略上可能将以乌克兰危机、中国崛起危及东亚安全为由，采取强化军备、修改宪法、拉拢区域外国家搅乱本地区局势等手段，持续推动日本"国家正常化"和"军事大国化"进程。

（一）战略展望

首先，日本将进一步利用乌克兰危机，炒作周边威胁，继续推进日本

---

① 《日本拟把南苏丹司令部人员派遣期延长一年》，共同社，2022年5月17日，https：//china. kyodonews. net/news/2022/05/87e8d31a9e80. html，最后访问时间：2022年12月3日。

"国家正常化"和"军事大国化"进程，但修宪前景未明。在乌克兰危机背景下，日本肯定自卫队作用的声音增强，并借此博取政治支持。连认为自卫队违宪的日本共产党中也开始出现肯定自卫队作用的迹象。4月7日，日本共产党委员长志位和夫在本党总部出席会议时发言称，万一出现突发的侵犯主权行为，将行使包括自卫队在内的所有手段，坚决保护国民生命和日本主权。关于发挥自卫队作用的理由，志位称第九条并非无抵抗主义，日本拥有个别自卫权，在必要时行使该权力理所当然。其他在野党方面也出现相关动向。6月14日，立宪民主党中约70名国会议员在国会大厦召开大会，宣布成立"支援自卫队员议员联盟"。在乌克兰危机导致日本国内关心国防政策的氛围日益浓厚的背景下，该联盟提出要改善自卫队员的待遇。自卫队地位提升的背后是日本国家正常化进程，因为自卫队合宪、自卫队入宪都需要自卫队获得国民的认可，而前者又是日本当前修宪中的最重要的焦点之一。

2022年夏参议院选举的胜利有助于岸田巩固统治，日本迎来没有国政选举的"黄金三年"，也为岸田进行修宪提供了充分的时间。宪法修正案最快将于2023年夏天的国会期间通过两院表决，并开始国民投票程序。尽管"修宪势力"已经在日本两院占据2/3多数席位，但还需在全国公投中获得多数公众的支持，而这个目标就当前日本的民意看还很难达到。同时，即使是同属修宪势力的四个党派，其关注的事项也有所不同，调整效果也不乐观。即使在执政联盟层面，公明党对自民党的修宪主张也有不同意见。公明党不支持自民党提出的将自卫队明确写入宪法第9条的提案，强调在坚持第9条既有2款的基础上，可在宪法关于首相和内阁职务的72条和73条中加入自卫队文官统治的内容。针对加入"紧急事态条款"，自民党希望"不制定法律也能凭内阁权限发布紧急政令"，但公明党持否定态度。公明党还强调，如果得不到国民理解就不应发起修宪动议。而自民党为维持长期执政，不得不考虑和尊重公明党的意见和主张。

其次，在"对敌基地攻击能力"的名义下进一步谋求先发制人能力，进一步加强在空、网、电新领域内的安全能力建设，加大威慑力，尤其是强化西南诸岛方向的军力。日本大肆渲染"周边威胁"，提出一旦出现遭受数十枚导弹袭击的事态，自卫队不仅要通过以导弹击落导弹的方式进行防卫，而且还必须有能力进行反击以更好地保卫日本。除计划让能够从敌方射程范围外发起攻击的改良型"12 式岸舰导弹"实现量产外，日本政府也在考虑购买美国的"战斧"巡航导弹，并且正在与美方就此进行谈判。太空领域，日本防卫省计划在未来将"太空作战群"规模扩大至 120 人，同时成立负责调查卫星信号干扰情况的太空作战力量。为增强海洋力量，日本海事联合公司也将从 2023 财年开始向日本海上自卫队交付 12 艘近海巡逻舰，增强对附近海域的情报监视和侦察能力。网络领域，日本政府正在调整新设组织，使其承担指挥防御网络攻击的司令塔功能。新组织将吸纳设在内阁官房的"内阁网络安全中心"（NISC）的职能并扩充权限，统管自卫队及警察厅的相关部队，其总负责人将负责与美欧网络安全机构负责人协调，以加强应对能力。同时，为提升"对敌基地攻击能力"，日本的关注点不仅放在部署用于攻击的导弹上，还放在用于日常监视对方军事动向的卫星和使防空雷达失灵的电子战能力上，不断提升新领域的防卫能力。陆上自卫队计划于 2023 年末在西南诸岛方向的与那国岛部署电子战部队。防卫省也在研发电磁炮，意在拦截高超声速武器，加强"防"的一面。由于日本民企在大容量电源技术上具备领先优势，防卫省决定自 2023 年起着手研发电磁炮，以此作为导弹防御的杀手锏，拦截高超声速武器。

在修改《国家安全保障战略》等安保三文件的过程中，日本政府从 2022 年 1 月起先后多次听取各领域人士的意见，对于是否要拥有"对敌基地攻击能力"这一焦点问题，赞成意见占多数，日本脱离战后"专守防卫"原则已是趋势。此外，在安保三文件的修订过程中，2022 年 10 月 20 日，日本防卫省还公布了完善防卫能力的七项核心内容，并表示将按照这七项核心内容从根本上强化日本的防卫能力，表明了日本防卫力强化方向。这些内容包括，防区外防卫能力、综合防空反导能力、无人装备能力、跨领域作战能力、指挥控制和信息相关功能、机动部署能力、持续性和强韧性。在以 2035 年为目标部署下一代战斗机问题上，日本正在与包括英国在内的伙伴国就机体共同化程度进行联合分析。

日本防卫费也将不断增加。在使防卫费达到 GDP 2% 的目标下，日本防卫省汇总的 2023 年度预算概算再创新高，达 5.5 万亿日元，其中包含大量未能明确金额的"事项要求"科目。防卫省的防卫预算主要用于大力发展太空、网络、电磁等新兴领域作战能力，在海空等传统领域谋求防区外打击能力，此外还强调要研发可能改变战场"游戏规则"的颠覆性技术。为强化能力建设，经费增额是迫切需求。在自民党内部，干事长茂木敏充希望防卫费能达到 6.5 万亿日元。在具体的地域上，西南诸岛仍是日本军力建设的重点地域。9 月 21 日，日本防卫大臣滨田靖一到访冲绳县与那国岛，在视察陆上自卫队与那国驻地等处时表示，对日本而言强化西南地区的军事存在是迫在眉睫的课题，要以看得见的形式采取措施。

最后，进一步强化经济安保战略，提升日本经济弹性和韧性以及对外影响力。在《经济安全保障推进法案》施行的背景下，日本将进一步落实相关经济安保举措。按照日本政府的计划，将分三个阶段推进《经济安全保障推进法案》。第一阶段为法案公布后的 9 个月，主要内容包括强化供应链与尖端技术合作。第二阶段为公布后的 18 个月，由政府对设备和管理体系展开事前审查，以应对网络攻击。第三阶段为公布后的 24 个月，由专利厅与内阁府依次实施审查，决定是否对专利保密。《经济安全保障推进法案》预计将在 2024 年全面施行。

受美国大国竞争战略的影响，日本经济安保战略将会进一步强化。2022 年 10 月 12 日，拜登政府提出的《国家安全战略》继续推行大国竞争战略，主要是联合盟友强化经济安保，强调"建立尽可能强大的国家联盟，以加强集体影响力，塑造全球战略环境，解决共同挑战"。[1] 美国要求日本在经济安保领域与美国保持一致。9 月 28 日，美国副总统哈里斯在东京召开的圆桌会议就邀请了东京电子、富士通、尼康等多家日本半导体企业的高管出

---

[1] "National Security Strategy," Oct. 12, 2022, https：//www.whitehouse.gov/wp－content/uploads/2022/11/8-November-Combined-PDF-for-Upload.pdf, accessed：2022-12-01.

席。哈里斯专门指出，在构建稳固的半导体供应链方面，日本发挥着至关重要的作用。11 月 6 日，《日经亚洲评论》报道称，美国向日本施加更大压力，要求阻止先进芯片技术流向中国。在美国的压力下，日本将会继续随美强化经济安保。

日本经济安保领域将会进一步扩大。日本政府已决定，在 2023 年上半年修订的"开发合作大纲"中，将会强调对经济安保的重视。在经济安保领域，日本军民融合的趋势将进一步加强。一向远离军事的日本学术会议已经允许开展军民两用研究。2022 年 7 月 25 日，日本学术会议会长梶田隆章曾致函经济安全保障担当大臣小林鹰之，表示日本学术会议允许对军民两用的尖端科学技术开展研究。日本政府也积极支持这种动向。7 月 27 日，内阁官房副长官木原诚二在记者会上称，这有益于日本尖端科技研究和提升日本的国际竞争力。

（二）日本政局未来走向展望

展望日本政坛的未来发展前景，尽管目前岸田文雄支持率不断下降，不确定性因素逐渐增加，但总体来说岸田实现中长期执政的可能性仍然较大。岸田的两大任期，即自民党总裁 3 年任期和众议院 4 年任期，至少能够保证基本盘的 3 年稳定，为长期执政提供机会窗口。前首相菅义伟的自民党总裁任期实际上是继承安倍晋三剩下的 1 年任期，而岸田的总裁任期是通过自己竞选获得的，按规定到 2024 年 9 月结束。与此同时，岸田领导的自民党在众议院选举中获胜，众议院议员任期是 4 年，即岸田在 2024 年 9 月之前是没有选举压力的。具体而言，存在以下四种研判。

其一，岸田文雄仍将处于支持率低迷状态，但执政地位暂时稳固。岸田文雄的执政风格比较柔弱，缺乏感染力，一旦舆论迅速恶化导致支持率下滑，其并不擅长制造舆论"爆点"来转移公众关注并迅速扭转局势。为安倍举行"国葬"后，岸田打出经济民生牌，如包括巨额预算的"综合经济对策"、号召给中下层民众"结构性加薪"，但以其政治能量，这些政策在利益纠葛复杂、诉求多元的日本能否真正落地仍是未知数。此外，岸田应该暂时没有下台的风险。在自民党内部，作为其权力基础的"岸田文雄—茂木敏充—麻生太郎"同盟依然稳固，而主要政治对手——安倍派目前群龙无首，部分高层人物因与"统一教"有关联而一直蛰伏，尚无心力起身挑战首相的权威。

其二，岸田文雄政府仍有条件掌控国内政治主导权，做出政绩稳住支持率。尽管岸田在持续不断的质疑声中较为被动，但从日本国内政治力量对比来看，自民党仍然占据着压倒性的优势。各在野党针砭时弊的痛快发言虽可引发舆论的阵阵喝彩，但大多数选民对它们的期待也仅限于"批判执政党"，并不认为其有取代自民党的能力。不仅如此，各在野党之间也内耗严重，难以形成统一战线。因此对岸田来说，其保持政治优势地位、不受掣肘地施策的有利条件还有很多。如果其能够保持低调，推动各种负面政治影响逐渐淡化——特别是在自民党与"统一教"的勾连问题上给民众一个交代——持续解决民生问题，支持率有希望保持稳定，并逐步回升走出30%左右的"危险地带"。

其三，从中长期角度看，岸田即使稳住执政地位，也难以重现执政初期的高支持率乃至打造"独大"政权。同安倍晋三相比，岸田文雄无论是背后的派系实力还是自身的执政手段都存在着较大差距，对自民党的掌控更加依靠使用权谋手段让党内各派互相制衡，借人事安排分配政治利益。此外，岸田文雄"新资本主义"等关键政策的施行效果对其稳住执政地位至为关键。但在目前国际形势特别是能源资源危机、逆全球化与保护主义盛行背景下，外向型特征明显的日本经济将承受长期压力。从2022年的表现看，岸田至今在经济上也没有拿得出手的政绩，政策仍面临不利外部环境。通过权谋运筹，岸田基本可以稳住执政前景的"下限"，但在依托实质政绩提升执政前景"上限"方面则力不从心。

其四，岸田或将内政中心转向扶植下一代。从2021~2022年的自民党总裁选举和两次国会选举来看，自民党显示出世代交替大趋势。在2021年自民党总裁选举前，党内大约90名当选3次以下的少壮派国会议员成立"党风一新会"，表达对由党内元老控制（例如自民党"党四役"的平均年龄为72岁）的不透明派阀政治的不满，要求让议员们自主投票。在国会选举时，一些老议员在选前宣布退出政坛（如前干事长伊吹文明、众议院前议长大岛理森）或直接在小选区落选（如甘利明、石原伸晃、野田毅）。① 这意味着日本政坛年轻化趋势在今后几年会进一步发展。岸田对于党内新生代力量已有布局，不仅在竞选党总裁时向少壮群体许诺改革，而且同"党风一新会"的首领福田达夫建立了良好的盟友关系。② 如果岸田有效使用首相的权能等政治资源，吸引年轻议员流向其派系，随着安倍逝世，麻生太郎、二阶俊博等人年事已高，即使其离开首相的位置，也能够拥有足够政治能量左右自民党政策。

（三）日本经济走势展望

2022年10月，国际货币基金组织在《世界经济展望报告》中预测2023年日本实际GDP增长率为1.6%，仍是低速增长状态。③ 进入2022年11月之后，日本第八波疫情有抬头之势，单日确诊人数再次突破10万。虽然日本逐渐放宽社会活动限制和入境限制，促进经济社会活动正常化，但如果日本国内疫情得不到有效控制，仍会对日本经济产生较大的下行压力。并且，少子老龄化、需求低迷、市场缺乏活跃性、潜在增长率下降等制约经济发展的结构性问题还在不断加剧，日本经济恢复的速度将保持在比较缓慢的状态。在外部环境上，国际政治经济形势紧张、能源价格高涨对日本经济恢复造成很大的不确定性。美联储激进加息导致全球金融市场动荡，造成新兴国家外债偿还负担增加，并以进口物价上涨的形式打击受到通胀困扰的各国经

① 『閣僚経験者の落選相次ぐ 世代交代求める世論の「逆風」、与野党に』、毎日新聞ニュースサイト、2021年11月1日、https：//mainichi. jp/articles/20211031/k00/00m/010/314000c，最后访问时间：2022年12月4日。
② 『「当たり前の暮らしを」「世代交代示して」 岸田新総裁へ、街の声』、朝日新聞デジタル、2021年9月29日、https：//www. asahi. com/articles/ASP9Y7482P9YUTIL022. html，最后访问时间：2022年12月4日。
③ International Monetary Fund，"World Economic Outlook Report，"October 2022，https：//www. imf. org/en/Publications/WEO/Issues/2022/10/11/world-economic-outlook-october-2022，accessed：2022-11-25.

济，进而推升世界性的经济减速和债务危机风险，这对于外向型特征明显的日本经济来说将是无法忽视的压力。

同时，日本依赖大规模财政刺激和超宽松货币政策来支撑经济的局面很难改变。在财政政策方面，虽然岸田政府提出"新资本主义"这一说法，但其政策的实施依然需要大规模扩大财政支出。在新一轮经济刺激计划发布后，日本政府通过了 2022 年度第二次补充预算方案，追加财政支出 28.9 万亿日元，其中财政收入不足的部分需要新发行 22.9 万亿日元的国债进行弥补。① 根据国际货币基金组织的统计，包括中央政府债务、地方政府债务和社会保障基金在内的一般政府债务余额占 GDP 的比重，2022 年日本将达到263.9%，在主要发达国家中为最高，达到美国（122.1%）的两倍以上，大大超出德国（71.1%）、法国（111.8%）、英国（87.0%）的水平。② 日本在经济低速增长之下债务不断膨胀的问题将继续加剧。

在货币政策方面，2023 年 3～4 月，日本央行将进行重大人事调整，日本央行有史以来任期最长的行长黑田东彦届时将卸任，两名副行长也将会更换。新的领导层影响着日本货币政策的未来走向。日本业界认为，相对于黑田明确表示完全不考虑货币政策正常化途径的强势姿态，下一届领导层可能会朝着更加平衡的方向发展，但货币政策的调整会非常谨慎，不会出现突然加息的情况，其原因主要是日本经济仍然处于低迷状态，收缩货币政策相当于向已经遇冷的国内市场继续泼冷水，突然启动加息可能会导致日本经济陷入衰退。在此背景下，日本央行将可能长期维持超宽松货币政策，并审慎考虑货币政策正常化方案。事实上，2022 年 10 月下旬之后，日元迅速贬值的趋势已经有所缓解，11 月中旬回到 1 美元兑 140 日元区间。今后随着美国克服通胀或经济衰退后加息放缓，利差对日元贬值的影响将会减弱，日元汇

① 日本财务省「令和 4 年度補正予算（第 2 号）」、2022 年 11 月 8 日、https：//www.mof. go. jp/policy/budget/budger_ workflow/budget/fy2022/20221108033406. html，最后访问时间：2022 年 11 月 25 日。

② International Monetary Fund，"World Economic Outlook Database，" https：//www. imf. org/en/publications/weo，accessed：2022-11-25.

率逐渐企稳。但是，此次日元贬值反映出日本经济的结构性、复杂性问题，日本经济学家认为，即使美元的全面反弹结束，日本的结构性问题也很难改变，因此也不会使得日元贬值完全结束。

（四）日本外交前景及走向

在外交和安全保障领域，岸田首相基本继承安倍晋三和菅义伟两届政权的政策。加强以"民主、人权和法治"为口号的"价值观外交"，深化与美国、澳大利亚和印度等国的安全合作，继续推进"自由开放的印太"战略进程。[①] 岸田还明确表示将根据周边安保环境的变化，修订《国家安全保障战略》、《防卫计划大纲》和《中期防卫力量整备计划》，并谋求加强海上安保能力和导弹防御能力。

一是以乌克兰危机可能危及东亚安全为由，趁机为自卫队入宪寻找借口，增强日本的"防卫能力"和对敌"反击能力"。岸田文雄首相在第 207 届国会发表施政演说时表示："我国所处的安全保障环境前所未有地严峻。面临经济安全保障、宇宙和网络等新领域以及岛屿防卫诸多问题。为了守护国民的生命与生活安全，要对包括所谓对敌基地攻击能力在内的所有选项进行现实性探讨，尽快彻底加强防卫能力。加快制定新的《国家安全保障战略》、《防卫计划大纲》和《中期防卫力量整备计划》"。[②] 在乌克兰危机发生后，日本再次炒作"中俄威胁论"，强调自身的安全环境愈发严峻，有必要大幅强化防卫能力，并着手修改其外交安全政策的长期指针《国家安全保障战略》、《防卫计划大纲》和《中期防卫力量整备计划》等，将拥有对敌基地攻击能力等"反击能力"写入其中。在《国家安全保障战略》修改草案的讨论中，岸田政府"提议在五年内将防卫费占 GDP 的比重提高至

---

① 竹中治坚：《岸田新政权扬帆起航，"经济"和"疫情"考验其掌舵能力》，日本网，2022 年 1 月 14 日，https：//www. nippon. com/cn/in-depth/a07701/，最后访问时间：2022 年 11 月 27 日。

② 首相官邸「第二百七回国会における岸田内閣総理大臣所信表明演説」、2021 年 12 月 6 日、https：//www. kantei. go. jp/jp/101_ kishida/statement/2021/1206shoshinhyomei. html，最后访问时间：2022 年 11 月 27 日。

2%"，此举是日本借乌克兰危机加紧提升军事实力，力求"军事大国化"的具体体现。近年来，日本政坛保守势力竭力渲染周边安全紧张态势，不断为提升军事实力制造口实，使得日本军备扩张愈演愈烈，而乌克兰危机和台海问题正是其梦寐以求的借口。

二是明里强调俄罗斯"不能凭实力改变现状"，暗里影射中国。在乌克兰危机发生之初，日本自民党宣传部部长河野太郎在2022年2月称：鉴于俄罗斯进攻乌克兰，完善日本的防卫力以防备台湾出现突发事态很重要。日本参议院还就修改出现突发事态时向海外派遣自卫队营救在外侨民的必要条件进行讨论，并积极着手修改"防卫装备转移三原则"的运用指南，尝试向乌克兰提供防弹衣、头盔、防护面罩等装备，动用自卫队飞机运送物资。其名义上是援助乌克兰，实为突破自卫队行动区域限制，大有针对台海之意图。自乌克兰危机发生以来，岸田文雄在"穿梭外交"中必提"不允许任何地区使用武力单方面改变现状"，肆意抹黑中国海洋维权的正当性。岸田文雄不仅与美国进一步加强军事协调，确认"防止任何以武力改变印太地区现状的企图"，还在访问英国时称"明天的东亚可能成为乌克兰"，其实质是以乌克兰危机类推所谓"台海变局"，意在制造台海紧张局势，不断暗示美西方尽快介入东亚安全事务。

总之，日本试图强化日美同盟关系，借乌克兰危机，突出日本对所谓"国际秩序和规则"的维护和影响，积极推动"自由开放的印太"战略。为转移视线，减轻疫情冲击下日本经济下滑加剧的影响，岸田政府提出了"新时代现实主义外交"理念，力求在对外关系方面有所作为，但其周边外交的前景是仍难有作为。在处理国际事务层面，作为第二次世界大战始作俑者的日本仍未吸取历史教训，企图将乌克兰危机的祸水东引，不断渲染在东亚同样存在爆发冲突的可能性，意图制造东亚乱局，"浑水摸鱼"提升军事实力并推动自卫队入宪。乌克兰危机发生后，日本加快推动自卫队"走出去"步伐、松绑武器出口，力求突破"和平宪法"限制，谋求军事实力实质性提升。必须指出的是，日本借乌克兰危机和台海问题，试图召唤并联合美西方在东亚制造新的冲突策源地，不仅给东亚地区安全带来新的威胁，更是在破坏世界和平、稳定与发展。

课题组组长：吕耀东

课题组成员：孟晓旭　李清如　孟明铭①

---

① 吕耀东，中国社会科学院日本研究所副所长、研究员；孟晓旭，中国社会科学院日本研究所综合战略研究室研究员；李清如，中国社会科学院日本研究所经济研究室副研究员；孟明铭，中国社会科学院日本研究所政治研究室助理研究员。

图书在版编目（CIP）数据

中国社会科学院国际形势报告. 2023 / 中国社会科
学院国际研究学部编. -- 北京：社会科学文献出版社，
2023.10

ISBN 978-7-5228-2595-3

Ⅰ.①中… Ⅱ.①中… Ⅲ.①国际形势-研究报告-
2023 Ⅳ.①D5

中国国家版本馆 CIP 数据核字（2023）第 194027 号

中国社会科学院国际形势报告（2023）

编　　者／中国社会科学院国际研究学部

出　版　人／冀祥德
组稿编辑／张晓莉
责任编辑／高明秀　郭白歌　李明伟　俞孟令
责任印制／王京美

出　　　版／社会科学文献出版社·国别区域分社（010）59367078
　　　　　　地址：北京市北三环中路甲 29 号院华龙大厦　邮编：100029
　　　　　　网址：www.ssap.com.cn
发　　　行／社会科学文献出版社（010）59367028
印　　　装／天津千鹤文化传播有限公司

规　　　格／开本：787mm×1092mm　1/16
　　　　　　印张：23.25　字数：355 千字
版　　　次／2023 年 10 月第 1 版　2023 年 10 月第 1 次印刷
书　　　号／ISBN 978-7-5228-2595-3
定　　　价／128.00 元

读者服务电话：4008918866